JN233024

Self-Regulated Learning and Academic Achievement

自己調整学習の理論

バリー・J・ジマーマン
ディル・H・シャンク ❖編著

塚野州一 ❖編訳

伊藤崇達
中西良文
中谷素之 ❖訳
伊田勝憲
犬塚美輪

北大路書房

Self-Regulated Learning
and
Academic Achievement

by
Barry J. Zimmerman
and
Dale H. Schunk

Copyright © 2001 by Lawrence Erlbaum Associates, Inc
All Rights reserved,
Japanese translation published by arrangement with Lawrence Erlbaum
Associates Inc through The English Agency (Japan) Ltd.

日本語版への序文

　自己調整学習は，近年の発展的研究領域である。自己調整理論と研究は，独特である。というのは，学習者が自分の学力を認知的，動機的，行動的にどのように制御するかに焦点を当てているからである。自己調整の視点は，教育的分析の焦点を，生徒の受身経験としての学習から，積極的活動としての学習へと転換している。

　私たちの著書『Self-Regulated Learning and Academic Achievement』では，自己調整の7つの伝統的理論のそれぞれの著名な支持者たちが，その視点の概念的起源，科学的形態，教育的効果を書いている。自己調整学習の研究は，国際的に読者を引きつけているが，この本はこれまで日本語には訳されていなかった。

　塚野州一教授が，アメリカ滞在中に私と会い，彼の希望で日本の読者のためにこの本を訳すことになった。彼はこの将来性豊かな本の訳出に大いなる労を取ってくれたのである。

2006年2月
バリー・J・ジマーマン

序　文

　英語ではself（自己）-とハイフォンでつないだおおよそ1,000の単語がある（English & English, 1958）。それらは，個人がいかにして，自分自身の身体的，行動的，心理学的資質に対応し制御しようとしているかを表した語である。人々は明らかに自分自身の理解と調整に興味をそそられている。それこそは，多くの哲学者，神学者それに心理学者たちが種として人間を最も特徴づけていると信じている特質である。最近になって，自己理解と自己調整の研究は，学習と学力形成過程へと方向が変わった。オーガナイザー概念として，自己調整学習は，学習者たちが学習を達成するために自分たちの思考，感情，行為をいかに制御するかを表しているのである。

　自己調整学習（Self-regulated learning: SRL）という呼び名は，ある読者たちには矛盾したものとしてうつるであろう。定義上から見ると，**調整**という語は，条件を変えてもものが規則的のままであることを表し，学習という用語は，経験によって生じる結果の比較的変わらない変化のことを表わしているのではないのだろうか。実際は，自己調整学習は，いかにして人々が，学習の体系的あるいは規則的な学習方法を使って自分たちの成績を良くするかを説明しようとしているのである。自己調整学習研究者たちは，現状を維持することに関心を注ぐのではなく，いかにして学習者たちは常に自分たちの技術を高めようとして変化する状況に適応しようとしているかを理解しようとしている。私たちは，人間の状況の変化が歴史的に最も急速に起きている社会で暮らしている。共同社会はもちろん個人も，急速な技術の進歩に直面して，すぐに変わらなくてはならない。長期間続いてきた専門的職業でさえも，コンピュータとボイスメールが最近の10年間で秘書にとって代わり始めたように，大きく変化している。コンピュータプログラムとそれを使用する技術の旬の時期は，今では数年ではなく数か月と言われている。退化と失業を避けるために，社会のあらゆるレベルで労働者は，たくみな生涯学習者にならなくてはいけない。本書は，いかに生徒が自己調整学習者になるかについての研究を導く主要な理論的見方を包括

的に述べている。この話題は重要なので，幅広い多彩な理論的見方を持つさまざまな研究者たちは，いかにして生徒たちが自分たちの学習の自己調整能力を身につけるか，という問題に引きつけられてきた。そしてこれらのさまざまな見方は後続の章の中で示され比較される。

　本書は，これらの諸理論間の比較を容易にするように編集されている。まず，私たちは著者たちに，それぞれの章の計画に対して，それらの章がバラバラな説明の集まりではなく一連の説明が統合されているような共通のガイドラインに準じるように依頼した。この共通の構成こそが，教育，心理学，子どもと家族の発達のような分野の院生と学部の上級生のテキストとして適切なまとまりを，本書に与えている。第2に，私たちは，それぞれの章が自己調整学習の理論と研究にのみ焦点を当てるのではなく，教育実践にも焦点を当てることを希望した。著者たちは，教師たちや親たちが自己調整の難しい子どもたちにこの理論をどう適用するかの具体例を示すことが求められたのである。第3には，私たちは，このテキストが広い範囲の読者たちに価値があることを期待した。執筆者たちは多様な伝統的理論——オペラント理論，現象学理論，社会的認知理論，情報処理理論，意思理論，ヴィゴツキー理論そして構成主義理論を描き出している。そのような広範な見方を示すことで，自己調整学習の諸方法の共通特性が，はっきりと区別されて見えてくるのである。

　つまり，私たちは，教育分野に関心はあるが自己調整学習の基礎知識がない読者でも理解できる新鮮味のある本を期待した。執筆者たちは，それぞれの章をそのような読者向けに書くことが必要とされた。そして今，私たちは彼らの仕上げたできばえは見事だと思っている。それぞれの章は，わかりやすくおもしろいだけではなく，それらはまた，重要な新しい理論的立場を説明してくれたのである。

　終わりに，本書の作成を可能にしてくれた多くの人々がいることを申し添えたい。何よりもまず，私たちは執筆者たちに感謝の意を表わしたい。彼らの誠実さと善意が，編集者として私たちの仕事を個人的，職業的に価値あるものに仕立ててくれた。次に，私たちはわが妻たち，ダイナとカールに対して，その忍耐と理解に感謝したい。最後に，アルバート・バンデューラに深い謝意を表したい。彼の自己調整分野の先駆的仕事が私たちを励ましてくれたのである。

目　次

日本語版への序文　　i
序文　　iii

第1章
自己調整学習と学力の諸理論：概観と分析　　1

自己調整学習の諸理論の登場　　2
生徒の学習と学力の諸要因についての見方の変遷　　2
　環境／基準
自己調整学習とは何か　　5
自己調整学習の諸理論　　8
自己調整学習に対するオペラント的見方　　10
　自己調整の動機づけ／自己覚知／基本的な自己調整過程／社会的物理的環境効果／いかにして学習者は自己調整能力を獲得するか？
自己調整学習に対する現象学的見方　　13
　自己調整の動機づけ／自己覚知／基本的な自己調整過程／社会的物理的環境効果／いかにして学習者は自己調整能力を獲得するか？
自己調整学習に対する情報処理的見方　　16
　自己調整の動機づけ／自己覚知／基本的な自己調整過程／社会的物理的環境効果／いかにして学習者は自己調整能力を獲得するか？
自己調整学習に対する社会的認知的な見方　　20
　自己調整の動機づけ／自己覚知／基本的な自己調整過程／社会的物理的環境効果／いかにして学習者は自己調整能力を獲得するか？
自己調整学習に対する意思的見方　　24
　自己調整の動機づけ／自己覚知／基本的な自己調整過程／社会的物理的環境効果／いかにして学習者は自己調整能力を獲得するか？
自己調整学習に対するヴィゴツキー派の見方　　28
　自己調整の動機づけ／自己覚知／基本的な自己調整過程／社会的物理的環境効果／いかにして学習者は自己調整能力を獲得するか？
自己調整学習に対する認知構成的見方　　31
　自己調整の動機づけ／自己覚知／基本的な自己調整過程／社会的物理的環境効果／いかにして学習者は自己調整能力を獲得するか？
結論　　36

第2章
オペラント理論と自己調整に関する研究　　37

オペラント理論の一般原理　　38

自己調整に関するオペラントの見方　40
　　自己調整において基本となる下位過程　42
　　　自己モニタリング／自己教示／自己評価と自己修正／自己強化
　　オペラントによる自己調整の具体的事例の検討　60
　　結語　63

第3章
自己調整学習と学力：現象学的視点　65

　　理論的概観　66
　　歴史的背景　66
　　現在の見方　70
　　自己に関する理論　73
　　自己調整学習における自己システム構造とプロセス　85
　　　自己システム構造／自己システム過程
　　関連文献　96
　　　自己調整における自己システム構造への支援／自己調整における自己システム過程への支援
　　自己調整学習の発達の影響　107
　　　自己調整学習／自己調整スキルを発達させること
　　現象学的アプローチの適用　111
　　　自己システム発達に焦点化して自己調整学習を促進する実践／動機づけと学習の固有な能力の理解に焦点化して自己調整学習を高める実践／学習者の選択と制御に焦点を置いて自己調整学習を向上させる実践／学習者と教師が自己評価するのを促進する実践——自己システム構造とプロセス
　　要約，結論，展望　116

第4章
社会的認知理論と自己調整学習　119

　　理論の概観　120
　　　相互作用論／実行を伴う学習と代理による学習／学習と遂行／モデリング
　　自己調整学習の下位過程　125
　　　自己観察／自己判断／自己反応／自己調整の循環的性質
　　文献レビュー　130
　　　予見／遂行制御／自己省察
　　発達と獲得の関係　140
　　　自己調整の発達の様相／発達の問題
　　教室における自己調整方略の使用　144
　　結語　147

第5章
情報処理モデルから見た自己調整学習　149

　　情報処理に関する理論的見方　150
　　　記憶と情報処理／情報の形態／情報処理の制御モデルと学習への動因

自己調整学習における基本的な情報処理　161
　　　　第1段階：課題の定義／モニタリングの役割／第2段階：目標設定とプランニング——いかにしてたどり着くか／第3段階：方策を実行する／第4段階：メタ認知の適用／自己調整学習におけるモニタリングとフィードバックの重要性
　　自己調整学習における情報処理の研究　168
　　　　記憶の容量と自己調整学習
　　自己調整学習に関する情報の表象　177
　　　　メタ認知的制御の基礎としての意思決定／CoNoteS2：情報処理理論に基づく自己調整学習を支援するためのデザイン／自己調整学習へのサポート
　　結語　187

第6章
自己調整学習の意思的側面　189

　　意思についての現代の理論　191
　　　　小史／クールの理論と教育への応用／実践的有用性／理論と研究への有用性／自己調整学習の意思的下位過程
　　自己調整学習における意思関連の研究　202
　　　　記述的研究からのいくつかの示唆／大部分の研究：相関的研究／数少ない実験
　　教室における意思に関するその他のエビデンスの検討　210
　　　　エビデンスの種類／協同学習における2つのリーダーシップの役割：自分自身の学習を保証する能動的な段階／意思の個人差
　　現在進行中の重要な研究課題　222
　　結論　223

第7章
自己調整学習と学力：ヴィゴツキー派の見方　225

　　ヴィゴツキー派理論の歴史的文脈　225
　　ヴィゴツキーの言語理論　228
　　　　多機能性／歴史的位置づけの対比／実践に対する現代の考察
　　変化のダイナミクス：内面化の過程　234
　　　　新たに生じた相互作用／実践に対する現代的考察
　　方法論的課題と分析の単位　237
　　　　有益なデータ／分析の単位／実践に対する現代的考察
　　共同調整学習　242
　　　　動機づけ／行動化／評価
　　おわりに　249

第8章
自己調整的な学習者はどのような理論・アイデンティティ・行動を構築するか　251

　　新しい構成主義　252
　　自己調整学習の目標と機能　258
　　自己，調整，学習に関する新たな理論　261

自己のコンピテンスに関する理論　262
　　　　コンピテンスの認識の変化の基底にある要因
　　実行と制御に関する理論　268
　　就学と学習課題に関する理論　270
　　　　生徒の目標志向性／学習課題に根ざした動機づけ
　　方略に関する理論　274
　　理論から行為へ　277
　　　　自己の感覚の探求と確認／アイデンティティ探索の事例／アイデンティティの構築と確認が自己調整学習の説明理論に与える示唆
　　結論　285

第9章
自己調整学習と学力の理論についての考察　287

　　オペラント的見方　288
　　　　力点／討論
　　現象学的見方　291
　　　　力点／討論
　　情報処理的見方　293
　　　　力点／討論
　　社会的認知的な見方　294
　　　　力点／討論
　　意思的見方　296
　　　　力点／討論
　　ヴィゴツキーの見方　297
　　　　力点／討論
　　構成主義的見方　299
　　　　力点／討論
　　精神物理学的二元論を超えて　300
　　結論　303

　　　引用文献　307
　　　人名索引　347
　　　事項索引　351
　　　訳者あとがき　359

―― 凡　例 ――
1．原著注は★マークで示した。
2．訳者注は☆マークで示した。

第 **1** 章
自己調整学習と学力の諸理論
：概観と分析

バリー・J・ジマーマン
(Barry J. Zimmerman)
City University of New York

　自己調整の学習についての理論と研究は，1980年代の半ばに登場し，生徒たちがどのようにして自分たちの学習過程を調整できるようになるかという問題に答えようとした。自己調整は，知的能力でも学業成績のスキルでもなく自発的**過程**のことであり，その過程を通して学習者たちは，自分たちの知的能力を課題に関連した学業スキルへと変換するのである。この方法では，学習を，教えられた経験の結果として生徒たちに受け身的に生じる内面的事象というより，生徒たちが独力で積極的に取り組む活動とみている。自己調整学習（Self-regulated learning: SRL）の理論と研究は，発見学習，読書による自己教育，研究，プログラム学習，コンピュータによる授業のような，非社会的形態の教育だけに限定されるのではなく，社会的形態学習である，モデリング，ガイダンス，仲間やコーチたちや教師たちからのフィードバックを含むのである。自己調整としての学習を定義する主な論点は，それが社会的に孤立しているかどうかではなく，むしろ学習者が，それを追求するために個人の主導性，粘り強さ，適応性のあるスキルを示すかどうかである。この最初の章で私は，自己調整理論を，歴史的に，学習，教育への独特なアプローチとして論じ，それからそれらの共通する特徴を同定する。そして最終的に，自己調整学習の7つの代表的な理論的見方――オペラント的アプローチ，現象学的アプローチ，情報処理的ア

プローチ，社会的認知的アプローチ，意思的アプローチ，ヴィゴツキー派アプローチ，認知構成的アプローチ——の共通する特徴について，手短かに紹介し，比較する。後の章で，それぞれの理論的な見方は，研究と理論を発展させようとしてそれを採ってきた著名な研究者たちによって詳述される。

　本書の執筆者たちは，生徒たちが学習者としての自分を認識すること，そして，生徒たちが学習を調整するさまざまな過程を利用することは，学力を分析する際の重要な要因である（Zimmerman, 1986）という考えを共有している。学習についてのこの積極的な見方は，学習と学力の先行モデルとは異なるだけでなく，教師たちが生徒たちとの活動を計画する方法と，学校を組織する仕方にとって，深い教育的意味がある。自己調整学習の見方によると，教育的分析の焦点は，生徒の学習諸能力と固定された実体としての学校や家庭環境から，学習の結果や環境を向上させようとして生徒たちが1人1人自らが企画する方略に移っているという。

自己調整学習の諸理論の登場

　生徒の達成に対する自己調整学習的アプローチの独自な特性を理解するために，アメリカの教育改革というかつての試みを奨励したいくつかの理論的モデルについて，簡単に歴史的な概観を述べよう。アメリカの学校改革以前のそれぞれの試みは，生徒たちの学習はどうして起るのかと生徒たちの成績を最善にするために，いかに授業は編成されるべきかについての特色ある見方によって推し進められた。これらの見方は，それぞれ時期に現れてきた国家目標に対する一般の人々の認識と，これらの諸目標に対処する際の当時の教育的システムの短所から生じてきたものである。

生徒の学習と学力の諸要因についての見方の変遷

　第2次世界大戦後，アメリカの学校教育は，生徒の機能についての知能概念によって大きな影響を受けていた。基礎的知能検査についてのサーストン理論（Thurstone, 1938）の発展は，生徒の全範囲の能力についての決定的な要因説明をするものとして広く受け入れられてきた。

　一度適切に検査されると，生徒たちは分類されて，小学校の読書グループや

あるいは中学校の能力別学級編成のような最適な教育環境に置かれた。教師たちは，教えている生徒たちのグループの能力に，カリキュラムを合わせることを要請された。クロンバック（Cronbach, 1957）は，それぞれの生徒たちの能力や興味に対して，適切な型の授業を対応させる潜在的有利さを決める，公式の分析枠組みを提案した。その公式を彼はATIと名づけた。それは教授の処遇（T）交互作用（I）ごとの適性（A）（能力あるい態度）に対する略語である。その名称は，クロンバックの提案した，結果を統計的に分析する分散モデルの分析方法を示している。この公式化によって，教育研究者たちは，生徒の能力グループに教育方法を適合させるような，多くの教育改革を科学的に調査できるようになった。この授業効果の分析に対する関心は今日まで続いているが，ATI分析によってもたらされた研究は，概して，失望させられる結果だったのである（例えば，Bracht, 1970; Pressley & McCormick, 1995）。

環境

1960年代のはじめ，生徒の学習と達成についての社会環境作りが目立つようになった。改革への流れが，子どもの知的発達には初期経験が重要だとするハント（Hunt, 1961）とブルーム（Bloom, 1964）の影響力のある著書と，リンドン・ジョンソン（Lyndon Johnson）の貧困をなくす運動によって増幅された。教育改革者たちは，貧しい子どもの家庭の知的環境の不利な条件（例えば，Hess, 1970）と，この家庭の環境と学校のカリキュラムおよび雰囲気との隔たりに関心を寄せた。低階層の子どもたちの低い自己尊重（例えば，Rosenberg, 1965）を考えて，ホルト（Holt, 1964），ロジャーズ（Rogers, 1969），グラッサー（Glasser, 1969）のようなヒューマニスティックな心理学者や教育者は，子どもたちにとって学校をもっと適切なものにし，威圧的でなくそうとするさまざまな改革を提案した。彼らは，進級に際してはあまり等級分けに頼らないこと，カリキュラム要求には柔軟に対応し，そして生徒たちの社会適応にもっと関心を持ち，生徒たちの両親や家族をもっと学校に関わらせる努力をするよう勧めた。ヘッド・スタート（Head Start）は，恵まれない子どもたちが中産階層の若い人たちの家庭で与えられる「隠れカリキュラム」を受けられない状況を改善しようとして始められた。そして，その後すぐに1年生の子どもたちがヘッドスタートの経験から予想された知的成果を利用できるように，フォロー・スルー・プログラム（Follow Through Program）（アメリカ教育局：U. S.

Office of Education, 1973）が展開された。この改革運動の教育目的は，革新的な教育方法とカリキュラムを利用して，恵まれない子どもたちの知的不足や相違を補うことであった。

基準

　国家達成の指標を下げたことと，貧困の影響を取り除こうとする国家の取り組みの結果に失望したことから，1970年代半ば，教育改革の新たな波が起こった。この達成指標を下げたことは，1960年代の教育水準の凋落に大きく影響した。このときの基準は，高校や短大の両方のカリキュラムに必要なコースの数，また入学試験，進級，卒業の試験の難易度，そして教師を雇用するときの資格にも関係していた。質を改善しようとするこの運動の重要な指標になったのは，ハーバード大学の多くの基本的なコアカリキュラム要件の見直しであった（Fiske, 1976）。

　あらゆるレベルの多くの学校は，この「基本に帰れ」の指示に従い，学生たちの科目の選択を制限し始めた。合衆国の教育の質を評価するために，カーネギー財団と教育大臣によって国の委員会が任命された。委員会は，「危機に立つ国家（教育の卓越に関する国家委員会：National Commission on Excellence in Education, 1983)」のようないくつかの報告書を発表し，教育の質，カリキュラム要件，達成基準について全体的に問題の指摘をした。さらに，アメリカの学生の成績と他の国々の学生の成績の比較研究から，合衆国の低レベルが明らかにされた（Stevenson et al., 1986）。これらのレポートは，国と地方レベルのすべての3分野で基準を上げることを目的とした教育改革の新たな波を生じさせた。学校での落第率の増加，有資格者教師の雇用コストの増加，言語と文化が中産階級とは異なる恵まれない若年層の垂直移動の減少などに及ぼすその高い基準の影響に対して，関心はすでに高まっていた（例えば，Shanker, 1988）。

　これらの教育改革運動のそれぞれは，生徒がどのように学ぶかについての重要な仮説をよりどころとしていた。知能を重視する運動では，生徒の知的機能は学力全体に影響し，学年や年齢が変わっても比較的安定していると仮定している。生徒たちのこの大切な特性に教育方法を合わせるのは，教育者たちの課題であった。これに対して，社会環境的な見方では，生徒たちの背景はそれほど変えられないと仮定している。そして，少数民族の子どもたちには，学校で学ぶために民族の倫理や文化的アイデンティティを捨てるように求めることは

できないし，またそうすべきではない。そうではなく，子どもたちの教育的な経験を彼らの独特なニーズに合うようにするのが，教師と学校職員の仕事なのである，と考える。一方，教育基準重視派は，質の水準を維持することに対する教師と学校職員の責任を重視する。この教育改革者たちは，学校の高い水準こそが最適な教育と生徒の学力を保証すると考えていた。

　これらの教育改革運動のそれぞれは，生徒たちは能動的ではなく，受け身的な役割を果たすとみる教育理論に基づいていた。つまり，生徒たちは，自分自身の教育のために企画された事柄を自ら始めたり，実際にそれを補ったりしないと理論づけられていた。その代わり，生徒たちの知的能力，社会文化的背景，あるいは教育基準の到達度に基づいて，生徒たちそれぞれに対して教え方を適合させる教師と他の教育者の役割が重視されたのだった。これとは対照的に，自己調整学習理論では次のように考えられている。生徒たちは，①メタ認知と動機づけの方略を選択的に使って，学習する能力を1人で高められる。②有利な学習環境を積極的に選択したり，組み立てたり，創造することさえできる。③彼らが必要とする教育の形態と量を選択する際に，自ら重要な役割を果たすことができる。自己調整学習理論は，ある学習者が，知的能力（伝統的やり方で測定された），社会環境的背景，あるいは教授法の質で明らかな制限があっても，どうやって学習し目標に到達できるかを説明し記述しようとする。これらの理論はまた，学習者が知的能力，社会環境的背景，教育の質で明らかに有利であるにもかかわらず，なぜ学習に失敗するかも説明し記述しようとする。

自己調整学習とは何か

　この理論を考える前に，自己調整学習が何であるか，自己調整学習者をどうやって見分けることができるかを明確に規定することが大切である。生徒たちは，自分自身の学習過程の中で，メタ認知的に，動機的に，行動的に積極的な関与者であるその程度に応じて，自己調整をする（Zinmmerman, 1986）。これらの生徒たちは，学習の目標に到達するために思考，感情，行為を自ら生み出す。けれども，これよりももっと正確な定義は，研究者の理論的な見方によって変わることになる。たいていの定義では，生徒たちが学力を向上するための特定の過程，方略，あるいは反応の意図的な使用が何かを求めている。行動主義者たちが外面的反応の点から見て定義を選ぶのに対し，構成主義のような認

知的方向の学者たちは，内面的過程の点から見て表現された定義を選ぶ。どの定義でも，生徒たちは，学力を上げようとすると，自己調整過程の可能実用性に気づくと考えられている。

　第2の自己調整のほとんどの定義の特徴は，学習しているときの自発的フィードバック・ループである（Carver & Scheier, 1981; Zinmmerman, 1989, 2000a）。このループは，循環過程のことである。それは，生徒たちが自分たちの学習方法，方略の効果をモニターし，ある学習方略から他の方略に取り換えるような，自己認知の内面的変化から行動の外面的変化に及ぶ多様な方法で，このフィードバックに反応する過程である。現象学的な見方をとる研究者たちは，自己尊重，自己概念，自己実現のような内面的な認知的用語でこのフィードバック・ループを描写している（本書第3章，マッカムの記述を参照）。これに対して，オペラント的な見方をする研究者たちは，自己記録，自己強化，自己制御行為のような外面的な記述を選ぶのである（本書第2章，メイス，ベルフィオーレ，ハッチンソンによる討論を参照）。

　第3の自己調整学習のすべての定義に共通する特徴は，生徒たちは，どうやって，なぜある自己調整過程，方略，反応の使用を選択するかの記述である。理論家たちは，自己調整学習の動機づけの次元で大きく異なる。オペラント理論家たちは，すべての自己調整学習反応は，結局，外的報酬や随伴する罰の制御の下にあると論じている。他方，現象学者たちは，生徒たちは主に自己尊重感や自己概念で動機づけられるという。この両極間に位置する理論家たちは，動機を，達成した成功，目標到達，自己効力，概念同化と見る。生徒たちの学習も動機づけも説明する自己調整能力の理論は，他の定式化とは明らかに区別され，動機づけの乏しい多数の生徒たちを相手にしなくてはならない教育者たちは，特に興味をそそられるのである。

　自己調整学習という有効な定義に対する同じく重要な疑問は，なぜ生徒たちが，すべての学習経験に際して自己調整しないのかということである。自己調整学習理論家たちは，本書の中で何人かは発達の能力がその根底にあると考えているけれども，誰1人として，自己調整学習を単なる発達可能性や段階とは述べていない。その代わり，彼らは，自己調整学習は，生徒たちが積極的に始め調整しなくてはならない一定の過程，方略，あるいは反応に限ろうと考えている。そこで，提起された理論は，生徒たちが学習に際して自己調整をできるときでも時々しないことがあるが，自己調整をしたときと同じように，このし

なかった結果を説明しようとするのである。

　それぞれの理論は，生徒たちが学習しているときに，自己調整に失敗するさまざまな要因に関心を払っている。ほとんどの定式化は，ごく幼い子どもたちは学習しているときに，どんなやり方でも自己調整ができないのだと考えている。認知構成主義とヴィゴツキー派の両方の人たちは，ほとんどの子どもは小学校時代に自己調整をする力を発達させると考えている。しかし彼らは，このなぜできないかという主な原因についての考えが異なるのだ（本書第8章のパリス，バーンズ，パリスの討論，第7章のマッカスリンとヒッキーの討論を参照）。ピアジェ派のリードする構成主義は，幼児の自己中心性が自己調整を制限する決定的要因だと考えている。これに対してヴィゴツキー派は，自己調整することをすすめようとしても，幼児が内面的に言語を使えないことの重要性を強調する。フラベル（Flavell, 1979）の見方を支持する構成主義は，学習に際して自己調整ができない主な要因として，幼児のメタ認知機能の限界を強調する傾向がある。

　子どもたちが，自己調整学習過程が発達的に現れるある年齢に達したとき，この過程を使えないのは，次の3つの要因の1つ以上に原因がある。①生徒たちは，周知の自己調整過程が，特定の学習の文脈の中で役に立ち，必要とされ，望ましいことを信じない。②彼らは，自分たちは，ほかの効果的自己調整反応をうまくできるとは信じない。③あるいは彼らは，自己調整するように動機づけられた学習目標，あるいは学習結果を，心から望んでいるのではない。

　認知的に方向づけられた理論家たちは，進んで方略を使うときの重要な要因として，生徒たちがさまざまな方略の有効性を認知する大切さを強調している。例えば，ガタラら（Ghatala et al., 1985）の研究は，小学校の児童に，記憶方略（自分たちで方略を教えることを加えて）を使うと成功することを認めさせると，この児童たちがそれを使うように動機づけられることを示している。

　社会的認知理論家たちは，生徒たちが既知の自己調整過程の使用に失敗する，第2の説明に特に関心を払っている。彼らは，生徒たちがある自己調整学習方略を使うように動機づける，自己効力の認知的役割について研究してきた（Bandura, 1997; Zimmerman, 2000a）。シャンク（Schunk）は，生徒たちがモデルで示された自己調整方略を観察しても，モデルが自分たちとは違った存在だと認識すると，模倣する気にはならないというエビデンス（Schunk et al., 1987）を記述した（シャンクは，本書第4章で自己効力の研究を概観してい

る)。

　結局，たいていの理論家たちは，学習を自己調整しようとする生徒の取り組みは，追加の準備時間，用心，努力を必要とすると考えている。もしこれらの取り組みの結果が十分に気をそそるものでないと，生徒たちは自己調整する気にはならないのである。例えば，教師の持つ主題とキーワードを強調するために，授業の講義ノートを書き直すという学習方略から，生徒たちの教材理解とこれからの試験得点を向上させることが期待できる。生徒たちの努力がやりがいのあるものかどうかは，試験の重要性やその夜の残りの時間がどれくらいあるかによるかもしれない！　しかしながら，理論家たちが強調している結果の形についての意見は異なる。すなわち，他の研究者が自己に認知された成功か熟達のような内因性なものを好む傾向があるのに対し，オペラント研究者は，外因性の結果を好むのである。構成主義理論はもちろん，パリス（Paris）とその同僚のような（本書8章参照）現象学的理論は，生徒たちが動機を高めようとする，学習アイデンティティの形成を強調している。自分を能なしだとか，頭の弱いスポーツ選手のように学校には向かないと思っている生徒たちは，しばしば，自分たちの社会的準拠集団や個人目標にとっては二次的であるとか相反するとして，学業成績を否定してしまうのである（Steinberg et al., 1996）。

自己調整学習の諸理論

　学習者が，メタ認知的，動機的，行動的に自己調整するのは何を意味するかの説明に対して，次のような共通の基礎となる5つの論点がある。

①**どんな動機で**，生徒たちは学習するときに自己調整するか？
②生徒たちは，どういう過程あるいは方法で，自己反応あるいは**自己覚知**するか？
③自己調整する生徒たちが学習目標に到達するのに使うのは，どんな**基本的な過程**あるいは反応であるか？
④**社会的環境と物理的環境**は，どんなふうに，生徒の自己調整学習に影響するか？
⑤学習者は，どんなふうに，学習するときの自己調整**能力を獲得**するか？

第1章 自己調整学習と学力の諸理論：概観と分析

自己調整学習のそれぞれの理論は，次のこれら5つの共通論点で討論され，この分析の要約は表1.1に示されている。

表1.1 自己調整学習の共通論点に関する理論的見方の比較

	理論	動機づけ	自己覚知	基本的過程	社会的，物理的環境	獲得する能力
自己調整学習の共通論点	オペラント	強化する刺激の強調	自己反応以外は認めない	セルフモニタリング，自己教示，自己評価	モデリングと強化	行動形成と付加刺激のフェーディング
	現象学	自己実現の強調	自己概念の役割重視	自己価値と自己アイデンティティ	環境の主観的認知の強調	自己システムの発達
	情報処理	動機づけはこれまで強調されていない	認知的セルフモニタリング	情報の貯蔵と変換	情報への変換以外は強調されず	情報変換システム能力の増大
	社会的認知	自己効力，結果期待と目標が強調される	自己観察，自己記録	自己観察，自己判断，自己反応	動作的熟達経験	4つの連続するレベルの社会的学習を経て増加
	意思	期待と価値に基づく意思の前提条件	制御された状態よりも制御された行為	制御する方略，認知，動機づけ，情動	妨害する環境を制御する意思的方略	意思的制御方略を使う獲得された能力
	ヴィゴツキー派	社会的文脈以外はこれまで強調されず	発達の最近接領域の学習を意識	自己中心的言語と内言	大人との対話が子どもの言語の内化を媒介する	子どもは一連の発達レベルの中で言語の内的使用を獲得する
	構成主義	認知的葛藤解決や好奇動因が強調される	メタ認知モニタリング	スキーマ，方略あるいは個人的理論の構成	これまでは，社会的葛藤や発見学習を強調	発達が子どもの自己調整過程を制約する

自己調整学習に対するオペラント的見方

　スキナー (Skinner, B. F.) の環境主義者の原理に基づいて，また身体利用のための彼の行動技術に合わせて，オペラント研究者たちは，自己調整研究の最大で，かつ最も影響力のある体系の1つを作り上げてきた。1960年代の後半に始まった自己記録という彼らの研究は，学習成績（例えば，Broden et al., 1971）と同じように，喫煙（McFall, 1970）やウェイト・コントロール（例えば，Stuart, 1967）のような，人間の働きの幅広い領域にまで発展したのであった。唯一の主題研究パラダイムと時間系列のデータを利用する彼らの選択は，より多くの自己調整を求める個人の利用には特にふさわしいものであった。人々に自己記録を教えることは，実用性との合理的妥協であるだけではなく（なぜならしばしば装置の向こうの大人を外側からモニターするのは難しいから），むしろそれはオペラントな究明と制御に対して内面的な出来事を開示することなのである。ホーム（Homme, 1965）によって初めて命名された**内面的オペラントあるいは内面的なもの**である私的な事象は，公的な行動と同じ行動原則に従うものと考えられた。この仮説を支持するために，オペラント研究者たち（例えば，Shapiro, 1984）は，この自己記録と自己強化の効果の解釈には議論があるのだが，自己記録と自己強化している対象者による多くの「反応性」を明らかにしたのである。

自己調整の動機づけ

　この議論の焦点は，自己調整しているときの動機づけの究極的起源についての問題である。オペラント理論家たちは，人の自己調整反応は外的な強化刺激と整然と結びついているに違いないと言う。自己調整反応は，そこで，「内的反応制御」結合（Bijou & Baer, 1961）と見なされ，それらは外的な強化をするために一緒に結びつけられている。そこで，もし，コーヒーブレイクの形をした自己強化が生徒の大切なテストの成功を助けるなら，ブレイクは続けられる。しかし，この自己管理されたコーヒーの報酬が，テストの成績を上げるのに失敗するなら，オペラント理論家は，この自己強化の形は中断されるか，「消去される」と考えるのである。メース（Mace），ベルフィオーレ（Belfiore），ハッチンソン（Hutchinson）の見解（本書）では，自己強化は，それ自体の強化

目的よりもっと反応の多い弁別刺激として作用する。生徒たちが自己調整するとき，彼らは二者択一（そしてしばしば大きいほう）の報酬を選んで，直後報酬を引き延ばすのである（Ito & Nakamura, 1998）。オペラント理論家によると，自己調整の決定は，直後報酬と延滞報酬の相対的大きさと両報酬間の時間間隔によるのだという。

自己覚知

オペラント研究者たちは，学習者たちが自己調整するときの自己モニタリングあるいは自己記録の大切さを強調する。この自己記録は，叙述，頻度数，継続測定，時間見本法，行動評定，行動履歴，記録史料を含む。自己覚知それ自体は，直接的に観察されないので，普通は議論されない。しかしながら，これらの研究者たちは，自己覚知の重要な行動表示，つまり，自己反応性に非常に興味を持っている。そこで，オペラント研究者たちは，自己覚知を刺激するために，環境刺激を生み出す行為を記録すること，つまり物理的記録を含む行動的－環境的方法を使う，と言ってもいいだろう。この過程は，観察可能な事象を含むので，容認という公式なオペラント基準に対応するのである。

基本的な自己調整過程

メイスと彼の同僚（本書）は，自己調整学習反応の４つの主な種類を記述している。それは，自己モニタリング，自己教示，自己評価，自己強化である。自己モニタリングの重要性はすでに論じた。オペラント理論の自己教示への関心は，思考が実際には内面的言語であるというワトソン（Watson, 1924）の仮説までさかのぼることができる。わずかな現代行動主義者たちだけが，思考は喉頭収縮を必要だと主張するが，彼らは，自己教示を教えることと非言語的行為を加えることは，学習領域の広い範囲で機能を向上させるのに効果的なやり方であることを示してきた。自己教示は，学習者が従う記述された刺激としても取り入れられることがある。

自分への言語を思考に先立つものと考えたヴィゴツキー（Vygotsky, 1962）あるいはマイケンバウム（Meichenbaum, 1977）のような他の理論家たちとは違って，オペラント理論家たちは，自分への言語を刺激－反応関係の中で考えた。メースたち（本書）は，自己教示記述を「強化に導く特別な行動あるいは行動系列を引き起こす弁別刺激」（p.48）と規定した。彼らの見解では，自己

教示記述は，外的な強化子が弱いか欠けている環境や事態の中で，反応を起こす記載刺激あるいは口頭刺激である。しばしば自己教示記述は，明らかに，適切な反応と生じてくる結果を示している。そこで，オペラント理論家たちは，口頭や内面の反応特性よりも，自己教示記述の刺激特性を大事だという。

　第3の自己調整過程である自己評価は，個人に自分の行動次元と基準次元を比較することを求める（Belfiore & Hornyak, 1998）。これらの基準とは，達成の正確さ（例えば，正確に成し遂げられた段階の数）と達成の向上（例えば，比率，パーセント，持続時間）のことである。自己評価は，反応をもっと効果的にするために先行のものを修正するか，あるいは，もしその基準が不十分か不必要であれば修正するように，自己修正反応に影響することが期待されている。自己評価はまた，第4番目であり，最終の自己調整過程である自己管理報酬の元になっている。**自己強化**は，間違った名称だと言われている。認知的行動主義者たちとは違って，メイスと彼のオペラントの同僚は，自己強化反応に外的に報いる要求を重視する。これらの反応は，本当の価値を支える「自己」を獲得すると考えられているのではなく，むしろ，社会的監視あるいは上昇した地位のような，直後と遅延の両方またはいずれかの随伴性によって支えられるものと信じられている。そこで，オペラント研究者たちは，宿題を仕上げるために生徒たちに自己強化させる教師たちが，厳しい報酬基準を守れなくなったときに備えて，予備的随伴性を持つことが欠かせないとしている。

社会的物理的環境効果

　自己調整に関するすべての理論家たちの中で，オペラント研究者たちが，自己作用と直接的環境間の関連については最も説明的である。内的な過程は，外面的行動の現れ方の点からみて規定されている。行動と環境との機能的関係は，オペラント的アプローチの焦点である。この環境上の連関は，効果的な教示関与の方法を発展させる際の大きな利点である。

いかにして学習者は自己調整能力を獲得するか？

　オペラント理論家たちは，自己調整の発達的問題に比較的関心を注いでこなかった。しかしその代わり，自己調整学習における外的要因の役割を重視してきた。彼らの訓練に使った主要な教示方法は，モデリング，言語による教育，強化である。はじめは，外的な手がかりと随伴性が課せられ，それから自己調

整反応が次第に形成される。最後には外的な手がかりは消えて，短期間の強化が次第に弱められる。オペラント理論家たちにとって，学習を調整する能力へと導く主要な要因は，自己調整反応についての効果的モデルと外的随伴性の存在である。

自己調整学習に対する現象学的見方

　これまで現象学主義者は，人間の心理的機能に対して，自己認知が非常に重要であることを重視してきた。これらの認知は，学習と達成を含む行動機能のすべての側面に影響する，独特なアイデンティティや自己概念に体系化されると考えられた。人間の経験は，人の自己概念に応じてプラス，マイナスのいずれかに着信情報を歪めることのある，反応性自己組織によって濾過されると考えられていたのである。学習の誤りは，もし人の学習自己概念が肯定的なら，向上が起ろうとしているしるしとして再解釈され，あるいは，自己概念が否定的であるなら，失敗のしるしとして受け入れられた。生徒たちの自己概念を小さくすると，その後の学習の動機づけもまた低下すると考えられた。

　現象学的アプローチは，拡張された教育課程の選択と少なくなった生徒試験のような1960年代の多くの教育改革の推進においては，見事に成功を収めていたのだけれども，理論の発見的特質は，測定の主観性と生徒の自己概念の一体的性質を想定したせいで批判されていた（例えば，Mischel, 1968; Wylie, 1968）。さらに最近の科学的取り組みは，その代わりに領域別の自己概念の客観的測定に焦点を当て，これらの限定的想定を避けた。そして，その取り組みは区別され，また，階層的に編成された自己組織に対するサポートを見出したのである（Marsh & Shavelson, 1985）。このことは，学習機能の自己関連測定についての研究と理論の復活を促してきたのだった（例えば，Eccles, Wigfield et al., 1993; Harter, 1999; Marsh, 1990; Stipek & Daniels, 1988）。

自己調整の動機づけ

　現象学主義者たちは，学習時の自己調整の動機づけの根源は，自己概念を大きくするか，実現させることと考えている。マッコム（本書）によれば，学習時の自己の基本的な役割は，学習活動に取り組み持続する動機づけを生じさせることである。これは，個人のコンピテンスと目標の認知に関連した，学習活

動の個人的有意味性と適切性の評価によって生じるのである。

　マッコムは，自己組織構造が分割されて，全体的で領域別の形態になるという。全体的な自己概念とは，自己調整学習者としての自分自身の学習者のイメージのことである。それは自分たちが必要な知識，技術，能力を保持しているという信念に基づいている。それは，単一の文脈によるものだけではないことを想定しているし，学習することによって実現する斬新な特性を持つようになるかもしれない（例えば，Higgins, 1987; Markus & Nurius, 1987）。ある領域の自己概念は，数学，自然科学あるいは英語を学習するときのような特定の領域で，動機づけ，認知，感情，行動を生じさせたり制御したりする能力の個人認知と定義されている。この自己認知は，どのように生徒たちがその領域の学習で自己調整するかを決めるものとして考えられている。

　マッコムのモデル（本書）では，情動反応は，動機づけでは基本的な役割をしている。もし，自己認知が気に入らないと，不安のような否定的な情動が生じ，動機づけを低下させる。この情動は，学習課題や文脈からの，無気力，回避，引きこもりとなって現れる。これに対して，もし自己認知が好ましいものなら，生徒は学習に際して自信だけでなく，内発的動機も示すのである。つまり，生徒は，外的文脈が学習を求めていないときでも，学習を続けるのである。

自己覚知

　オペラント理論家たちとは違って，現象学主義者たちは，自己覚知は人間の心理的機能のどこにでも存在する条件であると考える。人々は自己覚知や自己反応することは教えられる必要がない。すなわち，それらは自己概念の性質そのものなのである。しかしながら，現象学主義者たちは，個人的な防衛を，自己認知を抑制したり歪めることを可能にする基本的因子と見ている。自分の学習能力を疑う生徒たちは不安になり，学習事態を避けたり，ありそうな失敗に備えて念の入った合理化を発達させる。この分析を支持して，マッコム（本書）は，高い自己意識は自己知識に対する欲求と関係しているし，低い自己意識は自己防衛に対する欲求と関係しているというエビデンス（Davis et al., 1987）をあげている。

　教育者たちは，防衛を減らしたりあるいはできるだけ消去して，自己覚知を高めることができるのである。マッコム（本書）は，生徒たちに，より現実性を帯びる方法，あるいは「自己理解」として記述される自己モニタリングと自

己評価をするように勧めている。特に彼女は，達成したことの主観的な覚知を増やすために，教師たちが生徒たちに，「学習のときに考えていると感じている」履歴を追うことを教えるように提案している。

基本的な自己調整過程

これまで，現象学主義者たちは，心理的機能の基本的過程として自己価値と自己アイデンティティを認知する重要性を強調してきた。マッコム（本書）は，自己組織についての見方から，これらの基本的過程を自己組織構造として分類している。次に，その構造は，自己評価，計画，目標設定，モニタリング，処理，符号化，検索，方略のようなもっと特殊な自己調整過程の広範なネットワークに影響しているという。

彼女は，自己調整学習における自己評価の役割を特に重視している。自己評価は，コンピテンスと制御についての個人要求に対する課題欲求と自己組織構造に対する課題要求から成り立っている。これらの自己評価は，結局は，生徒たちをプランニングと目標設定のような他の自己調整過程の利用へと導くし，プランニングと目標設定は，生徒たちの自己組織構造と処理に影響するのである。

社会的物理的環境効果

現象学主義者たちは，学習者たちの社会的物理的環境の主観的認知と比べて，その客観的性質をあまり重要視しない。マッコム（本書）は，教師は子どもに，学習活動の適切性の理解を援助すること，コンピテンスと制御の消極的自己評価に対抗させること，現実の学習目標を設定させることによって，自己に対する不安を晴らすことができる，と言っている。ロジャーズ（Rogers, 1951）のクライエント中心療法と同じように，彼女の提案は，教師が外的基準よりも，生徒たちの認知を基礎にして生徒たちの活動の効果を判断しなくてはならないという意味で，生徒中心的である。また現象学的伝統にしたがって，マッコムは，生徒の学習における自己信頼を高めようとして，教師が生徒を激励する大切さを強調している。

いかにして学習者は自己調整能力を獲得するか？

マッコム（本書）は，自己調整学習を基本的自己組織過程の発達によるもの

と見ている。小，中学の学年では，生徒たちの学習コンピテンスについての認知はさらに違ってくる。全体的な自己尊重や自己価値の感覚は，8歳頃に現れると考えられている（Harter, 1987）。この年齢の以前では，子どもたちは興味と気分を区別できない。そして能力について自己判断をするのが難しい（Nicholls & Miller, 1984）。自己知識と自己調整過程が欠けている生徒たちに対して，マッコムは，自己組織過程を増強する関与をすすめている。他の現象学主義者たちと同様に，マッコムは，生徒たちの自己調整学習を促進するのに積極的な役割を果たしている。そして彼女の研究の焦点は，外形的な達成を促すキーポイントとしての自己認知を直接向上させることにある。

自己調整学習に対する情報処理的見方

情報処理（Information processing: IP）理論は，1930年代の電子コンピュータと第2次世界大戦の武器の導入システムを発達させようとする取り組みから生まれた（ウィン，本書第5章を参照）。それはその後，広範囲な試みのすべてで，自己調整はもちろん人間の認知機能の全体的側面を記述し説明してきた。サイバネティック・モデルは，人々の記憶あるいは記憶方略利用のサイズのようなハードウェアとソフトウェアの成分の点から，人々の精神的適応はもちろん神経系の限界を説明しようとした。これらのモデルは，認知機能の「こころ」と脳の記述間のギャップを埋めようとした。そしてこの企ては，文化人類学者，技術者，言語学者，数学者，神経学者，哲学者，心理学者，教育学者などのような広範囲な学者を引きつけた（Johnson-Laird, 1988）。この学者たちは，精神的成分の2つの基本タイプの点から，人間の精神的機能を構想した。すなわち，記憶貯蔵と情報処理である。人間の機能の基本的な単位は，情報の記憶容量バイトとして記述される記号だと定義された。この知識の単位は，情報のすべての源に適用できる。その情報が，もともと，形式が生理学的，意味論的，肖像的，聴覚的，数的であるかどうかにかかわらない。情報のバイトは，処理に使用されるコンピュータの記憶貯蔵にプログラムされた。

自己調整の基本単位は，循環的フィードバック・ループであった。それはTOTE系列（すなわち，Test, Operate, Test, Exit）として，ミラーら（Miller et al., 1960）によって記述された。この定式化によって，入力された情報は，まず，あらかじめ定義された基準に照らしてテストされる。もし比較が不十分で

あれば，入力は操作され（つまり記号上で換えられ），それから再テストされる。この循環的サイクルは情報がテスト基準に合うまで続く。そして基準点になると，アウトプットされる。このTOTE単位は，コンピュータや人を変化する入力条件に対応して調整できるので，自己調整として記述される。例えば，家庭のサーモスタットは，華氏72度☆のようなプリセットのレベルによって，建物の熱を，「自己」調整する。サーモメーターが華氏72度以下になると，サーモスタットは加熱をし，サーモメーターがプリセットレベルに達するまで続ける。そしてそのレベルに達すると，加熱は温度が保たれている間止められる。

☆ 摂氏ではおよそ22度である。

学習の循環サイクルの間の自己調整の源は，成績とテスト基準との間の不一致を示す「負の」フィードバックである。この不一致は不快なので，学習者はそれを減らそうとするのである。もし適応がうまくいくと（すなわちフィードバックがもう負ではなくなると），自己調整の活動は止まる。カーバァーとシェイアー（Carver & Scheier, 1990）は，書くことのような自己調整機能の複合的な形は，より一般的な認知的制御ループ内の運動の制御ループの埋め込みを反映していると言った。これらの階層的制御ループは，目標あるいは基準とこれらの基準に基づいたフィードバックで成り立っている。例えば，書いているときの運動の実行からのフィードバックは，文章構成のような階層的に高いレベルにインプットするのである。これらの文章構成は今度は，段落を書くことのような高い制御ループに対してフィードバックするのである。これらの階層的定式化は，パワー（Powers, 1998）たちによって**制御理論**と呼ばれた。

自己調整の動機づけ

これまで，自己調整学習の動機づけの役割は，情報処理理論家たちからはほとんど注目されなかった。彼らはその代わりに，学習者たちの知識状態や推論方法に焦点を合わせていたのである。つまり，コンピュータは何かをやるために前もっての動機づけを必要としていない（まさに電子である！）。この欠点のために，情報処理理論家たちは彼らのモデルに動機的成分を加えることをゆっくりすすめたのである。例えば，自己効力の信念について言えば，何かやりとげる能力についての自己への心配や不安を扱おうとして，制御ループを補足してきた（Carver & Scheier, 1990）。ウィン（本書）は，個人の信念のリストを，

モデルの中に4つの動機変数を含めるまでに広げている。すなわち，結果の期待，効力の判断，帰属，誘因あるいは価値である。これらの情報の「熱い」☆形は，ある自己調整計画，あるいはスクリプトの実用性を決めるために「冷たい」☆形と結びつけられている。そこで，当面の情報処理モデルの動機づけの過程は，循環的フィードバックループ内の情報の他の形のように処理される個人的な賞のような，情動的に負荷のある情報として考えられている。

☆ 157頁を参照。

自己覚知

情報処理の見方からすると，認知的自己モニタリングは，自己調整において複雑だが重要な役割をする。自己モニタリングは，機能を意識する窓を提供する。自己意識は適応の援助はできるが，知能を占有してしまう。その結果，最適な達成をしようとすると制限されるはずである。情報処理理論家たちは，達成が高度に自動化されると，学習者は運動レベルだけで直接意識することなく自己調整できるし，これによって，学習者は目標とフィードバック・ループの階層の高いレベルで自由に自己調整するのだと考えている。運動の2次目標が，自動的に上位の認知的目標と結びつけられると（いつも熟達者によって報告されているように），さらに優れた達成が得られるのである。

基本的な自己調整過程

記憶の3つのタイプが自己調整に使われている。感覚緩衝記憶は，持続時間が非常に短く，そしてその形態は特定の感覚である（例えば，視覚あるいは聴覚）。情報は，これらのメモリーに，1，2秒のごくわずかな間だけ貯えられる。焦点的注意の影響を受けやすい感覚緩衝情報は，大きさの制限つきで20秒間続けられる短期メモリーあるいはワーキング・メモリーに移行する。ワーキング・メモリー容量の見積もりは，3から7情報バイトの範囲にある。もし情報が繰り返しリハーサルされると，それは短期記憶で維持される。符号化されたり組織されたりする情報は，長期記憶に移される。そこでは情報が時間に制限なく貯えられる。貯えられた情報の想起に失敗することは，情報処理理論家たちによれば検索障害のせいである。そこで生徒たちは，事実や事象についての自分たちの記憶を，注意を向け検索しやすい形に変えて，自己調整すること

ができる。

　長期記憶の情報は，リンクによって結びつけられているノード，チャンク，シェマのネットワークとして記述される。生徒たちは，情報のビットをもっと大きな単位に**チャンクすること**によって，自分たちの記憶を増やせるのである。その単位だと，自己モニタリングのような他側面の学習に対しては制限つきの短期記憶から解放されるのである。チャンクの例としては，記憶法としてHOMESという頭文字を使った五大湖の名前を記憶の仕方がある。生徒たちは，松の木，ビュイック，コマドリのような着信情報を分類して，木，車，鳥のような一般化されたスロットやカテゴリーである**シェマ**をまた考え出す。**方略と方策**は，HOMESによって例示したように，名前のリストを1語の文字列に変換する帰納的記憶方略のような，情報をもっと利用しやすい形に変える，「もし―そのときは」ルールである。

　ウィン（本書）によれば，自己調整学習は，4つの局面で使用される制御とモニタリング過程の循環サイクルを含む。それは課題の認知，目標と計画の設定，学習方策の実施，方策の調整である。制御は，獲得された学習方策の利用によって増える。自己モニタリングは，個人の基準点から見た結果の評価を含む。生徒たちの現在の結果と基準との間が一致であるとか不一致であるというこの認知的評価こそが，情報処理理論によれば，学習をやる気にさせるのである。

社会的物理的環境効果

　情報処理理論は，これまで，自己調整の社会的環境的諸要因にはあまり関心を払ってこなかった。この見方からすると，社会的物理的環境は，もし処理可能な情報に変換されないなら，自己調整にはあまり影響を与えない。そして，もしこの影響が特定の情報に変換されるなら，この影響は情報の他の源のように，制御サイクルによって自己調整されるのである。ウィン（本書）は，彼のモデルに課題条件として社会的文脈を含めている。それは，気の散っている友だちの隣で勉強しているときのように，生徒が学習を自己調整したいというときに他人の存在が影響するというエビデンスがあるからである。ウィンはまた情報処理理論家たちの間で新しい分野を開拓した。それは，情報処理の多様側面の「オフローディング（off-loading）☆」という他の方法だけでなく自己記録を含めることによるものだった。認知的オフロードの価値は，文化人類学者と

他の状況認知学者によって研究され，料理法の習得のように特に教えてもらわなくとも自然に身につけていくものであることがわかった（Brown et al., 1989）。

> ☆ オフロードは認知心理学用語。学習者が簡単に課題をやるために複雑さを簡易にしてやる個人の工夫である。例えば，1個のケーキを作るのに1／3カップの水が必要だとする。ところが，1／2個のケーキを作るのに，作り手は，1／3カップの半分まで水を入れるやり方で，しばしばオフロード（負担軽減）する。

いかにして学習者は自己調整能力を獲得するか？

情報処理の見方からすると，学習は，情報を処理し自己調整的に応答する人の能力をいつまでも増強する。シーグラーとリチャード（Siegler & Richards, 1983）は，生徒たちは，年齢と経験に応じて情報処理の精密なルールに支配されたシステムを次第に発達させると言っているし，ウィン（本書）は，そのようなルールのシステムが自己調整学習の基礎を作ることを指摘している。自己モニタリングの正確さ，自己評価の有効性，それに方略利用のような情報処理に含まれている他の自己調整成分には，発達的な違いがある。

ウィンとストックリー（Winne & Stockley, 1998）は，生徒たちが勉強活動をしているときに自己調整のレベルを向上させ，あるいは「独力で進む」のを援助するために，STUDYと呼ばれるコンピュータに支援された学習システムを使うことを勧めた。特別のメニューが，新しい教示内容を学ぶ生徒たちに，手がかり，フィードバックそれに補助情報を与えるように工夫されていた。STUDYは，生徒たちに，彼らの自己調整学習の局面に応じて，支援のはっきりした形を与える。皮肉なことに，人間に情報処理の自己調整を教えるこのコンピュータ利用というのは，最初，人間がコンピュータに自己調整するようプログラムした歴史的関係を逆転させているのである。かつてのサイバネティック生徒は今や先生になった！

自己調整学習に対する社会的認知的な見方

バンデューラ（Bandura）の社会的学習理論は，自己調整の社会的要因についての広範囲な研究の指針となった（例えば，Bandura et al., 1967; Bandura & Kupers, 1964）。今は**社会的認知理論**と名づけられた最近版で，バンデューラ（Bandura, 1986）は，人間の機能の三者関係の説明をさらに精緻なものにした。

三者関係は，人，行動，環境の影響の別々だが相互依存負担という関係に焦点化している。この理論は，初めは人間の機能に及ぼす影響のモデリングを説明するために発展したのだが，研究者の社会的事象と認知的事象との間の双方向関係の研究をめざすようになった。

自己調整学習に三者関係の説明を適用して，シャンク（本書第4章）は，学習の際の自己調整しようとする生徒たちの活動は，認知や情動のような個人的過程だけで決められないと言う。そして，これらの過程は，環境的事象と行動的事象の両方から影響されると考えられている。例えば，歴史の試験の準備中に，データの記憶を自己記録することは，生徒たちの環境（つまり，それは追加の勉強素材を創る）と個人内過程（すなわち，失敗が不安を作る）に影響するのである。これらの結果は，今度は，その後の自己記録と，おそらくは記憶方略の選択に影響すると考えられている。

自己調整の動機づけ

バンデューラ理論の初期の見解の中で，バンデューラ（Bandura, 1971）は，成果の期待が人の動機づけを決めることを重要視した。彼は，人々は実際に手にする報酬よりも，自分の行動に対してもらえると期待する結果によって動機づけられると主張したのである。彼は，この完全な認知的な立場を，環境的な事象として結果を取り扱うオペラント理論家の立場と区別した。期待された結果は，実際の結果より説明がうまくできるのだが（Baron et al., 1969; Kaufman et al., 1966），その期待された結果は，モデルが成功できる課題の取り組みに対して生徒たちが乗り気でないことを，容易には説明できないのである。

1977年，バンデューラは，自分で**自己効力**と名づけた2番目の期待構造の存在を仮定した。彼は，人は，もしモデルが自分自身よりも有能だと考えると，そのモデルが受け入れる結果は欲しがらないと説明した。バンデューラは，自己効力を，計画された達成レベルに到達するために必要な行為を実施する認知能力として規定した。そして，特に，1人で威圧的あるいは困難な状況に置かれたときの動機づけを予測する研究プログラムに着手した。バンデューラ（Bandura, 1997），シャンク（Schunk, 1984），ジマーマン（Zimmerman, 2000b）は，生徒たちの自己効力の量が，彼らの課題選択，忍耐，活動消費，スキル獲得に関係していることを示す広範囲な研究を概観した。

結果期待と自己効力期待は，学習者たちに将来の結果の説明を与え，そして

この提示は，学習者たちが自分たちの手で目標設定することを援助するのである。個人の目標は，自己動機づけそのものの原因ではなく，むしろ，将来の達成が評価される基準として働く。一度学習者たちが目標達成して自己満足すると，彼らは，自分の達成がその基準に合うまでやり通す傾向がある。そこで，自己調整しようとする動機づけは，2つの認知的原因を含む。すなわち，自己効力と結果の期待および目標である。

自己覚知

社会的認知理論によると，自己覚知は，特定の自己観察の反応から現れる自己効力のように，多くの自己知覚状態のうちの1つ以上の数を含んでいる。シャンク（本書）は，自己観察は，時間，場所，持続時間のような学習が生じる特定の条件に集中しているときに最も役に立つと言っている。

生徒たちの自己観察は，日記，プログレス・ワークシートあるいは行動グラフを使う自己記録で支えられる（例えば，Zimmerman, 1989）。研究（例えば，Shapiro, 1984）は，自己記録の規則性と近接性が自己観察反応の正確さに重要であることを立証した。結局，この過程は自己調整するその後の活動を導く必要な情報を与えるので，自己調整学習の成功は自己観察の正確さによるのである。

基本的な自己調整過程

バンデューラ（Bandura, 1986）は，自己調整の3つの下位過程を区別した。すなわち，自己観察，自己判断，自己反応である。これらの下位過程は，互いに別々のものではなく，相互作用していると考えられる。自己観察によって，学習者は自己評価が促されると考えられる。そしてこれらの認知判断が，今度は，多様な個人的で行動的な自己反応へ導くと考えられている。

自己判断は，自己の学習目標を，観察された自己のような現在の到達レベルと比較することである。社会認知的理論家たちが目標設定に対してする記述の型は，彼らの三者関係アプローチの違いを説明している。あまり環境的には関心を向けられていない認知的アプローチとは違って，社会認知的研究者たちは，生徒たちの独自性，困難度レベル，時間的接近性のような目標の文脈的特質に特別な関心を払っている（Zimmerman, 1983）。オペラント理論家たちとは異なって，シャンク（本書）は，目標と達成帰属の大切さのような個人的要因を重視した。大切ではない目標と能力や努力に寄与しない結果は，自己反応効果を生

じそうもない。

　シャンク（本書）は，自己反応の2つの主な種類を区別している。1つは個人的なものであり，もう1つは環境的なものである。**評価的**意欲とは，満足や不満足の個人の感情のことである。**有形的**意欲とは，課題の完成や成功に随伴する，仕事の休み，食べ物，新しい衣服のような自己管理刺激や結果のことである。自己反応は，また，自己観察や自己判断の相互調節を含んでいる。例えば，生徒たちが学習で成功すると，組織的な記録保存はもう必要がないし，達成目標は変えるべきであることを示している。

　自己調整過程の双方向的性質は，予見，実行，自己省察を含む3局面の循環モデルに応じて叙述されている。目標設定のような予見過程は，目標を達成しようとして考えられた方略がとられる実行局面の段階を設定する。実行中の自己モニタリングは，進行しているときには評価され，自己省察局面では価値があると解釈されるフィードバックを生み出す。自己省察は，学習しようとするその後の努力――自己調整循環を完成する――の点で，見通し目標に影響する。この循環モデルは，自己調整過程間の因果関係を説明するだけではなく，高まる自己効力と成長するスキルのような，自己調整する努力の累積的効果のエビデンスを説明する（Zimmerman & Kitsantas, 1997）。

社会的物理的環境効果

　社会的認知理論家たちは，研究プログラムを，モデリングや言葉による説得のような特殊な社会的過程と多様な自己調整過程の間の関係に焦点化した。加えて，課題性質と設定のような環境要因は体系的に研究された。モデリングと習熟実行経験は，生徒たちの自己効力獲得の認知に特に影響することが示された。成功するために困難を切り抜けるコーピングモデルは，観察者の効力感を，自分自身で困難を試みる程度まで大きくできる（Schunk et al., 1987）。個人の習熟実行経験は，自己効力認知を確定することに最も影響すると信じられている。シャンクとアートマー（Schunk & Ertmer, 2000）は，自己言語化，自己帰属，それに実現可能な目標設定を含む多様な自己調整過程に対する，広く多様で系統立ったトレーニング方法について記述した。

いかにして学習者は自己調整能力を獲得するか？

　社会的認知理論家たちは，自己調整は人が年を重ねるにつれて自然に発達するとは考えていないし，環境的相互作用の中で受動的に獲得されるとも考えていない。特定の学習は自己調整される必要があると考えられるが，自己調整学習の多様な下位過程は，子どもの発達に影響されている。シャンク（本書）は，言語を理解する能力，知識の基礎，社会的比較と能力帰属をする可能性などの年齢差のように，自己調整に影響することが示されてきた多くの発達変化をあげている。幼児は，自分たちを他者と正確に比較し，能力帰属をする複雑な教示に応じるのが難しい。シャンクは，自己調整学習のトレーニングは子どもの発達限界を考慮する必要があるという。

　社会的認知研究者たちは，4つのレベルについて自己調整コンピテンスの発達を記述してきた。**観察**レベルでは，生徒たちは，モデルのスキルや方略の主な特徴を区別することを学ぶ。第2あるいは**模倣**レベルには，学習者の動作的達成がモデルのスキルや方略の一般的形態に接近するときに到達する。第3のあるいは自己調整の**自己制御**レベルは，生徒たちがモデルの達成の精神的表象に基づいた，スキルや方略を達成できるときに生じる。**自己調整**レベルでは，学習者たちは，個人的で文脈的条件が変わるにつれて，自分たちのスキルと方略を組織的に調整できる。そこで，社会的認知的見方では，学習者のスキルおよび方略の獲得と発達は，はじめは社会的起源から発達し，次いで一連のレベルの自己起源へと移行するという。

自己調整学習に対する意思的見方

　意思についての初期の神学的で哲学的な考えは，人間の意志力の重要性に集中していた。例えば，聖アウグスチヌス（St. Augustine）は，基本的な人間の能力として意志を考えた。「我々は意志だけである。意志は多くの他の心理的活動に浸透している。感覚の前でさえも，意図があり，意志のかたちがある」(Watson, 1963)。デカルト（Descartes）は，意志は思考と行為を結ぶ基本的役割をすると主張した。そして，意志は行為を導くと信じられていた（Watson, 1963）。

　意志は，はじめは，神により自由意志を付与されたという神学上の仮説から

生じたのだが，それは，ドイツのウルツバーグ（Wurzburg）学派によって独特の能力として考えられた。その学派は，人間の行為の心理学に関心を持っていたのである。この見方では，人の意志は，行為しようとする意図の中に現れると考えられた。アッハ（Ach）はウルツバーグ・グループの著名なメンバーであった。彼は経験の意図的性質を研究するために構造化された内観法を完成し，選択的注意の役割に焦点化した意思の詳細な説明を提案した（Misiak & Sexton, 1966）。

アッハの理論は，その後レビン（Lewin, 1926）によって批判された。レビンは，意図は要求と区別できるかを疑問視した。意図と要求を同等と見たレビンは，追加の仮説なしに古典的動機づけ理論の枠組みの中で，意思の説明をやってのけた。しかしながら学習性無力感の最近の研究（Seligman, 1975）によって，現代ドイツの理論家であるクール（Kuhl, 1984）は，意思は動機づけとは違うことを確信したのである。彼は，動機づけられた主題でも課題に関連性のない思考によって散漫になると主張した。クールが行為の方向づけによって主に論じたように，意思的な過程は，要求達成状況の下で行為を導くと考えられている。コーノ（本書第6章）は，意思を自己制御の外面的と内面的過程の点から論じる立場をとっている。

自己調整の動機づけ

動機づけの論点は，いくつかのレベルで考えなくてはならない複雑なものである。最も一般的レベルでは，意思理論家たちは，内面的で心理的な力あるいは行為を制御する力の存在を仮定している。さらに特定のレベルでは，クール（Kuhl, 1984）は，人々の自己調整しようとする動機づけは，ある目標を達成するための価値と期待によって決められていると考えた。彼の見方では，この動機づけ過程は，意思の過程とは違うのである。コーノ（本書）は，意思の過程は決定の実施を調整し決定を**守る**のに対して，動機づけ過程は決定の形成を調整し決定を**促進する**と言う。それで，学習者たちの意思的制御方略を使う決定は，気晴らしや競合する行為傾向のような学習目標に対する妨害の認知によって促進されている。しかしながら，コーノは，やろうとする意図は成功と結果の予期のような動機づけ要因から由来するのだけれども，意思は学習し関与したいという意図を増大すると言う。意思理論家たちは，動機づけと意思との区別の比喩として，カエサルが生死の戦闘へ向かってルビコン川を渡る史話を使

ってきた。すなわち，学習者たちは，一度特定の課題に関わるように十分に動機づけられると，意思的過程は機能を維持しようとするのである。

自己覚知

クール（Kuhl, 1984）は，「十分に高度の覚知が，意思的方略への接近を獲得する前提条件である」また「現在の意図が自己調整である場合に限り，意思的方略の十分なレパートリーへの接近が用意されている」と考えた（p.127）。明らかに，自己覚知は，彼の意思の説明では基本的な役割を果たしたのである。しかしながら，自己覚知のすべての形が，意思的制御に役立つとは限らない。行為指向認知のために，状態指向認知が情動状態か疑惑感情に占められていても，学習者は競合行為傾向を排除し今の意図に集中できる。クールは，人は優勢な認知的指向性を基礎にして分類されると考えた。その優勢な認知方向づけを彼は能力のような特徴と考え，そして彼はこれらの2つの指向性を測る尺度を発展させた。

クール（Kuhl, 1984）は，行為制御を妨害する3つの状態指向性のタイプを区別した。それは，回想，外的焦点，揺れ動きである。**回想**とは先行する失敗の思いを取り除けないことである。また，**外的焦点**は，直後の成果より将来の成果に気をとられることである。そして，**揺れ動き**は，行為の方向を決めるときの不安感から生じる。これらの思考は，意図形成と行動表現との間を往き来できる。コーノ（本書）は，認知モニタリング技術によって，学習者たちがこの状態指向認知に逆らうのを援助されるという。そしてクール（Kuhl, 1984）は，学習者の注意を自己状態から課題行為に移行させられるのは，特定の注意制御方略だと記述している。

基本的な自己調整過程

クール（Kuhl, 1984）は，6つの意思制御方略を同定した。それは，コーノ（本書）が，より大きな枠組みの中に位置づけたものである。コーノの分析では，クールの3つの方略——注意制御，符号化制御，情報処理制御——は，一般的カテゴリーである認知制御の下に組み込まれるという。クールの誘因拡大方略は，動機づけ制御の亜変種として見られる。1つの残っている方略，つまり情緒制御であるが，それが，**自己制御の内面過程**と名づけられたコーノの上位カテゴリーを完成させている。コーノは，彼女の自己制御の外面的過程のカ

テゴリーに，残っている方略，環境的制御を含めている。

　この分析によって，自己調整についての意思的説明の高度なメタ認知特性が明らかにされた。そして，クールの6つのカテゴリーのただ1つが，事実上環境的であり，それはメタプロセスによって制御されていると考えられている。さらに，意思的アプローチは，学習それ自体よりも，学習者たちの**意図**（認知的構成概念）に影響するどの方略に焦点化するかによって区別されている。例えば，目を課題外の刺激からそらしたりあるいは過度な騒音を消すような注意制御方略の使用は，学習を直接改善するのではなく，はじめの学習の意図を持続させるのである。リラックスする自己教示のような情緒制御方略は，課題の難しい部分が学習できるように，意図を持続すると考えられている。動機制御方略は，成功あるいは失敗のプラスあるいはマイナスの結果を想像することによって，学習する気持ちを高めることである。

社会的物理的環境効果

　コーノの見方（本書）では，生徒たちの学習しようとする意思は，課題自身あるいは課題が遂行される環境の諸変化によって強められる。この変化とは，うるさい友だちから遠ざかってもいいかと頼むこと，計算機のような支えが利用できるようにすること，あるいは勉強熱心か協力的な友だち，教師，あるいは両親で自分の周りを囲むようなことである。

　意思的理論家たちは，情動と動機づけに及ぼす環境の影響を認めているけれども，彼らはそれを，認知的要因に対する二義的なものと見ている。例えば，クール（Kuhl, 1984）は，環境制御は，行為制御の調整が向上するなら増加すると主張していた。クールの3つの要因モデルでは，彼は予期されない失敗（基本的環境事象）が，多様な意思制御過程を起こさせると仮定していた。失敗は，生起する意思過程にとっての重要な条件である自己覚知を自動的に中断し，また引き起こすと考えられていた。しかしながら，環境が，学習者たちの主張や無気力それ自体を決めるのではない（p.113）。そうではなく，これらの反応は，学習者たちの意思的方向づけ（行為 対 状態）と結果の予期の産物であると考えられている。対照的に，コーノ（本書）は，これらの反応を自己制御方略で説明している。

いかにして学習者は自己調整能力を獲得するか？

クール（Kuhl, 1984）は，人の行為制御や状態制御の方向づけを，「優勢な要求が強い圧力をかけても，非優勢行為傾向に自分を関与させ，この傾向の実行を制御する能力」と見ていた（p.122）。「過程」よりもむしろ「能力」として行為制御方向づけを記述し，評価することは，相対的に低い程度の可塑性を意味している。しかしながら，クールとコーノの2人ともが実践的立場をとっていたし，意思が増加する多様な方向を提案してきた。そして彼らは，先に記述された自己調整に含まれる6つの意思的下位過程を使う練習課題を推奨した。コーノの章（本書）で，彼女は，生徒たちが共同学習のときに自分たちの意見に多様な意思制御方略を使うことを確かめていた。クール（Kuhl, 1981）は，状態方向づけされた対象者に明確な仮説の検証をさせて，この仮説では認知機能不全でも達成が妨害されないようになると結論づけた。

自己調整学習に対するヴィゴツキー派の見方

自己調整中の言語の役割に関心をもつ研究者たちは，ヴィゴツキーの研究に注目していた（本書第7章，マッカスリンとヒッキー参照）。彼の1934年版テキスト『思考と言語』の翻訳が1962年に刊行されて，この初期ソヴィエトの心理学者に対して，英語圏の発達心理学者と教育学者の関心が高まったのである。彼らの関心は，ヴィゴツキー理論で重視されている2つの特徴に集まっていた。それは，知識および自己制御の源泉としての内言，言語スキルを伝達し内面化する手段としての大人と子どもとの対話である。

多くの著名な心理学者たちが，自分たちの研究にヴィゴツキーの考えを取り入れた。例えば，マイケンバウム（Meichenbaum, 1977）は，さまざまな学習的欠陥のある子どもたちに対する**自己教示**教授法を発展させた。それは，初めは大人の言語の外面的模倣を含み，それから大人の援助がないこの言語の内面的使用を含む方法である。ブルナー（Bruner, 1984）は，**観念の足場**（ideational scaffolding）☆の概念を使用していた。それは，新しい概念あるいはスキルを学習する初めの段階の間に，付加的構造を与える大人の活動を記述することである。パリンサーとブラウン（Palincsar & Brown, 1984）は，読解教授方法を発展させた。その方法は，生徒たちがコンピテンスを獲得するにつれて，教師

が生徒たちと小グループの中で役割を交代する**相互教授**というヴィゴツキー派の考えを中核として作られたものである。マッカスリンとヒッキー（本書）は，文脈上の課題の相互に形成された理解の過程を捉えようとして，教授と学習へのヴィゴツキー的アプローチの精髄としての共調整（coconstuctivism）☆☆の概念を進化させた。これらの適用が示すように，ヴィゴツキーの理論は，本書の中で示されている他の自己調整の見方とは，子どもの発達と内言の機能的役割の言語的に調整された社会的行為を重視する点で異なっている。

☆　頭の中で行われる工夫。
☆☆　ジマーマンは，coconstuctivismの換わりにco-regulationを当ててもよいと言う。

自己調整の動機づけ

ヴィゴツキーは，自己調整する学習者たちを動機づける特定の過程について，比較的少ない公式的記述しかしていない。彼は，内言の課題関与と自己関与の型を区別したけれども，それぞれが学習と動機づけに別の効果を持つという仮定に対しては釘を刺している。自己関与的内言によって，彼は，自己制御を向上させる動機的説明と情動的説明を述べようとしていた。課題関与的内言は，課題制御を増加させる問題解決略説明のことである。彼の見方では，課題関与説明と自己関与説明の両方が，動機づけに影響するのである。

ヴィゴツキーは，また，物理的環境が人間の精神的過程とともに人間の機能の共決定因であるというマルクス主義者の弁証法的概念の影響を受けていた（マッカスリンとヒッキー参照，本書）。彼は，自然的文脈の社会的交渉から獲得された人間の知識の機能価値は自明であると信じていた。そしてこの信念は，人間の動機づけに及ぼす課題関与説明の効果の考慮に役立ったのだ。環境を支配することは，個人的で集団的な目標とされていて，自己を方向づける言語によって個人はこの目標を達成できるのである。

自己覚知

ヴィゴツキーは，覚知を意識の下位領域として見ており，覚知を心理機能の最高の状態と考えていた。彼は言葉の意味を意識の基本単位と考えた（Gallimore & Tharp, 1990）。言葉は，その意味が内面化されるとき意識を呼び起こす。意味は，子どもたちが，動作の制御を他者の言葉から内面的な内言へ

移すときに生じる。この移行は，子どもたちが，外面的自己中心的言語あるいは物事の達成を助ける自分への言語を使用することによって促進される。ヴィゴツキーによれば，語の意味が内面化されると，子どもたちは自分自身の活動を，意識的にやり，計画し，モニターすることが次第にできるようになる（Diaz et al., 1990）。ヴィゴツキー（Vygotsky, 1978）は，一度スキルが無意識の点まで熟達すると，自己意識（つまり，意図的自己調整）はもはや必要ではなく，かえって課題達成の円滑な統合に弊害をもたらすという。しかしながら，ガリモアとサープ（Gallimore & Tharp, 1990）は，「どの個人にも，どんな点でも，他者調整，自己調整の混合があるし，自動化された過程がある」（p.186）と注意していた。そこで，自己覚知は，発達の最近接領域に現れているスキルのこれらの側面に，精選して焦点化される必要がある。

基本的な自己調整過程

自己調整における基本過程は自己中心的言語であるが，それをヴィゴツキー（Vygotsky, 1962）は，次のように定義していた。「子どもはただ自分のことだけ話し，彼の話し相手には興味を示さない。話し合おうとしないし返事も期待しない。誰かが自分のことを聞いてくれるかどうかにさえも関心がない」（p.15）。ヴィゴツキーは，この自己中心的言語を外的言語制御から内的言語制御への移行として見ていた。内言と外言は，ヴィゴツキー（Vygotsky, 1962, p.131）によって，双方向的社会的言語過程の対極と見られていた。すなわち，外言は，思考から言語への転換を意味し，内言は言語から思考への転換を意味するのである。言語は内面化されると自分の方向づけができるようになる。

社会的物理的環境効果

他のマルクス主義者のように，ヴィゴツキーは，子どもの発達に及ぼす社会的環境と物理的環境の役割を重視した。彼は，子どもたちは，影響力のある社会的歴史的文脈の中で発達し，言語は，子どもたちがその文脈に適応したり制御するとき，欠かせない役割をすると信じていた。幼い子どもの言語の内面化は特に大人との社会的出会いから初めは始まるが，いったん内面化されると，内言はそれ自身の機能を持つのである。内言は，学習者が，精神的，身体的，社会的機能の適応レベルを新しく生み出すために，直接的環境の物理的，社会的現実に基づく行動ができるようにする道具として考えられた。したがって，

内言は，衝動的行為に打ち勝ち，その実行に先行する問題解決を計画し，子ども自身の行動を抑制する「難しい課題の解決のための自己調整の道具なのである」(Vygotsky, 1978, p.28)。

いかにして学習者は自己調整能力を獲得するか？

ヴィゴツキー（Vygotsky, 1962）は，内面化の点から自己調整の発達過程を記述した。彼は，子どもと大人の社会的相互作用が，幼児たちに内面化される内容を準備すると言った。誕生時，人間の新生児は，音の物理的特性（第一信号系）によって制御されている。しかし他者からの語の意味に繰り返しふれると，語はその刺激特性とは別に意味を獲得する（つまり第二信号系）。子どもたちの自分を方向づける行為への最初のステップは，子どもたちが，大人が子どもを調整しようとして（主として言語を）使ってきた意味を，自分を調整するために使用し始めると生じるのである。そこで，自己調整は大人との接触による個人間レベルから始まり，次第に子どもに内面化される。最後には，内言の調整によって，子どもたちは個人内レベルで自己制御することができる。

自己調整学習に対する認知構成的見方

この見方の始まりはさまざまである。しかしながら，2人の研究が独創性に富んだものとして広く引用されている。それは，バートレット（Bartlett）とピアジェ（Piaget）である。イギリスの心理学者，バートレット（Bartlett, 1932）による周知の物語についての大人の記憶の研究は，次の結論を出すに至った。主な基本的記憶術過程は，以前に貯えられた情報をただ思い出すのではなく，基礎的なシェマと入ってくる文脈的情報からの凝集した説明の再構成を意味している。**シェマ**は，多くの構成の考えや概念間の関係を明確にする，計画，筋立て，輪郭のことである（English & English, 1958）。バートレットは，再生試行の作為的なエラーに注目した。彼は，その試行が，学習者たちは物語のプロットに結びついた情報を粉飾しあるいは「そぎ落とし」，そして存在しない情報を除外したり「平らにする」ことを明らかにしたと考えている。彼の説明によって，多くの人々は，人間の記憶の分析は学習者たちのシェマの形成と利用に焦点化しなくてはならないことを了解したのである。

スイスの認識論者，ピアジェ（Piaget, 1926, 1952）は，幼児たちの知的発達

についての研究から，子どもたちは，がらがらを吸う反復的感覚運動をしている乳児でさえ，学習の際にシェマを形成すると同じように結論した。ピアジェは，子どもたちは**同化**と**調節**といわれる一対のプロセスによってシェマを形成すると信じていた。同化は，子どもたちが，がらがらの感覚特性のような情報を取り込むことである。そして調節は，現存するシェマに生じる変化のことである（例えば，新しい色のがらがらに出会うとき）。これらのシェマは静的ではなく，発達しているときに構造と柔軟性の質的向上が行われると考えられている。

　バートレットとピアジェの2人ともが，人間の学習と記憶再生の基本的土台としての認知的シェマの概念を発展させた。そして2人ともこれらのシェマを形成するときの論理と概念の整合性に大きな役割を与えた。彼らの見方では，人間の経験は，しばしば特有な形でシェマになる。そして心理学的分析はこれらの構成とその構成プロセスに焦点化される。パリス，バーン，パリス（本書第8章）は，シェマの代わりに，構成的表象の基礎としての**理論**という概念を採用した。それにもかかわらず，彼らは，生徒たちはバートレット，ピアジェ，他の人たちの研究から導かれた原理にしたがって，学習の個人的理論を作るのだと考えた。認知機能についてのこの構成主義的見方は，学習者たちが学習と再生に際して積極的個人的役割を果たし，自己調整の特別の意味を持つ見方をすると想定している。

自己調整の動機づけ

　認知構成主義者たちは，経験から意味を組み立てようとする人間の動機は，本質的に，強制的だと考えている。パリス，バーン，パリス（本書）は，構成主義の歴史的原理として次の信条を主張した。すなわち，情報を求める内発的動機づけが存在する，と。ピアジェ派の学者たち（例えば，Sigel, 1969）は，容易に同化されない（それは現存するシェマと葛藤しているので）情報は不快だという彼らの仮説を伝えるために，**認知的葛藤**の概念を使っている。理論家たちの中には（例えば，Berlyne, 1960），関係の深い動因として好奇心をあげている人もいる。両方の場合とも，不愉快な状態によって，学習者たちは，彼らの認知的**均衡**を取り戻すために，認知的調整を強いられているのである。しかしながら，構成主義研究者たちが自然の文脈で自己調整学習を説明するために，付加的動機構成を組み込む必要があるという認識が高まっている。例えば，パ

リスとその同僚（本書）は，自己調整の動機づけについての質問に回答をするために，彼らの構成主義理論の中に作用と制御の理論を盛り込んでいる（次々項，基本的な自己調整過程を参照）。

自己覚知

自己覚知は，ピアジェ派の構成主義者たちによれば，子どもたちのシェマの形成に中心的役割を果たしている。幼児は，彼らの自己中心性のせいで，他者の動機と視点を理解できない。この自己中心性は，彼らの認知構成の正確さを制限している（Piaget, 1932, 1970）。子どもたちの思考は，子どもたちが自分自身についての知覚と他者の知覚の世界を統合できるまでは，十分に論理的にはならない（すなわち操作的には）。自己調整に関連した自己覚知の最高のレベルは，子どもがピアジェの最終的発達段階である形式的操作期に入るまで生じない。これが生じると，幼児は自分の思考を自覚して，検証される仮説として思考を扱うことができる。フラベル（Flavell, 1979）は，人間の認知機能が高い認知レベルにおいてモニターされ制御されるという考えを伝えるために，接頭語**メタ**を使ってこのレベルの機能を記述した。

パリス，バーン，パリス（本書）は，子どもの自己覚知の発達変化を詳細に記述した。彼らは，幼児の学習能力の認識が子どもたちが学校へ入るときには信じられないほど高い（Benenson & Dweck, 1986）が，小学校高学年と中学校低学年では下がる（Eccles et al., 1983; Simmons et al., 1979）ことを示す研究を要約している。これらの自己認識は，またさらに領域固有的になるし（Marsh, 1986），さらに彼らの教師たちによって正確になる（Harter, 1982）。パリスと同僚たち（本書）は，自己覚知のこれらの変化を，学習能力と社会的能力の間（Stipek & Tannatt, 1984），努力と能力の間（Nicholls, 1978）を区別する高められた能力のような認知機能の発達変化と，標準のフィードバック，学年，社会的比較情報のような学校の社会的文脈の変化に帰属させる。

パリスと同僚たちは，生徒たちが作ろうとしている自己アイデンティティの役割とこれらの志向されたアイデンティティを裏づける自己調整の実践も重視した。自己シェマは，1つの領域の個人の過去の経験から，創造的で選択的に作られている。理想自己の表象の発達的変化は，児童期中期に生じる。それは，子どもたちが他者の目標と基準による動機づけから，自己で構成する理想自己へ移行するときである。しかしながら，学習の理想自己と低下する自己の現実

的見方との不一致が生じると，生徒たちは，自己価値を喪失し，ふざけや，スラッカー☆，競馬の騎手のような，学習以外のそれに代わるアイデンティティをしばしばとることになる。アイデンティティの形がどのようなものであれ，生徒たちのアイデンティティは，本人たちの承認を得る。このアイデンティティのせいで，生徒たちは自分に合ったやり方で行動するように動機づけられるのである。

☆　社会通念に背を向け，高学歴で無目的，無関心な生き方をする若者。

基本的な自己調整過程

　パリス，バーン，パリス（本書）によれば，自己調整学習は多面的であるという。生徒たちは次の４つの学習成分を調整するために理論を構成すると仮定されている。それは，自己コンピテンス，作用と制御，授業と学習課題，方略である。方略成分は，学習についてのほとんどの構成主義的説明の中で明らかである。**方略**は，時間管理，動機づけ，情動と同じく情報処理のような，ある目標を達成しようとして行われるよく考えた行為のことである。生徒たちの方略の理論とは，方略が何であるか（すなわち，宣言知識），それらはいかに使用されているか（すなわち，手続き知識），それらはいつ，なぜ使用されるか（すなわち，条件知識）についての知識のことである。後の知識の２つの形は，しばしば，他の理論家たちによって**メタ認知**と呼ばれている。

　主として**コンピテンス**に焦点化している古典的構成主義的伝統とは別に，パリス，バーン，パリス（本書）は，自己調整の**達成**をさらに説明しようとして，彼らの多面的説明を発展させている。この目標は，方略はもとより自己コンピテンス，作用と制御，授業と学習課題の成分理論を包括することによって達成される。生徒たちの自己コンピテンスの理論は，個人の学習能力の認知を含み，次の質問に答えることを仮定している——私は自己調整できるか？　生徒たちの作用と制御の理論は，彼らの意図と行為と同じように成功と失敗の解釈に焦点化していた。そして次の質問に答えることが想定されていた——なぜ私は自己調整すべきなのか？　あるいは，私がこの課題にどのくらい努力をしなくてはならないのか？　つまり，生徒たちの学校へ行くことと学習課題の見方によって，生徒たちは習得目標か自我／達成目標かを採用できるし，次の質問に答えられるようなる——この課題を学習するには何が必要なのか？　その見方と

は，多様性，相違，挑戦，制御，有意味性，そして生徒たちの目標指向に及ぼす影響のような，基本的な課題特性についての，生徒たちの信念のことである。

社会的物理的環境効果

これまで，ピアジェ派の構成主義者たちは，発見学習課題（例えば，Smedsland, 1961）や社会的葛藤学習グループ（例えば，Murray, 1972）を使って認知的葛藤を増やそうとする教授法を推奨した。発見学習法は，金属のナイフを炎で加熱して曲げ，冷えたら元の形に戻してみせるような，予期しない結果を学習者に示すことである。異なった見方および認知レベルを生徒たちに見せるような社会的葛藤は，発展的成長に必要な認知的葛藤を生じさせることも期待された（Zimmerman & Blom, 1983）。

構成主義の認知的葛藤をとる代わりに，パリス，バーン，パリス（本書）は，状況認知的な見方（例えば，Brown et al., 1989）をとり，生徒たちの自己概念と自己調整法の使用は，地域社会の道具，価値，習慣を含む社会的歴史的文脈にとって適応的であると言っている。パリスと同僚たちは，**構成主義の第二の波**としてこれに言及した。というのは，それは，構成主義は唯一個人的レベルで説明されるという仮説を否定する。発見学習や認知的葛藤，「単独認知」説明の均衡化などの構成概念は，仲介的概念として，共同学習や個人的理論，アイデンティティ，そしてパリスと同僚たちが定式化している適応的行為に，大部分が取って代わった。

いかにして学習者は自己調整能力を獲得するか？

これまで，構成主義者たちは，学習の自己調整力の増加に欠かせないものとして子どもの認知発達段階の変化を重視した。パリス，バーンとパリス（本書）は，生徒たちのコンピテンス，作用と制御，授業と学習課題，方略使用の考えに影響する学習の大きな発達的制約があると考えている。前に述べたように，年齢と就学期間に応じて，認知された自己コンピテンスには有意な低下がある。さらに，子どもたちの自己コンピテンスの総合的感覚は，子どもたちが次第に，学習スキル，社会的スキル，身体的スキルのようなコンピテンスの課題関連特徴を区別するにつれて，階層的に統合される。また，パリスとその同僚たちは，次の子どもの発達的変化を次のように推論している。①学習達成の能力と努力の役割の理解，②彼らができる制御の量を評価する，③学習課題の

性質の理解，④彼らが構成する方略の質。これらの変化は，子どもの自己の見方における発達的変化の生起を組み合わせる。これらの新たに生じる見方は，学習の方向と自己調整方法の利用に大いに影響すると仮定される独自のアイデンティティを生み出す。

結論

　学習と学力についての報告の中で**個々の**生徒たちこそが非常に大切であるということが，アメリカの教育者たちによって，何年間にもわたり強調されてきたのである。教育改革に拍車をかけてきた以前のモデルとは異なって，自己調整理論は，いかに生徒たちが公式の教授文脈と同じように非公式の教授文脈でも，社会的つながりがあるときと同じように1人のときでも，学習実践を活発にし，修正し，持続するかにその焦点を置く（Zimmerman, 1986）。この理論家たちは，学習は生徒に生じてくるものではないと信じている。すなわち，それは生徒によって引き起こされるものなのである。自己調整理論家たちは，この学習に対して生徒たちが，内的と外的な両方のレベルで積極的になるはずだと考えている。彼らの研究は，自己調整学習と学習発達の詳細な理論的説明が提供され評価されるまでに発達した。生徒の自己調整がしばしばまったく見られないような領域でも，教育者たちに自己調整学習の過程への洞察はもちろん方向性も与えるこの理論は，優れた価値がある。

第2章
オペラント理論と自己調整に関する研究

F・チャールズ・メイス
(F. Charles Mace)
University of Wales, Bangor
フィリップ・J・ベルフィオーレ
(Phillip J. Belfiore)
ジェフリー・M・ハッチンソン
(Jeffrey M. Hutchinson)
Mercyhurst College

　自己調整に関する理論のほとんどがとっている見方がある。それは，程度には違いがあれ，人間が自らの行動を自己決定しているという見方である。この考えに従えば，「自己」というものは，内側から自らの行動を導き，制御する働きを司っているといえる。このような前提から出発するとすれば，自己調整に関する諸理論によって，記述や推測をし，そして，説明されなければならない事柄がある。すなわち，行動の自己調整をもたらしていると考えられる，自己あるいは認知が司っている働きがどのようにして生じるのか，自由意志はどのようにして行使されるのか，ということが説明されなければならないだろう。
　オペラント心理学の出発点は，いくらか異なっているところがある。オペラント理論が自己調整を扱う場合，通例，次の2点が引き合いに出される。第1に，①自己拘束（commitment），自己制御（self-control），衝動性（impulsivity）といった用語でもって，私たちが共通に体験していることを現象として捉え，それに自然科学的な説明を加えようとすることである。第2に，②行動変容の方略を組織的に適用して，自らが望む行動へと変更を加えていくことである（Cooper et al., 1987）。1点目については，統制実験を通じて（例えば，Boehme et al., 1986; Ito & Nakamura, 1998; Logue et al., 1986; Rachlin & Green, 1972），観察された環境上の出来事と行動との間の機能的な関係が明らかにされ，そして，

自己拘束，衝動性，自己制御といった用語で説明がなされてきた。あるいは，行動に関する自然科学の方法やその成果（例えば，Skinner, 1953）を展開することによって理論的な説明がなされてきた経緯がある。いずれにしても，その目的は，これまで観念的な説明に陥りがちであった一定の行動様式を，科学的な探究にふさわしい言語でもって理解することにあったといえる。

自己調整ということで，オペラント理論が考える2点目の意味は，ある時点での環境に対して変更を加えるような個人の活動のことであり，それを受けて，次の時点での特定の活動は，生じやすくなったり，起こりにくくなったりするということである（Zimmerman, 1989）。目覚ましをかけたり，カロリーを計算したり，買い物旅行で支払い限度額を設けたりするといったような行動は，よい実例であろう。個人は，こういった行動がもたらす環境上の成り行きを利用して，自らの行動を制御しているのである。ここで重要な点は，環境の一部でもある個人の行動が，環境に変更を加えることができるということであり，その結果として，その後の自らの行動の生起率をも左右することができるということにある。したがって，オペラント心理学では，自己調整による行動は，環境によって制御された行動と何ら変わるところはないものと考えられている。

本章の目的は，次の4点にある。①自己調整に関するオペラントの考え方のもととなっているオペラント理論の一般原理を簡潔に概観すること。②オペラント心理学の視点から見て，自己調整された行動とはどういうことかについて概観すること。③自己調整において基本となる下位過程に関する研究のレビューと説明を行うこと。④教育場面における社会的行動と学習上の行動の自己調整に関する最近の文献について検討を行うこと。

オペラント理論の一般原理

スキナー（Skinner, 1979）は，行動の研究に自然科学の方法を適用することを専ら考えていた。これを行うためには，十分に統制された条件下において，個体に関する事柄とその関連変数とを直接に調べる測度が必要になってくる。数十年間にわたる実験研究によって，生活体の行動と特定の環境上の変数との間に，かなりしっかりとした関係が見られることが明らかとなっている（Ferster & Skinner, 1957; Skinner, 1938）。動物の研究から導かれる行動の原理は，人間を含め，種の違いを越えて普遍的に認められるものである。もちろん，行

動の複雑性は，系統発生にしたがって大きく異なってくるものではあるが（Catania, 1992）。

スキナーが主に問題としたのは，**オペラント行動**であった。オペラント行動が生じるかどうかは，その行動がもたらす環境上の帰結のあり方によって決まってくる。行動は，正の強化によって生起しやすくなる。正の強化とは，すなわち，その行動をとることによって，生命を維持する物が得られたり，身体的な安楽さや喚起の状態がもたらされたりすることであり，また，これらを伴うような出来事が生じることである（例えば，称賛のような社会的刺激，金銭や値打ちのある物などが得られること）。例えば，生徒のテストの点数が向上したときに，教師がそれに合わせて注意を向けるようにすれば，望ましい学習活動がその後も継続される可能性は高くなるであろう。同じように，行動は，負の強化によっても生起しやすくなる。負の強化とは，すなわち，その行動をとることによって，身体的な苦痛や，それと結びついた出来事を防いだり回避したりすることであり，また，生命を維持する物や他の正の強化子（報酬）が得られない状態を避けるようにすることである。例えば，生徒が，教師に睨まれたために，教室の秩序を乱すような行動は控えるようになり，再び席に座って課題に取り組むようになるといった経験をしたとする。そのような経験をすれば，生徒は，次の授業時間がたとえ自習だったとしても真面目に取り組むようになるはずであろう。以上のようなことから，オペラントによる行動分析の主な目標は，一定の行動がもたらす結果を識別することといえる（つまり，特定の行動を獲得したり維持したりするのに必要なものは何か，社会的に望ましいと考えられる反応が他にもあるような場合に，その行動を維持するために必要なものは何かということを分析しなければならないのである）。

行動に先行する出来事もまた，一定の行動を生起させる確率を左右するものと考えられる。行動の強化に対して予測的な意味を持っている先行刺激のことを**弁別刺激**と呼ぶ。弁別刺激は，その有無によって，強化の確率が上昇したり下降したりすることで，行動を制御する力を担うようになる。強化の可能性が増していくことで，1つ，あるいは，それ以上の弁別刺激に対して，個人は，特定の反応を自ら示すようになっていくのである。例えば，友だちと話をしたり音読したりして数学に取り組む場合に比べて，静かに着席して読解の課題をこなすようにクラス全体に向けて指示する場合のほうが，教師が生徒の行動を誉める可能性は高くなるだろう。これまでの教室での経緯にしたがって，生徒

は，場面に応じた行動を自らとるようになっていく（席に着いて静かに本を読めば，誉められるだろう，といったように）。

　よく知られた行動の原理はたくさんあり，この場で取り上げるには複雑すぎるので（Catania, 1992を参照），自己調整に関する議論を深めていく上で重要なことだけを示しておく。それは，行動に先行して生じる刺激と行動の結果として生じる刺激とをともに制御することを考えなければならないということである。オペラントの視点から見て基本となる自己調整の下位過程は，個人が自らの行動を調整するにあたって先行刺激と後続刺激とをどのようにして修正しているかという点にある。次の節では，オペラントの立場から自己調整について概観を行い，自己調整において重要と考えられている要素について明確にしていくことにする。そして，主たる自己調整の下位過程の中でも，現在，オペラント理論家や研究者たちから，特に着目されている点について議論を進めていくことにする。

自己調整に関するオペラントの見方

　生徒であれ教師であれ，自己制御や衝動性，自己拘束を高めている状況というのは，いくつかの選択肢の中から特定の活動を選び取っている状態にある。人間を対象とした自己調整に関する研究の大半が焦点を当ててきたのは，遅延させる強化子の量と時間とを操作することである（Ito & Nakamura, 1998）。自己制御といった場合，選択される反応は，目の前にある報酬を得ることを控えたり先に延ばしたりすること，もしくは，後の時点で代わりの報酬（さらに大きな報酬となることが多い）を得ることが望まれるような行動をすることである（Brigham, 1982; Rachlin & Green, 1972）。自己拘束といった場合，選択される反応は，小さいが即時的に報酬が得られるというものではなく，また，大きいがかなり遅延しなければ報酬が得られないというものでもない。そのどちらでもないけれども，より大きな遅延強化が期待できるものが選択される反応となるのである（Catania, 1992; Rachlin & Green, 1972）。例えば，ラックリンとグリーンは，時間の経過とともに，選択される反応が単一のもので，さらに遅延を要するもの，そして，より大きなものへと変化していくことを明らかにしている（Rachlin & Green, 1972）。そのような反応をとることによって，小さいが即時的なものと大きいが遅延を要するもののいずれかという二者択一の状態を

避けることができるのである。遅延をしてより大きなものを専ら好んで選択していく傾向は，一定方向の活動に対する自己拘束の高まりとして説明されている（Rachlin & Green, 1972）。衝動性とは，遅延を要する大きな報酬ではなく，即時の，そして，たいていの場合，より小さな報酬を選択することをさしている（Catania, 1992）。自己制御の例としては，次のようなものがあげられるだろう。友人と一緒に映画を観に行くことよりも幾何学の試験勉強をすることを選ぶ生徒や，前の日に授業の計画をしっかり立てることで翌日の授業がうまく運ぶようにする教師，仲間とおしゃべりをしたり冗談を言ったりする誘惑を抑えて数学の課題に粘り強く取り組み続ける1年生の子どもなどである。自己拘束の例としては，次のようなことが考えられるだろう。給与所得から一部を差し引いて預金口座に入れること，すなわち，金額に応じて一定の利息がつくことを目論んで，給与の一部を貯蓄することを望む人（Rachlin & Green, 1972）や，グループで学習すると，勉強が予定通りに進まずに飲みに行くことになってしまう恐れがあるため，むしろ1人で勉強することを選ぶ生徒などである。衝動性の例としては，翌日の試験の準備をしなければ，科目の単位を落として再履修をしなければならない可能性があるにもかかわらず，パーティーに出かけることを選んでしまう学生のことを考えるとよいだろう。

　オペラントの立場から見て自己調整の重要な特徴は，以下の3点にある。①いくつかの選択肢がある中で特定の活動を選ぶこと，②選択された反応にしたがって，結果に伴う強化価が相対的に異なること，③選択肢によって時間の上で異なる統制の位置があること（つまり，結果に即時と遅延の違いがあるということ。Brigham, 1982; Rachlin & Green, 1972）。①の重要性は，自己調整（自己制御，自己拘束，衝動性）に関する理論のすべてに共通している。選ぶべき複数の選択肢がなければ，自己調整そのものが成り立たないからである。けれども，①と②とを組み合わせただけでは，自己調整を示したことにならず，それは，単に，ある結果が別の結果よりも好ましいとする個人の傾向を表しているにすぎない。③の時間上の統制の位置を加えることで初めて自己調整の用語が思い起こされるのである。①，②，③の結果として出てくる行動が，自己制御，自己拘束，衝動性のそれぞれを特徴づけることになる。

自己調整において基本となる下位過程

　自己調整の特質といった場合，即時ではなく遅延を要する結果を選ぶこと（すなわち，自己制御のこと），もしくは，単なる遅延や即時的な結果ではなく，より確実性のある遅延された結果を選択すること（すなわち，自己拘束のこと），これらのいずれかを伴うのが通常である。だが，自己調整行動の可能性を高めるために個人にできることがたくさんある。自己制御や自己拘束を導く活動は，自己調整過程の一部である。オペラント研究では，自己調整過程は，自己モニタリング，自己教示，自己評価，自己修正，自己強化といった下位過程に分解されている。これらに関する研究の多くは，自己調整を促す手続きを開発し実行に移すことに関心があり，さまざまな手続きを効率化する上で必要となる変数にはどんなものがあるかを分析することに注意が向けられている。たいていの場合，いくつかの手続きを組み合わせて新しい自己調整のプログラムが考案され，そして，それらは教師主導の教育を生徒主導のものへと移行させるために一般教育課程や特殊教育課程の中に組み込んで実施されることが多い（Belfiore & Hornyak, 1998）。

自己モニタリング

　最初にあげられる，場合によっては唯一といってもよい，自己調整のプログラムの構成要素は，**自己モニタリング**である。自己モニタリングは，自らの行動についての観察と記録とを含む多段階のプロセスとして説明することができる（Mace & Kratochwill, 1988）。一般的には，自己モニタリングは2つの段階からなる。第1に，制御する目標反応の生起の有無を自己モニタリングによって弁別する必要がある。どのような出来事であれ，観察する刺激の明瞭さとその一貫性によって，弁別の信頼性は左右されるところがある。また，弁別に関する過去経験によっても，その信頼性は異なってくるところがある。第2に，目標反応のいくつかの次元（例えば，頻度，持続時間，潜伏期間）について自ら記録（すなわち，自己記録）する必要がある。

　自らの行動に関する観察と記録は，通例，記録表や記録装置（例えば，ゴルフの計数機のように）を用いて組織化されるものである。生徒の場合，自らの行動を正確に自己モニターできるように，標準的な行動評定法の訓練を受ける

ことが多い。よく用いられている自己モニタリングの方法としては，①叙述（narrations），②頻度の計数，③持続時間の測度，④時間見本法，⑤行動評定，⑥行動経過の履歴と残された記録，といったものがあげられる。一般には，①から④は，直接的な行動評定法として考えられている（つまり，行動が生起したときに評価するというもの）。それに対して，⑤と⑥は，情報の記録が行われるのが，行動が実際に生起した時点から離れているので，間接的な行動評定法として考えられている（Mace & Kratochwill, 1988）。目標反応と両立できるかどうか，学習者の機能や発達のレベル，求められる反応性の程度，実践上の配慮といった要因を加味して，自己モニタリングの方法を導入するか否かが決められるのが普通である。

　叙述と自己報告は，文脈を含めて自らの行動を書き留めることである。これらの記述内容は，記録方法の構造化の程度によって異なってくる。それは，自由記述形式によるものから，先行事象，行動，結果について詳細な記録を求めるものまで幅がある。自己報告は，生徒に，学習期間中の活動を直接，記録させるのに有効であろう。自己報告の有効性に関する研究で，フィニーらは，報告の正確さを最優先にして促した場合に，報告のスケジュールに対する忠実性とその正確さが向上することを明らかにしている（Finney et al., 1998）。**頻度の計数**は，単数あるいは複数の別個の反応が一定期間のうちに何回生じるかを記録する上で有効である。この技法は単純なので広く用いられてはいるが，それぞれの行動がどの時点で生起するのかについての情報は得られない。リーとティンダル（Lee & Tindal, 1994）は，2分間隔で，数学の解答を終えたらすぐその上に印をつけ，それまでに完答した合計を数えて問題集の評価欄の近くにその合計数を記入するよう生徒に求めている。頻度の計数を用いた自己モニタリングのその他の例としては，単語の綴りの練習（Reid & Harris, 1993）や物語の創作（Martin & Manno, 1995）などがある。**持続時間の測度**とは，特定の行動や一連の行動が生起する時間の量（例えば，勉強時間）を記録することである。この次元での変化が著しい行動に関しては，重要な情報が得られるといってよいであろう。**時間見本法**とは，観察の期間を短い時間間隔（例えば，10秒，30秒，60秒）に分割して，以下の3点について記録をすることである。①各期間において行動が生起した回数，②各期間における行動の生起そのものの有無，③各期間の終末時点における行動の生起の有無（つまり，瞬間的に時間を抽出すること）である。時間見本法は，学習活動中に課題に取り組んでいた時間や

着席して取り組んでいた時間といった行動の記録において役に立つ（例えば，Maag et al., 1993）。

間接的な自己モニタリングの方法とされている**行動評定**は，一定期間に生起する行動を1つ，もしくは，複数の観点をもとにして段階で評価するものである。評定のカテゴリーは，観察の間隔の長さや明確さによって異なってくる（例えば，1日のうちで，まったくない，めったにない，時々，しばしば，としたり，各授業時間中に，「2回，3から5回，6から8回，……」としたりする）。この方法は，着席していない状態や，協同遊び，手書きでの書字の正確さといったような行動を評価する際に利用されている。行動評定は簡便であるという利点があるが，明確さに欠けたり観察の間隔が空いたりすると，自己モニタリングの正確さや反応性に問題が生じてくることになる（Nelson, 1977）。最後にあげた，**行動経過の履歴と残された記録**とは，観察され自己記録されるものであるが，本来の評定とは別にある，行動から必然的に生じてくる結果や副産物のことをさしている。例えば，問題集での成績得点は，課題や家庭学習にどれだけ取り組んだかに関する間接的な測度といってよいだろう。看護師の記録を見ることで患者の胃の不調の訴えを調べることができるし（Miller & Kratochwill, 1979），指の爪の長さを見ることで爪噛みの様子を知ることができるのである（McNamara, 1972）。履歴と残された記録は，潜在的には行動の正確な測度ではあろうが，自己モニタリングの反応性に関しては限られた効果しか見られないのが普通である。その理由としては，これらの測度は，目標とされる行動からは時間的に離れていることが多いからである（反応性に関する次の項を参照のこと）。

■**自己モニタリングの反応性**　これまで述べてきたような自己モニタリングの方法は，行動評価の責任を教師から生徒の側に移すために教育現場では盛んに用いられてきた。評価の方略として価値があるだけでなく，行動変容の主体としての可能性を高めるために自己モニタリングの方法は利用されてきたところがある。自己観察や自己記録によって，新たな刺激条件を環境の中に導き入れて，すでに存在している強化の随伴性に対する反応の仕方に変化を加えることができるのである。自己観察や自己記録によって，このような行動変容が生じる傾向のことを**自己モニタリングの反応性**という。自己モニタリングの反応性の効果が，教師から強要される行動評価を凌いでいることが明らかにされている（例えば，Hallahan et al., 1982）。両者のメカニズムは類似しているものと考

えられるが，自己モニタリングのほうが直接的な観察（他人による観察）に伴う反応性よりも強力であることが示唆されている（Kazdin, 1979を参照）。

　自己モニタリングの反応性の効果は，1960年代以降，広範囲にわたり多数の研究によって検証がなされてきた。自己モニタリングの反応性が，学習，社会，職業，臨床などの多領域の行動に及び，また，子ども，大人，障害児，障害者など多様な対象に一般化できることが明らかとなっている。事実上，臨床に関連したあらゆる場面に一般化できることが示されてきている（Mace & Kratochwill, 1988）。例えば，学習場面では，課題に取り組む時間（DiGangi et al., 1991; Reid & Harris, 1993），課題を完了させる率（Morrow, Burke, & Buel, 1985），手書きによる書字の正確さ（Jones et al., 1977），適切な遊び（Stahmer & Schriebman, 1992），数学での取り組みの成果（DiGangi et al., 1991; Kirby et al., 1991）といったような適応的な行動の増加と自己モニタリングとが関係していることがわかっている。また，自己モニタリングは，授業中に席を立つ行動（Sugai & Rowe, 1984），注意を欠いたり教室の秩序を乱したりする行動（Christie et al., 1984）といった不適応行動を減らす上でも効果があることがわかってきている。自己モニタリングの臨床上のさらなる利点としては，他の介入が持っている効果を維持したり般化したりする一助になるということがある。例えば，ファウラー（Fowler, 1986）は，クラスの活動に参加しなかったり教室の秩序を乱したりする行動を改善する上で，仲間によるモニタリングが有効であることを明らかにしている。そして，クラスの決まりに従えているかに関して，仲間によるモニタリングから自己モニタリングへと変化させると，その効果が維持されやすいことが明らかとなっている。

■**自己モニタリングの反応性に影響を与える変数**　自己モニタリングの反応性の効果は広く認められてきているが，一方で，結果が入り交じっている，あるいは，効果がまったく見られない，といった研究報告もいくつか見られている（例えば，Shapiro & Ackerman, 1983; Shapiro et al., 1984）。このように研究結果が一貫しないため，自己モニタリングの反応性に影響を及ぼしている変数について明らかにしようとする研究が数多くなされてきている。大半の研究で採用されている手続きは，複数の条件下で，1つ，あるいは，それ以上の行動を自己モニタリングさせることであり，どのような条件下で最も効果を高めるのかを明らかにしようとするというものである。自己モニタリングの反応性を高めることがわかっている変数には，動機づけ，誘意性，実験者による教示や監視，

目標行動の性質とタイミング，記録装置，目標，フィードバック，強化などがある。

　自己モニターした反応を変えようとする動機づけは，自己モニタリングの反応性の程度を規定するだろう。喫煙者を対象にした研究では，自己モニタリングによって喫煙率を減少させることに成功したのは，禁煙する意欲を示した人たちと，習慣を改善するという研究目的に自ら賛同した人たちだけであった（Lipinski et al., 1974; McFall & Hammen, 1971）。目標行動が有する誘意性は，たいていの場合，行動変容の方向性と程度とを決定づけるものである。自己モニタリングによって，負の誘意性を持つ行動が減少し，正の誘意性を持つ行動が増加することが，いくつかの研究によって示されている（例えば，Nelson, et al., 1977; Willis & Nelson, 1982）。また，中性的な，もしくは，負の誘意性のある行動よりも正の誘意性のある行動のほうが反応性が高くなることを明らかにしている研究もある（Litrownik & Freitas, 1980）。自己モニタリング中に，あるいは，それ以前に与えられる実験者による教示や監視は，反応性の大きさに影響を及ぼす場合がある。ベルフィオーレら（Belfiore et al., 1989）は，発達障害を伴う成人を対象に，職務上の作業に取り組んでいる間に実験者が監視を行うことによって，自己モニタリングの反応性の効果がかなり向上することを明らかにしている。目標反応の生起に関する自己記録のタイミングも，自己モニタリングの反応性の程度を左右しうるものである。一例として，フレッドリクソンら（Frederickson et al., 1975）は，断続的に（例えば，1日の終わりに）自己記録するよりも，継続的かつ即時的に自己モニタリングを行うほうが大きな反応性をもたらすことを明らかにしている。また，反応性のあり方は，目標行動や記録装置の性質によっても異なってくるものと思われる。一般的には，言語行動や個人的な出来事をモニターするよりも，外見の上で明確に判別が可能な，非言語的な行動を自己記録するほうが反応性を高めやすい（Harmon et al., 1980; Hayes & Cavior, 1977）。また，課題に取り組んでいる最中や注意を集中している最中の行動よりも，実際の学習成果に着目させるほうが変化を促しやすいことがわかっている（Harris, 1986）。腕に装着したり手に持ったりする計数機（Maletzsky, 1974; Nelson et al., 1978）や，一覧形式のデータシート（Kirby et al., 1991; Piersel, 1985），音声による指示（Hems et al., 1986）など，自己モニタリングを促す道具を利用することによって反応性が高められることも明らかにされつつある。そして，目標，フィードバック，強化による反応性の効果の促

進についてであるが，例えば，カズディン（Kazdin, 1974）の研究では，自己モニタリングの際に遂行基準を示し，フィードバックを短い間隔で与えることで，代名詞の使用頻度（この研究で標的とされた行動）が最も増加することが明らかにされている。同様に，自己モニタリングされた反応に対して目に見える形で強化を行うことが，反応性の効果を高める上できわめて重要であると思われる（Mace & Kratochwill, 1985; Mace et al., 1986）。

■**自己モニタリングの反応性に関するオペラント的見方**　自己モニタリングの反応性についてオペラントの立場から説明がなされる場合，その根拠となっているのは，自己調整行動に関するオペラント理論の一般原理である。それに加えて，反応性を規定する変数について検討を行っている多数の研究知見にも目が配られ，オペラントによる説明がなされてきた。オペラント理論が問題にしているのは，「行動とその結果の間の関係に自己モニタリングがどのような影響を及ぼしているか」ということである。この問題に対する解答を得るためには，「自己モニタリング過程に関わる変数」「目標行動」「目標行動を最終的に規定する結果」という三者間の機能的関係を分析する必要がある。目標行動に先行する自己モニタリング変数は，「弁別刺激」「場面設定」「ルール」といった形で，目標反応の増減を左右するきっかけを与えるような役割を果たしているものと思われる（Nelson & Hayes, 1981を参照）。弁別刺激の例としては，モニタリングを外から促す記録装置，音声による自己記録の指示，直前の反応に対するフィードバックなどがあげられる。これらの弁別刺激は，強化を生じさせるのに十分なレベルがあれば，行動を引き起こすものと考えられる（例えば，数学の問題を25問中20問，解答した，というように）。一方，学習を自己モニターしているときに教師による監督を受けるといったような場面設定は，目標反応が生じる可能性を高めるものと思われる。というのは，教師による監督の下では，「望ましい」行動が強化されて，生じやすくなるからである。場面設定は，それ自体が行動を引き起こす刺激ではなくて，特定の行動に対して弁別刺激や強化子となる他の出来事をもたらす刺激なのである（Michael, 1982; Wahler & Fox, 1981）。そして，3つ目にあげた，ルールとしての機能を持っているのは，教示や遂行基準といった変数であろう。ルールは，どのような目標行動に対してどのような遅延を要する随伴性を与えるかということを説明するものである（Malott, 1984）。ルールは，求められる反応と予想される結果を示すことで，行動を引き起こしているといえる。一方，反応の自己記録は，目標

行動をとった結果として生じてくるものである。ここで引用した文献では，目標行動について即時的かつ継続的に記録をとった場合に，反応性効果が最も大きくなることが示唆されている（Frederickson et al., 1975）。理論家たちが認めている点は，自分の行動を自ら記録する行為は，目標行動に対して即時的な結果をもたらすということである。そして，そのことが，目標行動と，目標行動を制御している遅延された結果の両者間の関係を強めたり媒介したりしているということである（Kirby et al., 1991; Mace & West, 1986; Malott, 1984; Nelson & Hayes, 1981; Rachlin, 1974）。バーヤー（Baer, 1984）は，その関係を以下のように述べている。

　　形の上では，一連のスケジュールの中での刺激のようなものである。初めに必要となる遂行の直接的かつ即時的結果のことである。その最初の遂行が正しく行われたことを示すものであり，また，次に来る遂行の機会を設定するものでもある。そうして，自己制御する人であれば試みるはずの随伴性の再調整によって，罰を避けて強化子を得ることが可能となる。このような行為は，初めの遂行を維持する働きを持つ（p.212）。

自己教示

　自己調整に関する主要な下位過程のうち，他に取り上げるべきものとしては自己教示がある。自己教示もオペラント理論によって詳細に検討がなされてきた。オペラントが考える自己教示が，認知−行動論的な立場の自己教示（例えば，Meichenbaum, 1977）とは概念的にも手続き的にも多くの点で異なっていることにまず注意しておく必要がある。オペラントの立場からすると，自己モニタリング過程とは，弁別刺激を提供することである。この弁別刺激が存在することで，強化の基準を満たすよう，自らの行動レベルを調整することが可能となる。これに対して，自己教示も，弁別刺激を提供するものではあるが，この弁別刺激は，強化をもたらす特定の行動や一連の行動のきっかけを与えるものである。

　自己教示の内容としては，通常，2つのタイプの弁別刺激に相当するものがある。第1に，個人は，1つかそれ以上の弁別刺激に接触できるよう環境を調整するであろう。このタイプの弁別刺激は，求められる行動のきっかけを与えるものである。こういった弁別刺激は言語的であったり非言語的であったりするが，過去の強化歴によって行動を引き起こす可能性を持つようになる。例え

ば，女の子が牛乳の代金を学校に持っていくのを忘れないように，前の日の晩にそのお金を弁当箱の横に置いておいたり，代わりにメモ書きを横に置いておいたりといったようなことをする場合を考えてみるとよい。お金や注意書きは，学校へお金を持っていくという行動を引き起こす可能性を高める。それは，休み時間に牛乳をもらうために必要な行動だとわかっているからである。女の子は，このようにして環境を調整し，学校の規則を守るようになっていくであろう。第2のタイプの自己教示の内容は，ルールという形をとり，個人は自らの行動を統御するためにこれを利用するというものである。スキナー（Skinner, 1969）は，ルールのことを，随伴性を表現する一揃いの弁別刺激として定義づけている。このタイプの自己教示の内容は，遂行する反応とその結果の両者を明示するものである。したがって，オペラント理論では，自己教示された行動のうち，このような形式のものを「ルールに支配された行動」として特徴づけてきた（Zettle & Hayes, 1982）。

　第1のタイプの自己教示の内容は，グルスコヴィックとベルフィオーレ（Grskovic & Belfiore, 1996）の研究において説明がなされている。文字の綴りができるようになるよう計画された方略として，ホワイトボードを使って次のような自己教示をするよう生徒に求めている。言語化された内容としては，①ホワイトボードに教師が言った単語を書く，②教師の見本と自分が書いたものとを比較する，③間違えたところだけを消して，正しい文字はすべてホワイトボードに残すようにする，④教師の見本から正しい文字をそのまま写すようにする，があげられる。その他の方略としては，事前に指示を与えるカード（Cassel & Reid, 1996）や，契約（自己確認）を行うワークシート（Seabaugh & Schumaker, 1994）の利用などがある。ベルフィオーレとホーニヤク（Belfiore & Hornyak, 1998）は，宿題のチェックリストを日課として実施する方法を紹介しているが，それは，放課後のプログラムの中で段階に沿って宿題を完了させていくことを要求するものである。一連の自己教示の手順では，次のような内容からなるチェックリストの実施が求められている。

1. 昨日の宿題は終えているか？
2. ノートに宿題となっている課題がすべて書き留められているか？
3. 宿題用のフォルダの中にすべての宿題が入っているか？
4. 宿題を完成させるための準備はすべて整っているか？

5. 宿題を始めなさい。
6. 宿題となっている課題が全部できたかどうか？
7. 宿題がきちんとできているかを誰かに調べてもらったか？
8. 調べてもらったあと，宿題用のフォルダにすべて戻したか？
9. 完了させた宿題を教師に提出したか？（p.190）

　自己モニタリングの場合のように，自己教示の過程も一連のスケジュールの形態をとる。一連の各ステップは次のステップのきっかけをなすものであり，また同時に，そのステップの遂行は次の遂行の機会が存在することにより強化される（Baker, 1984; Catania, 1992）。このように，一連の自己教示を通じて，それぞれの反応をとっていくことで，完遂に向けての強化の可能性が最大限となるよう，生徒は自らの行動を調整することができるのである。
　第2のタイプの自己教示には，自己調整行動を促進するルールの使用が含まれる。例えば，スウォンソンとスカパティ（Swanson & Scarpati, 1985）は，軽度の障害を伴う生徒を対象に，読解力と文字を綴る力を高める自己教示方略を包括的に指導している。生徒たちは，テストや課題での遂行を促すような一連の質問，指示，ルールに対して，最初はただ反応することを学んだが，次第にそれらを自ら生成できるようになることを学んだ。次に示す例は，読解のための自己教示において基本となる構成要素を表している。

①文章を理解していく上で，はじめにしておかなければならないことは何か？ 題名を見て，新しい単語や言い回しを見つけて印をつけ，人名や行為を表す言葉に下線を引いておかなければならない。
②物語を読む前に必要なこと。誰が，何を，どこで，いつ，どのように，といった点を自分自身に問いかけておかなければならない。
③もし，昨日の授業で，これらのステップを忘れてしまっていたとしたら，当然，文章の中身は何も覚えていないだろう。昨日，言葉に下線を引かなかったから，出来事についての質問に答えることはできないだろう。

（Swanson & Scarpati, 1985）

　物語文を読む際，生徒たちは，一連の自己教示の中で，文書の形にした教示や記号のリストを利用して，うまく進めている。ウッドら（Wood et al., 1998）

は，掛け算の内容を勉強している生徒に対して，「正しい方略を使えば，問題に正解できる」と自分に言い聞かせるように指導している（p.327）。

スウォンソンとスカパティ（Swanson & Scarpati, 1985）の研究では，2つのタイプの弁別刺激を組み合わせて自己教示の手続きを計画する方法について例示がなされている。①と②の自己教示の内容では，行う必要のある問題解決反応がはっきりと述べられている。対照的に，③の自己教示では，行動のルールが示されており，何をすべきか明示するだけでなく，それぞれの行為の予想される結果についても示されている。こういった自己教示の最初の効果は，自己教示がもたらす結果を生徒が直接に体験したということからくるものではない。むしろ，学習上のルールに従うことの強化歴があれば，普通は十分である。強化歴があれば，ルールは，問題解決に対する弁別刺激として意味を持つようになるからである（Skinner, 1969; Zettle & Hayes, 1982）。

自己評価と自己修正

自己評価とは，設定された何らかの基準や標準と，自らの行動のある側面とを比較することをいう（Belfiore & Hornyak, 1998）。評価される側面としては，次のようなものがあげられるであろう（Belfiore & Hornyak, 1998）。①自己モニタリングの正確性（例えば，正確にやり終えたステップの数）。②時間あたりの遂行の向上（例えば，進度，割合，持続期間）。③特定の活動の総合的な成果。このようなパラメーターを考えれば，自己評価によって，自己モニタリングのシステムを適切なものへと容易に変更できるであろうし（①の場合），目標行動の遂行に基づいて自ら成果を生み出すこともできるであろう（②と③の場合）。例えば，生徒が，宿題を仕上げて提出することを目標として，9つのステップからなる手順に沿って進めた場合に，最後になってステップの3を飛ばしたことに気がつくようなことがあるかもしれない。自己モニタリングに関するチェックリストの評価に基づいて，ステップをやり直すか，不要であればチェックリストから外す必要が出てくる。そして，オリジナル版にしろ修正版にしろ自己モニタリングのチェックリストを完了して，宿題を教師に提出すれば，自らの行動に対して何らかの強化子を与えることになるだろう。この例における自己評価は，適切な自己モニタリングのステップをどう判断するか，あるいは，事前に設定した基準と比較した場合の遂行結果をどう判断するかにかかっているのである。ディガンギら（DiGangi et al., 1991）は，課題に取り組

みながらその行動を記録し，印の付いた度数に基づいて，「本当によくやった（10段階で8から10に入る場合）」あるいは「よくやった（10段階で4から7に入る場合）」のどちらかの言葉を自分自身に語りかけるよう生徒に指導している。また，スウィーニーら（Sweeney et al., 1993）は，書き方を教える際に，文字の大きさ，傾き，文字の形，間隔といった点について自己評価をさせている。これらのどちらの研究の場合も，生徒は，課題への取り組みにあたって，事前に設定した遂行基準に照らして，評価的な言明を行っている。

　自己修正とは，遂行を自己評価し，その結果に基づいて，反応を修正，変更することである。自己評価の場合，何らかの基準もしくは要求される遂行と，実際の遂行との間に区別がなされる必要があるが，自己修正の場合は，基準にできるだけ近づくよう遂行を修正する必要がある。マックガフィンら（McGuffin et al., 1997）は，綴りの自己修正ということで，生徒に次のようなことをさせている。それは，単語のテープを聴き，用紙にそれぞれの単語の綴りを書いて，そして，用紙の折り込み部分に書いてある正しい見本の単語と比べ，これをもとに自分で書いた単語の間違いを修正する，というものである。グルスコヴィックとベルフィオーレ（Grskovic & Belfiore, 1996）は，教師が書いた見本をよく見て，それに従って自分の誤りを正すよう，生徒に自己評価をさせている。どちらの研究でも，自己修正をせずに訓練する場合に比べ，自己修正を行うほうが綴りの遂行レベルが向上した。

自己強化

　自己強化の過程というものは，通常，遂行の基準や標準を満たしたあとに，その反応に従って生じる刺激にふれることをいう。そして，次の機会には，遂行の基準に沿った反応がさらに生じやすくなっていくというものである。これは，単にラベルを貼るのではなく，その過程を説明しようとしているので，望ましい定義であると考える。ラベルとは，①強化子としての刺激，②刺激と目標行動の間の随伴関係，③強化子の空間的配置，④一連の自己強化を完成させる上で管制塔のような役割を果たすもの，をいう。こういった過程の特徴は，自己強化に関するオペラントの見方とその他の理論的立場による見方とでは異なっている。

　まず，他の理論的立場との違いをはっきりさせることで，オペラントによる自己強化の考え方を理解することができるであろう。社会的認知理論家たちに

おいて広く受け入れられている考え方は，個人というものは自らの行動を強化できるし，実際にそのようにしている，というものである（Bandura, 1976; Schunk, 1989）。認知的理論家たちは，自己強化の過程を本来の強化の1つとして考えている。個人は，自由かつ継続的に反応に随伴させて強化子を利用することで，自らの行動を自己調整できるものと考えられており，そして，これは自ら設定した，もしくは，外から与えられた遂行の基準を満たしたり凌いだりという形でなされていく（Bandura & Mahoney, 1974）。さらに，強化子の空間的配置については，私的なもの（例えば，思考や感情）と公的なもの（例えば，物質的報酬や社会的報酬）があると考えられている。社会的認知理論家たちは，言語的な報酬や触知できる報酬を自らに与えることは，外的になされる随伴性と機能的には同等であると見なすことが多い。個人は，自らの行動を強化するためにかなりのことができるし，実際にそうしている，という考え方が主流なのである（Bandura, 1976; Kanfer, 1977; Schunk, 1989; Thoresen & Mahoney, 1974）。

■ **自己強化に関するオペラント的見方**　オペラント理論家たちは，自己強化の手続きが本来の強化の過程をなすものであるか，ということを問題にしてきた（Catania, 1975; Goldiamond, 1976; Rachlin, 1974; Skinner, 1953）。この点についていくつかの実例をあげることができる。次のような自己強化の手続きを生徒に指導する場合を考えるとよい。数学の単元で問題集を使って練習をしたあとに，女の子が前の単元のテストと同じかそれ以上の点数をとることを目標にしたとする。テストを受けて，目標を満たせば2点を自分自身に与え，目標を超えるとその都度1点ずつ加点していくようにする。休憩時間になると，ゲームや読書時間といった代理の強化子とポイントを交換する。1学期の課程の中でこの手続きを継続して，結果として，数学の得点が15％上昇した。

　この生徒は，目標達成に対しポイントを自分に与えることで，テストでの優れた遂行を本当に強化したといえるのだろうか？　この例が本来の強化であると主張するためには，ポイントと代理の強化子の両方が自由に手に入れられるものでなければならないし，遂行基準の達成に随伴して提供されるものでなければならない。さらに，テスト得点と自ら与えるポイントとの間の随伴関係が高得点の可能性を高めるものでなくてはならない。表面上は，これらの条件は有効であり，本来の強化の基準を満たしているように思われるかもしれない。けれども，この事例についてオペラントの立場から分析を行うと，次のような問題が提起されるであろう。生徒は，ポイントと代理の強化子を本当に自由に

利用できる状態にあるのか，両者の間に随伴関係がないといえるのかどうか？遂行の基準を満たしていないのにポイントと代理の強化子を要求された場合に何が起こるのか？　一連の自己強化は，どのようにして学習され維持されるのか？　一連の自己強化がモニターされずに教師によって強制されたとすると，生徒のテストの遂行にどんなことが起こるだろうか？　このような問題は，次のことを明らかにしているものと思われる。①勉強すること，テストを受けること，強化子を得ること，これらのスケジュールを立てること，②生徒の自己評価の正確さをモニターし，ポイントと強化子を与えること，③自己強化のルールに違反したり不正をした場合に罰を与えること。以上のことを通じて自己強化を維持しているのは教師にほかならないのではないだろうか。この状況では，自ら強化がなされているといえるのかもしれないが，教師によって制御された状態にもなっているものと思われる。

　一連の自己強化の維持を制御している随伴性が明白なものとはいえない別の例をあげてみる。学校から帰宅して1時間以内にきちんと宿題に取りかかる男の子の例をじっくりと考えてみるとよいだろう。宿題を終えてからの活動が，お菓子の準備だったり，友だちに電話することだったり，読書やテレビを見ることかもしれない。その子はこれらの活動は宿題を終えたご褒美だと言うだろう。一連の自己強化に一貫して従っているのだが，その報酬が実際に宿題を仕上げることを強化しているのかどうかは問題があるだろう。報酬が宿題をする行動を強化していると見なすには，宿題をやり遂げるベースラインとなるレベルが，報酬となる活動に取り組めることと随伴していなければならない。しかし，ほとんどの生徒にとって，宿題をやり遂げることを制御している随伴性は，教師や親がどんな反応を示すか，学習と成績の間には明白な関係があるか，といったこととつながっていたりする。

　もし仮に，この生徒が報酬なしに宿題を続けていたとすれば，自己強化を維持しているものはいったい何なのか？　オペラントの説明では，自己強化の成否を決めている結果に着目する。例えば，勉強して遊ぶという流れは，正の強化を受けるものと考えられるだろう。というのは，①この条件は，放課後になるとすぐに，宿題に集中して取り組むということに対して，とても有効に働くからである。また，あるいは，②晩になって，宿題という厄介なものもなく，報酬となる活動にだけ取りかかることができるからでもある。もしくは，別の時間帯に宿題をしようとするとうまくいかなかった経験が過去にあるかもしれ

ない（例えば，夜遅くとか，人と会う直前とか）。勉強して遊ぶという流れが一度形成されてしまうと，維持され続けるように思われる。

　オペラント理論からすると，これらの例を援用し，自己強化は誤った言い方であると主張することができるのである（Catania, 1975; Goldiamond, 1976; Nelson et al., 1983; Skinner, 1953）。目標反応に応じて自ら与える刺激は，強化子ではないと考えられる。なぜなら，それへの接近が，行動の生起によって決まるものではないからである。実験室研究では，反応と独立した強化は，一貫して反応率を減少させることが示されており（Nevin, 1974），反応と強化子の間の関係の重要性が示唆されている。通例，外から与えられる随伴性によって，一連の自己強化は確立されていくものと思われる。強化刺激に自由に接近できるわけではなく（例えば，先に勉強に取り組まなければ，教師は休むことを許すはずはないだろう，Catania, 1975），遅延された結果を効率的に手に入れる方法を促しているだけなのである（Baer, 1984; Malott, 1984; Skinner, 1953）。後者に関していえば，行動とそれを制御している遅延された結果との間の関係を媒介したり強めたりするよう，目標反応に対して即時的に結果を与えることが，自己強化の効果を左右している，ということだと思われる（Nelson et al., 1983）。

■ **自己強化に関する研究**　**自己強化**という用語の使用を支持するに足る実証的な根拠があるかどうかを吟味しているレビュー研究がいくつか見られる（Gross & Wojnilower, 1984; Jones et al., 1977; Mace & West, 1986; Martin, 1980; Sohn & Lamal, 1982）。ここでは，これらのレビューの結果を簡潔に要約しておき，緻密な議論を行う際に引用できるよう，その情報源を示しておくことにする。第1には，自己強化に関する多数の研究において，外的に調整された強化プログラムに基づく経験によって，対象者の即時的な強化歴が形成されているということがある。例えば，教室研究の多くは，公式，非公式のトークンや社会的強化によるプログラムを，自己強化条件に先行させたり対比させたりしている。このような対比や手順は，自己強化中の遂行にどのような影響が及んでいるかを不明瞭にしているだろう（Drabman et al., 1973; Kaufman & O'Leary, 1972; Santogrossi et al., 1973）。バウアーズら（Bowers et al., 1985）は，学習障害を伴う8歳から11歳の男児を対象に，自己強化条件と外的強化条件の下で注意行動を評定している。外的強化の前に自己強化を実施した場合にのみ，自己と教師と，両者の強化による遂行の違いが明白であった。どの順序で2つの強化を与えるかが，その効果を規定しているものと思われる。

第2には，遂行基準が教師や実験者によって設定されている自己強化研究がいくつか見られ（例えば，Humphrey et al., 1978），一方で，生徒が自分で遂行基準を設定している研究もいくつか見られる（例えば，Wall, 1983）。その際，報酬を自分に与えるかどうかは，基準に応じた遂行によって決められる。こういうやり方には多くの問題を伴う。というのは，自己強化のプログラムとは関係なく，遂行基準のみで生徒の行動を向上させうることが，ある程度明らかになっているからである（例えば，Kazdin, 1974）。また，遂行基準には，満たさなければ強化子が得られないという意味合いがそれ自体に含まれている。しかし，（自己強化というからには，）当の本人が，目標反応の遂行とは関係なく，自由に強化子を手に入れることができるものと理解していることが絶対に不可欠である（Bass, 1972; Catania, 1975）。これらの条件が満たされない限り，自己強化であると思われているものが，実は，外的な出来事に操作されて自ら行った結果にすぎないという恐れがつきまとうことになる。

　第3には，ほとんどの自己強化研究において，生徒は，教師やその他の権威ある人物の監視を受けることを経験している。おそらく，そのことは，自己強化の実践に何らかの影響を及ぼしているであろう（例えば，Belfiore et al., 1989）。ほとんどの生徒にとって，教師自体が一定の行動パターンに対するよくできた弁別刺激であり，教師は，生徒に，労せずして強化子を得るようなことはさせないだろう。

　混乱をもたらす外的な要因で，第4のタイプのものとして，自己強化に関する教示の仕方の問題や，自己強化自体に外的なものを随伴させてしまうといったことがあげられる。自己強化の研究では，目標反応の定義づけを行ったり，利用できる強化子について知らせたり，強化子を自分に与える上でのルールを示したり，といったことがなされることが多い（例えば，Salend & Allen, 1985）。正確になされた自己強化（例えば，Drabman et al., 1973）や自己モニタリング（Kaplan et al., 1996）に対して，特定のものを随伴させるような研究も見られる。そのようにして自己強化過程に外的な制約を加えると，行動を自己決定した結果が限定されてしまうことになる。

　混乱をもたらす外的な要因として，最後にあげられるのは，自己強化に加えて目標反応についても外的な随伴性を伴っているのかどうかということである。たいてい，教室の中でなされる研究では，自己強化プログラムと同時に作用してしまうような，学習活動や社会的行動に対する随伴性が存在する（例えば，

Kaufman & O'Leary, 1972)。また，成績，名誉，注目，嫌な結果の回避といったように，行動の成果に対して自然に伴う随伴性というものは，自己強化の効果を補う働きを持っていると思われる。

　以上の例で示したように，自己強化の介入において，これらの5種類の外的な出来事は同時に起こることが多い。外部から生じる随伴性は，他のタイプの研究の明確な解釈をも困難にしているところがある。だが，自己強化研究において制御の源が外側にもあることは，その影響を考えれば，自発的に行動を変容させたという説明を難しくしているといえるだろう。

　自己強化に関するオペラント研究では，主として次の2つの仮説について検討がなされてきた。①強化子が自由に利用できる場合に，その個人は，わざわざ自らの行動に随伴させて自らに強化子を与えるといったようなことをするだろうか？　②遅延を要するような環境上の随伴性に支配されている行動に対して，自ら結果を与えることが，弁別刺激となりうるのかどうか？　①の仮説に関して，バス（Bass, 1972）は，自己強化という考え方は，プレマックの原理（Premack, 1959）に反するものであると述べている。バスの主張は次のとおりである。「いつでもすぐに利用できる報酬であるのに，それを自分に与えられるようにと，わざわざ可能性の高い行動から低い行動へと切り替えるようなことをするものであろうか」(p.196)。それどころか，人間は，労せずして得られる強化子で，良くない結果とならなければ，それを使い切ろうとするものである，とバスは考えている。バスは，5年生を対象に群分けを行い，いくつかの強化歴を設定し検討を試みている。自己強化条件を実施する前に，学習上の課題ではなく実験室研究で用いられる形式の課題を与え，検討がなされた。その結果，教示に従わなくてもよいという強化を受けたグループは，そういう強化を受けないグループに比べて，自らの強化基準を満たしていなくても，報酬としてお金を自らに与え続けていた。同様の流れで，ウォール（Wall, 1983）も，5年生を対象に，6週間の言語技術の単元で，強化の随伴性を与える遂行基準を自分で自由に決めさせると，次第に基準を甘くしていく様子が明らかとなっている。ジョーンズとオレンディック（Jones & Ollendick, 1979）は，社会経済的地位の低い3，4年生が，遂行に対する外からの要求が弱くなると，自ら報酬を与えていた算数の遂行を急激に低下させていくことを報告している。他にも同様に，子どもは，不正をしても問題がないとわかると，楽に強化子が得られるように遂行の記録を偽ったりすることを指摘している研究がある（例

えば, Hundert & Batstone, 1978; Speidel & Tharp, 1980)。

　自己強化手続きが，弁別的な特性を持っているのか，フィードバックをもたらす特性を持っているのかについて吟味しようとしている研究がいくつか見られる。ネルソンら（Nelson et al., 1983）は，標準的な自己強化手続きを利用して，「課題－報酬」と「報酬－課題」という手順の違いを比較，検討している。その結果，両条件ともに統制条件に比べて問題集の解答数が上昇した。しかし，正答数は「報酬－課題」条件のほうが多かった。どちらの手順でも同じような効果が示されたということは，自己強化は強化機能よりもむしろ弁別的な機能を持っているものと考えられるだろう。ヘイズのグループによって行われた一連の研究では，自己強化の効果が，遂行目標を公的に知らせることによって影響を受けることが明らかとなっている。第1の研究（Hayes et al., 1985）では，研究対象者が自ら目標を決定し，随伴性が私的になされる場合に，自己強化は何ら効果を示さなかった。しかし，研究対象者が目標を紙に書いて，実験者がそれぞれの目標を声に出して読み上げると，自己強化の効果が見られ，読解の小テストの正答数が急激に増加した。第2の研究（Hayes et al., 1986）でも同様に，遂行のフィードバックを公的に行わずに，目標設定を伴う自己強化手続きを行っても，何ら効果は示されないことが明らかとなっている。また，公的なフィードバックを行い，目標設定を伴う自己強化を実施しても，遂行を向上することはなかった。これらの結果を総合すると，自己強化手続きとは独立した社会的な随伴性というものが，結局のところ，行動を支配しているものと考えられるだろう。自らに報酬を与える行為は，目標行動とそれを支配している社会的随伴性の間の関係を強めているにすぎないのだろう。ヘイズら（Hayes et al., 1986）が明確に述べているように，「1つの可能性としては，目標設定は，自ら基準を与える場合は，有効に作用しないが，**社会的**に基準を与える場合は，有効に働くのだろう。……〈中略〉……つまり，目標設定というのは，（その人の）遂行を評価できるよう，社会的に通用する形で基準を設けるようにするべきであるといえるだろう」(p.35)。このような解釈を支持する結果が，カストロら（Castro et al., 1983）や，メイスとクラトックウィル（Mace & Kratochwill, 1985）の研究においても報告されている。

　総合してみると，自己強化過程に関するオペラント研究では，研究上の問題に対して解答を提出しているものもあれば，逆に問題提起を行っているものもあり，さまざまであるといえよう。次のような結論を下している研究者らの見

第2章　オペラント理論と自己調整に関する研究

解は納得のできるものと思われる。自由に手に入る強化子を，遂行基準の達成に随伴させて自らに与えるといった形で，個人が自らの行動を調整しているという見方を支持するような研究結果はほとんど見られない。いくつかの研究を見渡してみると，人は，否定的な結果を伴わないことがわかると，強化子を随伴させずに利用し続けるものであるということが明らかにされている。あるいは，別の研究では，自ら報酬を与えることと行動とが一時的に一致することが，統制されていない多数の外的変数によって説明できることが示されている。

　オペラント理論家たちの主張によれば，自ら結果を引き起こす際に，フィードバックと遂行基準とを併せて結びつけるようにすれば，媒介的で，手がかりを指示する機能，弁別的な機能が得られるようになる。行動とその行動による遅延された結果との間の関連を強めるような働きを自己強化は持っているのだとオペラント理論家たちは考えている。これまでの研究結果は，オペラントの説明を否定するものでも肯定するものでもない。**媒介**や**手がかり**といったわかりにくい用語を使っていることを考えれば，これは驚くべきことではない。自己調整に関するオペラント理論をさらに発展させるために必要なステップとして，行動とそれによる遅延された結果との間をつなぐオペラント過程を**明確に示す**ことが求められるだろう。例えば，バーヤー（Baer, 1984）は，その過程は，連鎖スケジュールのようなものであると述べている。このような仮説は，検証が可能であり，また，既知の行動現象と対応することから，価値のあるものといえる。もし，この類推が妥当であるならば，次の2点を明らかにする必要がある。第1に，どのような順序の刺激の連鎖が最も効果をもたらすものなのか，第2に，なぜ，自ら結果を与えたり，目標設定を公的に行ったりすることが，他の刺激に比べて，自己強化の効果を促進しているように見えるのか，これらの2点について検討が必要である。

　オペラントの立場から自己調整について十分な説明を行うためには，研究をさらに重ねる必要がある。だが，現時点で明らかになっている理論や研究を踏まえれば，教育場面において自己調整のプログラムをどのような方向に展開してゆけばよいかについて示唆を得ることはできる。次の節では，自己調整を促進していると考えられる主な変数について概説をし，仮想的な事例をあげ，どのように適用できるかについて解説を行うこととする。

オペラントによる自己調整の具体的事例の検討

　オペラント理論や研究では，自己調整行動の発達や維持においてどのような要因が中心的な役割を果たしていると考えられるのかについて明らかにしてきた。第1に，自己調整する反応が弁別できなければならない。すなわち，自己モニタリング法を援用して，いつ，どのようにして目標反応が生じたのか，認識できなければならない。第2には，望ましい行動のきっかけを与える明確な弁別刺激が呈示されるように，環境の調整がなされなければならない。同様に，不適応行動のきっかけを与える弁別刺激は，できるだけ排除したり減らしたりするようにしなければならない。第3に，どんな行動をとるべきか，いつ行動を起こすべきか，もし正しくない反応をとってしまった場合に，どうすべきか，以上のことを明確に教示できるように，望ましい行動の弁別刺激を効果的な手順で示さなければならない。第4には，目標反応を行う場合と行わない場合の即時的な結果と遅延された結果についてはっきりと示す必要がある。こういった結果について，言語的であれ非言語的であれ頻繁に認識させる必要がある。第5には，自己調整過程の各ステップには，即時の結果を伴う必要がある。しかも，その即時的な結果は，当該ステップの遂行を強めるもので，また，次のステップの遂行を促進する可能性のあるものでなければならない。

　次にあげる仮想的な事例は，以上の基本となる要素をいかに組み合わせ，包括的な自己調整プログラムとすることができるかについて示すものである。平均的な知的能力を持つ，アートという名の4年生の男の子の事例である。彼は，これまで，授業もうまく学級経営においても力のある教師の下で学んできた。その教師は，多様な教授法と教材を利用して，できるだけ個に応じようとしていた。しかし，彼は，学年の始まりとともに，徐々に学習成績を低下させ，態度も悪くなっていった。宿題，課題，試験の成績平均が，読解と数学の場合，BからDとFに落ち込んだ。成績は全体的に良くなく，同等と考えられる学習内容であっても取り組み方には一貫性が見られなかった。彼の学習成績の問題は，教室の秩序を乱すような行為をとるようになったことと関係しているものと考えられた。彼の教室での様子は，教師の許しもなく席を立ち，クラスの仲間をからかい，勉強中に声を出して会話をしたり叫んだりするというもので，授業の課題にもほとんど取り組むことはなかった。

第2章　オペラント理論と自己調整に関する研究

　自己調整プログラムを展開する上で第1のステップとして必要なことは，アートにプログラムに協力してもらうよう，教師から頼んでもらうことである。彼に対してプログラムの説明を行った上で，目標行動の操作的定義を示し，増やす行動と減らす行動の内容について明確に理解してもらう必要がある。この場合，増加すべき行動には，課題や試験で正しく解答できた項目の割合や，授業に真面目に取り組んだ1日あたりの時限数が取り上げられる。減少すべき行動としては，許可もなく席を立つこと，必要のないときにしゃべること，クラスの仲間をからかうことなどがあげられる。

　教師は，アートに対して，包括的な自己モニタリングの手続きを用いるように指導するであろう。この訓練には，目標行動の定義づけに加えて，自己モニタリングを促す手段を使っての反復練習が含まれる。自己モニタリングができるように机の上に目標行動の一覧表がテープで貼られるであろう。席に座ること，課題に取り組むこと，教師から質問や求めがあったときに手を挙げること，教師が話をしているときはそちらを向いて聴くこと，質問されたら答えることなどが良い行動として提示される。一方，席を立つこと，必要のないときにしゃべること，クラスの仲間をからかったり邪魔したりすることなどが良くない行動として提示される。課題や試験に取り組んでいる間，アートは，自己モニタリングの書式に従い，一連の問題解決のステップ（次の段落の自己教示に関する説明を参照のこと）の進み具合を記録していくだろう。自己モニタリングの書式には，自己教示の各ステップが書かれており，それぞれの問題で完了したことが記録できるように欄が設けられている。自己モニタリングの書式の上部には，それぞれの課題や試験の得点が記録できるようにもなっている。もう1つの自己モニタリングの書式として，クラスでの行動を記録するためのものがある。この書式には，シートの上部に不適切な行動の一覧が示されており，左側には30分の時間間隔で区切りが設けられている。アートは，30分間隔で不適切な行動の生起を自ら記録することになる。もし，不適切行動が見られなければ，「良い行動」を示す時間の欄の最後に，自分で選んだ漫画のシールを貼ることになる。彼の自己モニタリングの正確さについて，教師が任意に点検を行い，不正確だった場合は減点される。

　課題や試験に取り組む際に，自己教示の手続きも利用するよう，指導がなされるであろう。教師は，読解や数学の内容に合わせて模範となる問題解決の手順を具体的に説明することになる。割り算（例えば，483÷7）の自己教示の手

順の例でいえば，次のようなステップで構成されるものと思われる。

1．先頭から2桁の被除数を除数で割った場合に最も大きい数はいくつになるか考えなさい。そして，その数（6）を被除数の2番目の数（8）の上に書きなさい。
2．この数（6）と除数（7）を掛け算して，その答え（42）を先頭の2桁の被除数（48）の下に続けて書きなさい。
3．掛け算した結果（42）を2桁の被除数（48）から引き算しなさい。
4．その結果（6）の横に3桁目の被除数（3）を下ろして書きなさい。
5．この4段目の数（63）を除数（7）で割った場合に最も大きくなる数を考えなさい。その答え（9）を被除数の3桁目の数（3）の上に書きなさい。

各ステップがはっきりとわかるように，以上のような説明はカラーで書かれたり描かれたりする。アートは，各ステップを声に出して読んだり自分に言い聞かせたりする。

自己調整プログラムの最後の部分として，行動の随伴性を明確に示すことと，自ら結果を与えるようにさせることが必要になってくる。1週間単位で，学習成績とその向上，教室での態度について，教師とともに話し合ってその基準を決めなければならない。課題や試験を終えたあと，10分以内で（教師が定期的に正確さを点検する），自分の用紙に成績をつけ（自己評価），その得点が基準を満たしていたり越えていたりすると，課題の場合には5ポイント，試験の場合には10ポイントを与えるようにする。もし，基準は満たしてないが，過去の成績よりは良くなっていた場合は，課題には1ポイント，試験には2ポイントを与えるようにする。その際，教師が作成した解答集が利用できるようにするとよいだろう。毎日の目標に照らして不適切な行動が見られなければ，30分ごとに5ポイントを獲得できるようにもする。そして，1日が終わると，その日の合計ポイントを報告カードに自分で記録するようにし，自宅に持ち帰って親のサインをもらうようにする。週の初めには，アート，彼の両親，教師が話し合って，5日のうち4日間にわたり，その日1日の目標をすべて満たした場合に，どんな特典が得られるか決めなければならない。目標を忘れないよう，その週の報酬が何であるかわかるように何らかの目印を作成して，目に見える場所に貼っておくようにさせておいてもよい。

第 2 章　オペラント理論と自己調整に関する研究

　要約すると，アートは，次のような自己教示による学習の手順に従うことになるだろう。

1. 問題を読みなさい（声に出して，あるいは，静かに）。
2. 問題解決の各ステップを読みなさい。
3. 各ステップの解答を適切な所に記入しなさい。
4. 自己教示の各ステップを完了したことを自己モニタリングの書式に従って記録しなさい。
5. 最終的な解答を書きなさい。
6. 教師が作成した解答集を利用して，課題や試験の成績をつけなさい。
7. 自己モニタリングの書式に従って，正答数を記録しなさい。
8. 遂行基準を満たしたり越えていた場合，ポイントを与えなさい。
9. 遂行基準は満たしていないが，過去の得点よりも良かった場合も，ポイントを与えなさい。
10. その日の合計を報告カードに自分で記録しなさい。
11. ポイントと代理の強化子とを交換しなさい。

　彼の行動を改善する上で，実際には，これらの自己調整の手続きのすべてを実施する必要はないのかもしれない。遂行目標を成し遂げ，その遂行を長く維持していく上で，まず必要となる手続きに絞って効率的に利用してゆくことが求められるのであろう。

結語

　本章では，自己調整に関するオペラント理論の基本的な見解について概観してきた。オペラント理論の見地からすると，自己調整行動というのは，すべてオペラント行動のようなものであり，オペラント行動の結果の関数のようなものであると考えられる。行動が自己調整されたという形になるのは次のような場合である。強化刺激や罰刺激をもたらす行動の可能性を変更するように，個人がさまざまなやり方で環境を調整する場合である。自己調整を表す専門用語としては，自己拘束，衝動性，自己制御があげられるであろう。環境の調整とは，オペラントによる自己調整の下位過程として考えられるものであり，自己

モニタリング，自己教示，自己評価，自己修正，自己強化などを含んでいるものといえる。自己モニタリングを利用することで，行動の生起と，行動と環境上の結果との関係について，しっかりと弁別できるようになる。自己教示の技法は，問題解決に対する弁別刺激となるものであり，また，自己モニタリングの正確さを高める弁別刺激となるものである。自己評価，自己修正にあたっては，あらかじめ設定された基準や標準に照らして，個人の遂行について識別や修正を行うことが求められる。自己強化によって，一連の行動に即時の結果をもたらすようにし，最終的には環境上の結果を導くことが可能となる。

　人間が公的，私的な強化子を随伴させて行動を制御しているという見方に疑問を呈している研究がかなり見受けられる。また，自己制御や自己拘束の技法によって行動と遅延された結果との間の関係を強められるという，自己調整に関するオペラントの見方は，実証的に明らかにされてきている。自己制御や自己拘束についてオペラントの立場から系統的な論述を推し進めていくためには，実験による検証を通じて理論的説明をさらに明確化することと，理論の普遍化を図り実践に応用していく努力が求められるであろう。

第3章
自己調整学習と学力
：現象学的視点

バーバラ・L・マッコム
(Barbara L. McCombs)
University of Denver Research Institute

　10年以上前に私がこの章を書いたとき，私の目的は自己調整学習の理解に対する現象学的視点からの貢献と，生徒の自己調整学習能力の発達を促進する最も良いやり方に関する近年の理論的・経験的研究を示すことだった。今回の加筆と改訂でも，その目的は変わらない。しかし，何が変わったのか，何が変わらないのか，そして研究や実践において，現象学的見方が現在どのように解釈され使われているのかについては注意を払っている。ここでは，人々の行動に行き渡り，また人の行動を方向づける**自己**について，最も著名な理論家たちが何を言っているのかというところから始めていきたい。ここでいう自己とは，一次的な現象であり，自己を経験するという経験としての自己である。そして，自己とそれに関わる現象に対する「科学的な」★探索のルーツについても歴史的に見ていく。これらのルーツの現在までの進化が，現在の理論的立場を理解する手段として考察される。また，その立場は，どのように，すべての人間の行動，特に学習文脈での人間の行動における自己現象の役割に関して増加した知識にまとまっているかが考察される。また，これらを進めていく中で，私は以下の問いに対する答えについて探究を行う。すなわち，効果的で自己調整的な学習を導く行動の連鎖を開始・調整する際の自己の役割の理解に，自己の特質（構造や過程を含む）がどのように寄与することができるのか。さらに，生徒

が学習の状況に関わっている際の認知的・感情的活動の特徴を，自己の特質がどのように明確にするのか。自己組織とその働きに対する私たちの理解が，より効果的な教育環境と生徒の動機づけや学習を最大化するような訓練を生み出すことに役立つのであろうか，といった問いである。

★ 科学を構成するものが概念と方法であると見なす議論が科学コミュニティの中で進行しているため，「科学的な」は括弧で囲っている。

理論的概観

　現象学的見方というものによって一般的に意味されるものとは何か，また，自己調整学習の文脈でこの見方がどのように定義されうるのかについて検討するとき，構造と概念という観点から現象学の意味するものについて考えることから始めることが必要である。**現象学**は，人の意識と自己覚知の発達を研究するものであると定義されている（Mish, 1988）。すなわち，自己や他者の認識といった抽象的で観察不可能な現象といったものを含め，感覚として明白で科学的に記述や評価が可能である経験を現実として受け入れる。最も厳密な意味では，現象学は現実についての哲学的仮説に関する1つの哲学的立場や研究であり，このような立場に関する「真実」を妥当化するための方法論である。その方法論は，すべての知識は第一人称の経験から得られ，第一人称の経験を基礎においているという仮説や，意識や自己の「経験」は現実であり，体系的に研究され実証されることが可能であるという仮説の上に成り立っている（Werkmeister, 1940）。自己や外的な出来事に関連する知覚，認知，感情といった自己の現象は，情報が処理され，解釈され，実行される過程における主要な影響因であると考えられる。自己調整学習の文脈において，現象学的観点は学習行動の方向づけにおける自己の現象の優位性を受け入れるものである。すなわち，この観点では，自己調整学習の過程や活動に対する達成を参照する説明よりも，個人を参照する説明が好まれる。

歴史的背景

　現象学という言葉は，18世紀の中期にヨーロッパの哲学者によって作り出さ

れた（Misiak & Sexton, 1973）。ミシアクとセクストン（Misiak & Sexton, 1973）によると，現象的アプローチとは以下のように定義される。

> **最も広義には**，その対象として個人的な経験を考慮し，顕在的にしろ潜在的にしろ現象学的な記述を受け入れ，それを使用するどのような心理学も，現象学的心理学と呼ぶことができる。それは，その方法論から内観や現象学的記述を除外し，行動の客観的な観察のみを認める心理学と対比されるものである（p.40）。

さまざまな学説が現象学的な動きに取り込まれていったが，共通する核となるものは方法である。その方法とは，意識そのものや，知覚され，想像され，疑われ，愛される対象としての意識に対する体系的で全体的な探索である。伝統的に，意識は3つの側面から探索されてきた。それは，直感的に感じること，分析すること，そして，記述することである。この探索の根底にある根本的な仮定とは，意識の意志的・方向づけ的な特徴や，意識は常に何かの意識であるという認識，現実を構成する他のすべての存在の形態の理解を可能とする際の意識の存在論的な優位さである（Jennings, 1986; Misiak & Sexton, 1973; Rosenberg, 1986）。

現象学的な方法では，内観的観察が厳密な分析であり，注意深い記述であると考えられている（Jennings, 1986; Mays, 1985）。「直接的な」主観的説明は，妥当なものであると仮定され，実験的対象としての自己や外界に対して用いられる。すべての知覚，認知，感情における意識の優位性や存在論的な優位さがあるために，意識に関する現象学的研究は，理論を生み出す情報ベースを提供する。同時にそれらは，意識に関する実際の経験，すなわち現実の「知覚の真実」に対する適切な説明がさまざまな理論によって行われているかを決定するための情報ベースを提供する（Jennings, 1986; Mays, 1985）。より最近では，リチャードソン（Richardson, 1999）が，個人の経験と自己の現象の研究における現象学的研究の概念と方法の使用に関する議論を行っている。**現象記述法**は，「さまざまな種類の現象の経験，概念化，知覚，そして理解を行う際に異なった個人が用いる質的に異なったやり方を同定することをめざす，経験に基づく1つのアプローチである」（Richardson, 1999, p.53）と定義される。加えてナソーラス（Natsoulas, 1999）は，意識や知覚の科学的な理解は心理学の中で再び中心的な関心となりつつあり，それは意識の構造を研究する際に，生態学的なアプローチと現象学的なアプローチを融合させようという試みによってなされ

ている，と指摘している。このように，現在の方向としては，主観的現象に対して科学的厳密性を適用する方法について探究が続けられている。

　現象学は，人間行動に対する決定論的・自然主義的志向の強い理論への反動から始まった。エドムンド・フッサール（Edmund Husserl: 1859-1938）は現象学的心理学の進歩を「世界観哲学」の隆盛に対する反応として考えている。これらの哲学では，意識を見ているという意識の経験からは離れて存在することができない現実の本質的性質を無視し，代わりに，物理的現象の法則によって心理学的現象が軽減され，理解されていると彼は論じた（Jennings, 1986）。フッサールは意識と身体的本質を「同一視する」哲学，すなわち心的な出来事と物理的な出来事が相関していると考える哲学，は人間の本質の全体的な理解を生み出すことができないと確信していた。彼は，意識の本質的な働きを把握し，輪郭を描くために，実験的研究に**先だって**現象学的分析を行うことを勧めている（Jennings, 1986; Misiak & Sexton, 1973）。生命システムの領域で最近行われている研究では，生命体における自己組織的・相互依存的特徴を――直感や分析，自己省察を通して――確認する際における，これらの方法の価値が確認されている。特に，関係性や有意義な人生に対する生得的欲求に基づく人間の行動を説明する動的な原理や過程の確認における価値についての確認がなされている（Wheatley, 1995, 1999; Wheatley & Kellner-Rogers, 1996, 1998）。

　しかし，フッサールの歴史的文脈においては，論理実証主義に基づく心理学の理論化と経験の概念に付置された論理実証主義的ベースを物理的感覚が制限していたことに対する不満の増加への触媒に彼自身がなっていた（Spiegelberg, 1972）。現象学によって，自己と心理学における新しい現象と新しい解釈は，科学的研究において「許容される」対象となった。ハイデガー（Heidegger）は1920年代に，唯一で一次的な人の経験の「実存」を理解するための現象学的アプローチの必要性を論じ，心理学と哲学の融合を唱えた（McCall, 1983; Spiegelberg, 1972）。1930年代，彼の生徒であったマービン・ファーバー（Marvin Farber）は，国際現象学会を創設することでアメリカに現象学を導入した（Misiak & Sexton, 1973）。

　もとからアメリカにおいて活躍していた2人の初期の現象学者は，ドナルド・スニグ（Donald Snygg）とその共同研究者であるアーサー・コームズ（Arther Combs）であった。1940年代，スニグは「現象的自己」という彼の視点を発表した。「現象的自己」とは，比較的永続的な「知覚された自己」によ

って維持され，高められる個人内の世界というものである（Misiak & Sexton, 1973）。この時代において把握できる他の「自己理論研究者」（「ヒューマニスト」とも言われる）は，カール・ロジャーズ（Carl Rogers），ロロ・メイ（Rollo May），アブラハム・マズロー（Abraham Maslow），ヴィクトル・フランクル（Victor Frankl）である（Misiak & Sexton, 1973; Spiegelberg, 1972）。コームズのいう知覚的見方における根本的な仮定をもとに，人間の発達に関わるすべての組織や個人に対する焦点化は，本当に適切で健康な個人を生み出すのに必要な知覚の変化に影響するような経験を生み出し続けているとコームズは述べている。ここでいう健康な個人とは，自己に対して肯定的な見方を持ち，他者と自分を見分け，経験することや受け入れることに対して開放的であり，豊かで利用可能な知覚範囲を持っている人と定義される。後にコームズは，教授，カウンセリング，ソーシャルワーク，精神的助言，臨床心理学の領域における有効な支援者が持つ特質や，人間中心的で知覚的アプローチについて探索することに，彼の職歴の大半を費やした。13の研究から見出された，肯定的な自己の発達を促す有効な支援者に共通する特質とは，「…支援者の知覚的組織やビリーフ・システムにより直接的に得られたものである。それは，支援者が変化を起こすことができると信じていることである」（Combs, 1986, p.55）

　1986年のジェニングス（Jennings）の言及によるならば，1950年代から1960年代にかけてのスキナー主義者や行動主義者の理論の隆盛が鈍るにつれ，現象学がますます注目を惹いていったという。ジェニングス（Jennings, 1986）は，このような再興は，主観的な自己報告データの適用以上のものを反映していると論じている。すなわち，これらは意識の本質的な特徴に対する理解や実験的研究への関心を含むものである。事実，多くの現代の理論家が，**主体としての自己**と**対象としての自己**の違いに言及したり，哲学的仮説と心理学的経験とをつなげるなど，意識と自己の現象のつながりを直接的に扱っている（McCombs & Marzano, in press）。自己の現象の役割，特に行動の最も重要な調整因の1つとしての自己概念の役割に関する文献も増えつつある（Kanfer & McCombs, 2000; Markus & Wurf, 1987; Marsh, 1994; Marsh & Yeung, 1998）。

　次の節では，10年以上前に発表された自己の現象の研究に関する視点を要約し，この領域に注目が増していることを明確にするような，より最近の視点を提供する。

現在の見方

　1987年，ニコルズ（Nicholls）は，人間の行うことに対する「技術的な」志向性を持つアプローチは，「メタ物理的満足や倫理的な重要性に関するどんなことも（捨て去るべきだ。…それによって，）私たちが自分自身の生活をどのようにしていくのかという問いに答えようとする心理学の価値が低下する」(p.2)と述べている。1990年代の中で，また21世紀への提言として，現代の多くの研究者や教育者が，学習・動機づけ・自己調整といった複雑な行動の背後にある全体的な人間的・個人的な欲求について言及するような，人間中心・学習者中心の教育モデルについて論じている（Kanfer & McCombs, 2000; McCombs & Whisler, 1997）。一般的に，人間中心・学習者中心のモデルでは，教育システムの技術的・組織的な側面より，人の側面に目を向けている（McCombs, 1999）。

　生命システムによって支えられている欲求や人に焦点化することにより，研究者は不確かで混沌とした特徴のある生命や生命システムについて認識し，研究を始めている（McCombs, 1999）。これによって，知覚・仮定・信念，個人の価値，そしてその調和を理解することに焦点を当てている現象学的アプローチへの関心が，その影響や相互作用の持つ無限の可能性のために高まっている（Combs, 1991; McCombs, 1999; Wheatley, 1994, 1999）。1997年の3月の個人的な会話において，コームズは，システムにおけるすべてのレベルの学習者に肯定的な機能や結果に関係する新しい見方を学習することを援助することは，複雑な外的要因や行動に手をつけるよりも，はるかにシンプルなプロセスだと強調している。個人レベルから組織レベルまでのどのような生命システムにおいても，内的な学習システムの目的は，「他者」と「自己」の志向性対比の中で何が大切かという信念を明らかにすることであると彼は説明している。「他者」と「自己」の志向性の対比の中には，例えば，どのように自分自身や他者を見るか，また，どれぐらいの自由もしくは，制御が個人や組織にとって適切であるかなど，適切な自由と制御のレベルの判断が含まれる（McCombs, 1999）。

　人間の動機づけや行動に関する心理学的理論は，自己の現象，特に動機づけや行動における「実行」の探索的な価値を割り引いているというロビンソン（Robinson, 1987）による批判とは対照的に，現在の見方や教育的実践において

は，学習やシステムの変化に対する個人の選択や制御の重要性を認識し始めている。例えば，ロビンソン（Robinson, 1987）は，自己完成という基準下で最大限の表現を求める自己定義や自己統制の作用としての自己の最大限の表現が，本物の作用であるという。そのような見方にしたがって多くの現代の理論家は，基本的な自己養育と肯定的な自己発達の欲求を支える条件下での自己組織化や自己調整行動の自然な表出を個人に促す高次の自己過程や，生得的な自己の特徴の研究を追求している（例，Covington, 1992; Mills, 1995; Pransky, 1998）。これは，「［科学的研究の］視点における急進的な変革が人間の現象を正当化するためには必要である」（p.vii）というジョージ（Giorgi, 1985）の見方と同様に，自己を最適に育成すると思われる外的な影響を自己選択して定義する程度に応じて人間は「本物」であるというロビンソン（Robinson, 1987）の見方も保っている。ジョージ（Giorgi, 1990）は，現象学が人間科学としての心理学の基礎を明確にし，従来の科学よりも意識の現象についてより忠実に扱うことができると述べている。

　ザメロフ（Sameroff, 1987）は，行動変容や他のスキナー派アプローチの背後にある受動的個人－能動的環境モデルと，ピアジェやチョムスキーが理解の限界に置いている能動的個人－受動的環境モデルの両方を批判した。彼は，個人と社会的文脈との間のダイナミックな発達過程の中で個人が現実を変化させ，その変化が個人の行動に影響する交流モデル，すなわち，能動的個人－能動的環境モデルが必要であると述べている。同様にガードナー（Gardner, 1987）は，人間の発達について「現象学的」視点をとる一方で，分離した情報処理システムとして知能をモジュールとして見る流行の見方に対する不満を述べている。彼は「現象学の観点からは，私たち個人は多くの異なったシステムを好まない，すなわち，自己の感覚とただ1つの意識を伴った，統合した実在の知覚があるだけだ（p.6）」と述べている。ガードナーの多面的な知能に関するより最近の研究には，複雑で動的な個人－環境の相互作用から派生する性質や好みの幅を含むような，人の能力に対するより統合的な概念への関心が反映されている（Gardner, 1993, 1995a, 1995b）。

　人は，自らの「なる」というプロセスに継続的・積極的に関与しているため，科学，特に心理学，がいかに自分たちを見ているかに，良い意味でも悪い意味でも影響を受けうるというハワード（Howard）の言及は現在でも妥当である。彼は，人間の機能の意図的で自己決定的な独特の性質を全体的に理解する1つ

のやり方として，研究における主観的で，個人的で，直感的な側面について賛同している。したがって，心理学という科学は，人間やその特徴の分析から**始めなければならず，その後**，その特徴を理解するのに最もふさわしい技術や手順やデザインについて賛同しなければならない。これは，心理学の哲学的基礎として論理実証主義の受容から始まったことのように，逆のものではない。ハワードはさらに，ハレとセコード（Harre & Secord, 1972）やマニカスとセコード（Manicas& Secord, 1983）において唱えられた，実行の目標や計画，意図の追求における意味ある行動を通した自己創造の活動的実行モデルについても賛同している。ハワード（1986）は，このタイプのモデルによって，因果的そして解釈的な実存としての人間の可能性に関する知識を私たちが手に入れることができると考えている。

　ハワード（Howard, 1986）は，人間の意思が，目標に方向づけられ，目的がしっかりしていて目的的である生成的構造となっていると捉えている。すなわち，「個人的実行の力をふるう（p.4）」作用としての自己によって，意思の因果的な力に実在を与える構造となっている。この立場は，より最近になって，マッコムとマルザノ（McCombs & Marzano, 1990, in press）やミルズ（Mills, 1995），プランスキー（Pransky, 1998）によって発展させられた。そこでは，生得的で超越的である物理的自己に関する個人的な特質に対する自らの理解を通して，こころ，思考，意識を統合する作用として自己を見ている。また，多くの理論家が（例えば，Deci & Ryan, 1991; McCombs, 1991; McCombs & Marzano, 1990, in press; Mills, 1991, 1995），**主体としての自己**と**対象としての自己**，そしてより高次で非局所的な性質を持つ「鏡の中の**対象としての自己**に隠れた**主体としての自己**」（Harter, 1990, 1992）を区別し，意志と自己調整学習（Kanfer & McCombs, 2000; McCombs & Marzano, in press 参照；また，コーノ，本書第6章参照。この章は意思的過程についてより詳細な情報が載っている）における**主体としての自己**の役割を区別するために，自己の過程と構造を記述する試みがなされてきた。

　続いて，これら心の理論化における現在の一般的な趨勢とともに，一般的な自己調整，そして，とりわけ学習における自己調整，における自己現象の性質と目的に対する自己の理論家達の過去10年間の視点の変化について見ていきたい。

自己に関する理論

　ウィリアム・ジェームス（William James）は，自己に関するアイデアや理論を発展させた初期のアメリカの心理学者の1人である（Brownback, 1982）。ジェームスは自己感情と自己愛，自己尊重を区別した。彼によると，**自己感情**は，価値や地位を伝えるものであり，自己評価と同等のものであるされた。**自己愛**は，自己保存に向けた意志と行動に関連しているとされた。**自己尊重**は，コンピテンスに関するより客観的な査定をもとにした知的判断に関連しているとされた。ジェームスはまた，時間を超えた個人的一貫性，他との区別，ライフイベントを通じての実行，そして意思といった多くの**主体としての自己**のプロセスを確認した。このように，ジェームスの考えは自己の感情的・動機づけ的（意思的）・認知的側面を包含するものとなった。

　現代の理論家の多くは，客観的世界に対する認知的表象・理解の積極的構築者として自己を見ている。例えば，ローゼンバーグ（Rosenberg, 1986）は，自己が経験の「自己意識的」主体であると同時に経験の客体でもあるため，こういったことが可能であると論じている。すなわち，自己は2つの方法で「自分自身を知る」ことができる。それは，社会的空間における立場からと，因果的に説得力がある時空の自然対象からということである。この意味で，自己は力動的なセンターであり，常に，なる，という状態であり，1つの実行者であり，自らの創造による生成物である（Westphal, 1982）。より最近では，私と私の同僚（Kanfer & McCombs, 2000; McCombs & Marzano, in press）が，個人的な学習や動機づけ，そして発達の自己調整における「実行者としての自己」に関する理論と研究を要約している。それらは自己覚知と自己省察に左右されるものである。同様の視点をリドレー（Ridley, 1991）やライアン（Ryan, 1992）も仮定している。学習に対する構成主義的視点や社会的構成主義的視点の人気が高まるのに伴い，学習のプロセスを導き方向づけるものである処理装置よりも，個人の意味づけを構成し，社会的文脈によって全体的に支えられる学習のプロセスにより焦点が向けられるようになっていったのは興味深いことである（パリス，バーンズ，パリスによる本書第8章を参照。自己調整学習における現在の構成主義的アプローチについて紹介されている）。

　ハーター（Harter, 1987, 1998, 1999）は，構造的な視点とプロセス志向の（機

能的な）視点から，自己の発達と動機づけ，達成における自己システムの役割についての理論化と実証的研究を行っている。彼女の理論は特にジェームスとクーリー（Cooley）の理論に影響を受けている。特に，自尊心が特定の領域における個人の要求に対する成功の割合（そしてこれらの領域に対する領域固有的な重要性の評価）に直接的に影響を受けるというジェームス（James, 1892）の考えや，自己価値は重要な他者が私たちについて考えていることに対する私たちの認知を基盤としているというクーリー（Cooley, 1902）の考えに影響を受けている。ハーター（Harter, 1985, 1987, 1992a）の見方では，自己評価が感情や動機づけ，学力の主要な決定因であるとされている。個人のコンピテンスの評価と重要な他者の態度は，特定の領域を彼らが重要だと考える程度に応じて，自己価値を規定する。自らの自己の見方——それらは他者の見方とはっきりと区別されるものである——が，人の発達の中で徐々に現れ，十分に適切な相対的割合になっていくということを多くの自己理論家が支持していることを，近年ハーター（Harter, 1999）は指摘している。

　ハーター（Harter, 1992a; 1998; Harter et al., 1998）は，全般的自己概念は，自己に対して作り出された評価の総計ではないと論じている。むしろ，重要な他者から与えられるサポートとともに，生徒が異なった領域をいかに重要であると考えるか，また，それらの領域においてうまくやることをいかに重要であると考えるかという作用によるものである。青年にとって，重要性とコンピテンス／適切性の判断の間に最も大きな不一致がある領域は，認知的能力，ロマンチックな魅力，外見であり，重要性の割合が高いことで，高校生の全般的自己価値を特に予測するようになる（Harter et al., 1998）。もし，重要性の評価が無視されるのであれば，悪いダイナミクスに目標を定めた干渉がなされ，実際に自己価値を低めるか高めるかする。重要性の評価が自己価値の予測には少ししか役立たないが，これは相関的方法に基づくものであり，重要であると評価された領域におけるコンピテンス／適切性の得点との相関と，重要でないと評価された領域における相関得点とを比較するといった，重要性の評価を考慮に入れた手法によるものではないとマーシュ（Marsh, 1993, 1995）が論じていることをハーターら（Harter, 1998）は言及している。後者の手法は，まさに重要性の考慮が自己価値の予測性を高めることを明らかにしている。

　子どもの自己知識の発達における能動的で自発的特徴は，ルーブル（Ruble, 1987; Ruble & Dweck, 1995）の研究によって強調し続けられている。この見方

によると，自己発達は，年齢に関連した欲求や興味によって動機づけられる自己定義的で構成的な情報探索過程である。子どもたちは，比較的制限された時間の中では，ある種の情報に対して最大限に敏感になっていると研究結果から確認されている。ルーブル（Ruble, 1987）は「…主要な情報に対する興味や感受性が高まっているときに与えられるある種の情報は重要である。なぜなら，ひとたび自己に関する結論（例えば，学校場面において有能ではない）が作り出されたら，続く情報処理が選択的になり，行動選択が制限されるからである」（p.262）と述べている。近年の研究では，自己評価的過程や現在の自己構造が，情報が処理されたり作動する方法に重要な影響を与えることが示されていると同時に，自己評価による影響と相互作用する能力の自己構築における性差についても示されている（Martin & Ruble, 1997; Pomerantz & Ruble, 1997）。クロスとマドソン（Cross & Madson, 1997）と，マーシュとヨン（Marsh & Yeung, 1998）は，数学と英語の領域における自己概念の発達の違いに性差があることを縦断的構造方程式モデリングを用いて見出している。そして，男子は女子とは異なり，教育による獲得のペースを保てないことを見出している。

　エクレス（Eccles, 1983, 1984）の初期の研究では，出来事に対する個人の解釈が，出来事そのものよりも行動の強力な決定因になることが強調されている。彼女の研究結果は，学習課題に関わること，成功の予測，粘り強さやパフォーマンスといった達成行動に対して個人が付与する価値に対して，その人の自己知覚，欲求そして目標が大きな役割を果たすことを示している。また，全体的な課題の価値に寄与するものとして，うまくやることの重要性（獲得価値）や課題に関与することで期待される生得的で直接的な楽しさ（内発的もしくは興味価値），いくつかの将来の目標に対する知覚された課題の重要性（利用価値）といった変数があげられている。これらの変数は，課題の習熟を促進するタイプの活動（例えば，自己調整学習過程）に従事するかどうかの生徒の選択を媒介する。エクレス（Eccles, 1983）が論じる他の重要な媒介因には，個人の性役割アイデンティティや性役割価値，そして知覚された努力の必要性や価値ある選択肢の喪失の知覚，知覚された失敗の心理的コスト（例えば，自己尊重の喪失）といった，成功や失敗に対する知覚されたコストが含まれている。このように，生徒が課題に付与している個人的価値は，彼らの動機づけや自己調整学習の使用に影響する1つの変数である。

　この10年間，エクレスは青年の自己信念，そして，それらと学習動機づけや

学力との関連について探索し続けている（例えば，Eccles & Wigfield, 1995; Eccles et al., 1993; Wigfield et al., 1996）。しかし，より最近の彼女の研究では，家庭や学校場面における自己評価や自己尊重の健康な発達を促すために，自身の研究結果を適用することについて目を向けている（例えば，Eccles et al., 1999; Eccles et al., 1997; Frome & Eccles, 1998）。中でも最も重要な研究結果は，学校移行や家族，友人関係の変化による潜在的にネガティブな影響と，学校や教室そして家庭環境の中でこれらの影響を相殺する要因についてである。例えば，両親の知覚と青年の自己知覚が縦断調査の中で比較されており（Frome & Eccles, 1998），この結果から男子と女子の青年期を通した達成への努力やコンピテンスの性差が明らかにされ，それが防御的要因を特定するために用いられている。エクレスら（Eccles et al., 1997）は，学校や家庭の文脈における健康な発達に関する3つの次元を確認している。それは，つながり，調整，自律性である。これらの次元が満たされていることは，うまく機能している仲間グループの選択，家の中での肯定的な兄弟・家族関係を含む，文脈を越えたより高度でより肯定的な青年期の機能や良い成績と関連していることがわかってきた。

　ヒギンス（Higgins, 1987; Moretti & Higgins, 1999a, 1999b）の「自己不一致理論」は特定のタイプの信念の不一致によってもたらされる特定の種類の不満足や感情的問題について考慮している。この理論は，自己について以下の3つの基本的領域を仮定している。①現実自己：あなたや他者が，あなたが実際に持っていると信じている属性の自己状態表象。②理想自己：あなたや他者が，あなたが持っていることが理想的であると信じている属性の自己状態表象。③当為自己：あなたや他者が，あなたが持っているべきだと信じている属性の自己状態表象。これらの3つの次元と「自身」／「他者」の次元を組み合わせると6つの基本的な自己状態表象のタイプができる。私たちの「現実自己」に対する私たち自身と他者の持つ信念は，私たちの自己概念の基礎となると言われている。その他の組み合わせ（理想／自身，理想／他者，当為／自身，当為／他者）は，私たちの行動を動機づけ，方向づける「自己指針」である。

　ヒギンス（Higgins, 1997）の枠組みによると，接近－回避動機づけは**調整焦点**という観点から記述されている。この視点は促進（遂行と要求）もしくは抑制（安全と責任）に関わっている。調整焦点は望ましい目的状態への自己調整を描き出す動機づけ的原理として仮定されている。責任や義務に対する養育者の理想や要求，信念によって，子どもたちは自己調整に対してきわめて異なっ

た考えを学習する。彼らは進歩，成長そして達成という焦点（促進焦点）を身につけるか，保護，安全，そして責任という関心（抑制焦点）を身につける。さらに，ヒギンス（Higgins, 1997）は，望ましい目標を達成するために課題達成中に用いられる方略が個人の調整焦点と合致しているとき，すなわち，彼らの期待と価値が特定の調整焦点の中で合致しているとき，動機づけと達成は高められると報告している。例えば，もし生徒が学習目標志向性と促進焦点を持つならば，肯定的情動と動機づけが生じるが，一方で生徒が同じく学習目標志向性と抑制焦点を持つならば，否定的情動と自己価値を守るための動機づけが生じることが予測される（例えば，Covington, 1985, 1992; Covington & Omelich, 1987; Covington & Teel, 1996）。

　マーカス（Markus）や彼女の同僚によって理論化されたものは，先行する枠組みときわめて一致する。それは自己の現象に対する現代の私たちの理解と歴史的な理解に対して，直感的に訴える統合を提供する。そこでは，望ましい自己概念や自己実現に対する基本的な努力における，自己システムの動機づけ的役割が強調されている（Markus & Nurius, 1987; Markus & Wurf, 1987; Ruvolo & Markus, 1986）。将来の状況における自己に対する個人のイメージが，彼らの作動自己概念の一部となり，同様に，これらのイメージが動機づけにおける特定の自己関連形式や方向性を生み出すと，この理論は示唆している。マーカスの研究において特に興味深いのが，「可能的自己」という考えである。可能的自己とは，個人の自己システムの中に存在する目標，要求，恐れ，脅しに対して耐え抜く認知的な徴候である。**自己構造**は，先行経験から由来する概念であり，過去，現在，未来（可能）の自己として定義され，私たち自身の行動を統合し説明するのを手助けするものであると定義される。将来の計画や方略を提供し，自己を行動させるのが可能的自己である。こういった見方によると，個人は可能的自己によって将来の計画に対する投資として，個人は自分の行動を制御し調整する。ルボロとマーカス（Ruvolo & Markus, 1986: Markus & Ruvolo, 1990）は可能的自己が２つの機能を持っていると論じている。それは，人に気持ちよい，あるいは，気持ち悪いと感じさせる感情的機能と，誘因を生み出し行動を導く動機づけ的機能である。また，自己概念の構造の性質は，年長になっても力動的で変化可能であると同時に，連続的で安定的でもある（Herzog et al., 1998）。このように，自己システムの発達という，力動的な特性－状態という視点が仮定された。

マーカスとウルフ（Markus & Wurf, 1987）は，自己概念の力動的で多面的な特徴を強調した。すなわち，自己概念は構造と過程の両方の特徴を備えたスキーマであり，「知る者」と「知られる者」の両方の自己を表すスキーマである。自己概念には，それぞれ接近可能性の度合いが異なる，領域固有のものと全体的なものがある。「作動自己概念」は，その瞬間にアクセス可能な自己概念であり，絶えず活動的な状態であり，優勢な環境に結びついている自己概念の移動する配列である。マーカスとウルフ（Markus & Wurf, 1987）は，自己構造（個人が自分自身について考え，感じ，信じていること）と自己調整の間には直接的な結びつきがあると論じた。この立場は，自己調整行動がある目標に向かって方向づけられているという一般的に受け入れられている見方に基づいている。こうして，自己調整の最初の段階は，以下の要因の１つ，あるいはいくつかによって決められる目標選択となる。その要因とは，①自己コンピテンスと課題の結果に対する期待，②欲求や動機，価値といった感情的要因，③特定の目標や行動に個人化されてきた一般的な人生の目標を表象する望ましい自己概念である。目標が選択されると，プランニング，方略の選択という自己調整の２つ目の段階に向けて，それらは形と方向を与える。最後に，達成の実行と評価の段階では，自己モニタリングと自己評価過程が，注意の維持および現実目標と望ましい目標の比較を手助けし，達成の不一致を低減しようと試みる。

　自己調整における自己概念の役割に関してさらなる議論がなされている研究の中でマーカスとウルフ（Markus & Wurf, 1987）は，自己調整過程がいかにスムーズに機能するか——その有効性や効率，一貫性など——における決定的な変数が，自己概念であると考えられていると論じている。しかし，自己焦点化の促進的あるいは抑制的効果に関しては，自己における構造的な側面と機能的な側面との間に，はっきりとした区別が必要であるという証拠があげられている。その解決策は，主体（過程志向の実行者であり，自己の力動的な側面）と対象（自己の構造的で記述的な内容）とを区別することにあるとマーカスとウルフ（Markus & Wurf, 1987）は考えている。彼らの力動的な自己概念のモデルでは，個人の実行中の活動や反応を調整するのは，——アクセス可能な自己表象である——作動自己概念であると考えられている。逆に，作動自己概念の内容は，社会的環境に加えて個人の自己動機によって決定されている。こうしてこの見方によると，自己調整は，主体あるいは自己の実行的で意思的な特徴よりも，力動的な自己構造によってより強く決定されるといえる。

マーカスとウルフ（Markus & Wurf, 1987）によると，作動自己概念の力動的な構造的側面は，個人内過程（自己関連づけ情報処理，感情調整，動機づけ過程）と個人間過程（社会的知覚，社会的比較，他者との交流の探索や形成）を形成し，それらを制御するという。感情の調整を含んでいる個人内過程は，マイナスの情動状態から自己を守ることを含んでいる。その情動状態は自己一貫性と自己高揚の目標によって動機づけられている。すなわち，人は一貫した肯定的な自己の見方を追求し，これらの自己の見方を守ろうとマイナスの感情を調整するだろう。マーカス（Markus, 1998; Cross & Markus, 1990, in press; Markus & Kitayama, 1991a, 1991b, 1994, 1998）のより最近の研究の焦点は，自己の対人的，文化的側面に関するものである。これらの研究では文化的自己概念の違いに関するエビデンスが見出されている。特に，アメリカ人の自己概念を日本人の自己概念のそれと比較すると，それぞれ，独立的であり，相互依存的である。文化的な文脈は，自己概念を形づくることに重要な役割を果たしている。また，人間の動機づけや行動に対して，自己概念がどのように作用しているのかについても文化的な文脈は重要な役割を果たしている。例えば，日本の学生は，成功に対する評判を拒否し，失敗に対する責任を負うことにより利己的な偏向とは反対の態度をとる。このように，日本の学生は，文脈的にあまり制約されない形で自分自身を定義しているアメリカの学生に比べて，根本的帰属過誤を見せることが少ないようである。

　ここで見てきたように，自己概念や自己尊重，可能的自己といった変数に関する研究は，自己が動機づけや行動における統合を行う力となることを示している（例えば，Markus & Ruvolo, 1990; Markus & Wurf, 1987）。自己構造の重要性がかなり指摘されるだけではなく，学習者が自己の構成的過程を理解し，「実行者としての自己」に気づく能力を持っているということもますます明らかになってきている（McCombs, 1986; McCombs & Marzano, 1990, in press）。**主体としての自己**に関する最も包括的な議論の1つはデシとライアン（Deci & Ryan, 1991）によるものである。簡潔に述べるならば，デシとライアンにとっては，統合が人間の最も基本的な動因である。統合に対する動因は，コンピテンス，自律性，そして関係性という，基本的な3つの欲求に作用する。デシとライアン（Deci & Ryan, 1991）が述べている通り，コンピテンスへの欲求は，人々の結果の制御を経験し理解することへの追求を含み，望ましい結果を導く手段に確かな影響を与える。自律性への欲求は，自分の行動を自分が始めてい

ると感じたいという欲求を含む。最後に，関係性の欲求は，他者と関係を作り他者に関心を持つことへの人々の追求と，他者と関係があり他者から世話をしてもらっていると感じることへの人々の追求を含む。手短かに述べるならば，デシとライアンにとって，**主体としての自己**は固有のプロセスのまとまりである。「…発達する自己の始まりを表象するような…プロセスや可能性のまとまりとしての特有で基本的な自己がある」（Deci & Ryan, 1991, p.16）。

ライアン（Ryan, 1991）は，歴史的に自己の概念化には，体系的で統合的な自己の傾向性に中心的な役割が与えられてきたと述べている。体系的で統合的な自己の傾向性とは，人が他者の考え方をもとにしたやり方で振る舞っていてもいなくても，自分自身が首尾一貫して矛盾のない全体的な存在であると自然に考えていることである。本当の自己が他者との信頼関係という文脈において生じるように，自律性や自己決定は相互関係性に対する能力と結合したものであると，ライアンは再定義している。この見方では，自律性と関係性は，相互排他的というよりも相互依存的な自己の側面であり，それらは片方のものに自己の側面を検査，確認させることができるものである。これらの2つの過程は，自己統合と自己結合を援助するのと同様に関係を深めることを援助し，それによって，他者を自己の心理学に統合するように働きかける。しかし，ライアンは，鏡映的自己モデルや社会的比較モデルには異議を唱えている。彼は，人間の本質において，自律性と関係性に対する基本的欲求を元にして，自己結合と関係結合を追求するという体系的な傾向性があることを仮定する体系的見方をとっている。ライアン（Ryan, 1991）によると，以下のようになる。

> '取り込む'ということに関して，人の対応範囲はきわめて広いが，自律性やコンピテンス，関係性に対する基本的な欲求と矛盾する調整や価値は究極的に完全に統合されることはありえない。自己の性質は無限に柔軟であるわけではない。文化や社会化の文脈におけるヒューマニズムは，それらの構造が統合されうる度合いによって計られるというケースにあたるかもしれない。それは，個人内もしくは社会的組織化の関係的側面内における分裂や葛藤を生み出す度合いによって計られるものではない。(p.232)

これは，生命システムの観点におけるホイートリー（Wheatley, 1999）の見方と一致している。彼女の考えは，すべての行動が，システム全体やその時点における相互依存的なダイナミクスと切り離して理解することができないとい

うものである。彼女は，システムにトラブルが起きたとき，健全な状態を回復することができるシステムに接続をするという生物学的観点に基づく原理を述べている。つまりシステムをより強固にするためには，**システム自身**によってより強い関係が生み出されなければならない。このことは，生命システムとしての人間の性質は，自己発見と新しい関係の構築を通して，**自分自身からより自分自身を学ぶ**というものであることを示している。さらに，潜在的な関係性が豊かである場面に囲まれていたり，そのような場面の中にいるときのある一時点において，何に注目すべき価値があるのかをすべての生命体が決定する過程が自己参照であるとホイートリーは主張している。自己参照をもとに選択が行われ，自己参照を通して現実が共同構築されるが，それは情報の有意義さに気づいたり，それに反省的になるために意識を使うかどうかに依存する（私たちの意味の構築や発見を手助けする）意識の異なったレベルにおいて行われる。ライアン（Ryan, 1991）はまた，次のように述べている。

> 生命の全体的な方向性が相互依存や統合に向いていると一度認識されれば，自己を過度に具象化する概念が，個人内または個人間の有機的な**プロセス**（著者による強調）の集合体である自己の性質から自己を取り除こうとする危険を冒すことを，私たちは見ることができる。これらの有機的なプロセスは，私（I）という言葉が示唆するものよりも統合的で安定的でなく，私たち（we）という言葉が含むものよりも十分には結合してないだろう。(p.233)

個人が肯定的・否定的な社会的，文化的文脈の統合をいかに成し遂げるかを理解するために，理論家たちは個人的自律性，実行，自己覚知そしてその他の高次の自己過程を仮定している。その高次の自己過程をミルズ（Mills, 1991, 1995）は「心理学的眺望点」と呼んでいる。すなわち，**主体としての自己**は自己に対する信念（**対象としての自己**）や環境との相互作用，実際の環境的影響の合計以上のものであると理解することができる。ミルズによると，**主体としての自己**は，条件づけられた信念や思考における習慣の境界から外に踏み出す自然な能力を持っており，その時点での思考，知覚経験の創始者である自己を見ている。この心理的眺望点は覚知のレベルが最も高いところにある**主体としての自己**であり，過去，現在そして未来における身体的・心理的「現実」に縛られないものである。この見方においては，心理的機能や経験を生み出す思考の役割，そして，いかなる時点や状況において行われた選択（そして，私たちが考えられることを越えた選択）の度合いに対する最も高いレベルの理解から，

自然な形での自己調整が生じると理解することができる。

　自己決定理論家（例えば，Deci & Ryan, 1991）が論じているように，自律性・コンピテンス・関係性に対する基本的な欲求が満たされているとき，学習過程に内発的に動機づけられ，積極的に関与することが人間の本質である。この現象に対するエビデンスは，熱心に根気強く自分たちの世界について探索し学習するという幼い子どもたちにおいて豊富に見られる。学習者が個人的な制御ができて自律性が持てる状況において，学習に対する自然な好奇心や動機づけは，個人的で強力な興味がある主題を追求するという学習者像を再び浮かび上がらせる。例えば，ミルズら（Mills et al., 1988）は，覚知や振り返り，思考といった自己過程に対する自分の実行や個人的な制御を理解することを生徒たちが援助されれば，生徒たちはこれらのプロセスから外に踏み出すことができ，ネガティブな自己信念と思考を乗り越えることができると述べている。同様に，生徒たちは制御することをより経験することができ，学習過程は肯定的に自己確証されるものになる。ターナーとパリス（Turner & Paris, 1995）は，小学校1年生の読みに対する動機づけの研究において，同様の結果が見られることを報告している。すなわち，動機づけに関わる主要な変数には，選択をさせることの準備と，自分自身の学習に責任を持つことが当然だと生徒は考えることができるという教師の信念が含まれていた。

　幼い子どもであっても，自分が何者であるか（自分の能力，実行，制御，もしくは効力感）についての自分自身の信念や理論を発達させており，これらの信念は外的な変数（例えば，成功経験，他者からのサポート）による影響に非常に敏感である。幼い子どもたちは，自分自身を「無力」であると見ることを容易に学習し，それによって学習に対する自分自身の責任を放棄する。否定的自己知覚をもとにして構成されたものから子どもたちが学ぶことができるものは，因果律が自己の内側ではなく，外側にあるということである。失敗が学習されたスキーマになりうることから，失敗はまた，適切な経験や方略の訓練，そしてソーシャルサポートによって，学習されないようにすることができる。例えば，パリスとバーンズ（Paris & Brynes, 1989）は，発達や環境そして，自己と相互作用している共有の知的原理をもとにして，人々が現実を変容させ組織化する過程に，構成主義がいかに働くかを記述している。ミルズ（Mills, 1991, 1995）はこれらのアイデアを拡張させ，自己スキーマが客観的に確かめられ変化されるという意味で，高次の自己が自己構成を制御し方向づけるとい

うエビデンスを示した。

　デシとライアン（Deci & Ryan, 1991）にとって，学習は，自己を生み出し，個人の能力や興味を，首尾一貫していて自己調整的である統合的構造に精緻化し，統合することに主に方向づけられた自然なプロセスである。ライアン（Ryan, 1992）は，自律性とコンピテンスへの欲求は，他者内と他者間で内発的動機づけと個人の統合を促すと主張した。自律性は，「自己ルール」，すなわち自己を実行者として経験する自己決定である。しかし，ライアンとパウエルソン（Ryan & Powelson, 1991）は，自然な組織化や内面化過程をあまりにも大きく強調することは，この自然なプロセスを抑制したり，育成する行動を規定するという自己の役割を無視する危険を冒すことになると論じている。「組織化の中の実行者」というものがあり，そしてその発達は実行のダイナミクスと社会的文脈の両方に依存する（Ryan & Powelson, 1991）。こうして，自己は，学習された自己信念のシステムの外側，もしくはより高次のレベルの組織に位置すると捉えられる。加えて，ライアン（Ryan, 1995）は，自己発達の基礎に生得的に統合化もしくは実現化をもたらす傾向があり，そのような傾向は力動的であるが，自律性やコンピテンス，そして関係性に対する社会的文脈に依存するものであると論じている。ライアンとデシ（Ryan & Deci, 1996）は，自己調整におけるレベルと質を決定する際の自己知覚と自己評価，そして個人の動機づけや実行によって生み出される出来事の心理的意味の重要性を，自己決定理論が指摘していることを強調している。

　私が，初版に書いた章で，現象学的な見方を含む現存している理論的枠組みを拡張する必要があると示唆していたことは，その大部分が過去10年間で行われてきた。まず，自己の経験と操作の区別は，自己の創造的で自己生成的側面が，創造されたもの——仮に創造されたものが複雑で力動的な階層的構造であったとしても——と切り離されることを示唆している。ロビンソン（Robinson, 1987）は自己精査の自己決定的で意志的な側面を「本物の実行」という概念で記述した。デシとライアン（Deci & Ryan, 1991）やミルズ（Mills, 1995）などの理論家によっても近年論じられているように，本物の実行は，構造（「何」，すなわち自己知識の内容）やこれらの構造を生み出す自己創造的あるいは自己定義的過程（「いかに」，すなわち自己定義のメタ認知★的意味）と同一のものではない。近年私が論じているように（McCombs & Marzano, in press），現象学的視点は，知る者と知られる者の両方，意味の構成者，構成されたもの，とし

ての自己の「誰」の側面の理解を助け続けることができる。

> ★ **メタ認知**は一般的には，高次の思考，推論，学習中の学習スキルを使う際に適用されるものである。その例としては，目標設定，問題解決，そして自己評価方略があげられる。学習者や訓練を受ける者は，その人がこれらの高次の思考や推論や学習スキルを使う度合いに応じてメタ認知的であるとされている。メタ認知は，思考についての思考であるとも定義され，制御された自己，感情，認知，学習そして訓練活動の自己調整を含む高次の過程である。

現象学的視点は，自己における「誰」の側面に対する理解の手助けをし続けている。同様に，現象学的視点は，生徒の肯定的自己概念や自己価値の認識，そして有能感における生徒の発達をいかにすれば最も良く促進させられるかについて理解することだけではなく，自己発達と自己調整の肯定的可能性を生み出す際の責任の位置や自己決定の度合い，そして実行の感覚に関する信念をいかにすれば最も良く促進させられるかについて理解することも手助けし続けている。これらの信念の発達に対する構造的側面からの理由づけは，私たちが自己の現象を体験している際の自己の現象の性質を十分に説明するには不十分である。自己システムについての継続的な説明と理論化が，思考，感じること，行動の調整に関するメタ認知的過程の発達における自己の**主体としての自己**と**対象としての自己**の側面の役割を私たちが理解することを手助けする。加えて，それは生徒が自己調整的で自己決定的になることを手助けし，そして肯定的な自己の発達を達成させるための方法について定義することになる。

　まとめると，このような理論的概観は，私たちを心理学における現象学的視点の歴史的背景の通観に誘（いざな）ってくれた。私たちは，組織的にこれらの現象を研究するのに適切である自己の現象の妥当性と，方法論の基礎となる哲学的仮定について見てきた。また，初期の自己理論から現在の自己理論にわたる，自己の性質に対する現象学的見方の発展についても見てきた。私たちは，これらの現在の自己理論の中での，自己調整における自己システムの構造とプロセスの優位性を認識することができた。そして，力動的で比較的安定的であるという自己システムの特徴に対する理解と同様に，自己システムの全般的そして領域固有的な構造的組織化に対する理解を見ることができた。さらに，自己システムの構造を作り出すことを支える自己システムの構造とプロセスが，個人における社会－物理的環境との相互作用を通して時間とともに発達するという認識を確認した。自己が成り立っていくことに対して自己が継続的で積極的な役割を果たしていること，すなわち自己定義における積極的な作用モデルについ

て，現代の自己の理論家の間に合意が得られていることを私たちは確認した。最後に，一般的な自己調整，そして特に自己調整学習における自己システムの構造とプロセスが果たす役割と，自己調整学習行動や認知，感情の発達や実行に対する個人的実行の自己評価や学習コンピテンスについて探索的に検討した。続いて，私たちは自己調整学習における特定の自己システム構造とプロセス，そして現象学的視点からこれらがどのように評価することができるのかについて描写したい。

自己調整学習における自己システム構造とプロセス

　自己発達は生成的で活動的なプロセスであるが，学習も同様のプロセスであり，仮説，解釈，予想をするときに，そして情報の処理と組織化をするときに，自己が重要な役割を果たしている（Iran-Nejad, 1990; Wittrock, 1987）。学習過程における自己の基本的な役割は，学習活動にアプローチし持続する動機づけを生み出すことであり，それは個人のコンピテンスや能力についての個人的目標や信念に関係する，学習活動の個人的意味づけや関連性を評価する機能として働く。ウィトロック（Wittrock, 1987）が述べるように，動機づけは個人の信念における1つの機能であり，「…中でも，それは，教師として，もしくは，学習者としての自己の中の信念である」（p.13）。私たちの信念は自己構造の中で構造化されており，また，その信念は種々の自己過程によって形作られているということを，前節において確認している。自己構造は，自己属性についての個人的で自己定義的な概念化によって表象されている。自己属性は比較的安定的で全般的な自己概念として組織化されていて，ある時期やある瞬間における私たちの生活に関連する特定の分野についての領域固有的な概念化によって組織化されているものである。自己過程は，自己覚知，自己評価，自己省察といった「思考や経験についての思考」に関するさまざまなメタ認知的あるいは高次のプロセスが含まれるものである（Kanfer & McCombs, 2000）。この節では，自己調整学習に関連する自己システムの構造とプロセスについて理解し査定を行うための現象学的視点について探索的に検討する。読者に自己——そしてその構造とプロセス——を視覚的にわかってもらうために，ここで提案する概念化を図3.1に図表で表現した。

```
┌─────────────────┐         ┌──────────────────┐
│ 「主体」としての自己 │◄───────►│ 「対象」としての自己 │
│ ・実行者としての自己 │         │ ・自己価値        │
│ ・高次の自己      │         │ ・全般的自己概念    │
│ ・自然な自己価値   │         │ ・学習自己概念     │
│ ・自然な動機づけ   │         │ ・自己可能性      │
└─────────────────┘         │ ・他の自己信念     │
                            └──────────────────┘
```

主体としての自己過程

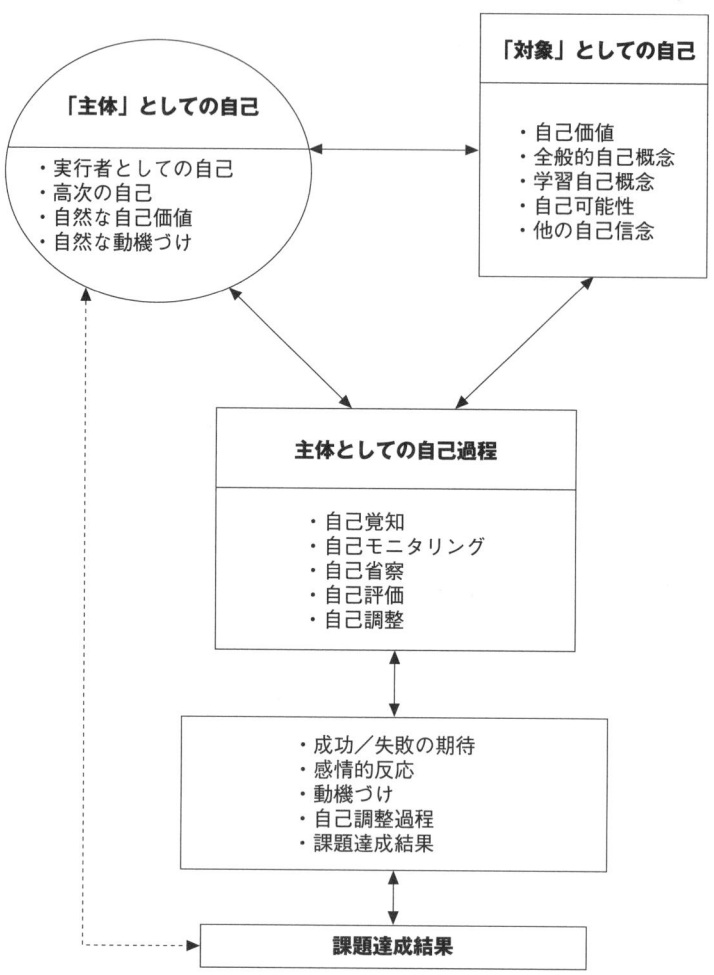

- 自己覚知
- 自己モニタリング
- 自己省察
- 自己評価
- 自己調整

- 成功／失敗の期待
- 感情的反応
- 動機づけ
- 自己調整過程
- 課題達成結果

課題達成結果

図3.1 自己調整学習における自己システムの役割のモデル

自己システム構造

自己システム構造は，全般的に概念化されたもの，もしくは領域固有的に概念化されたものに分類される。それらは，自己概念や自己イメージ，自己価値を含む自己の属性を考慮して個人が作り出したものである。これらの構造は，

個人が乳児から大人に向けて発達していくにつれ，社会的・物理的環境との相互作用を行いながら，時間とともに形作られる。外的文脈との相互作用の結果得られた自己についての情報は，欲求や自己発達の目標に対する個人の知覚を含む自己や実在における独自の経験に適合するように認知的に変換され，改良される。個人が変化したり発達するとき，より持続的で永続的な自己の側面が構造的に検討可能になるように，自分自身についての概念化は変化し発達する。それらは，持続的で永続的な自己の側面が，より力動的で変化しやすい自己の側面と分離して存在することによって行われる。

　自己調整学習の文脈における全般的自己価値は，全般的な学習状況における個人の認知，感情，動機づけ，行動を方向づける自らの能力に対する個人の信念と知覚として定義される。大部分においては，全般的自己価値は，学習の自己調整に必要な知識，スキル，能力を自分が手に入れているという学習者の**信念**であり，自分が自己調整している学習者であるという自分自身に対する**イメージ**である。たとえば，「自分の学習目標を達成するために，私は独立して勉強することができる」という言葉に同意する度合いを生徒に答えさせることで，この自己の見方を査定することができる。このように，この文脈における全般的自己価値は，自己調整学習に関する自己目標や価値と同様，自己信念とも融合するものである。マーカス（Markus, 1998; Cross & Markus, 1990, in press; Markus & Ruvulo, 1990）による議論における意味では，自己調整する学習者としての「将来の可能的自己」をも含むものであろう。こうして，心理学的視点では，**対象としての自己**は全般的あるいは特定の領域における自己について個人が**知っている**ことと個人が**信じている**ことの両方である。コンピテンスの認知，個人の特徴，制御，価値，自己目標，将来の可能性は，全般的な**対象としての自己**を定義する自己システムの信念の一部であると同定できる（例えば，Harter, 1992b, 1998; Markus & Ruvulo, 1990; Marsh & Shavelson, 1985）。

　行動一般，そして特に自己調整学習における，**対象としての自己**と**主体としての自己**に対する操作的な重要性は，実行者しての自己に対するメタ認知的知識と自己覚知，すなわち，自己スキーマの構造となる自己によって区別される（McCombs, 1994; McCombs & Marzano, in press）。**対象としての自己**の視点から考えるならば，全般的あるいは特定の学習状況における自己に対して個人が知っていることと信じていることに対する個人的評価から，学習への動機づけと自己調整学習は生まれる。個人的信念と感情と動機づけと学習との間の因果関

係に関するハーター（Harter, 1992b）や他の研究者（例えば，Dweck, 1986, 1991; Eccles, 1983）による研究から，自分をどれだけ有能であると見ているか，成功に対してどれだけ高い期待を持っているか，個人的な目標や興味に対して課題がどれだけ個人的に意味があり，関係していると見ているか，に応じて生徒は**学習しようとする**ことが確認されている。これらのモデルにおいて，**対象としての自己**の視点における自己信念は，動機づけの源泉である。すなわち，これらの信念は，期待を高め，次に感情に影響を与える。そして，感情は学習に対する動機づけや学習の自己調整に直接に影響する。**対象としての自己**という心理学的な視点においては，動機づけと自己調整学習は自己信念の**副産物**である。

　自己調整学習の文脈における領域固有の自己概念は，特定のタイプの学習状況や文脈（例えば，特定の内容領域や指導法）において，個人の認知・感情・動機づけ・行動を方向づけて制御する能力に対する個人の信念や知覚として定義することができる。「数学の問題を解いているとき，くじけないようにしたり，あきらめないようにすることができる」といった項目は領域固有の自己概念を査定するのに使うことができる。こうして個人が学習課題，学習状況そして内容領域に向き合っているとき，有効性に対して批判的であるということが，その領域や文脈において彼らの学習過程を有能に方向づけて制御させるべき，自己調整学習者としての自分自身に対する信念でありイメージである。再び取り上げるが，自らの計画や方略を構造化し，自己を行動に向かわせるものは，常時接近可能である「作動自己概念」である。加えて，ハーター（1998; Harter et al., 1998）は，知覚された長所や短所について個人が複雑なプロフィールを示すことを見出している。そして，新しい多次元的測定道具によって領域を通した個人のプロフィールを検討することができることを見出している。これらの方法論は自己知覚や，動機づけ・学習・自己評価といった自己調整過程と関連する他の自己に関わる変数に対する興味の復興に寄与してきた。

　自己概念の測定と個人が自分自身を定義するときの全般的・特定的領域の妥当性は，学習状況における個人の能力やコンピテンスをどのように査定するのかについて重要な知見をもたらしている。バーン（Byrne, 1984, 1996; Byrne & Shavelson, 1986, 1987, 1996）によるレヴューにおいて，自己概念は組織化され多面的であり階層的で安定的で評価的で特異的であるという特徴を持っていることが見出されている。これらの特徴は，以下の事実と関連するものである。

①人々は自分自身について持っている広大な情報を分類し，これらの分類がお互いに関連している。②人々は，行動の知覚が基礎にあり，その上に特定の領域（例えば，英語，科学，歴史，数学）における自己についての推論があり，全般的な自己についての推論があるという形で自分自身に関する情報を階層的に組織化している。③個人の全般的自己概念は安定的で，時間とともにわずかしか変化しない。しかし，階層が下がっていくとますます状況特定的になり，より安定的でなくなる。④人々が乳児から大人になるにつれ，自己概念はますます多面的な（個人にとって重要な領域に組織化されている）ものになる。⑤人々は「私は幸せだ」とか「私は数学がよくできる」というときのように，自分自身について描写したり評価する。⑥人々は自分の全般的，領域固有的自己概念を，個人的，学力といった他の構造から区別することができる。バーン（Byrne, 1984）は個人が全体的な肯定的自己概念を維持するために，1つの領域において達成が良くないことと他の領域で達成が良いこととを釣り合わせると述べている。しかし，フレミングとコートニー（Fleming & Courtney, 1984）は別の見方をとっている。全般的自己価値と領域固有的自己価値の測定に関する私たちの区別に加え，自己覚知（自己意識）が自己評価（自尊感情）と区別されなければならないと考えている。自己概念は自尊感情を包摂する，より一般的なものである。すなわち，自己概念は自己記述的である一方，自尊感情は自己評価的である。

　より最近では，バーンと彼女の同僚（Byrne, 1996; Byrne & Gavin, 1996; Byrne & Shavelson, 1996）は，多くの研究において，社会的自己概念を含むさまざまな領域が年齢とともにますます区別され，よりよく定義されるようになっていきながら，全般的学習自己概念が頂点となっていることを見出している。そして，シャベルソンら（Shavelson et al., 1976）の多次元的，階層的自己概念モデルを再確認している。さらに，マーシュら（Marsh et al., 1988）による研究は，全般的学習自己価値が言語的，数学的自己概念によって予測されることを示し，その結果は現在マーシュとヨン（Marsh & Yeung, 1998）によってさらに実証されている。言語（英語）的，数学的自己概念を測る項目は，それぞれの授業の中でいかに早く物事を学んだか，それらの教科が最も得意な教科か，それらの教科で良い評価をとったか，もしくは，その授業のテストが良かったかに関して，生徒の報告が書かれたものであり，これはマーシュ（Marsh, 1990, 1994）の自己記述質問紙（Self-Description Questionnaire）によって測られ

たものと同様である。

　こうして自己システムの構造とプロセスについての全般的測定と領域固有的測定の両方に対する必要性は，多次元的階層的自己概念の理論家によって幅広く支持されることとなった（例えば，Byrne, 1996; Byrne & Shavelson, 1996; Fleming &Courtney, 1984; Harter, 1985, 1998; Marsh, 1986, 1993; Marsh et al., 1988）。ハーター（Harter, 1992a, 1998）は，個人の生活の中で意味を持つ自己システムの次元における領域について査定することと同様に，自己システムの次元そのものを査定することに賛同している。彼女の枠組みでは，**次元**は教室における認識されたコンピテンス，不安そして動機づけ的志向性といった構造に関連する。**領域**は学校でのコンピテンス，社会的コンピテンスそして，運動的コンピテンスといった分野に関連している。査定におけるこれらの領域固有的分野に加え，ハーター（1992a）は個人の全般的自己価値に対する独立的査定についても賛成している。彼女は，個人に自分の全般的自己価値を考えさせることによって，全般的自己価値が最もよく査定されると主張している。それは，（クーパースミス（Coopersmith）やピアーハリス（Pier-Harris）の自己概念測定でなされていたものと同様に）異なった自己概念の内容を引き出すような多くの項目の配列に対する反応の合計や平均よりも，これらの感情を直接的に引き出すことによって最もよく査定されると考えられている。

　全体的にみて，ハーター（Harter, 1982, 1998）は，全般的自己価値の見積もりは個々の領域における特定の自己評価とはいくらか独立していて，全体は部分の集合以上である，と論じている。フレーミングとコートニー（Fleming & Courtney, 1984），マーシュとヨン（Marsh & Yeung, 1998）の研究は，この立場を支持している。そして，全般的あるいは領域固有的な測定は，興味という基準変数に応じて異なった形で重要であることが示唆されている。例えば，領域固有的な自己概念は成績や他の学力測定と関連する傾向があるが，一方，自己概念の全般的な指標は，しばしば適応の測定（例えば，不安，抑うつ）や動機づけ（例えば，努力，忍耐）と関連しているようである。このように，全般的な自己評価と領域固有的な自己評価をともに査定することによって，より豊富な自己システム像が浮かび上がってくる。

　発達的観点では，自己についての個人の判断が年齢とともにますます分化していくことに対する広い合意がある。例えばハーター（Harter, 1985, 1998）の研究では，6つの自己領域が前青年期の学習者において重要であることが見出

されている。その6つの自己領域とは，学習コンピテンス，運動的コンピテンス，社会的コンピテンス，社会的承認，身体的魅力，そして行動／行為である。ここ10年で，ハーターら（Harter et al., 1998）の研究では，高校生や成人期前期の大人に目が向けられており，自己価値への関連が見られる8つのコンピテンスの領域が同定されている。その6つのコンピテンスの領域とは，認知的，運動的，社会的，行為的，ロマンチックな魅力，外見，好まれやすさ，職業，そして友人関係である。個人の全般的な自尊感情，あるいは自己価値概念は，精神年齢8歳ぐらいから生じ，自分のことを人としてどれだけ好きかを尋ねる独立した項目（例えば，10代の人には，しばしば自分自身に落胆する人がいたり，逆に自分自身にとても満足している人もいます。あなたはどちらのほうですか。）のセットによって操作的に定義され測定される。自己価値は，すべての年齢層の生徒において，認知されたソーシャル・サポートによって予測されるのと同様に，領域固有の判断とそれぞれの領域に対する重要性の評価との不一致によってもさらに予測される。

　小学生と中学生を対象とした研究において，ハーター（Harter, 1987）は，特定の領域において有能になることが重要であると考えることや，重要な他者から受けていると感じるサポートが，全般的自己価値を比較的独立して予測する要因であると見出している。加えて，全般的自己価値は動機づけに対してわずかにしか直接的影響を及ぼしていないが，その影響は主に感情によって媒介されている。こうして彼女は，自己価値が付帯現象，すなわち，何か他のものによって予測される二次的現象ではないという立場が支持されていることを見出している。小学校や中学校で認められる発達的変化は，主に特定の領域に対する重要性の認識と主要なサポートの源泉の認識において生じる。彼女はまた，8歳以下の子どもは，人としての価値に対する統合された概念を持たず（すなわち，全般的自己価値が個別の要因を生み出さず，また，それらの項目は他の因子と組織的な形で重なって負荷しない），気分と興味を区別しない（すなわち，幸せや悲しさの度合いに着目した項目は，特定の活動がどれだけ好きかやどれだけ関与したいかを尋ねる項目と区別することができない）ことを見出している。

　私が初期に書いた章やその後の著作（McCombs, 1991）において，自己から生じる一次的な動機づけプロセスについて議論を行いながら，全般的そして領域固有的な自己システムの構造における状態と特性の測定を論じてきた。これ

については，この領域の他の研究者から非常に幅広い支持を受けている（Anderson, 1987; Bandura, 1982; Mischel, 1977; Nyquist, 1986; Spielberger et al., 1983）。例えば，アンダーソン（Anderson, 1987）の研究では，自己参照のプロセスは，活動的で力動的であり（状態），しかし，自己維持的認知方略を通して自己概念の安定性（特性）を導くことができると示唆している。バンデューラ（Bandura, 1982）の研究もまた，近接した自己知覚が，より遠いものよりも行動と緊密な関係を生み出すことを見出していることから，状態の測定の必要性を示唆している。一次的な動機づけ変数（コンピテンスと制御についての全般的・領域固有的，特性的・状態的な評価）のバッテリー作成と妥当性検討の分野における私自身の研究（McCombs, 1991）でも，状態的，特性的測定が他の自己システム過程（期待や意図）に異なった関係を示し，いくらか異なった因子構造であることを示しており，自己システム間の根底にある因果的関係の理解に，別々の異なった寄与をすることが示唆されている。より近年では，レヴィーとドウェック（Levy & Dweck, 1998）は社会的判断（例えば，自己が同じ人・集団・出来事・結果に対して，自己知覚，解釈，反応するやり方）に関して，特性の測定とプロセス（すなわち状態）の測定との違いについて議論を行っている。人や活動を評価する視点は個人によって異なり，それによって，特性的そして状態的な属性や判断を捉える多面的な測定の使用が必要であるというエビデンスが示された。この研究は，自己システムが構造とプロセスを有しているだけではなく，個人が他者についての判断をするのに最も快適な領域が個人によって異なることを示唆している。加えて，この研究は，人の属性についての信念が，自己と他者についての判断に影響を及ぼすことを理解する手助けとなる。

自己システム過程

自己システム構造は全般的で領域特定的であるが，自己システム過程についても同様である。初期のレヴューでは（McCombs, 1984, 1986），動機づけや自己調整学習における以下の自己システム過程の重要性に関して，かなりの意見の一致があることが見出されている。その自己システム過程とは，自己覚知，自己評価，特定の有能性の重要性に関する判断，成功と失敗の期待，自己発達目標，これらの目標や他の自己過程の結果に対する査定を通した課題の個人的重要性の評価といったものである。ミルズ（Mills, 1991, 1995）が述べる「心

理的眺望点」とは，**対象としての自己**の信念によって抑制されない，自然な自己調整の能力を認識するところであるが，より最近のレヴューでは，それらを**主体としての自己**が生み出しているということで，自己省察と自己モニタリングの重要性が強調されている（例えば，Kanfer & McCombs, 2000; Lambert & McCombs, 1998; McCombs & Marzano, in press; McCombs & Whisler, 1997）。自己調整学習において重要なプロセスは自己評価であり，特にこのプロセスが全般的そして領域固有的な個人的制御とコンピテンスに関連しているということから，その重要性については幅広い合意が得られ続けている（例えば，Baird & White, 1984; Bandura, 1982; Bandura et al., 1999; Connell & Ryan, 1984; Covington, 1985; Deci & Ryan, 1991; Harter, 1985, 1998; Harter & Connell, 1984; Kanfer & McCombs, 2000; Maehr, 1985; McCombs & Marzano, in press; Paris & Newman, 1990; Ryan, 1995; Schunk, 1984, 1995; Showers & Cantor, 1985; Turner & Paris, 1995; Urdan & Maehr, 1995; Wang, 1983, 1992; Zimmerman, 1985, 1995）。しかしながら現象学的視点から，私が近年主張している自己調整に重要な他の自己システム過程は，①学習状況において個人的なコンピテンスと制御の信念を生み出すこと，②自己に関連した学習や自己調整の目標・期待を定義すること，③自己状態，期待，そして，目標に注意しモニタリングすること，④感情，動機づけそして行動を調整し方向づけること，に目を向けたものである（McCombs, 1984, 1986, 1999; McCombs & Marzano, 1990, in press; McCombs & Whisler, 1989, 1997を参照）。

カーバーとシェイアー（Carver & Scheier, 1991）は，一貫した自己の経験を認めている理論家たちである。彼らは，自己情報を組織化する無意識的で過剰学習されたプロセスのセットから，より精錬されたシステムや自己情報に関して意志決定をする意識的なプロセスのセット，そして自己覚知と自己省察をさせる自己を表現する最後のシステムに及ぶ3つの相互結合的自己システムから成る階層的組織があることを指摘している。彼らのモデルでは，すべてのレベルの機能からデータを継続的に処理し評価する力動的で柔軟な組織を自己が持っているとされている。さらに，サロベイ（Salovey, 1992）と彼の同僚による研究（DeSteno & Salovey, 1997; Green & Salovey, 1999; Mayer & Salovey, 1993）においては，「感情的知能」が自己調整の核となる部分に存在する自己参照プロセスであると示唆している。感情的知能は，自分自身や他者の感情をモニターできる能力であり，このプロセスから思考や行動を導くために情報を使う能

力である。自己モニタリングと自己省察の過程を通してポジティブな感情やネガティブな感情に個人が気づいたとき，行動を起こす前に自己に注意が向く。サロベイ（Salovey, 1992）によると，すべての活動は個人が感情フィードバックに基づいて自己の価値を評価する，自己参照の起源を持っていると考えられるという。

　自己スキーマに関する研究から，自己知識における**メタ認知的過程**の側面が確認されている。自己知識とは，自己信念の覚知，すなわち，自分自身について知っていることと信じていることが結合したものである。プロセスのレベルで，実行者としての自己の概念は，自己信念から独立している自己についての思考に関わる（McCombs, 1994）。この自己に関する高次の思考は，メタ認知的覚知，すなわち，リドレー（Ridley, 1991）が名づけた省察的自己覚知に関わっている。高次の省察的覚知は，学習過程や思考過程における個人の制御について観察し，理解する機能を持っている。同様に，意思，パフォーマンス目標，努力，課題への忍耐，達成に関連するものも，自己システム過程である。リドレー（Ridley, 1991）は，高次の省察的覚知によって，所与の学習文脈において考えることや感じること，行動することの妥当性と有用性を学習者がメタ認知的に査定することが可能となると主張した。彼の研究は，高次の覚知と低次の認知過程，思考，信念全体の個人の実行の理解が，複雑な学習状況における目標設定，感情，動機づけ，達成に積極的な影響を及ぼしていることを示唆している（Ridley, 1991）。この自己調整過程を測定するために，省察的自己覚知を**状態**として自己報告させること（「私の行動を説明するものとして，私は最近の出来事について考える」時点で，特定の思考や感情，行動を行う**強度**［どれだけ強くするか］として測定される）が使われる。同様に，**特性**として自己報告させること（同様の項目に同意する**頻度**［どれだけしばしばするか］として査定される）もしばしば使われる。

　主体としての自己に関連する高次のプロセスのさらなる解明は，ミルズと彼の同僚の研究によってなされている（Mills, 1991, 1995; Pransky, 1998）。これらの研究は，そのときどきの経験を生み出す際の思考の役割に，個人がより気づくようになっていくことを示している。そのような思考は，感情と特定の思考とが結合したものである。彼らがこれらに気づくようになるにつれ，異なった気分レベルにおいて真剣に熟考した程度に応じて，自分の実行や選択に対するより深い理解を発達させる。「思考の認識」のプロセスを通して，個人は条件

づけられた思考や信念システムから脱却することができ，自分が自らの思考の生成者であると認識する（Pransky, 1998）。その結果，個人は，新しいものに目を向け，それらを異なったように見ることを手助けする不連続な出来事（例えば，新しい情報を学習する）の機能として意識の移行ができるようになる。視点の変換や覚知の質的変化が存在するときに，新しい洞察が生じる。何を考えるかを自由に選べるし，そして，親や文化から伝えられた信念に縛られないと個人が理解したとき，特定の課題に対する学習への興味や能力を再評価する。彼らは感情を生み出す際の思考の役割について理解し，思考の質が異なった気分状態によっていかに異なるかを理解し，学習や動機づけを阻害する不適切な思考に対して何をするかを選べると理解する。彼らは，**対象としての自己**の概念化を思考の後ではなく，その前にすることができる（Mills, 1995）。

　この見解は，内発的動機づけと自己調整学習とを関連づけている研究と合致している。デシとライアン（Daci & Ryan, 1985, 1991）によると，学習者の自律性，コンピテンス，関係性に対する基本的な心理学的欲求が満たされたとき，動機づけ，達成，発達が最大化になるという。動機づけはこれらの欲求のどれか1つが満たされた場合に促進される。しかし，学習者が制御されている場合よりも自己決定的であるとき，そのような活動に意欲的に関わり，そのような活動を自己の感覚に対して価値あるもの（すなわち，「自己の感覚によって裏書きされた」もの）として見ると，デシとライアン（Deci & Ryan, 1991）は指摘している。この理論における決定的なポイントは，活動や行動が自己決定的であったとき，調整過程は学習者が選択するものであり，制御された行動のときのように追従すべきものではないということである。重要なことは，自己決定された行動と制御された行動はともに意思的で動機づけられたものでありうるが，調整過程においては異なるということである（Deci et al., 1991）。さらにデシら（Deci et al., 1991）は，外的な報酬や制約がなく個人的におもしろいと思う活動に進んで関与するという内発的に動機づけられた行動と，価値があると考える結果に対して個人的重要性があると判断して活動するという自己決定された行動とを区別することを主張している。これらはともに自律的な自己調整に関連しているが，自己決定された形の動機づけは，学校での滞在時間，高い学力，宿題をする量，自己尊重，楽しんで学習すること，学校への満足といった重要な教育的結果を導いている。

　この見方を，**対象としての自己**の構造の限界に制約されない，より条件づけ

られていない自己の見方，すなわち「本物」の自己の見方に拡張して，ミルズ（Mills, 1995）は，非決定論的視点を提案している。この見方において，学習が自然で努力を要しないようなプロセスであると見られるとき，意志は不必要な概念である。自然で努力を要しないプロセスとは，人間の生活の一部であり，経験に伴う自然な反応であり，欲求や構成された信念，思考の不適応的な習慣によって制御されないものである。学習者が分析的思考や条件づけられた思考を停止するとき，すなわち彼らが古い思考や思考の癖から抜け出したとき，学習，発見，コンピテンスを生み出す過程は，楽しくわくわくするものである。**対象としての自己**を停止させるとき，思考の結果を分析しているときに作動するような，思考における心理学的な罠を学習者は乗り越えることができる。この見方は，その時点の思考や経験に対して私たちを自由で開かれたものにし，古い構造に邪魔されないような，新しく拡散する思考に関与する能力を私たちはみな持っているという認識に変える手助けをする。この心の状態は，制御されていない学習の楽しさに学習者を「向けさせる」。この枠組みで**主体としての自己**のプロセスを査定することはまた，**状態**の形の測定を行うことになる。状態の測定とは，省察的自己覚知プロセスの強度（思考，情動，そして行動をモニターし制御しているプロセスに個人がどれだけ関与していると答えるか）を測定することである。

　次では，自己調整学習における自己の現象の構造的役割，機能的役割を支持する近年のいくつかの文献について見ていく。

関連文献

　この節では，自己現象の重要性を具体的に示す最近の研究成果を明らかにする。具体化は，構造とプロセスの両方についてであるが，自己調整学習の理解を深めるためのものである。自己調整学習の自己システム構造の役割を支援するエビデンスを一覧することから始める。

自己調整における自己システム構造への支援

　自己システム構造の規定に際して，前節の中で次の合意が大きくなっていることがわかった。自己は，多岐にわたる，階層的な組織的認知構造の複雑で力動的なセットであり，発達的，文化的，性差に影響を受けている。その認知構

造は,注意に及ぼす強い影響,情報の組織化とカテゴリー化,他者と出来事についての判断をする。個人は成長し発達するにつれて,情報によって自分自身を部分的に規定し始める。その情報は,彼らが意味のある他者(例えば,ジョニーは背が高く,強い少年だ)から受け取る情報と同じように,環境内の対象を操作し制御する能力(例えば,もしこのボールを打てば,ボールを転がせる)について受理したものである。マーコバ(Markova, 1987)は,自己知識は,決定し実行することによって獲得され,知識は一般的に自己知識によって得られることを強調した。他方,コネルとライアン(Connell & Ryan , 1984)は,子どもたちが発達し成長するにつれて,自己についての情報は,物理的な対象と他者との交渉で学習されることを強調した。この情報は,区別され統合されて自己知識の範囲や領域になる。例えば,もし少女が,自分が身体的行動をうまく身につけられるのをいつも見ていると,自分を身体的に有能であると見るようになる。同様に,少年が,母親の規則に応じていつも振る舞って母親から誉められることを学ぶと,彼は外的基準に行動を合わせ調整できるものとして自分を見るようになる。

　コネルとライアン(Connell & Ryan, 1984)によると,自己調整は,自己の発達とともに発達する。それには,選択された外的基準の内面化と自己制御とコンピテンスの発達が伴う。この文脈の自己制御は,自己調整知識と自己が自主的(自己制御された)選択によって意識的に操作するプロセスの内面化のことである。自己制御の発達は,自己調整知識と観察によるスキルの内面化,直接指導,他者からのフィードバックの漸進的過程である。そこで,この意味では,子どもたちが自己制御し,自発的である自己についてのより一貫性のある知識を蓄積すると,自己調整ができるという自分の概念が発達する。しかしながら,マーカスとヌリウス(Markus & Nurius, 1987)の見方では,自己概念は,特定の将来の場面での自己のはっきりした見方なしには,行動を支配し調整することはできないという。ミラーとブリックマン(Miller & Brickman, 1997)によって最近報告された研究は,未来の目標と能力の自己概念が,直接的に,認知的取り組みと達成を予測できることを確かめた。同じように,ウーダンら(Urdan et al., 1997)は,自己目標と遂行に対する学習する意思が,高い自己効力,低い不安,大きな努力と忍耐,それに自己調整スキルの信頼性に関係していることを見出した。

　モレッティとヒギンス(Moretti & Higgins, 1999b)による最近の文献検討で

は，個人が，現実自己と理想自己間の不一致を減らすために，情動，認知，行為を自己調整させられるという見方をこれまでの研究結果が支持していることを示している。自己調整の型は，個人が自己尊重に影響する自己指針（例えば，意味のある他者，自分自身についての自己の見方）として選択するものとの関連で発達する。他者は自己調整を支持する積極的指針になることができる。自己調整は，結局，1つのシステムとして現れる。そのシステムは，意味のある他者に共有されている自己の流動的で統合された実態を表している（Moretti & Higgins, 1999a）。この理論を支持するデータは，現実自己と理想自己間の不一致が，包括的自己概念（いかに自分自身を規定するか）よりも，自己尊重（価値の感情）のよい予測値であることを示している。この見方によれば，現状と希望の状態との不一致があるという自己評価に対する情動的反応こそが，自己目標を達成しようとする動機づけの主要な決定因子である。

　ウォルター（Wolter, 1998）による最近の研究は，たとえば，同化，リハーサル，組織化のような認知的方略の学習調整を見るのではなく，動機づけ調整を見ていた。自己調整学習者たちは，一般的に，学習課題に関わり，努力をし，持続するように強く動機づけられるという仮説が立てられた。ウォルターは，学生たちが，さまざまな認知的，意思的，動機的方略によって，学習課題に費やしている努力のレベルを調整していることを見出した。認知的，メタ認知的方略に加えて，学生たちは，気を散らすことを止め，注意を集め，学習したいという身体的，情動的レディネスを向上させ，課題の時間を最適化する情動制御的あるいは意思的方略を使った。自己調整学習は活発なモニタリングと努力と忍耐を与える意欲的調整を意味しているので，課題を続け仕上げるという意思を維持するには，自制力や「ただやるだけ」方略が，意思的方略より効果がないことがわかった。また，生徒たちが状況の要求に合う方略を調節修正することもわかった。結局，内発的調整方略を使う生徒たちは，学習目標指向性と対比した遂行目標指向性を持ち，認知的でメタ認知的方略を使う傾向がある。これらの発見は，次の3つと一致している。それらはミルズ（Mills, 1991, 1995）の主体としての自己視点から見た動機づけと自己調整の「心理学的眺望点」という構想，レンクル（Renkl, 1997）の自己調整学習のスキルと意志の方略の最近の分類，大学生において制御の認知が間接的に自己調整学習を予測する一方，認知されたコンピテンスと動機づけに直接的効果を持つというウィリアムズ（Williams, 1997）の発見である。

第3章　自己調整学習と学力：現象学的視点

　マーカスたち（Inglehart, Markus et al., 1987; Inglehart, Wurf et al., 1987）による「可能的自己」とその構造特性についての理論と研究が，10年前には，自己調整に関係した自己変数の特徴をさらに説明するための主流であった。例えば，この研究は，可能的自己は行動に対して認知的（構造化）と活性的（忍耐）影響を持つことを明らかにした。自己システム構造は，目標達成の目標と表象の両方を合体していることが認められた。大切で価値のある自己目標に作用するそのプロセスが，快適でプラスの情動を高める。この構造と目標の文化差は研究の主要な領域としてこれまで存在し，まだ続いている。そこには，マーカスたち（例えば，Markus & Kitayama, 1998）の研究だけではなく，他の動機づけ研究者たちの研究でも認められている文化差がある。例えば，スティペック（Stipek, 1998a）は，最近，自己関連情動と行動を起こす自己概念について，アメリカ人と中国人の大学生間で差異を調べた。彼女は，アメリカ人と中国人学生の間で，誇りの表現態度と恥と罪を感じる状況において有意差があることを見出した。両方とも動機づけと自己調整学習の自己システム変数の役割に意味を持っているのである。同様に，ボカートとニエミビリタ（Boekaerts & Niemivirta, 2000）は，生徒たちは，発達する効果的自己調整に，個人学習目標と自我防御目標の間のバランスを見つけられる社会的文脈を必要としていると報告している。

　10年前，研究者たちは学習の自己構造の中心的役割を調査し，動機づけ，自己調整学習，学力に及ぼす社会的文脈の影響を注視し始めていた。例えば，スルルとゲイリック（Srull & Gaelick, 1983）は，自己は，新たな情報の処理を誘導する固定参照点である核を持つ認知的プロトタイプであると主張した。大学生を対象にした研究では，特性比較アプローチが，学生の自己の評価と他者の類似の判断に使われた。学生たちは，一対の人格特性形容詞（例えば，知的／機知に富む）で，他者は自分たちにどれだけ似ているか，あるいは自分たちは他者にどれだけ似ているかを尋ねられた。この方法は，自己の性質を調べ，またいかにそれが社会的文脈で働くかということと，全体の自己過程と個人差の両方を吟味することに効果的なやり方であることがわかった。同様に，動機づけと達成について，自己参照に対する他者参照の相対的重要性が，リーダーら（Reeder et al., 1987）の研究によって強調された。大学院生を対象とした散文想起課題で，自己参照（この節を読んで，この節があなたのことを書いているかどうかを自分自身に絶えず問いなさい）読書指向性は，他者参照（この節を読

んで，この節がダイアナ妃を書いているかどうかを自分自身に絶えず問いなさい）指向性，言語（この節を読んで，この節に間違った綴りの語があるかどうかを自分自身に絶えず問いなさい）指向性，制御（この節を読みなさい）指向性と比較された。自己参照は，学生たちがそれほど難しくない課題をしているときに，他者参照あるいは制御よりも，より多くを想起した。リーダー（Reeder）たちは，自己参照課題では，大きな関与と関心，綿密な仕上げと丹念な処理をすれば，強く動機づけられると言った。さらに彼らは，自己参照の優れた点は，自己と最も結びつきやすい談話の要素だけに限定されないことを見出した。

　社会的学習，社会的目標，社会的文脈，それにそれらの学生の自己と他者認知に及ぼす影響を調べる最近の傾向の例は，多くの現代の研究者たちの研究に見ることができる。例えば，ウーダンとメーアー（Urdan & Maehr, 1995）は，動機づけと学習の2目標理論を超えて，多様な発達段階にまたがる社会的目標と社会的関係の役割を検討することを提案している。そして，多様な学年段階における学習の動機づけと関与に対する社会的目標の大切さを強調する研究が示されている。これらの研究成果は，カサディとジョンソン（Cassady & Johnson, 1997）のものと一致する。彼らは，幼児でさえも領域固有の学習自己概念を発達させることを見出している。青年期前期を対象にしたヴィスポエルとブウ（Vispoel & Boo, 1997）による研究成果では，（社会的コンピテンスのような）重要領域が増えるにつれて，学習関連行動に及ぼす自己概念の影響は大きくなるという。

　この簡単な論評から，自己システム構造が，情報の編成と処理，プラスの情動の生成，行動の調整の中心的役割を果たしていることがわかってもらえよう。次に自己調整学習で大切である自己システム過程の最近の研究を見る。

自己調整における自己システム過程への支援

　本章のはじめの理論的概観を見ると，行動は，少なくとも大部分，固有の自己充足目標あるいは自己発達目標，それと自己決定あるいは個人制御の目標によって動機づけられていると，自己理論家たちがおおむね考えていることがわかる。現象学的見方からすると，学習者は，自己規定的で自己統制的な形の目標をめざしている。それはこの目標の達成を支援するプロセスの継続的関与による自己概念を型作り創造する，積極的な実行者としてである。学習者は，自

己モニタリングと自己評価のプロセスに関与している。そのプロセスは，自己覚知，自己規定，自己発達過程を調整し制御する能力を支援する。学習者たちが成長，発達するにつれて，学習課題と経験から，学習過程と行動を導き制御する自己システム過程の獲得と適用の機会に恵まれる。実際，自己システム構造とプロセスの発達は，自己調整の発達を説明する基本的現象であることが考えられた。自己発達のプロセスで，感情，動機づけ，行動の調整と制御の能力が増大する。それら，感情，動機づけ，行動の調整と制御は，自己発達と自己目標の支援のすべてである。

さて，研究文献はこれらの点の支援について何を述べるべきであろうか？まず，サロベイ（Salovey, 1987, 1992; DeSteno & Salovey, 1997; Mayer & Salovey, 1993）の研究から始めよう。自己調整学習に大切だとされた自己システム過程の中で，サロベイは，注意，記憶，情動，行動への自己評価と自己参照過程の重要性を強調した。前節で述べたように，学習動機は，学習者の認知に続いて生じる。その認知は，学習者が的確な内的，外的条件の下で自己調整できる自然の能力を持つ。重要な内的条件は次のようである。①思考，感情，動機づけ，自己調整行動を統合する実行者として自己を理解すること，②固有な自己調整能力の意識的覚醒で操作すること，③学習課題や経験は個人的には意味があり適切であるという認識（McCombs & Marzano, in press）。この内的条件を支える外的条件は，適合性，選択，制御，課題，責任，コンピテンス，人間関係，それにスキルの発達の配慮，考慮，誘導の形での他者からの支援の提供を含んでいる。そこで，自己調整は，以下の結果である**学習機会への自然な反応**として概念的に説明される，①個人の関心，要求，目標に関連のある特定の学習機会の意味と妥当性についての自己評価，②自己調整の実行と能力の理解，③有意味性と自己制御の認知を支援する文脈。

学習に及ぼす自己過程の影響についての研究の補足的な方向は，社会的認知理論から直接的に得られる（例えば，Schunk, 1995）。例えば，シャンク（Schunk, 1995）は，自己調整過程が学習過程に影響するためにその役割を強調した。社会的認知理論（例えば，Bandura, 1982）の理論と研究を構築してみて，シャンクは，次の3つの自己調整過程の大切さに気がついた。それは，自己観察，自己判断，自己反応である。このプロセスは，集中と注意（記憶されている情報の組織と反復），資源の効果的利用（自己の信念，学習課題），結果（仕事の満足と誇りの経験）を含む一連の認知的で情動的な変数に影響すると推測さ

れた（本書第4章の自己効力の役割のシャンクの記述も参照。）。

　自己効力の判断とは，課題達成をうまくやる能力についての学習者の判断のことである（Bandura, 1986, 1991）。自己効力についての最適な（高過ぎも低過ぎもしない）感覚を持つことは，効果的な自己調整に必要なことと考えられる。学習は，成果の原因帰属が自己効力と学習の動機づけとを高めるときに，最大の成果が上がる。例えば，失敗を努力不足に帰属させる（つまり，人が何かができる原因）と，失敗を能力不足に帰属させるより学習に効果的である。学生が自分の進行——失敗よりも努力に困難さを帰属する——の自己評価をするとき，向上しようとする動機づけが強調される。バンデューラは，次のことを強く示唆する研究結果を示した。学生たちは，帰属を自己調整できれば，学習の際に，方略的コンピテンスの獲得を支援される。自己調整学習に，効果的課題方略を使うことが，学生が必要なスキルを獲得するのに役立つのである。さらに，成功への能力と努力を強調する積極的な帰属信念を学生が維持するときに効果的信念とスキルの達成の両方が高まるのである。

　いくつかの研究は，教室学習の自己調整効力のプラスの影響を実証している。例えば，ジマーマンとバンデューラ（Zimmerman & Bandura, 1994）は，作文コースの成績の自己効力信念（学習成績と，書くこと，目標，自己基準の調整の両方について）の役割を研究した。書くことの自己調整効力は，学力に対する自己効力に及ぼす最大の影響を有した。その学力は，次に成績への目標，自己設定評価基準，最終成績に関係していた。同じように，メネックら（Menec et al., 1995）は，280人の心理学入門受講学生を対象にして，自己調整方略，自己効力，行為指向性の個人差（Kuhl, 1985）間の関係を調査した。彼らは，自己効力が自己調整方略の使用と結合していること，高い自己効力と高い成功期待は高い授業成績に貢献していることを見出した。おもしろいことに，行為指向性は，特定の自己調整方略（統合，理解，モニタリング，情動／動機制御方略）の利用と関係しているが，成績にはほとんど効果がない。人が個人の能力と制御をいかに判断しているかに関係した自己評価過程の基本的に大事なことが，ニコルズ（Nicholls, 1983, 1984, 1987）によって強調された。彼は，学生たちの内発的動機のレベルは，彼らがやりたい課題を習得しているときに高くなる。その課題とは，自分で選択ができ，自分は成功する能力があると思う，彼ら個人の要求と目標に一致するものである。ドウェック（Dweck, 1986, 1991）は，動機づけが目標指向性の機能として適応的か，非適応的であるかを指摘し

て同じような立場をとった。もし学生が，学習目標を持つなら，自分の能力（知識とスキル）を増そうとする。また，もし彼らが達成目標を持つなら，能力について良い判定を得ようとするか悪い判定を避けようとする。そこで，他者からの承認よりは自己発達をねらいとする目標が，自己調整学習の基礎にある積極的で適応的な動機づけ型に貢献する。エイムス（Ames, 1987, 1992）とスティペック（Stipek, 1998b）による研究は，教室学習環境は学習目標指向性と学生の動機づけに直接影響することを確認した。

アブラハムら（Abraham et al., 1987）の高校生を対象にした初期の研究は，学習課題に対して情動と動機づけの自己には認められた大切な役割があることを支持した。プラスのフィードバックは，生徒が価値のある課題をしっかりやろうとするときにだけ，関心を呼び起こすことがわかった。生徒たちが焦点化された課題フィードバック（課題の得点に関する情報）が与えられるとき，自分たちは他者とどう関係しているかの標準的フィードバックと比較して，関心は高められる。エプステインら（Epstein et al., 1987）は，学生たちを対象にして，課題関心は学生の情動状態の関数であることを見出した。情動状態は，次には，いかに学生が学習課題でうまくやるかについての能力の手がかりの解釈の関数である。この結果は，学生が情動的に呼び覚まされなければならないことを示している。それは，能力を評価し，プラスの自己評価を使うことで最大限に動機づけられるためである。しかしながら，さらに最近では，タウアーとハラッキイズ（Tauer & Harackiewicz, 1999）が，達成指向性（目標）が，内発的動機づけに及ぼす競争（達成目標）の負の効果を抑えることを見出した。

マンダーリンクとハラッキイズ（Manderlink & Harackiewicz, 1984）は，有効な自己調整には，個人が今の達成レベルと目標との間の不一致を最小にするように行動を管理することが必要であると言った。目標達成は，コンピテンスの感情を高め，また課題に対する内発的動機づけにプラスに影響する。このエビデンスは，コンピテンスのフィードバックをすると，目標達成に対する個人の制御の信念を強調することによって，既存の内発的動機づけに役に立つことを示した。個人に原因があるというこの感情は，コンピテンスの認知よりも存続する内発的動機づけのより重要な決定因子であると信じられている。他方で，自己効力は，課題への関心を起こすことでは自己決定よりももっと大事であるかもしれない。彼らはさらに，コンピテンスが十分に発達すると，個人制御の感情と自己決定は，自己動機づけと内発的関心に対してより関連性があるもの

になると述べている。しかしながら，学生たちの自己参照方略を利用する能力は，自己覚醒と自己モニタリング過程に依存していることが認められている。自己調整学習に関連した自己過程の多くの最近の研究は，他者と社会的文脈の認知（例えば，Maden et al., 1998）の文化差（例えば，Purdie & Hattie, 1996）に集中している。これらの研究は，違った文化の学生が，自分の学習過程を調整するのに違った方略（暗記方略か精緻化方略か）を使うだけではなく，文化的信念とステレオタイプが，学生の自己覚知に依存した学習の要求と達成の認知に強い効果を持つことができることを示している。

　フィグルスキィ（Figurski, 1987a, 1987b）は，自己覚知と他者覚知の発達は，見方を操作する能力に依存していると言った。彼は次のように主張した（Figurski, 1987a）。「もし他者の経験を考慮できないなら，決して自分自身に対して客観的になれない。自分に向けた観点を操作する能力はまた，他者に向けた観点を操作する能力でもある」（p.200）。自己中心的から他者中心的へという発達的順序性が，自己覚知を理解するための非実験的，現象学的アプローチの価値を強調して報告されている（Figurski, 1987b）。また，自己覚知は，現在の活動が自発的であると認知されているときに，情動と関係しているという結果が報告されている。自己覚知は，自己システム過程の発達における自己評価と情動に先行するものであると見られている。さらに，自己覚知は，自己意識が特性変数であると考えられるのに対して，1つの状況であると考えられている。

　さらにデイビスら（Davis et al., 1987）による自己覚知過程の研究は，自己意識の個人の高さ（つまり，自分の思考と思考過程の高い自己覚知）には，自己知識への欲求があることを示した。しかしながら，自己意識の低い個人には，自己防衛の欲求がある。デイビスらは，この成果は，自動的モデルよりも，自己覚知の基本的動機づけ成分の概念を支持すると主張した。実際，私的自己意識（つまり，他者とは共有できない内的思考）の差異は，ローデワルト（Rhodewalt, 1987）が低い自己尊重を持つ学生のセルフ・ハンディキャッピング行動として記述したようなもののせいであるかもしれない。彼は次のように報告した。学生は自己イメージや自己尊重を守るために方略的行為をする，そして「帰属はセルフ・ハンディキャッピングを持たせるのに決定的役割をする。そして能力に成功を帰属させることや失敗を努力不足に帰属させることは，評価するときのセルフ・ハンディキャッピングへの前提条件であるように見え

る」(p.7)。セルフ・ハンディキャッピング方略☆を頻繁に使うということは，学生が失敗に直面したとき，自己尊重を守れるように，学習課題の大切さを割り引くことである（Covington, 1992）。

> ☆ 試験のときに「今日は風邪をひいているので，調子が悪い」と級友に言っておくと（セルフ・ハンディキャップ），成績が悪くても級友は「調子が悪かったからね」と思ってくれて，自己に対する評価が下がらずにすみ，自尊心の傷つき方が軽減できる。

実際の学習環境で，カンファーとマッコム（Kanfer & McCombs, 2000）は，動機づけの障害には2つの可能な源があるという2段階動機づけ過程を記述した。①進んで（いやいや）学習する（例えば，はっきりと外から提示された訓練目標を採用すること（やろうとする成分）），そして②長い間，目標達成が妨げられても，動機づけを維持するための能力があるかないか（できる成分）。幼稚園から高校までの教室では，動機づけ障害は，やろうとする成分の不足にしばしば関連している。生徒は，特に，彼らが学習目標の発達に関与しないし，また明らかな個人的価値がない学習方法を使うときに，与えられた素材の習得に個人的価値を認めないか，あるいは，学習過程に関与することがない。しかしながら，自己調整障害は，「できる」成分から，しばしば生じる。「できる」障害は，学生が学習の妨害に遭うと起きる。その学習障害は，達成能力の自信喪失を生み出し，また，学習の自己調整支援をしない。この見方では，動機づけはプロセスの2つの関連したセットを含む。すなわち目標選択（つまり，動機づけのやろうとする成分）と目標追求（つまり，動機づけのできる成分）である。

目標選択過程は，教師や集団が望んでいる目標に対する個人的資源の割り当てを規定する（Kanfer & McCombs, 2000）。今日の理論づけでは，個人が，3つの配慮，つまりコンピテンスの認知，努力をする負担，目標達成の誘引に基づいてそのような決定をすると言われている。どういう努力をするかの選択は，気質要因によって大きく決定されるが，教育プログラム成分は，目標選択を促進し学習活動に関与できるやり方に対するコンピテンスの認知と達成の魅力の両方に影響する。そこで学習への関与は，知識とスキルの発達に対して必要だが十分な条件ではない。目標追求は，個人が自分の意図を実行する自己調整過程のことである。目標に始まり，個人は自分たちの行為を，自己モニターし，自己評価し，自己強化しなくてはならない。この自己調整過程によって，修正行為ができるようになり，学習を促進し，高度のスキルの発達への努力を維持

できる。自己調整スキルが欠けていると，欲求不満を起こし，学習過程から早期に退いてしまう。

　ペリーら（Perry, 1998; Perry et al., 1999; Perry & Weinstein, 1998）による研究は，幼児の自己調整学習を支援する社会的文脈の特質を示した。この研究は，4～5歳の子どもは，自分の能力について高い認知を持ち，学習課題の成功に強い期待を持っている，そして教師中心クラスよりも子ども中心クラスでより独立的で自己調整的であるという，初期の研究結果に基づいている。ペリー（Perry, 1998）の研究では，2年，3年の子どもたちが次の条件を持つ教室で比較された。そこでは，教師は，選択，課題，自己評価，仲間の支援，準備された教師支援——彼らの自己調整学習の促進しやすさに関連したすべての条件——について異なっている。生徒たちのこの条件の存在の仕方の認知が，高い自己調整学習教室と低い自己調整学習教室では異なっていた。その結果，低い自己調整学習クラスの生徒が学習の防御的セルフ・ハンディキャッピング・アプローチをとるのに対し，高い自己調整学習クラスの生徒は自己調整学習学習者のスキルと姿勢をとった。もし測定方法が，幼児が価値づけている争点を目標にし，幼児が理解している言葉や形式を使い，幼児にとって関連があり意味がある活動の文脈の反応を評価するなら，幼児でさえも教室のタイプを区別でき，確実に自分たちの認知を報告できることも明らかになった。ペリー（Perry, 1998）は，幼児は，①教室の文脈をはっきりとは区別できない，②自己調整学習を弱体化する動機づけ的指向性をとらない，あるいは③自己調整学習に求められている認知的能力を持たない，という仮定は疑問視されると結論した。

　ペリーとウエンステイン（Perry & Weinstein, 1998）は，以下のように述べている。年少児の学校適応は，学習機能（認知スキルとコンピテンスに関連した信念を含むスキル獲得と動機づけ），社会的機能（所属感と社会的目標を含む積極的な仲間と大人の関係），行動機能（満足の延滞と注意を集中することを含む積極的な役割行動と注意と情動の自己調整）の高いレベルによってなされる。彼らの研究は，子どもたちは差別的な教師待遇を正確に報告できることと，教師中心の教室に比べ児童中心の教室は，学習の犠牲なしに，子どもの積極的な社会的，情動的機能を伸ばすことを見出した。友だち間はもちろん教師と子ども間の支援的積極的な関係の重要性が強調された。それは，学校に対する良い評価，向社会的行動，積極的態度を含むこの関係が多くの社会的学習的能力と関連しているというエビデンスによる。

さらにペリーら（Perry et al., 1999）は，幼稚園児の幼稚園適応について，学び手中心実践の園児たちの認知を調べて研究した。もし園児たちが，学び手中心教室だと認知すると，彼らは高い学力を持ち，年度末達成基準をよく達成し，嫌な友達として名前があげられる可能性はほとんどない。同様に，私たち（Daniels et al., in press）は，学び手中心教室と非学び手中心教室の文脈の中で幼稚園から小学3年生までの生徒の教師の実践と学習に対する認知を調べた。そして次のことを見出した。年少児は①良い教師は，文脈とは関係なく，配慮し，援助的で，激励すると報告し，②非学び手中心に対して学び手中心は学業と学習に関心を持つ，③非学び手中心文脈は，積極的見方に対して受け身的見方をさらに生み出す傾向があるような教室実践と一致する学習の見方を持っていた。次の成果は大切である。非学び手中心の教室（子どもの見方と不一致の実践の文脈）にいる，学習についてそのときに積極的な見方をする子どもたちは，学校から疎遠になる（低い動機づけ，関心の欠如）徴候を示した。この結果は，年少の子どもの，持続する動機づけと自己調整学習をどうやって高めるかを見極める，自己，他者，文脈の見方を考慮する重要性を強調している。さらに私の研究では（McCombs, 1998; McCombs & Lauer, 1997, 1998; McCombs & Whisler, 1997），教室実践の生徒たちの認知は――幼稚園から大学まで――，教師自身の実践についての認知よりも，動機づけ，自己調整学習方略の利用，学力について，有意に正確な予測である。このことは，学習が自己（学習者の見方）に近ければそれだけ，関係は自己調整，動機づけ，学習成績に対して強くなるという意味で，自己の見方と現象学的見解の重要さを確かなものにする。

　要約すると，先行の精査された検討から以下のことがわかる。自己評価過程は，自己知識の獲得と自己尊重の感覚の維持をする自己組織を発達させるのに非常に大切なのだ。さらに，生徒たちの自己覚知と自己モニタリングのプロセスは，自己決定と自己発達目標に大いに役立っている。そこで生徒たちの自己システム過程の発達は，自己調整の能力の発達に基盤を与えていることになる。この章の最後の節は，生徒が自己調整学習能力の発達を向上させるために学習した結果を検討して終わりにする。

自己調整学習の発達の影響

　自己についての最近の研究は，自己システムの構造・プロセスの発達と，自

己調整学習能力の発達との間に密接な関係があることを明らかにした。しかしながら，ある生徒たちには，この両方の領域の発達を促進する必要がある。自己現象——特に意志とスキルを生み出す自己の役割——を理解することで，私たちはどうやって生徒の自己調整学習能力の発達を促すことを援助できるのか？　この質問に答えるのに，自己調整学習に必要とされることと，このプロセスの自己の役割を支える学習者中心の実践と文脈に必要とされることに目を通してみる。

自己調整学習

　自己調整学習は，生徒が学習目標をやり遂げる自己調整的でメタ認知的過程と関係している（例えば，Schunk & Zimmerman, 1998）。例えば，ジマーマン（Zimmerman, 1990）は，自己調整学習を生徒たちの学習過程への積極的参加と規定した。自己調整学習の考えでは，メタ認知的，動機的，行動的過程が強調されている。そのプロセスは，計画策定，個人の目標設定，組織化，自己モニタリング，自己効力，考えの再構成と創造，自動性の実行，個人のスキルと行動の精錬のような学習を促進するのである。同様に，カール（Carr, 1996）は，自己調整学習を教師から独り立ちして学ぶ能力であると規定した。そこで，有効な自己調整学習は，内容領域の知識，学習の基本的スキル，学習動機づけを必要とする。カール（Carr, 1996）は，学習者の自己調整学習に欠かせないものとして，生徒の自己省察的スキルと自己覚知の重要性を強調した。

　バトラーとウィン（Butler & Winne, 1995）もまた，自己調整学習を，自己意識，課題，望まれ要求される行為（知識と達成目標）を伴う計画的，適応的，判断過程を含むと述べていた。フィードバックについての事前の研究に基づいて，バトラーとウィン（Butler & Winne, 1995）は，しかしながら，特有のすべての自己調整活動を促進するものはフィードバックであると言い，外的フィードバックの提供は学習を促進することに気がついた。さまざまな結果（例えば，動機づけの状態，気分，学習過程）を記述する自己モニタリング過程によって生み出された内的フィードバックは，考えの確認あるいは説明を与える外的フィードバックの使用を促進する。研究の概観に基づいて，バトラーとウィンは，5つのフィードバック機能を識別した。その機能は，内的と外的なフィードバック型を区別する必要とは独立したものである。①教育目標の理解を確かめるフィードバック，②事前の知識を推敲し豊かにする情報を加えるフィードバッ

ク，③不正確あるいは不適切な事前の知識を置き換え，上書きするフィードバック，④理解を調節し調整するフィードバック，⑤新しい材料に合わせるスキーマの改革，そしてあるいは，間違ったあるいは矛盾した理論の置き換えを助けるフィードバック。しかしながら，この概観に現象学的見方を加えて，情動，思考，方略使用の適当な制御をする効果と同様に方略利用と効果を監視する実行（主体としての自己の操作）を確かめるフィードバックの必要性を付け加えよう。そのフィードバックの結果，マイナスの情動を生起させることにより学習の動機づけと意志を減らすマイナス思考を制御するからである。

　過去10年間に，多くの教育研究者たちは，学習者中心の見方と自己調整アプローチの学習とを統合した。教室文脈で生じたときに，「自己調整あるいは自発的」学習と名づけられた研究へのアプローチである（Kanfer & McCombs, 2000）。生徒が自己調整学習を発達させるには，生徒が選択し，責任を持つことが欠かせない。そして，学習を選択する個人の役割は，学校文脈の学習への積極的アプローチを発達させるのに決定的であると見られている。生徒が自己調整学習すると，彼らは成功と失敗の結果を，自分の制御を超えた力と経験（例えば学校）であるよりは，自分自身の行為のせいだと結論づける。そのように，自己調整学習する生徒は，学習と就学に大きな誇りを持つことと自分自身が自分の行動の担い手であることの自覚が期待される。

　教室の自己調整学習についての補足的な見方が，アレグラドら（Areglado et al., 1996）によって，また提案された。彼らは，自己調整学習を相乗過程と定義した。それは，教師と生徒の相互作用のプロセスである。そのプロセスで，教師は生徒に，自己調整学習のさまざまな方略とスキルを発達させる援助をし，次第に生徒に，自分の学習方略の使用と規定の責任を大きくしていく。アレグラドら（Areglado et al., 1996）によると，自己調整学習者は次のように特徴づけられる。①学習の自発性，独立性，持続性を示す，②自分の学習の責任を認め，問題を障害物ではなく，やりがいのある課題として見る，③自己訓練でき，高度の好奇心を持つ，④学びあるいは変わりたいという強い欲求を持つ，⑤基本的学習スキルを使い，時間を計画し，学習の適切な速度をとり，学習をやり遂げる計画を練ることができる，⑥学習を楽しみ，目標志向の傾向を持つ。

　このように，自己調整的観点は，自己調整過程が学習者中心教育に決定的意味を持つと考える。この見方では，生徒の動機づけは，実践の発達と利用によって促進される。実践の発達と利用は，学習過程の生徒の自己覚知，学習の際

の自己調整方略（目標設定，自己モニタリング，自己省察，自己評価など）の使用，学習過程の外的フィードバックを求める生徒の自発性を促進する。そのような環境の特徴は，以下のことを含んでいる。自己調整方略の発達と利用についての明快な生徒と教師の訓練，何を学習しフィードバックするかという機会のような訓練の特性を生徒が選択し制御することが増えることである（McCombs, 1998）。

自己調整スキルを発達させること

現象学的観点から，自己調整学習の理論と研究は，自己調整過程の特定の構成要素を強調し，動機づけ不足は自己調整学習を促進するための学習者中心プログラムを作ることによって部分的に補われると主張している。自己調整の発達へのもう1つのアプローチは，カンファーとヘゲスタッド（Kanfer & Heggestad, 1997）の最近の研究に端を発している。その研究は，学習の自己特性と自己調整スキルの個人差の役割に集中していた。この人間中心アプローチでは，目標選択に影響する気質傾向（特性）と，獲得され統合された目標追求の間に起きる自己調整行動（自己調整スキル）の型を区別することが強調された。このアプローチは，自己調整活動を学習の際に使われる基本的スキルとして説明している。そして，自己調整スキルの個人差から次のことが提起されている。すなわち，個人差は人と状況要因によって影響されること，学習と達成への効果では動機づけ的特性から区別されること，訓練に対する同じ能力レベルと動機づけを持つ生徒がどのように学習結果で著しい差を示すかの説明に役に立つことである。

カンファーとマッコム（Kanfer & McCombs, 2000）が述べたように，2つの基本的自己調整スキルが，自己調整の発達と学習過程を編成するときの自己の役割を学習者が理解するときに，認知的方略に加えて必要とされた。それは，動機づけ制御と情動制御である。動機づけ制御スキルは，外的制御なしに注意努力をする自己調整効果のことである。強い動機づけ制御スキルを持つ個人は，当座の目標設定と目標視覚化のような課題に注意を維持することを特にめざす自己調整活動をする。カンファーら（Kanfer et al., 1996）は，学習者は最低限に受け入れられるレベルを超えて達成を高めようとするスキル獲得の後半段階では，そのようなスキルは特に大切であることを示した。スキル学習の最初の段階では，学習者は，注意努力のかなりの量を課題要求に基づく課題要件の理

解にあてる。しかしながら、遂行が向上すると、注意に基づく課題要求は次第に減少する。

　要約すると、現象学的見方は、私たちの自己調整学習能力を高める最もよい方法が、自己調整者としての自分を信じる大切さを理解することであると言う。問題は、私たちの多くはそれを信じないし、自分の自己調整することを望まない、あるいは、どう自己調整するかを知らないことである。方法としての現象学と哲学体系によって、私たちは、行動を方向づけし調整できる自分自身と世界についての認知と思考の優位性を理解するのである。私たちは、それによって、いかに生徒が自分の価値、コンピテンス、選択と制御する能力、学ぼうとする意志を生み出す責任を知ることが支援されるかが理解できるのである。

現象学的アプローチの適用

　自己と多様な自己システム過程と構造についての現象学的研究が、どのように教育実践に適用できるかを理解するために、この節では、私自身と他の研究者の研究が、信頼できる実践として実証したものを概説する。

自己システム発達に焦点化して自己調整学習を促進する実践

　自己調整は、自己覚知、自己モニタリング、自己評価のような、自己概念、自己過程の発達とともに自然に発達する。マーカスとウルフ（Markus & Wurf, 1987）によって詳細に述べられた自己調整段階はいまだに有効である。それは、生徒の各段階をたどる能力の自己発達の役割にははっきりした意味がある、というものである。現象学的観点からもっと詳細にこの段階を見てみる。

　自己調整の最初の段階、**目標設定**では、生徒は目標を選ぶだけではなく、自分にとって何が大切かを決めるのである。大切なものを決めることは、生徒が自分について知ることと自分ができることに対する現実の期待を持つことが必要である。彼らは、楽しむもの、関心、欲求、価値の感覚を持つ必要がある。そして、彼らは、自己覚知と自己受容に対する一定のレベルを持つ必要がある。この自己理解によって、彼らは自分で意味と関連のある自己目標を作り出し選択できる。彼らはまた、成功か失敗の見込みを見極め、結果の予想をし、目標の追求をすることができる。それは個人の適切性と重要性を考え評価する自己知識と能力である。その適切性と重要性は、目標への関与とプラスの情動を起

こす際に必要なはじめの段階である。しかしもっと大切なのは，生徒がまた自分を定義し自分の発達の活動的役割をする責任を理解することである。彼らは，どうやって認知，情動，動機づけ，行動を方向づけ，調整するのが最善かについて選択する行為を理解しなくてはならない。彼らは，自己調整学習者として自分のイメージを創るために，心理学眺望点を生み出す実行者としての自己を理解しなくてはならない。

　自己調整の第2の段階，**計画と方略選択**では，生徒は，自分自身を，もっと一般的な自己発達と自己決定目標を表現する学習目標をやり遂げるために，自分で行為し，個人計画を立てる，適切な方略を選択する機会を持つ。特定の学習場面では，生徒が知識とスキルの習熟，達成，成長のために選択した個人的に意味のある適切な目標が，活動計画と選択方略の種類と性格を形作り方向づける目的を持つ。この段階では，生徒が効果的計画作成と方略選択をするためのメタ認知知識（自己知識を含む）と効果的な計画策定と方略選択のプロセス（自己モニタリング，自己省察，自己評価）のレベルを発達させることが大事である。

　自己調整の最後の段階，**達成の実行と評価**では，さらに自己モニタリング，自己省察，自己評価過程の発達を必要とする。自己が行為するのに，生徒は自分の注意を適切に方向づけて維持し，望む目標へ関係した進行を評価し，情動を調整，制御し，現実目標と理想目標との間の達成の不一致を減らすのに必要な行為をすることが必要である。また，自己覚知，自己モニタリング，自己評価過程は，自発的で自己調整的感覚の効果的達成実行と評価にとって重要である。自己知識と自己調整過程の不足した生徒には，介入することで，現在の自己価値，能力，スキルを高め，乗り越えるのを助けるのである。

動機づけと学習の固有な能力の理解に焦点化して自己調整学習を高める実践

　自己調整行動の発達へのもう1つのアプローチは，ミルズ（Mills, 1995）によって発展させられた。このアプローチとは次のことである。自己調整は，動機づけと学習に対する自分たちの固有な能力を学習者が理解すると生じる自然な反応である。その能力は，その時々の基準で何を考えるかを選択する行為と同じように，感情と動機づけの思考の役割を学習者が理解することと結びついている。この観点からして最も必要とされる介入は，心理学的機能，いかにして異なる心理学的眺望点を作り出すか，すなわちいかにして自分自身について

観点を移行させるか，自分の学習への興味，自分の学習を調整し成功する能力について，学習者を**教育する**ことである。洞察を生み出し，学習者が思考のプロセスと内容に対する自分の実行への理解を助けることに，介入は方向づけられる。そしてそれは生徒を機能不全思考から解き放つことをめざしている。その機能不全思考は，学習することと学習を自己調整する自然の意志へのアプローチの邪魔になっているものである。そうやって，創造性への路と今は限界を超えたと考えられている学習の新しい方法への路を開くのである。

　そのとき，現象学的見方から最も必要とされるものは，その自己発達に能動的に関わるプラスの自己発達と個人的責任に焦点を当てる学習者中心の関与である。この目標を持つ方向の環境的改善は確かに必要である。しかしながら，生徒の認知，自己評価，解釈，情動，動機づけ，自己調整学習過程を修正し高めることに焦点を当てる干渉もまた必要である。生徒は学習経験から自己の可能性を理解できる。その可能性とは，自分たちの独自な能力とスキルの成長と発達についてのものである。彼らは，社会的で環境的文脈と同様に自分と他者との関係と責任を理解する必要がある。生徒たちは，人間としての役割は，知的，身体的，社会的，精神的範囲の全体的成長のプラスの可能性を創造し発見するのだと理解する必要があるのである。彼らはまた，次のことも理解しなくてはならない。この成長は独自の状況的，気質的，発達的要因の関数であり，それらは全部，実際の意味のある目標を選択するときに考慮しなくてはならないということである。結局，彼らは，積極的で責任のある自己目標への関与は，プラスの自己発達への基礎的な手がかりであることを理解しなくてはならない。

　学習者の観点からは，学習が個人的に意味があり適切であると認知され，文脈が個人の制御を支援し奨励するとき，自己調整学習過程が自然に生じるのである（McCombs & Whisler, 1989, 1997; McCombs & Marzano, 1990, in press; Ridley, 1991）。つまり，学習者が自己決定によって追求することができる個人の関心と目標に関係しているとわかっている事態では，学習者は，自分が，自己調整過程にあって行動をしていることに普通は気づくことさえない。学習者は活動で追われ，注意は個人の目標達成に向けられている。いろいろな意味で，学習が個人の要求と目標に合うとわかると，学習者は，「よどみのない流れ」すなわち活動の楽しさに没頭している状態になる（Csikszentmihalyi, 1990）。この状態になると，学習過程は内的に動機づけられ，学習する意志は高められる。そこで学習者は自分の学習を調整する。また個人の学習目標に到達するか，あ

るいは個人の関心を追求するのに必要な決定をする。そのとき，学習者の観点からすると，自己調整は，望まれる目標を成し遂げる努力の自然な役割である。問題は，生徒が望ましい目標と個人的な関心に関連のあるものとして，今の教育的内容と実践を見ないことが多くあるということである。彼らは，また，自己決定的である，有能である，他者への関連があるというような，基本的な個人的で社会的な要求を支えるものとしても文脈を見ないのである（Deci & Ryan, 1991参照）。

学習者の選択と制御に焦点を置いて自己調整学習を向上させる実践

ジマーマン（Zimmerman, 1994）は，自己調整は，明らかに，選択と制御を与える文脈の中でのみ可能であると言った。もし生徒が選ぶ選択肢を持たないか，あるいは学習の重要な側面を制御することが認められないなら（追求したいのはどんなテーマか，どうやって学習するのか，いつ学習するのか，達成したい結果は何か），自己による思考と学習過程の調整は，十分にはできない。そのときは，外的に課せられた条件が，学習の内容，構造，プロセスを調整する。ジマーマンは，もし生徒が選択と制御を認められなければ，自分自身の学習を調整する方略を学習しにくいと論じ続けている。そしてその結果，自己調整方略訓練に価値を認めず，あるいは**進んで**自発的に多様な方略利用を制御しない。学習と達成目標を設定する訓練，学習しているときの理解をモニタリングすること，マイナスの情動と認知を制御することは，学習と達成を向上させる（Zimmerman, 1994）。しかしながら，もし自己調整（選択と制御）を必要とする大きな条件がなければ，学校が実際に学習者に**学習を望み学習を自己調整する**ことを防げるように働く。

人と個人の要求を考える生物系の見方から自己調整学習を高めるための介入を見ると，もっと体系的全体的アプローチが必要である。例えば，フォード（Ford, 1992）は，人間の動機づけに関する発展した概念に基づいた総合的動機づけシステム理論を提案している。この理論は自己決定，自己調整，自己指向性に対する人間の能力を認める生物系枠組みの中で提示されている。フォードは次のように述べた。「人は教室の単なる物体ではないし，組織図や情報処理機械の箱でもない——彼らは考え，感じている，自発的人間であり，彼らは，目標，情動，自己に関連づけられた信念に対する非常に個人的なレパートリーを備えている。もし望まれる動機づけパターンと人間の能力の発達を促進する

努力が報われるなら，それらは尊敬と関心を持って扱われ**ねばならぬ**（著者の強調）」（p.257）。同じように，コーン（Kohn, 1996）は，学校での研究と実例から，自己調整学習者の目標を達成するために，生徒は選択と自律性を持たねばならぬというエビデンスを示した。そして学校は，魅力あるカリキュラムと思いやりのある共同体の両方を保障しなくてはならない。彼は次のように言う。「共同体だけでは十分ではない。すなわち，私たちには自律もまた必要だ。実際，これらの2つの特性があると，生じてくる配置を記述する別の方法がある。それは民主主義と呼ばれる」（p.119）。

タナーとパリス（Turner & Paris, 1995）は，学習者がいかに学ぶか，何が学習者を学習に動機づけるかについて研究が述べていることに基づいて，動機づけを高める文脈が創られなければならないと示唆している。既知の多くの提言はまた，『学習者中心心理学原理（Learner-Centered Psychological Principles）』（APA, 1993, 1997）に基づいている。学習文脈が，選択，課題，制御，共同，意味を作り上げる機会，プラスの結果など，を用意するように条件が創られなければならない。私自身の研究（McCombs, 1995, 1998; McCombs & Whisler, 1997）では，学習者中心原理に対応する追加条件は，個人的妥当性，責任，尊敬，協力，コンピテンス，個人の関心あるいは素質に関係するもの，大人と仲間との積極的関係などを経験する機会を含むのである。

学習者と教師が自己評価するのを促進する実践──自己システム構造とプロセス

適用の最後の領域は，自己信念，自己認知，自己過程の識別を促進できる自己評価と他の測定の手段によって，自己調整を支えることにある。私たちの研究は，幼稚園から高校までの教育と大学の教室における教師と生徒の学習者中心の実践と自己評価の手段によるもので，『アメリカ心理学会原理』（APA, 1993, 1997）に基づいている。その中で，私たちは，学習者中心性を規定するものは特定の教育実践あるいはプログラムの単なる関数ではないことに気がついている（McCombs & Lauer, 1997, 1998; McCombs & Whisler, 1997）。それは，むしろ，個々の学習者に認められていたように，教育実践の特性と結びついた，教師の質との複合的相互作用である。つまり，学習者中心性は，見る人次第であり，学習者の認知関数として変化する。その認知は，学習者の先行経験，自己信念と態度，現在の関心，価値，目標と同様に学校と学習についての解釈の結果である。

私たちは，幼稚園児から大学生まで一貫して（McCombs, 1998, 1999），生徒の動機づけと学力を予想するのに，教師の認知と信念よりも生徒の認知が有効であることを見出した。これは，経験が対象に近ければそれだけ，その関係は自己成果に対して強く働くことを確かめている。そこで，教師と他の教育者が教室場面の自己調整学習と動機づけ結果を向上させる実践は，以下のとおりである。すなわち，生徒の実践の認知の測定と，いかに彼らの学習過程が，積極学習，目標設定，本書の他の章で扱われた他の要因について自己調整できるかの彼らの認知の測定を利用することである。

要約，結論，展望

　現象学者は，生徒の自己調整の自然な傾向の発達は，自己システム知識構造の発達と，自己覚知，自己モニタリング，自己省察，自己評価のプロセスによるのだと信じている。自己調整は，また，学習結果と同様に，学習行動（認知，情動，動機づけ）の調整に責任のある積極的実行者としての，生徒の自己概念，自己イメージの発達によるものである。この見解は，自己調整学習の発達と，自己調整が自己システム発達とともに自然に発達するという認知において，自己現象の優位性，特に主体としての自己あるいは意思的自己に焦点化しているので，自己調整学習能力の発達の理解に役立っている。しかしながら多くの生徒は，介入を必要としている。その介入とは，自己調整が生じてくるために，自己調整過程の特別な訓練が行われるもので，自分自身を有能であるという積極的な自己の見方の発達を特にめざしている。

　この章で検討された文献は，自己調整学習の基本的自己システムの決定因を見極めるための過去10年間の内実のある進歩を示している。現在の自己理論は，実行者としての自己，関心，内発的動機づけ，意味の構造，学習者を学習過程の積極的実行者として強調する自己調整過程などについての個人的信念の役割を強調している。教育課程の初期に決められた学習者の目標は，その後の自己調整と学習に含まれるメタ認知過程に多くの影響を持つように見える。達成指向目標は学習を妨げメタ認知と自己調整効果を減らすように見えるのに対し，学習／習熟目標は目標追求を促進するように見える。

　私の考えでは，理論を実践に移すときの最も難しい問題は，学習者中心のアプローチが教師と職員たち開発者に示唆する変化に関係することである。学習

者中心活動は，知識とスキルが発達させられる内容とプロセスに学習者を関わらせる。その活動は，しばしば，トレーナーと教師に，教室管理と教育の新しい方略を発展させることを求める。つまり，学習パートナー，ファシリテイター，モデルとしての彼らの仕事を遂行するための新しい知識とスキルを発展させなければならない。そのような変化を生じさせるために，スキルの発達に対する強い組織的な支援が必要である。幼稚園から高校教育の環境の中で，そのような支援は，経験を積む準備を必要とする。その経験は，教師にどのように生徒が考えるかを学ぶこと，学習者の既知のことの教室への適用をする機会，学習，効果的教育方略，実行者としての自己の観点の理解を発達させることを促進する。彼らはまた，自己調整学習過程を奨めるために生徒と一緒に効果的に仕事をしている他の教師のモデルを見ることと，他の教師によって教えられることが必要である。

　最後に，言及された介入の実施を支援できる見込みのある研究と発展の方向とはどのようなものであろうか？　基礎的研究の見方からは，追加的研究が必要とされている。それは，実行者としての自己と，いかに主体としての自己と人間の意識経験が効果的に探求されるかについての研究である。研究は，自己の「何を」（自己構造）と「どのように」（自己過程）の側面だけでなく，学習を方向づけ調整する際に活性化する人間の意識の「誰か」（自己決定，意思，実行）の側面の理解にも向けられるべきである。応用研究の観点からは，さらなる検討が以下のことについて必要とされている。すなわち，自己発達と自己決定目標への自然のプロセスを遅らせる否定的で間違った生徒の認知，解釈，期待，信念を修正し，吟味するような介入を規定し，評価することである。異なる年齢と発達段階で生徒に最も効果的な方略の型についての研究，生徒の観点からの方略の独自な性質についての研究，どのようにこの方略が教室実践，教師，親訓練プログラムと最も適合できるかについての研究なども，また必要である。さらに，教育現場で，これらは，自己の主体と対象の視点とそれらの働きについて，教育者（教師と教育課程に関わるそれ以外の人たち）を，どのように教育するのがいいのかについても研究が必要である。これらは，自己調整学習の自己現象の役割をよく理解するための，そして，あらゆる学習者の成長と発達の積極的可能性を伸ばす効果的な方法を見分けるための私たちの研究者と実践者としての挑戦である。

第4章
社会的認知理論と自己調整学習

ディル・H・シャンク
(Dale H. Schunk)
Purdue University

　現在の学習理論では，学習者は，能動的に追究をする者，情報を処理する者として捉えられている。学習者の認知の働きが，学業達成行動の開始，方向づけ，維持を支配するものとして考えられている（Bandura, 1997; Schunk, 1995; Zimmerman, 1998）。

　本章では，自己調整学習を社会的認知理論の観点から論じていく。学習目標の達成に向けて，自らの行動や思考を組織的に適用していくような学習のことを**自己調整学習**と呼んでいる。自己調整学習には，目標に向けられた活動が含まれており，生徒はそういった活動を開始し，修正し，維持することになる（Zimmerman, 1994, 1998）。例えば，授業に注意を向けること，情報を整理すること，繰り返すこと，新しい学習内容と既有知識とを結びつけること，できるという自信を持つこと，学習が可能になる人間関係や環境を作ること，などである（Schunk, 1995）。自己調整学習は，次のような考え方とうまく適合している。学習者というものは，情報を受身的に受容するというよりは，学習目標に向かって能動的に力を尽くし，目標達成を制御しようとするものである。

　社会的認知理論の枠組みによれば，自己調整は，場面限定的なものである。自己調整とは，普遍的な特性をいうのではなく，また，特定の発達レベルをさすものでもない。自己調整は，きわめて文脈依存的なものであり，全般的に自

己調整している人間とか，そうでない人間とか，そういったことは考えない。学習者がすべての分野にわたって等しく自己調整を行うようなことを想定するものではない。自己調整過程の中には，場面を越えて普遍的に認められるものもあるのかもしれないが（例えば，目標設定），学習者にとって必要なことは，その過程を特定の分野に適用する方法を学ぶことと，そのことができそうであるという自信のようなものを感じることである。

このような状況特殊性という見方は，自己調整に関するジマーマン（Zimmerman, 1994, 1998）の概念枠によって捉えられるものである。この見方では，自己調整過程の適用には，6つの領域があるとされている。動機，方法，時間，結果，物理的環境，社会的環境の6つである。これらの領域の1つかそれ以上において学習者が選択できる範囲の中で，自己調整が可能であると考えられている。課題のすべての側面があらかじめ決められていても学習は可能であろうが，制御の源は外にあることになる（すなわち，教師，親，コンピュータなど）。

ここでは，はじめに，自己調整学習に関する社会的認知理論の概観を示しておくこととする。実証研究をあげながら自己調整学習において基本となる過程について論じていき，そして，自己調整の諸側面がどのように発達していくのかに関して，この見方からいかなる示唆が得られるのかについて議論を行うこととする。最後に，学力を高めるという学習の文脈において社会的認知の原理がどのように適用されるのかについて描写を行い，本章のまとめとする。

理論の概観

相互作用論

バンデューラ（Bandura, 1986）によれば，人間の機能には行動，環境変数，認知などの個人要因の三者間の相互作用が含まれている（図4.1）。このような相互性という考え方は，バンデューラ理論の重要な構成概念である自己効力にも示されている。**自己効力**とは，一定レベルの行動を遂行したり獲得したりする能力に関する信念のことをいう。課題選択，持続性，努力，達成といった活動に自己効力が影響を及ぼしていることが，先行研究で明らかにされている（Schunk, 1995）。そして，行動は，自己効力を変容させる働きを持っている。

例えば，課題に取り組んでいると，学習目標（期末レポートの完成といったもの）に向かって進みつつあることに気がつくようになる。進み具合がわかると，うまくできていると感じるようになり，学習を継続していく自己効力を高めていくことになる。

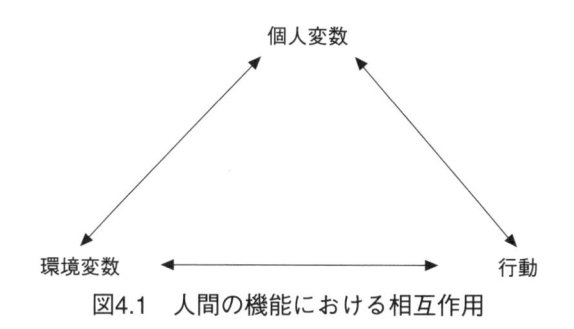

```
            個人変数
             ↑
            ╱ ╲
           ╱   ╲
          ╱     ╲
        ↙         ↘
    環境変数 ←——————→ 行動
```

図4.1　人間の機能における相互作用

　自己効力と環境要因との間の相互作用は，学習障害の子どもを対象にした研究によって明らかにされている。学習障害児の場合，うまくできそうだという自己効力が低いことが多い（Licht & Kistner, 1986）。学習障害児の周りにいる人間は，彼ら彼女たちを目の前にして，実際の行動の中身よりも学習障害児に特徴的な属性に基づいて反応を示すであろう。教師であれば，学習障害児のことを，通常の学力の子どもよりもできないのではないか，問題のない学習内容でもできないのではないか，と考えてしまうかもしれない（Bryan & Bryan, 1983）。そして，教師からのフィードバックは子どもの自己効力に影響を及ぼすであろう。言葉かけに説得力があれば自己効力が高まるはずである（例えば，「わかっていますよ。あなたならできるはずですよ」のように）。

　子どもの行動と教室の環境との間にも相互に影響を及ぼし合う関係が見られる。教師が情報を与えて，生徒の注意を前に向かせるといった，授業でよく行われる手順を考えてみるとよい。意識的に考えずに生徒が顔を向けたとしたら，環境が行動に影響を及ぼしたことになる。生徒の行動が授業の環境を変えることもよくある。教師が質問をして生徒が間違えば，教師は授業を先には進めずに，もう一度，要点を説明し直すだろう。

実行を伴う学習と代理による学習

　学習とは，経験を与えることで，行動や行動の可能性に変化を生じさせることである。実行を伴う学習，すなわち，為すことによる学習は，活動の結果にかなり左右されるところがある。成功を導く活動は保持されやすいが，失敗に終わった活動は行われなくなる。複雑なスキルを身につけるには，何らかの実行を伴う学習が必要となることが多い。スキルを構成している不可欠な要素だけを学んでいくのである。助言を与えながらスキルの練習をさせることで，教師は，正しいやり方をフィードバックしたり指導したりすることができる。

　社会的認知理論と初期の強化理論との違いは，為すことによる学習ということではなく，その説明の仕方にある。スキナー（Skinner, 1953）の主張によれば，スキルを要する遂行は，逐次接近法によって目標行動へと強化していくこと，すなわち，**反応形成**として知られている過程を通じて，徐々に獲得されていくものであると考えられている。認知は，行動変容に付随して生じる場合があるというだけのことであって，行動に影響を及ぼすような要因ではない。反対に，社会的認知理論は，行動した結果は，その後の行動を強める働きを持つ（強化子）というよりも，動機づけや情報の源として作用するものであると力説している（Bandura, 1986）。人は，学習を支える認知活動に選択的に従事するものであり，また，報酬を伴う結果につながると考えている活動や，価値を認めている活動を学ぼうとするものである。

　人間の学習のほとんどは，行動が外に現れない形で成立する。他人を観察したり，本を読んだり，テレビやビデオを見たり，ウェブを検索したりといった代理的な経験によって学習が成立するのである。代理による学習は，学習を促進させる効果を持っている。また，これによって，多くの否定的な結果を体験する必要がなくなる。実際に戦争地域に入らなくても，その危険性について学ぶことはできる。毎晩，ニュースを見ることで，その影響について知ることができるのである。

　認知的スキルの学習は，実行を伴う学習と代理による学習とを組み合わせて行われることが多い。数学では，演算の仕方を教師が実際にやってみせて，生徒はそれを見て学んでいく。実践練習とフィードバックによって生徒はスキルを磨いていくのである。観察者が有用性を認識しているかどうか，といったような学習に関わる要因があれば，観察者はモデルにかなり注意を向けるように

なるし，また，認知上もしくは外に現れる形で活動をリハーサルするようになる。

学習と遂行

社会的認知理論では，以前に学習した行動を遂行することと学習そのものとが区別されている。モデルを観察するだけで知識を習得することが可能であるが，学習しているときにはそれは外に現れるものではないかもしれない（Schunk, 1987）。学校での活動には以前に学習したスキルを利用する場面も見られるが（例えば，復習），多くの時間が費やされているのは，新しい事柄を学習することに対してである。生徒が獲得する知識には，**宣言的知識**（事実，出来事，まとまりのある文章），**手続き的知識**（概念，法則，アルゴリズム），**条件的知識**（宣言的知識や手続き的知識がいつ必要になるのか，利用することがなぜ重要なのか，に関する知識のこと。Paris et al., 1984; Paris et al., 1983）がある。以上のような形態の知識は，それぞれに獲得できるものであるが，学習しているときには表に現れてくるものではない。例えば，授業でアポロ11号の月面への飛行について学んだとしても，実際にその知識が目に見えて役に立つのは，理科の発表会の準備計画を立てるような機会が来たときであろう。

モデリング

モデリングとは，モデルを観察することによる，認知，感情，行動の変化のことをいう。現実的もしくは象徴的な人物やキャラクターが**モデル**となり，観察者は，その行動や言語表現，非言語表現に注意を向けることで，モデリングの手がかりを得ることになる（Schunk, 1987）。バンデューラ（Bandura, 1986）によれば，モデリングにはいくつかの働きが見られる。新しい行動を獲得すること（観察学習），行動の抑制を強めたり弱めたりすること（制止／脱制止），すでに学習した行動の遂行が促されること（反応促進）の3つである。

「反応促進」が生じるのは，モデルとなる活動が社会的な誘発作用を持っているような場合である。例えば，地位の高いモデルがしている活動は，承認を得ることが期待できるので，実行されやすくなるのである。「制止／脱制止」とは，学習された行動の遂行を強く抑えたり，その傾向を弱めたりすることである。脅威を伴う活動や禁止されている活動でも，否定的な結果とならないことをモデルが実演して見せれば，それを見る者は実行できるようになるのであ

る。逆に，罰を受けているところを見れば，そういった反応は見られなくなるだろう。

　モデリングを行う以前には，動機づけが強く促されても一切生じなかった行動が，「観察学習」が成立すると，新たに生起するようになる。モデリングによる観察学習は，注意，保持，運動再生，動機づけの4つの過程で構成される（Bandura, 1986）。観察者が環境上の出来事に**注意**を向けることが，それらを知覚するためにも必要になる。リハーサルをしたり，すでに記憶にある知識と新しい情報とを結びつけたりして，符号化や変換を行うことによって，モデルの情報を記憶に貯蔵していくことを**保持**という。知識が記憶に貯蔵されていくのは，最終的には，命題という言語形式（情報の単位）のみであるという考えと，イメージという形もありうるとする考えと，研究上で議論が分かれるところである。だが，イメージの形をとった表象的知識が学習を支えていることを明らかにしている研究がある（Shepard, 1978）。モデルが示した出来事が視覚的，象徴的概念となり，それらを行動に移す過程が**運動再生**である。観察学習した行動を実行するためには，**動機づけ**が必要になってくる。モデルが報酬を得ているのを見たり，学習したことの重要性を認識したりすることで，観察者は動機づけを高めるであろう。

　行動の機能的価値，すなわち，成功か失敗，報酬か罰といった結果のありようによって，モデリングの効果は違ってくる。モデリングされた行動は，罰よりも報酬をもたらす場合のほうが遂行されやすくなる。これは，結果そのものを経験したのか，観察しただけなのかといったこととは関わりはない。また，人は，自分の基準に合わせて行動するものである。容認できる方法で行動し，嫌なことは避けようとする。

　モデリングは，情報的機能と動機づけ的機能を持っている。有能なモデルが成功している様子を観察することで，どんな手順で行動すればよいかという有用な情報を得ることができるのである。社会的場面は，年齢やジェンダー，地位といったような要素によって相応しい行動が異なってくることが明らかとなるように構成されていることが多い。モデルとなる行動とその結果を観察することで，行動がどんな結果をもたらすかに関する信念，すなわち，「結果期待」が形成される。

　モデルと観察者の間の類似性を認識することが，行動の適切さを判断する手がかりとなり，また，結果期待を形成する上でも有効に働く（Schunk, 1987）。

フェスティンガー（Festinger, 1954）の仮定によれば，人は，行動の客観的基準が不明確で準拠できるものがない場合に，他人との比較を通して自らを評価しようとする。そして，最も正確な自己評価は，能力や特徴が類似した人物との比較から得られるものである。モデルと観察者との類似度が高ければ高いほど，似た行動をとることが社会的に適切である可能性が高くなり，また，同じような結果を生み出す可能性も高くなるであろう。モデルの属性は，行動の機能的価値を推測しやすくする。機能的価値に関する情報がほとんどない状況では，類似性が強い影響力を持つはずである。なじみのない課題への取り組みや，すぐに結果が現れないものなどでは，モデルと属性が似ていることで非常に影響を受けやすくなるだろう。

代理による結果の動機づけ効果は，自己効力によって決まるところがある。モデルとの類似性は，自己効力を判断する際の代理的な情報源となる。自分に似た人物がうまくやれているのを見ると，自己効力が高まり，課題に取り組もうとする動機づけにもなる。他人ができているのなら，自分にもできるだろう，と確信を持つようになるのである。自分と似た他人が失敗しているのを見ると，うまくやれる能力を欠いているのではないかと考えるようになり，課題にも取り組もうとしなくなる。たいていの場合，モデルの属性からその可能性を推測できる。なじみのない課題や，以前に困難を経験し，自己効力が低下しているときに，類似性が大きな影響力を持つ。

自己調整学習の下位過程

自己調整は，3つの基本となる下位過程，自己観察，自己判断，自己反応から構成されるものとして概念化されている（Bandura, 1986; Kanfer & Gaelick, 1986; Karoly, 1982）。これらの下位過程は，互いに相容れないものではなく，相互に作用し合うものである。自らの行動のある部分を観察しながら，基準に照らして判断を行ったり，肯定的，否定的に反応をしたりするであろう。自己評価や自己反応は，行動の同じ側面やその他の側面について，さらなる観察を進めるための下準備をする働きを持つ。また，これらの下位過程は，学習環境と無関係に作用するものではなく，環境要因が自己調整の発達を支えているところがある。

自己観察

　行動は，量，質，独創性といった次元によって評価される。自己観察は，情報的機能と動機づけ的機能を持っている。獲得した情報は，目標に向かってどの程度うまく進んでいるかについて判断する際に利用される。自己観察が最も有効になるのは，行動が生じる条件を特定してくれるような場合である。その種の情報は，行動変容のプログラムを計画する上で重要になる。友人と一緒に勉強するよりも，1人で勉強するほうが有効であると気がつけば，実際に1人で勉強するようになるだろう。

　自己観察は，行動変容を動機づける機能も持っている。自分の行為を記録することで明らかになる事柄がある。学習習慣に問題のある生徒の多くは，学習以外の活動でどれだけたくさんの時間を無駄にしているのか知って驚く。動機づけが維持されるためには，通常，自己観察だけでは不十分であり，結果期待と効力期待が必要になってくる。学習習慣を変更しようと思えば，変えられるという信念（自己効力）と，変えれば成果が上がるはずだという信念（結果期待）が必要になってくる。

　時間，場所，持続時間といった特徴に従って行動の事実を記録する，「自己記録」が自己観察においては役に立つ（Karoly, 1982; Mace et al., 1989）。記録がなければ，自己観察は，選択的な記憶に頼ることになり，実際の行動を正確には反映しなくなる恐れがあるだろう。

　自己観察において重要な基準が2つある。規則性と近接性である。規則性とは，断続的ではなく継続的な形で（時間ごと，日ごとのように）行動を観察していくことである。不規則な観察は，誤解を招く恐れのある結果となりかねない。近接性とは，行動が生じた後，時間が経ってから観察をするのではなく（例えば，その日にとった行動を1日の最後に思い出すこと），直後に行うようにすることをいう。近接性のある観察を行えば，進歩の評価において役に立つ継続性のある情報が得られる（Mace et al., 1989）。

自己判断

　自己判断とは，現在の遂行レベルと目標とを比較することである。自己判断は，基準のタイプ，目標の特性，目標達成の重要性，原因帰属といった要因の影響を受ける。

■ **基準のタイプ**　目標には，絶対的（不変的）基準か相対的（他者との比較による）基準のどちらかが含まれる。30分で問題集を6ページ分こなすという目標を立てれば，この絶対的基準に基づいて進度の評価が可能となる。ほとんどの成績評価システムが，絶対的基準に基づいている（例えば，90から100をAとする，のように）。相対的基準は，モデルの観察によって獲得されることが多い。他人との社会的な比較を行うことで，行動の適切さについて判断することができ，自らの遂行レベルを評価することも可能となる（Veroff, 1969）。生徒は，課題に取り組みながら，自分と仲間の進み具合を比較して最初に課題を終えるのは誰であるかを判断している。

　基準は，情報的機能と動機づけ的機能を持っている。10分で3ページを完了させた生徒は，半分以下の時間で予定の半分ができたことに気づく。目標に向かって進んでいることを確信すると，自己効力が高まり，動機づけが維持される。課題がやさしいとわかると，目標が低すぎるので，次は高めに設定しようとするであろう。自分と似た人が課題に取り組めていることを知れば，自己効力と動機づけが促される。他の人にできるなら，自分にもできるだろうと思うようになるからである（Schunk, 1987）。

■ **目標の特性**　目標が及ぼす効果は，具体性，近接性，難易度といった特性に応じて異なってくる（Bandura, 1988; Locke & Latham, 1990）。具体的な遂行基準を含んだ目標は，目標が明快なために評価がしやすく，自己効力を高めやすい。漠然とした目標（例えば，最善を尽くそう）の場合，動機づけは高まりにくくなる。遠い目標に比べて，手近にある，近接した目標のほうが，動機づけにつながりやすい。近接した目標のほうが評価がしやすいからである。易し過ぎたり難し過ぎたりする目標も動機づけにはならない。手答えがありそうだが達成の見込みのある目標のほうが，動機づけも自己効力も高まりやすい。

　目標設定が特に影響力を持つようになるのは，長い期間を要する課題などである。例えば，期末レポートを仕上げられるかどうか自信のない生徒をよく見かけることがある。教師は，短い期間で達成できるように課題を分割してやることで手助けをすることができる（例えば，テーマを選定する，研究を実施する，要点をまとめる，というように）。生徒は，分割された課題に対して自己効力を持つはずで，1つ1つの下位目標を達成していくことで，計画全体を完了させる自己効力を形成していくに違いない。

■ **目標達成の重要性**　目標の価値が認められていなければ，それを基準に進

度の自己判断がなされることはない。遂行の過程に関心のない人は，自分の遂行を自己評価することはないだろう（Bandura, 1997）。はじめは価値のなかった目標が，スキルの高まりを示すフィードバックを受けるうちに，その重要性を増していくようなことがある。ピアノの初心者の目標は，はじめのうちは明確ではないもの（例えば，上手に弾くこと）なのかもしれないが，ピアノの技術が上達していくにつれて，具体的な目標を立てるようになり（例えば，1日1時間の練習をすること，特定の曲が弾けるようになること），定期的に目標に照らして進度の判断を行うようになるだろう。

■**原因帰属**　原因帰属（結果に対する原因の認知）は，期待，行動，感情反応に影響を与えるものである（Weiner, 1985）。達成の成功や困難は，能力，努力，課題の困難度といった要因に帰属されることが多い。子どもにとって，努力は最も重要な帰属因であり，能力はそれに近いものと考えられている。その後，発達とともに能力の概念が分化していくようになる（Nicholls, 1978）。年齢とともに子どもの能力帰属は，期待に影響を及ぼすものとしてその重要性を増していく。一方で，努力帰属の重要度は下がっていく（Harari & Covington, 1981）。高い努力への原因帰属は，最小限の努力で済む場合には，自己効力を高めるものではない。努力にもかかわらずスキルの向上が実感できないからである（Bandura, 1986）。

　外的要因に帰属するより個人的要因に原因を求めたほうが，達成に関して誇りを感じることができる。また，失敗は，制御できない要因（例えば，有力な他者）よりも制御できる個人的要因（例えば，努力の不十分さ）に帰属したほうが，自己批判性を高めることになる。目標に向かっての進歩に関する判断が受容できるかどうかは，原因帰属にかかっているところがある。成功を教師の手助けに帰属すれば，独力ではうまくできないのではないかと思うため，自己効力を高めることはないだろう。学習が十分に進まないことは，できないのは能力が足りないからだと考えれば，動機づけに否定的な影響を及ぼすことになる。

■**自己反応**

　目標に向かっての進歩に対する自己反応は，動機づけ効果を持っている（Bandura, 1986）。目標への進歩を認める自己判断をし，目標達成によって満足が得られると考えている生徒は，向上し続けるという自己効力を持ち，課題を

成し遂げる動機づけを持つ。否定的な評価をしても，さらに努力すればよいと，自信を持ち続けておれば，動機づけを低下させることはないだろう。成功する能力，進めていく能力がないと判断すれば，動機づけが高まることはないだろう。

　自らの遂行に対する評価的な反応の仕方を指導すれば，動機づけに影響を及ぼすことができる。うまくできていると確信すると，人は，さらに一生懸命になり，さらに粘り強く取り組み続けるようになる（Kanfer & Gaelick, 1986）。評価は，遂行レベルと密接に結びついたものではない。ある課程の評価がBで満足してしまう生徒もいれば，Aしか許されないと考える生徒もいる。向上できるという自信が前提にあれば，低い目標を設定するよりも高い目標を立てたほうが，大きな努力につながるし，粘り強い取り組みにもつながるものとされている（Locke & Latham, 1990）。

　日常の活動の中で，課題が進んだり目標を達成したりしたときに，休憩を入れたり，新しい服を買ったり，休暇をとったりして，結果を随伴させるようなことを人はよくやっている。結果が行動を変えると主張している強化理論と異なり，社会的認知理論では，結果に関する期待が動機づけを高めるものだと仮定されている。外的な随伴性が有効な状況であっても，自ら結果を与えることが自らを動機づけるのである（Bandura, 1986）。課程の終了時に成績評価がなされるとしても，生徒は自ら下位目標を設定し，自らに報酬や罰を与えたりするのである。

　実体を伴う結果が実際の達成と結びつけば，自己効力は高まりやすい。成果に応じて報酬が得られることを告げてやれば，学習への自己効力を徐々に高めていくことができる。課題に取り組みながら進歩に気がつくようになれば，自己効力はより確かなものとなる。報酬は進歩を象徴するものであり，報酬を得ることで自己効力が高められていく。報酬が遂行と結びつけられないと，否定的な効力の情報を伝えることがある。生徒たちは，自分たちに必要となる能力がないので，学習成果をそれほど期待されていないと考えてしまう。

自己調整の循環的性質

　自己調整の際の個人要因，行動要因，環境要因の間の相互作用は，循環的な過程をなしている。なぜならば，これらの要因は学習とともに変化していく特徴を持っており，モニターされる必要があるからである（Bandura, 1986, 1997;

Zimmerman, 1994)。モニタリングを行えば，方略，認知，感情，行動に変化が生じることになる。

　この循環的性質は，ジマーマン（Zimmerman, 1998）の3段階の自己調整モデルによって捉えることができる。予見の段階とは，実際の遂行に先行するもので，活動の下準備をする過程のことをいう。遂行（意思的）制御の段階とは，学習中に生じる過程であり，注意や活動に直接，影響を与える過程のことである。自己省察の段階は，遂行後に生じる過程のことであり，自らの努力に対して反応をなす過程のことである。

　それぞれの段階においてさまざまな自己調整過程が作用し始める。それらを表4.1に示し，次の節でまとめて説明したいと思う。社会的認知理論の考えによれば，学習場面に入る際に，生徒は，何らかの目標を持っており，また，達成への自己効力感の程度もさまざまである。遂行制御の段階では，学習や動機づけに影響を与える学習方略が実行される。自己省察の段階になると，学習者は，自己評価という重要な過程に携わるようになる。これについては後ほど詳しく取り上げることにする。

表4.1　自己調整の段階において基本となる過程

予見	遂行制御	自己省察
目標設定	社会的比較	進歩のフィードバックと自己評価
社会的モデリング	帰属的フィードバック	自己モニタリング
	方略指導と自己言語化	報酬の随伴

文献レビュー

　本節では，社会的認知理論に基づく自己調整に関する研究をいくつか選んでレビューしていきたいと思う。包括的なレビューは，本章の範囲を越えるものであるので，他の資料（Bandura, 1986, 1997）を参考にしてもらいたい。社会的認知の立場の研究の多くが，自己調整の原理を治療の文脈に適用している（例えば，減量や恐怖の対処など）。この節で取り上げる研究は，教育における学習場面での自己調整に焦点を当てている。領域間に重複が見られるかもしれないが，ジマーマン（Zimmerman, 1998）の3段階の自己調整モデルに従い，

レビューをまとめていくことにする。

予見

■**目標設定**　目標設定は，自己調整の予見の段階において不可欠になる部分である。学習目標を生徒に立てさせることで，目標達成への関与を高めることができ，これは，目標が遂行に影響を及ぼす上で必要なことである（Locke & Latham, 1990）。シャンク（Schunk, 1985）は，自ら目標を立てることで自己効力が促されることを明らかにしている。算数に問題を抱える学習障害児に対して，授業期間を設けて，引き算の指導と練習を行った。授業ごとに遂行の目標を自ら設定する群，同等の目標を割り当てる群，目標設定もなく割り当てもない群の3群が準備された。その結果，目標を自ら設定する群が，最も高い自己効力と成績とを示した。目標のない群よりも目標のある2群のほうが，自己調整して練習する間，強い動機づけを示していた。目標を自ら設定した子どもたちは，目標を割り当てられた子どもたちよりも，目標を成し遂げる自信があると判断していた。学習目標を決めさせることで，自己効力を高めたといえる。

遠い目標よりも近接した目標のほうが成果が上がるという見解を確かめるために，バンデューラとシャンク（Bandura & Schunk, 1981）は，授業期間を設けて，引き算を指導し，自己調整して問題を解く機会を与えている。授業ごとに一組の課題を仕上げるという近接した目標を立てる群，授業期間の終了時点ですべての課題を完了するという遠い目標を割り当てる群，成果が上がるよう励むようにと助言を与える群（漠然とした目標）の3群が設けられている。近接した目標が，自己調整を要する練習課題で最も成果を上げ，また，引き算の自己効力と成績も最も高かった。遠い目標の効果は，漠然とした目標と何ら変わりはなかった。

シャンク（Schunk, 1983c）は，目標の困難度の効果を検証している。割り算（の筆算）の指導プログラムの中で，授業ごとに一定数の問題を解くのであるが，その際，容易な目標か，困難だが達成可能な目標のいずれかを割り当てるようにした。2つの目標条件に加えて，達成に関する情報を大人から直接に受け取るか（つまり，「あなたならこれができますよ」），自分と同じくらいの子どもたちができたという社会的比較に基づく情報を受け取るか，いずれかの条件を設定した。困難な目標には，自己調整を要する練習での動機づけと成績とを高める効果が見られた。また，直接的に目標達成の情報を得たことが，自己

効力を高める結果となった。

■**社会的モデリング** 生徒が，社会的に伝達された情報をどのようにして内面化しているのか，また，自己調整の中でそういった類いの情報をどのように利用し，さらなる学習へとつなげているのかについて，モデリング研究では実証的に明らかにしている。学習に及ぼす利点に加えて，モデルは観察者に対して，同じ手順に従えば成功するはずであるという情報を伝えていることになる。スキルや方略の実行の仕方がわかっていると思うことで，自己効力が高くなり，成功への動機づけも高くなる（Schunk, 1987）。

モデルを観察することは，自己評価基準を獲得するための重要な手段となる。子どもがモデルの基準を観察すると，それらを採用しようとする傾向が強く見られ，また，モデルとの類似性があれば，その可能性はさらに高くなることが明らかにされている（Davidson & Smith, 1982）。

初期の研究では，ジマーマンとリングル（Zimmerman & Ringle, 1981）が，モデルの存在が子どもの自己効力と達成行動とに対して影響力を持っていることを示している。大人のモデルが知恵の輪を解こうとするが解けない状況を子どもに観察させ，その際に，長期間か短期間の条件を設け，さらに，自信のある言葉を口にするか，悲観的な言葉を口にするか，いずれかの条件を設定している。長い期間，悲観的なモデルが粘る様子を観察した子どもは，うまく遂行できるという自己効力判断を低下させる結果となった。

シャンク（Schunk, 1981）は，算数のスキル学習においてモデリングが有益であることを明らかにしている。子どもを対象に授業期間を設けて，割り算について，まず，大人によるモデリングか，指導内容が書かれたものを受け取るか，いずれかを経験させた後，補助のもとでの練習と自発的な練習の機会を設けている。大人のモデルは，割り算の解法手順を問題に適用しながら言語化するというものであった。両方の条件とも，自己効力，持続性，成績を高めるものであったが，モデリングのほうがより高い成績をもたらし，また，自己効力と実際の遂行とがより正確に対応していた。パス解析の結果，モデリングは自己効力と成績を高め，自己効力が持続性と成績を直接に規定し，持続性が成績を直接に規定していた。

シャンクらの協同研究（Schunk & Hanson, 1985, 1989; Schunk et al., 1987）では，マスタリー・モデルとコーピング・モデルの比較によって，コンピテンスの類似性を認知することにどんな働きが見られるかについて調べられている。

コーピング・モデルは，はじめのうちは，学習に問題を示すが，徐々に自信を取り戻して，向上を示していくというものである。努力とポジティブ思考によって困難に打ち克つことができることを実例で示すものである。スキルと方略も併せて示範することで，観察者は，動機づけに関する信念と自己調整活動についても学習し，これらを内面化することになる。コーピング・モデルと対照的に，マスタリー・モデルは，常に有能な遂行を示し続けるというものである。学習の初期の段階では，多くの児童・生徒が，自らのコンピテンスをコーピング・モデルに近いものとして認識していると思われる。

シャンクとハンソン（Schunk & Hanson, 1985）は，モデルが引き算の問題を解答している様子を子どもに観察させている。仲間のマスタリー・モデルは，引き算の問題を正しく解答し，次のような状態にあることを言葉にするモデルである。自分には高い自己効力と能力があること，課題が難しくないこと，積極的な態度を持っていることである。仲間のコーピング・モデルは，はじめのうちは，間違いをし，否定的なことを口にするが，そのうち，対処的なことを口にするようになり，最終的には，マスタリー・モデルと同じ遂行を示し，同じようなことを言うようになるモデルである。仲間マスタリー・モデル，仲間コーピング・モデル，大人のマスタリー・モデルのいずれかを観察するか，モデルなしの群に入るかした後，指導を受けて，自己調整による練習を重ねた。その結果，仲間マスタリー・モデルと仲間コーピング・モデルが他の2群に比べて自己効力と成績とを高め，大人モデル群がモデルなし群に比べて高い遂行成績を示すことが明らかとなった。

仲間コーピング・モデルと仲間マスタリー・モデルの間に違いが見られなかったのは，どちらの子どもも以前に引き算に関する成功体験をしていたためではないかと考えられている。どちらのタイプの仲間モデルも自己効力を高めるものではあったが，対処方略と向上に関する信念とを内面化させるものではなかったのかもしれない。シャンクら（Schunk et al., 1987）は，マスタリーとコーピングの違いをさらに調べ，仲間コーピング・モデルを観察するほうが自己効力と成績を高めることを明らかにしている。シャンクとハンソン（Schunk & Hanson, 1985）とは違って，この研究計画では，以前の成功体験がない分数の課題が用いられた。なじみのない課題に取り組む場合や以前の学習で困難を経験した場合などに，コーピング・モデルは効果を発揮するのかもしれない。また，シャンクら（Schunk et al., 1987）は，学習成果に対して，複数の仲間のコ

ーピング・モデルかマスタリー・モデルが，単一のマスタリー・モデルよりも高い促進効果を示し，単一のコーピング・モデルとは同程度の効果があることを明らかにしている。複数のモデルがあれば，学習者は少なくとも1つのモデルとは同一視できるのではないかと考えられる。

シャンクとハンソン（Schunk & Hanson, 1989）は，自己モデリングについて調べている。これは，自分自身の遂行を観察することで認知変容と行動変容がもたらされるかどうかということである（Dowrick, 1983）。研究の手順としては，まず，子どもが算数の問題（分数）を解いている様子をビデオテープに記録し，それから，そのテープを再生して自分で自分の様子を観察するようにさせ，その後，自己調整を要する実践練習に取り組む機会を与えるというものである。以上のような条件群の子どもたちは，テープに記録しなかった群と記録したが観察しなかった群に比べて，自己効力，動機づけ，自己調整方略の使用のいずれの程度も高い結果となった。自己モデリングの有効性が示されたといえる。

遂行制御

社会的比較 人は，自らの能力を評価するために，社会的比較から得られる相対的な情報を利用している。シャンク（Schunk, 1983b）は，割り算の指導の中で，社会的比較情報の効果と目標設定の効果とを比較，検討している。半分の子どもには，授業ごとに遂行上の目標を与え，残りの半分には，成果が上がるよう励むようにと助言を行った。それぞれの目標条件の中で，さらに半分の子どもには，目標が達成できることが伝わるように，同じぐらいの子どもたちが完了できた問題の数（目標と一致したもの）を告げるようにした。一方，残りの子どもには，比較情報は提供しなかった。結果として，目標が自己効力を促し，比較情報が自己調整を要する問題解決の実践を促していた。目標があり比較情報を受けた群が，最も高い算数の成績を示していた。子どもたちが課題に取り組みながら，目標と比較情報とを心に留めていたことを示唆する結果といえるだろう。このように基準に向かって進歩していることを認識することで，自発的な学習やスキルの習得への動機づけが促されていくものといえる。

帰属的フィードバック 学習者に対して帰属的フィードバックを与えることで，自己調整の発達が促される。一生懸命に努力すれば成し遂げることができると告げることで，動機づけを高めることができ，そのことは，その人に対

して必要な能力があることを伝えることになる（Dweck, 1975）。成功に対して努力のフィードバックを与えることは，進歩の認識や，動機づけの維持，自己効力の増大を支えるものである。初期の成功とその人の能力とを結びつけるフィードバック（例えば，「はい，そのとおり。ほんとうにあなたはこれが得意ですね」）が，学習に関する自己効力を高めるはずである。スキルが欠けていて努力が必要な場合には，初期の成功に努力のフィードバックを与えてやることが説得力を持つだろう。スキルが高まっていくのに合わせて，能力のフィードバックに切り換えていけば，自己効力と自己調整を維持していくことができる。

シャンク（Schunk, 1982a）は，達成したことと努力とを結びつけること（例えば，「あなたは一生懸命に頑張りましたね」）が，これから達成することと努力とを結びつけること（例えば，「あなたは一生懸命頑張らないといけない」）に比べて，自発的な学習，自己効力，学力を高めることを明らかにしている。また，シャンク（Schunk, 1983a）は，成功したことに対して能力のフィードバックを与えること（例えば，「あなたはこれが得意ですね」）が，努力フィードバック，能力＋努力フィードバックよりも，自己効力と学力を高めることを示している。能力のみの群よりも，後者の2群の子どもたちのほうが，自発的な学習の際に，大いに努力したと判断している。能力と努力を組み合わせた条件の子どもたちは，努力のほうを支持してしまい，能力の情報を割り引いて考えてしまったのだろう。

シャンク（Schunk, 1984b）は，定期的に能力のフィードバックのみを与える群，努力のフィードバックのみを与える群，指導プログラムの前半に能力のフィードバック，後半には努力のフィードバックを与える群，この順序を逆にした群の4群を設けて検討している。初期の成功に努力のフィードバックを与えるよりも，能力のフィードバックを与えたほうが，能力帰属，自己効力，学力の程度を高める結果となった。

シャンクとコックス（Schunk & Cox, 1986）は，学習障害児に対して，引き算の指導を行い，自分でやる練習をさせている。指導プログラムの前半に努力のフィードバックを受ける群，後半に努力のフィードバックを受ける群，フィードバックのない群が設けられている。フィードバックを受けたそれぞれの群が，受けなかった群に比べて，自己効力，学力，努力帰属の程度を高めていた。前半に努力のフィードバックを受けた群のほうが，後半に受けた群よりも，努

力が成功の鍵であると考えていた。対象となった子どもが学習障害児であることを考慮すれば、成功するには現実に懸命な努力が必要であり、前半でも後半でも努力のフィードバックは説得力があったものと思われる。さらに長い期間にわたって同じ課題で努力のフィードバックを続けたとすると、なぜ努力をし続けないといけないのかと思うようになり、自分の能力に疑問を持ち始めるようになるであろう。

　これらの研究結果を総合すると、帰属的フィードバックのタイプよりも、フィードバックの信頼性が重要であると思われる。成功に対するフィードバックが信じられるものであれば、自己効力感、動機づけ、学力を向上するであろう。信じられなければ、学習を進める能力に疑いを持つようになり、動機づけや学力に悪影響が及ぶようになるであろう。

■**方略の自己言語化**　学習者が自己調整方略を自ら言語化することによって、学習を方向づけしていくことが可能となる。シャンク（Schunk, 1982b）は、算数の学力の低い子どもたちに対して、割り算の指導をモデリング形式で行い、自分でやる練習の機会を与えている。まず、大人のモデルが適切なところで方略を説明する手がかりとなる言葉を言語化し（例えば、「倍数」「チェック」）、自分でやる練習の際には、自分でもその言葉を口にする群と、自分なりの言語化（例えば、「7を何倍すれば22になるか？」）を行う群、両方を行う群、言語化を一切行わない群の4群が設けられた。

　自ら言語化を行う群が、自分でやる練習で最も高い動機づけを示し、算数の学力が最も高かった。最も高い自己効力を示したのは、両方を行った群であった。自分なりに言語化を行った際に見られた特徴としては、方略が内容に含まれていたことに加えて、問題解決の成功をめざす内容だったということがある。

　シャンクとコックス（Schunk & Cox, 1986）は、学習障害児を対象に、引き算の問題解決方略の学習において、言語化が果たす役割について調べている。連続－言語化群は、問題解決の際に、その手順を声に出して言語化し、不連続－言語化群は、指導プログラムの前半では声に出して言語化を行うが、後半になると言語化は行わなかった。言語化なし群は、声に出して言語化を行うことを一切しなかった。連続－言語化群が、最も高い自己効力と学力とを示す結果となった。声に出して言語化しなくてもよいと指示されると、学習上の遂行を調整する上で、言語を媒介手段として利用することをやめたのだと思われる。媒介手段としての言語を内面化させるためには、外顕的な言語化を内潜的なレ

ベルにまで弱めていくことを指導する必要があるだろう。そのようにして弱めていく手続きが，自己教示訓練では不可決の要素とされている（Meichenbaum, 1977）。

自己省察

自己モニタリング　自己モニタリングの効果が広範囲にわたって研究されてきた（Mace et al., 1989; Zimmerman et al., 1996）。初期の研究では（Sagotsky et al., 1978），5，6年生を対象にして，第1の条件として，算数の授業中の取り組みを定期的にモニターさせ，適切な内容に取り組めているかどうかについて記録をさせている。第2条件としては，日ごとに遂行上の目標を立てさせるようにし，第3条件は，自己モニタリングと目標設定の両方を実施させるというものであった。自己モニタリングが課題に取り組む時間を有意に増大させ，算数の学力を有意に高める結果となった。目標設定の効果はごく小さいものであった。サゴツキーら（Sagotsky et al., 1978）は，目標設定が遂行に影響を及ぼすためには，挑戦する価値があり達成可能な目標の立て方をはじめに訓練しておく必要があると述べている。

シャンク（Schunk, 1983d）は，算数の学力が低い子どもたちに対して，授業期間を設けて，引き算の指導を行い，そして，自分でやる練習の機会を与えている。自己モニタリング群の子どもは，授業の終わりごとに自らの取り組みを振り返り，完了したページ数を記録した。外的モニタリング群は，大人が授業の終わりごとに子どもらの取り組みを振り返り，完了したページ数を記録するようにした。モニタリングなし群は，自己モニターする必要もなく，モニターされることもなかった。モニタリングなし群に比べて，自己モニタリング群と外的モニタリング群のほうが自己効力と学力を高める結果となり，両者の間には違いはなかった。自分でやる実践練習での取り組みの程度には3群の間に差異は見られなかったので，モニタリングの有益性が指導期間中の遂行によって決まるものではなかったといえる。誰がモニタリングをしたかということよりも，進歩についてモニタリングすること自体が，学習を進めていけるという認識を高め，また，学習を継続していくことの自己効力を高める結果となっていた。

報酬の随伴　シャンク（Schunk, 1983e）は，子どもたちに対して，授業期間を設けて，割り算の指導を行い，自分でやる練習の機会を与えている。遂行

随伴報酬群（遂行に報酬を随伴させる群）は，正答した問題数に応じてポイントが得られ，褒美と交換できることが告げられた。課題随伴報酬群（課題に報酬を随伴させる群）は，参加に対して褒美が与えられると告げられた。計画された指導内容を終えると褒美が選択できるという，予期しない報酬群も設定され，報酬期待効果と報酬そのものの効果とを区別できるようにした。遂行随伴報酬群は，自己調整を要する問題解決，割り算の自己効力，学力の程度が最も高い結果となった。参加に対して報酬を与えることは，指導のみを行った場合と比べても有効ではなかった。

シャンク（Schunk, 1984a）は，遂行随伴報酬と近接した目標の効果を比較している。授業期間が設定され，その間，子どもたちは割り算の指導を受け，自分でやる練習を行った。遂行随伴報酬が与えられる群，近接した目標を立てる群，両方が実施される群の3群が設けられ，その結果，3条件とも動機づけを高めていた。この動機づけは，授業期間中の自己調整を要する問題解決の程度によって明らかにされたものである。そして，報酬と目標を組み合わせた群の自己効力と学力が最も高かった。

■ **進歩のフィードバックと自己評価**　学習者が目標を追求する際に必要なことは，目標達成に向かって高まっていると思えることである。明確な基準があれば，課題の進度を自己評価することが可能であるが，しかし，多くの課題では判断が難しいというところがあり，基準が明確でない場合や進度がゆっくりしている場合は特にそうである。進歩を知らせるフィードバックは，自己効力や動機づけをより確かなものとする。スキルが向上していくにつれて，進歩の自己評価もより良くなっていくものである。

シャンクとスウォルツ（Schunk & Swartz, 1993a, 1993b; 後に詳しく説明）の研究では，目標と自己評価とがいかにして学力と自己調整とに影響を及ぼしていくのかについて調べられている。授業期間が設定され，その間，子どもたちは作文の指導を受け，自分でやる練習を行った。大人のモデルが作文の方略を示し，子どもたちはその方略を実際に作文に適用することを学んだ。「過程目標」群の子どもたちに対しては，方略の使用を学ぶように，と告げ，「成果目標」群には，作文を書くように，との助言を行い，「漠然とした目標」群には，ただ最善を尽くすように，とだけ告げた。「過程目標」群の半分に対しては，遂行の向上と方略の使用とを結びつけた進歩のフィードバック（例えば，「方略の手順のとおりにできているから，うまくいっていますよ」）を定期的に行

った。

　過程目標＋フィードバック条件が，最も効果を示しており，過程目標のみでも，ある程度の有効性が示された。過程目標＋フィードバック群は，成果目標，漠然とした目標群よりも，自己効力，作文力，学習の進度の自己評価，自己調整方略の使用において優れていた。効果は6週間後も維持されており，また，指導を受けていない他の種類の文章にも自己調整による作文方略を適用する様子が示された。

　シャンク（Schunk, 1996）は，目標と自己評価がどのようにして自己調整学習と学力に影響を及ぼしていくのか，2つの研究を実施し，検討を行っている。それぞれの研究で，授業期間が設定され，その間，子どもたちは分数の指導を受け，自分でやる練習を行った。問題の解き方を学ぶことを目標（学習目標）とするのか，単に解くことだけを目標（遂行目標）にするのかを含めて，いくつかの条件が設けられ検討がなされている。研究1では，各目標条件の半分に対して，授業が終わるたびに問題解決能力を自己評価するように求めている。自己評価を含む「学習目標」群，自己評価を含まない「学習目標」群，自己評価を含む「遂行目標」群の3群が，自己評価を含まない「遂行目標」群よりも，自己効力，スキル，動機づけにおいて高くなるという結果が示された。研究2では，各目標条件の対象者全員が，スキルの習得における進歩の度合いを，一度，自己評価するようにした。学習目標群のほうが，遂行目標群に比べて，より高い動機づけと成績を示していた。

　これらの結果から，自己評価の効果が頻度によって異なってくることがわかる。学習目標か遂行目標かのいずれかにかかわらず，能力や進歩の自己評価の機会を頻繁に設けることで成績が高められる。反対に，自己評価の機会が少なくても自己調整学習や自己効力が促進されるのは，学習目標を立てた場合に限られるといえる。このような条件の下では，自己評価は，「成果目標」よりも「過程目標」のほうをうまく補強するものなのだろう。

　シャンクとアートマー（Schunk & Ertmer, 1999）は，大学生を対象にしたコンピュータ技術の指導でこれらの結果を再確認している。自己評価の機会を最小限にした場合，過程目標のほうが，自己効力，学習の進度の自己評価，自己調整のコンピテンス，自己調整方略の使用において高い結果を示した。自己評価は自己効力を促していた。反対に，自己評価の機会が多くなれば，過程目標と成果目標のどちらであれ，自己評価との組み合わせによって，同じような効

果が見られることが明らかとなっている。

発達と獲得の関係

　自己調整は，成熟とともに自然発生的に発達するものではない。また，環境からの一方的な影響によって獲得されていくものでもない。この節では，自己調整のスキルの発達と習得について論じていく。

自己調整の発達の様相

　ジマーマンの協同研究グループは，自己調整能力の発達に関する社会的認知モデルを提出している（Schunk & Zimmerman, 1997; Zimmerman, 2000; Zimmerman & Bonner, in press）。表4.2に示すモデルによれば，学習コンピテンスというものが，はじめのうちは社会的な起源により発達していくが，時間の経過とともに自己を起源とするものへと一連のレベルに沿って変化していくものと考えられている。ある程度の重複もありうるが，最初の2つのレベル（観察的レベルと模倣的レベル）が主として社会的な要因によるものであり，一方，次の2つのレベル（自己制御されたレベルと自己調整されたレベル）において，影響の源が学習者の側へと移行していく。

　学習の初期段階では，社会的モデリング，学習指導，課題の構成，励ましによってスキルや方略の獲得が進んでいく。この観察的レベルで，方略の主たる

表4.2　自己調整能力の発達の社会的認知モデル

発達のレベル	社会からの影響	自己からの影響
観察的レベル	モデル 言葉による説明	
模倣的レベル	社会的ガイダンス フィードバック	
自己制御されたレベル		内的基準 自己強化
自己調整されたレベル		自己調整的なもの 諸過程 自己効力 信念

特徴を学ぶことになるが，スキルを伸ばしていくためには，フィードバックを伴う実践練習が必要になってくる。

学習者の遂行がモデルの遂行の形式全般にかなり一致するものとなったとき，模倣的レベルに達する。学習者は，モデルの活動をただまねるのではなく，モデルの全体的な様式や型を模倣するのである。はじめの2つのレベルの主な相違点は，観察的学習が，観察的レベルでの習得のみをさしており，模倣的学習は，これに遂行能力を伴うものとされている。

これらの2つのスキル学習の起源は，本質的に社会的なものである。それは観察的学習も模倣的学習もモデルに接する必要があるためである。学んだスキルや方略が内面化され始めてくるが，この過程は，主として学習者の内部に属することになる第3，4の起源へと移行しながら進んでいくものである。

第3の自己制御されたレベルの特徴は，同じような課題をする際に，学習者が独立してスキルや方略を利用できるようになるところにある。この段階において，スキルや方略が学習者の中に内面化されるが，それは，モデルの遂行に基づいて形成された内的表象（すなわち，内潜的なイメージや言語的な意味内容として）という形をとる。学習者が，独自の表象を形作るということはなく，また，効率性の基準に従って遂行を内的に調節するようなことも見られない。

最後の自己調整のレベルに至って，学習者は，個人的条件や文脈的条件の変化に合わせて組織的にスキルや方略を適用することが可能となる。このレベルで，学習者は自らスキルや方略の利用を判断し，状況の特徴に応じて調整を加え，個人的な目標や目標達成への自己効力を通じて動機づけを維持していくことができるようになる。

三者間の相互作用性がすべての段階にわたって見られる。環境上の社会的要因が行動要因と個人要因に影響を及ぼし，そして，反対に，これらの要因が社会的環境へと影響を及ぼしていく。学習の初期段階で，学習者のスキルの遂行に問題が見られれば，教師は修正を施す。模倣的レベルで，スキルや方略の実行の仕方がよくわからなければ，その学習者は，教師に支援を求めるであろう。そして，学習者の遂行は，自己効力に影響を及ぼすことになる。さらに進んだレベルでは，学習者は，スキルを心の中で繰り返したり外顕的に実践したりするであろうし，また，スキルにより磨きをかけるために教師やコーチ，チューターに支援を求めるようなこともするであろう。

スキルの獲得が進むにつれて，社会的な影響がなくなっていくわけではない。

自己制御と自己調整のレベルにある学習者は，社会的な資源を頻繁に利用することはなくなるが，依然としてそれらを頼りにしているところもある (Zimmerman, in press)。端的に言えば，自己調整とは，社会的に独立することをいうのではない。

これは段階モデルではないし，また，学習者がいつもこのような形式で進展していくとは限らないだろう。適切なモデルと接する機会のない生徒は，それでも独力で学ぶことをするであろう。一例として，「楽譜なしで」楽器の演奏を学んだり，数学の問題を解く上で独自の解法を考案したりといったようなことがあげられよう。このような場合，自己教育はとてもうまくいっていても，社会的環境が学習に対して持ち得る有効性は十分に活かされているとはいえない。加えて，学習者が良い自己調整スキルも持たず，社会的環境も利用できないとすれば，そのことで，全体的なスキルのレベルはかなり制限されてしまうことになるだろう。

発達の問題

■予見の段階 子どもがモデルから学ぶ能力は，発達的要因によって決まる (Bandura, 1986)。幼い子どもは，長時間，モデルに注意を向けることが難しく，関連のある手がかりと無関係なものとの識別に困難を示す。情報を処理する能力も発達とともに向上していく。子どもは，広範な知識基盤を発達させていき，これを新しい情報を理解していく上での支えとする。さまざまな記憶方略も利用できるようになっていく。幼い子どもは，物理的特性の観点から示範された出来事を符号化する傾向にあるが，年齢とともに情報を象徴的に表象するようになる（例えば，言語）。観察を通じて獲得された情報も，必要不可欠な身体能力を欠いておれば，遂行されることはない。記憶の中に行為情報として転換すること，記憶されている表象と遂行とを比較すること，必要に応じて遂行を修正すること，これらの能力が発達とともに高まっていくに従い，運動再生機能は向上していく。幼い子どもは，直接的な結果によって動機づけられるものである。成熟に伴って，モデルと同じ行動を遂行することに内的な満足を見出すようになっていく。

年齢の低い子どもは，短時間の準拠枠しか持っておらず，思考の中で遠い将来にわたる結果を表象する能力が十分ではないものと考えられる。近接した目標は，小学校の教室での授業計画にうまく適合する。短い時間の単位で活動が

計画されているからである。発達とともに思考の中で長期にわたる結果を表象できるようになっていき，頭の中で遠い目標を短期の目標に分割できるようになっていく。

■**遂行制御の段階**　認知発達のレベルが進むことと，比較による評価の経験を重ねることによって，比較に基づく情報を効果的に利用する能力が備わってくる。幼児は，ピアジェのいう意味で自己中心的であり，「自己」が認知的な焦点と判断を支配している（Higgins, 1981）。子どもは，他者との対比で自己を評価できるものであるが，自然発生的にそのような力が備わるのではないだろう。発達にしたがって，社会的比較に関心を示すようになり，そこから得られる情報を利用して能力の自己評価を形成する（Ruble et al., 1980）。運動や学習上の課題の遂行において，年齢の低い子どもの場合は，大人からの直接的な社会的評価（例えば，「あなたはこれが得意ですね」）によって大きな影響を受けるところがあるが，4年生になると，仲間の遂行の影響を受けるようになる。

比較に基づく情報の意味や機能は，発達とともに変化していき，特に学校教育を受けるようになってからは大きく変わっていくものである。就学前の子どもは，外に現れる物理的なレベル（例えば，報酬の量）で比較をしがちである。モサッチとブラゴニア（Mosatche & Bragonier, 1981）によれば，就学前の子どもの社会的比較は，自分と他人の類似点と相違点を明確にすることにのみ力点がある。それは，おそらく他人よりも優れていたいという願望を基盤にした競争心からくるものであり，自己評価といえるものではないのである（「自分はゼネラルだ。キャプテンよりもえらい」のように）。

社会的比較の発達は，多重の段階からなる過程を踏んでいくものである（Ruble, 1983）。最も早期の比較は，類似点と相違点に力点があるが，次第に課題の遂行の仕方に注意が向けられるようになっていく。1年生でも仲間との比較を行うが，正解を知りたいだけだったりする。年齢の低い子どもに比較に基づく情報を提供すると，動機づけを高めることになるが，それは，個人の能力に関する情報を得るためでなくて，現実的な理由によるものなのである。課題ができなかった子どもに対して，他の子どももほとんどうまくいかなかったと教えても，失敗したことの否定的な影響を和らげることにはならないだろう。1年生以降になると，仲間がどれだけうまくできているかを判断することに関心が向けられるようになり，比較に基づく情報を利用して自分の能力を評価するようになる（Ruble & Flett, 1988）。

年齢の低い子どもは、何らかの結果が得られたときに、努力を主たる原因として考えるところがある。努力と能力の概念が区別されていないのである（Nicholls, 1978）。発達とともに能力概念は分化してくるようになる。能力帰属が自己効力に重大な影響を及ぼすようになっていき、それに対して、努力は帰属因として重要ではなくなっていく（Harari & Covington, 1981）。

■**自己省察の段階**　目標と遂行の比較によって進歩の判断を行う過程についても発達的要因の影響を免れるものではない。子どもは、自分の能力を過大に評価したり過小に評価したりしやすい。ある課題を構成する特定の下位スキルを習得するような場合、進歩の判断を誤ってしまうことがある。数学で解を導き出すにあたり、「バグのあるアルゴリズム」、すなわち、誤った方略を用いるようなことがよくなされる（Brown & Burton, 1978）。こういったことは、偽りのコンピテンスが生じるもととともになりうる。答えが正しいかどうか確信が持てないために、問題に正確に解答できても自己効力が得られない場合もあるだろう。これらの状況下においては、進歩のフィードバックを与えてやることがきわめて重要になるといえる。

子どもたちは、自然発生的に、目標を心に留めて進歩を自己評価するようになるわけではない。目標を明示的なものにし、進歩や能力の自己評価の機会を提供することが有効である。自己効力を強めるためには、進歩がはっきりと知覚できるように示してやる必要がある。

教室における自己調整方略の使用

この節では、教室において自己調整スキルを育成するにあたり、社会的認知理論の原理がいかに適用できるのか、例示していきたいと思う。ここで紹介する研究計画は、小学生を対象にした作文の方略指導を扱っている（Schunk & Swartz, 1993a, 1993b）。特に、目標設定、進歩のフィードバック、進歩の自己評価に対して働きかけが行われ、結果に相当する主要な変数には、成績、自己調整方略の使用、自己効力が取り上げられた。

学校の時期に合わせて、20回にわたって45分の授業を行い、作文の指導と実践練習とが続けられた。それぞれの授業はすべて同一の形式で行われた。最初の10分はモデルによる実演にあてられている。教師（研究チームのメンバー）が模範を示すのであるが、作文の方略の手順を言葉にしながら、例となる文章

とテーマに従って実際にその方略を適用していく様子を見せるようにしている。それから，補助を受けながらの実践練習が行われるが（15分），その間，教師の指導の下，子ども自身が方略の手順を実行していくことになる。それぞれの授業の最後の20分は，自己調整による実践練習が待っている。子どもが1人で取り組むところを教師がモニターするというものであった。

授業期間中に教室の前の黒板に示しておいた5つの作文方略の手順は，以下のとおりである。

何をする必要があるか？
1．どんなテーマについて書くのか決めること。
2．テーマに関して思いついたことを書き留めておくこと。
3．それらの中から中心となる考えを決めること。
4．文章の構成を考えること。
5．作文の中心になる考えとそれ以外のことについて文章にしていくこと。

指導計画の中で4種類の文章が取り上げられ，1種類の文章につき5回の授業が行われた。4種類の文章とは，「解説文」「伝達文」「物語形式の文」「叙述的な説明文」のことである。解説文とは，物，出来事，人，場所について論じることである（例えば，鳥についての説明）。伝達文とは，正確に，そして，効果的に情報を伝達することをさす（例えば，放課後に何をしたいかを書くこと）。物語形式の文とは，初めから終わりまで時間の順序に従って出来事を並べていくものである（例えば，友人や親類のところを訪ねる話をすること）。叙述的な説明文とは，正しい順序に従って課題に取り組む手順について説明をする文章のことをいう（例えば，好きなゲームの遊び方を説明すること）。

各回で取り上げる内容の範囲は，4種類の文章とも同一のものであった。1回目の授業では方略の手順1，2，3を，2回目の授業では方略の手順4を，3回目の授業では手順5を扱うようにし，4回目の授業では方略のすべての手順をもう一度繰り返すようにした。5回目の授業でも方略のすべての手順をもう一度繰り返すが，モデルによって見本を示すことはしなかった。子どもたちは1回の授業あたり2つか3つの文章テーマに取り組んだ。

検討を行うために，「成果目標」「過程目標」「過程目標＋進歩のフィードバック」「漠然とした目標（指導による効果を統制するための群）」の4条件群を

設定し，無作為に割り当てるようにした。同一条件に入る子どもたちは，小集団の形をとって研究チームのメンバー（教師役）と接するようにした。

指導の開始に先立って，事前テストとして作文力と自己効力について調べた。そして，4種類の文章のそれぞれの授業の1回目を始めるにあたり，向上に関する自己効力を調べるテストを実施した。これは自己効力の事前テストと同一のものであるが，現時点でどのくらい課題がうまくできると思うかを判断させるものではなく，これからの5回の授業の中で，既定の文章を取り上げた課題を通じて，スキルをどの程度高めていけると思うかを評価させるものである。指導が終了した時点で，事前テストに対応した事後テストを実施し，また，作文の方略を利用することによる進歩の度合いを，この指導計画を開始した時点と比較して評価するよう求めた。

「過程目標」と「過程目標＋進歩のフィードバック」の子どもたちに対しては授業のはじめに次のような教示を行った。「課題に取り組みながら，自分は何をしようとしているのかを意識するようにすればよいと思います。自分は解説文を書くための方略の手順を身につけようとしているのだと考えるようにしましょう」。このような目標に関する指示はそれぞれの授業で同一になされ，文章の種類に合わせて表現は少し改められた。

「成果目標」の子どもに対しては，「課題に取り組みながら，自分は何をしようとしているのかを意識するようにすればよいと思います。自分は解説文を書くことを目的としているのだと考えるようにしましょう」という教示がなされた。これについても，他の授業では，文章の種類に合わせて表現を少し改めるようにしている。このような教示を行うことで，「過程目標」処遇に含まれる目標特性の効果を統制するようにした。

「漠然とした目標」の子どもたちに対しては，授業の開始にあたり，「課題に取り組みながら，一生懸命に頑張ることを考えましょう」という教示がなされた。他の条件にも含まれている作文の指導，実践練習，目標の教示を受けることによる効果を統制するための条件群になる。

「過程目標＋進歩のフィードバック」の子どもたちは，それぞれの授業の中で3，4回の言語的フィードバックを受けた。このフィードバックによって，作文方略の獲得という目標に向かってうまく進んできていることが伝えられた。自己調整による練習のときに1人1人の子どもに対して個別に，「方略の手順が身についてきているよ」「方略の手順のとおりにできているから，うまくい

っていますよ」といった内容の言葉かけをフィードバックとして与えるようした。フィードバックが説得力のあるものとなるように，方略が正しく使用できた状況に合わせて行われた。このようなフィードバックは，すべての群の子どもが受けた遂行のフィードバックとは異なるものである（例えば，「それはよい考えですね。文章の中に入れるようにしよう」「この考えで文章をまとめるとよいでしょう」）。

この研究計画の重要な目的は，方略の使用が長期間にわたって維持されるものなのかどうか，他の種類の文章にも方略が適用されるものなのかどうかについて明らかにすることであった。いくつかの方法を用い，維持と般化が促された。文章を書く上で方略が有効であること，作文力を高めるのに方略が役に立つはずだということを，進歩のフィードバックによって伝えるように意図された。4種類の文章を取り上げて，同じ方略を指導することで，種類の違う文章でもいかに役に立ち得るかについて示すようにした。最終的には，自己調整による実践練習の期間を，自分1人で方略が利用できるようになる練習のための機会とし，自己効力を形成するようにした。独力での成功を経験させることは，成功の能力帰属や努力帰属をもたらし，そして，自己効力をも強めることになる。本研究計画の結果としては，「過程目標＋進歩のフィードバック」条件が，成績と自己効力に対して最も大きな影響を及ぼし，6週間にわたる維持の効果と他の種類の文章への般化の効果も併せて示された。また，「過程目標」のみの群にもある程度の効果が認められた。

結語

自己調整スキルを育成する上で，社会的認知理論の原理が有用である。しっかりとした理論的根拠と研究基盤が確立してきており，今後さらに自己調整過程の働きに関する知見が積み重ねられていくことが期待される。この先，社会的認知理論の研究者が積極的な役割を果たして，私たちの研究知見をさらに推し進めていくはずである。また，自己調整学習者の育成を支援すべく，この原理が学習場面で利用できるような新たな手法の開発がなされていくはずである。

第 5 章
情報処理モデルから見た自己調整学習

フィリップ・H・ウィン
(Philip H. Winne)
Simon Fraser University
British Columbia

　本章では，自己調整学習を考える際に用いるモデルにはさまざまなものがあることについて述べてゆく。それぞれのモデルは，例えば自己調整はいかに働くか，何を成すのか，なぜそれは成功したり，うまく働かなくなったり，あるいは失敗したりするのかといった，自己調整学習の各プロセスに関する異なる観点を提供する。モデルが多様であることは，それぞれ異なるモデルの妥当性や有用性を減じるものではない。むしろそれは相互の比較を促し，質の幅を示し，自己調整学習の特徴を統一し，さらに区別するような研究へと導くのである。

　このような意図から，本章では自己調整学習を情報処理の視点から描いてゆく。自己調整学習にいくつかのモデルがあるように，情報処理にも一群のモデルがある。ここでは一群の中の各々を区別する特徴について深く掘り下げるよりも，自己調整学習の問題を前面に押し出すため，一群そのもののほうに焦点を当てる。はじめに，情報処理理論の基礎について述べる。次に，情報処理としての自己調整学習の基本的特徴を示す。これは第3節への基盤を提供するであろう。そして第3節では，今後の研究と同様，現在の問題に焦点を当てた情報処理の視点から，自己調整学習に関する研究について検討する。最後に，情報処理の視点を通して，自己調整学習を検証しながら教授への示唆を述べる。

情報処理に関する理論的見方

　教育心理学の情報処理モデルは，20世紀半ばのコンピュータ使用とコミュニケーション領域の業績に負うところが大きい。情報とコミュニケーションに関わる数学理論を著した影響力ある書物の中で，シャノンとウィーバー（Shannon & Weaver, 1949）は，コミュニケーションの定義の中核を「1つのこころが他に影響する可能性のあるところのすべての手続き」（p.3）と提起した。コミュニケーション事態は，送り手が以下のようなシンボルからなるメッセージに情報を符号化するときに始まる。すなわちそれはモールス・コードのドットやダッシュ，講義の中で明確に話された音（単語），本に印刷された文字，ウェブページ上のハイパーリンクの下線，図表の中の線の構成などである。シンボルは送り手の情報そのものではない。むしろ，それを表現し直したものである。ウィーバーの理論は2つの重要なアイディアを含んでいる。1つは情報の程度である。2つ目は，情報というものは，送り手のメッセージを受け取った人が，メッセージの中のシンボルを解読した後，何かしらの**差異**を知覚する程度だけが**情報であった**，ということである。これはウィーバーの教育への理論とも結びつく。すなわち，情報をやりとりするすべての状況は，その受け手（生徒）に学びの機会を提供する。受け手が何かしら新しいことを学ばなければ何の情報もやりとりされていないのである。

　受け手がメッセージを認識するとき，送り手の情報を表したシンボルが，解釈あるいは処理されなければならない。あるメッセージは最小限の処理を含む。耳をつんざくようなかやましい音は，きわめて直接的にコミュニケートする。たとえば「跳べ！」という具合に。反対に，2次不等式のグラフは，ほとんどの中学3年生の生徒にとって集中的な処理を求められるが，代数の教師にとってはそれほどではない（ことを私たちは望む！）。

　心理学者は，情報がいかに処理されるのかのモデルを作り上げるためのシンボル解釈の構築に，相当なエネルギーを費やしてきた。これらのモデルは3つの基本的特徴を共有している。第1に，こころの中には処理が実行されるいくつかの仮想的な場が存在するということである。それぞれの場は記憶の一種であり，しばしば3つが示される。すなわち人間の感覚の一種である感覚的なバッファ，ワーキングメモリ，そして長期記憶である。私はこれらの場あるいは

記憶のタイプを「仮想的に」記述する。それは各々に対応する脳内における特定の部位があるかどうかはいまだ明確でないからである。第2の情報処理モデルの基本的な特徴は，処理にはいくつかのタイプが存在するということである。1つの共通認識のある例としては，**リハーサル**の処理がある。リハーサルは情報をある心的状態の中に保持しておくものであり，それゆえ情報を再点検するか，あるいはそれを将来どう処理するかを熟慮することができる。そしてそれは，あとで用いることができるように情報を蓄えておくための最も信頼できる方法の1つである。第3の情報処理モデルの基本的特徴は，情報が記憶内に表象化される形式が異なっているというものである。いくつかのモデルは，筋感覚，嗅覚，視覚など，感覚の数だけ表象化された形式が存在することを提起している。そしてもう1つ，意味的表象の形式は私たちにとって意味のある情報を表す。

記憶と情報処理

ロック（1690/1853）は新生児をタブラ・ラサ（**tabula rasa**），つまり何も書かれていない石板に喩えたが，これはやや言い過ぎだったかもしれない。しかし，いかなる知識を持って生まれてこようと人間は学ぶものだということには誰もがうなずく。学習は私たちが情報を獲得する際のプロセス，あるいは一連のプロセスである。私たちが学ぶとき，情報は，**長期記憶**と呼ばれる記憶の仮想的な場所に符号化される。長期記憶内に貯蔵された情報は後に検索される可能性を持つ。情報が検索される，あるいは「こころに上ってくる」とき，仮想的な場は**ワーキング・メモリ（作業記憶）**と呼ばれ，そこでは情報が情報処理の主題になるのである。

人間は膨大な量の記憶を長期記憶内に貯蔵している。情報の主題は多様であり，電話番号から政治的な意見まで，そしてなぜ蛇口のしずくが落ちるかの説明から期末試験を受ける気持ちまでを含む。

情報処理のモデルはいずれも，長期記憶内に貯蔵されているすべての記憶はパターンを持つという仮定に裏打ちされている。そのパターンのイメージは**ネットワーク**である。**情報のノード（節）**と呼ばれるネットワーク内のすべてのリンクは，1つもしくはいくつかの他のノードと結びついている。理論的には，これらのリンクなしには，長期記憶内に貯蔵されている情報を検索する道筋は存在しないのである。

活性伝播（Spreading Activation; Anderson, 1991）は，記憶がこれらのリンクをいかに利用するかに関するモデルである。ワーキングメモリを情報が集まる場所とは捉えないでおこう。そのかわり，ネットワークの中のノードからノードへと絶え間なく行き来する半ダースのシンプルなロボットからなるコミュニティと考えてみるのだ。彼らのノードからノードへの通り道は長期記憶へのリンクである。それぞれのロボットは2つの情報源だけから入力を受ける。環境についての絶え間なくアップデートされた知覚（感覚的バッファからロボットに送られたもの）と記憶のネットワーク内のどこかにいる他のロボットの2つである。ロボットが知覚を受け取る，つまりノードを「通り抜ける」とき，情報は記録される。そして，次へ進むのに利用可能なうちのどのリンクを使ったらいいのかを決定するためにその記録が用いられる。ほとんど瞬時に，他のロボットもその情報を記録し，次にどちらのリンクに乗るべきかを決めるためにそれを用いる。いずれの瞬間においても，このロボットのコミュニティ内で共有された集合的な「知識」は，ワーキングメモリの内容であるところの情報である。

活性伝播は自動的になりうるため，ある種の情報は「突然」自発的に思い出される。例えば，私は昨日図書館の前を歩き過ぎ，借りたい本があることを思い出した。私が図書館の近くにいたという知覚は，借りたい本があるという長期記憶の命題にすでに結びついていたのである。私が「熟慮」しなくても，一体のロボットは図書館からその本までのリンクをたどり──「voila!」（ほら！）──私はその本のタイトルを思い出した。マクーンとラトクリフ（McKoon & Ratcliff, 1992）は，この効果を説明するための自動的な推論のモデルを開発し，また特に読解のような，志向性や目標を持つ課題にまで拡大した。このような自動的な推論，あるいは非熟慮的な活性伝播は，私たちが記憶から情報を受け取る方法の特徴を定義している。

非熟慮的検索は常に役立つわけではない。教師から出された水の循環段階についての質問に答えようとしているときに，誰も自分の誕生日について思い出したくないであろう。いかにして活性伝播が特定の情報を引き出すかを説明するためには，もう1つのプロセス──**モニタリング**──が必要である。

モニタリングは2つの情報のチャンクを比較するプロセスである。モニタリングでは，1つの情報のチャンクの特徴となる性質が，第2のチャンクと比較するための基準として用いられる。本質的にモニタリングは，対象となるチャ

第 5 章 情報処理モデルから見た自己調整学習

ンクが基準チャンクに照らしてどれほどよくできているかを明らかにする。すなわちこれは，生徒の作品（projects）を基準参照付きの採点指示書に照らして評価するのと同じやり方である。モニタリングは，合致するか否か，大きさや差異の性質などの目標チャンクの特徴のリストという新しい情報を生成する。この情報は，長期記憶のリンクを行き来するロボットに知られるようになる。彼らが次に旅するこのリンクは，モニタリングの結果として，彼らが何を「知って」いるかを反映する。実際には，彼らはよりよい合致を探すことができる。この見方によれば，モニタリングは注意のシフトを導きうるプロセスである。「注意を払うこと」は，私たちが不適切な基準でモニターするとき，あるいは後で探索するには多すぎる基準の場合に難しいものとなる。

　活性伝播とモニタリングの統合は，最も重要な情報処理の１つである探索，つまり（理論家のいうところの）検索を生み出す。**探索**とは，どのような情報がノードにリンクしていようと，その中から特定の情報を検索する方法である。探索においては，検索，モニタリング，そして再度の検索というサイクルが何度か繰り返されることがある。

　長期記憶に有益な新しい情報のチャンクを付け加えるためには，新たなリンクが長期記憶内に生成されねばならない。私はそのリンクを作るプロセスを**「組み立て（assembling）」**と呼ぶ。他の理論家（例えばAnderson, 1991）は**符号化**という言葉を用いている。組み立ての操作とリハーサルを混合させることは，精緻化リハーサル（elaborative rehearsal; Craik & Lockhart, 1972）と呼ばれるプロセスを生成する。

　いくつかのリンクは熟慮なしに自動的に組み立てられる。古典的あるいはパブロフ的条件づけと呼ばれる学習のモデルは，その一例である。やかましいドラの音がどのような場所や状況でも連合し，私たちは結果的にそれらの場所や近似した状況にいるとき，多少用心深くなりうるのである。この能力は，人間を含むリンクを作る能力を持つ有機体は，より多くの生存の機会を有する，というダーウィン的淘汰の結果かもしれない。しかし，意図的に生み出されるリンクもある。例えば，可視スペクトルの色を表すROY G BIVなど，単語の最初の文字だけで作った頭文字語がその例である。アンダーソン（Anderson, 1991）によれば，記憶に組み立てを止めさせることは不可能である。効果的な学習のための１つのキーポイントは，指導したり，あるいは自己調整させたりして，有益なリンクを用いて特定の情報を組み立てるように学習者を導くことである。

5つの基本的なプロセスには論理的な裏づけが必要であろう。そして長期記憶における情報が多様な形式で表されうるということを推測するために，確固とした実証的根拠が存在する。例えば，2次不等式の図を見たとき，あなたはその情報を心の中の（象徴的な）表現として，あるいは数学的な公式のいくつかを用いて表すことができるだろう。いくつかのプロセス――私はそれを**翻訳**と呼んでいるが――は，1つの表象的フォーマットをもとにして新たなものを創造する，私たちの精神的能力を説明するに違いない。これらの翻訳の1つは，文字からイメージへ，あるいはその逆であるが，膨大な研究を形成している（例えば，Clark & Paivio, 1991参照）。仮説的には，翻訳は探索の特殊化されたものかもしれない。それは，長期記憶から検索されたモニタリング情報の基準が，もう1つのフォーマットあるいは媒体で同様の情報を表す，代替的なフォーマットに関する指標を含んでいる。

　そこで私は5つの情報処理の基本的タイプを提起する。すなわち，探索（Searching），モニタリング（Monitoring），組み立て（Assembling），リハーサル（Rehearsing），翻訳（Translating）である（Winne, 1985）。それぞれのプロセスの頭文字をとって，これらのセットをSMARTと呼ぶ。あなたが長期記憶にSMARTの文字を保存しているなら，あなたはリンクを構築しているのである。そして私がここで何度も繰り返しているため，SMARTの頭文字をリハーサルもしているのである。それぞれの出来事に出会ったとき，あなたはSMARTの文字に合致するそれぞれのプロセスをいかにすばやく再生できているかということをモニターするかもしれない。Tが何とリンクしていたかを忘れたとしたら？　おそらくあなたはそれを探すだろう。あなたは長期記憶のネットワークをいかに変化させたかを熟慮的に管理し，あなたは自身の学習を自己調整しているのである。

情報の形態

　情報は時に**チャンク**と呼ばれる複雑なパターンを形作るために，集められ調整される可能性がある。例として，靴紐を結ぶことや，アメリカの創生につながる歴史家の年代記の出来事の連鎖に含まれる諸段階がある。チャンクを形成するすべての情報が，強固に明確化されよりよく学習されているとき，全体のセットは検索され，1つのユニットとして他の認知的処理に用いられる。このチャンクの質にかかわらず，最も簡易な情報のチャンクでさえ，他のチャンク

に結びつくリンクによってより小さな部分や特徴に分析されうる。特定のチャンクの「容量」がどのようなものであっても，リンクはそれを内的に構成させ，それを他のチャンクへとつなぐのである。自己調整学習に関する研究では，スキーマ（Schemas），方策（Tactics），方略（Strategies）の3種類のチャンクが特に重要である。

■**スキーマ**　私たちの持つ知識の大半は物事や出来事のカテゴリーに関するものである。教育心理学の入門書にあるカテゴリーを考えてみよう。このようなテキストは少なくとも1人か，しばしば数名の著者がいる。目次と，通常引用文献の著者によるものと主題によるものの2つの索引がある。典型的な内容は，目的，概観あるいはイントロダクション，章の主な内容を構成する節，教室での教授への示唆，要約，そして実践的なテスト問題や提案されたプロジェクトなどである。そしてほぼすべてに補助手段があり，その代表的なものはグラフや表，図，用語の定義，そして自伝的な記述などである。テキストの手がかりは具体的内容への案内として本全体で用いられている。すなわち段落の中の太字や色のついた単語や文章，節に分かれた見出し，重要な内容を要約した箇条書きのリストや番号の振ってあるリストである。

　教育心理学のテキストを特色づけるこのような特徴の集合は**スキーマ**と呼ばれる。スキーマにおけるそれぞれの特徴——著者，セクション，補助手段など——は**スロット**である。スロットは，代数の変数xのようなもので，特定の場合にそのスロットに値が与えられる。著者のスロットは私のものに等しいかもしれない。著者索引のスロットは，その本にそのような索引がなければ「解なし」になるかもしれない。スロットにごく一般的な，あるいは原型的な値があるとき，それは**初期値**（default value）と呼ばれる。情報処理の言語で言えば，スロットが値を持つとき，「スロットの例（instance）が作成された」と言う。すなわち，スロットはそれが持ちうるすべての値のうち，特定の例をさすようになったわけである。スキーマ内にあるすべての空白スロットの例が作成された場合，すべてのスロットは，スキーマに入りうるすべての例のうち，特定の例を表すようになるのである。

　スキーマは3つの重要な特性を持っている。第1に，スキーマはチャンクであるから，記憶のSMARTプロセスはスキーマ全体とともに，あるいはそれに対して「働く」。スキーマには多くの情報が詰め込まれうるので，どのようなときにも相当な量の情報が利用可能である。これは情報処理を効果的にし，私

たちがそれを知覚することを容易にする。第2に，スキーマは情報の新しい事実を認識するための枠組みを提供する。私はドイツ語を読むことはできないが，経済学のドイツ語のテキストが教科書であることはおそらく認識できそうである。なぜなら，その本の表面的な特徴が，私の持つ教育心理学に関するテキストのスキーマのスロットの中に，ほぼ完全に組み立てられるからである。第3に，スキーマは，記憶を推論のために用いることができる道具である。スロットの明確な値が欠落していたとき，探索は原型的な値を提供することができる。十分な数のスロットか，スキーマのスロットの特に重要な部分集合に例が作成されたとき，記憶は自動的に残りの空白スロットを初期値で埋める。コンピュータを見たとき，分解しなくてもその中にチップがあることは推測できるというわけだ。

多くのスキーマは，課題を実行するためのルールのセットとしてフォーマットされている。例えばチェスのエキスパートが持つスキーマは，チェスの駒の方策的な形態の認識を手助けするだけではない。彼らのスキーマはまた，それらの状況に対応する洗練された方策も含むのである。野球選手はいつスクイズが可能になるか，そしてそのプレイが行われるときの役割は何かを認識する手助けとなるスキーマを持っている。また，生徒は，いかにしてクラスに参加するかという授業へのスキーマを持っているのである（Winne & Marx, 1982）。

■方策　方策は，IF-THEN形式のルール，時に状況－行動ルールと呼ばれるものとして表される特定の形のスキーマである。もし（IF）条件のセットが本当だとすれば，そのとき（THEN）特定の行動が実行される。もしそうでなければ，学習者の実行中の行動や課題との相互作用の質は変わらないまま継続する。例えば私が研究論文を読んでいるとき，もし『図1では……』という表現に出会ったとすると，①文章を読むのを止め，②図を発見し，③そのタイトルを読み，④図が何を表しているかが理解できるよう吟味し，⑤図について理解したものを，いかにしてタイトルと結びつけるかを自分自身に問い，⑥図について理解したことと論文の中で読んだこととのリンクを構築する。私の方策は1つのシンプルな条件を含むが，さまざまな条件群（IFs）も持っている。また，認知的な方策は一連のさまざまな行動（THENs）を含む複雑な集合体になりうるのである。

私は常に自分が読んでいるものを理解しているわけではない。理解に失敗したら，私は異なる方策をとるのである。もし『図1では……』という表現に出

会ったとすると，自分が読んでいるポイントの理解に自信がないとき，異なる方策を用いる。図へと飛躍するかわりに，段落の終わりまで文章を読み続け，そして図が何を表しているかを予測し，最後に自分が読んだ内容を理解するときのように，図を「読む」ための同じ方策を用いる。この方策を，前のパラグラフで述べた方策とリンクさせることで，読解への協調的アプローチを生み出すシステムが創造される。単刀直入に言えば，これがプロダクション・システムと呼ばれるものである（Anderson, 1983）。

　方策は行動を分化させる，あるいは区別する多様な条件（Ifs）を持ちうる。方策は，より多くのさまざまな条件（Ifs）があるほど，学習者が課題について知覚する個々の特徴の変化に大きく左右されるようになる。この分化した感受性を与える条件群（Ifs）のスキーマは，**条件的知識（conditional knowledge）**と呼ばれる。条件的知識の複雑なスキーマがあるおかげで，そのスキーマの中で組み立てられた行動が実行に移される状況を，方策がよく分析できるのである。

　現代の理論では，状況的知識が2種類の情報からなるという。「冷たい（Cold）」命題は，合理的に課題がどんなものであるかを述べている。「熱い（Hot）」命題は，——すなわち効力期待や結果期待，課題の達成（あるいは達成の失敗）に関連した誘因，そして帰属などであるが——感情を喚起するかあるいは感情に結びつく動機づけ的信念である（Pintrich et al., 1993; Winne, 1995, 1997; Winne & Marx, 1989）。これらの熱い命題は，自己調整学習についての情報の表象と名づけられた節で議論する。

　▎**方略**　多くの自己調整学習研究者は方策と方略とを区別しない。しかし，私はそれを区別してきた（Winne, 1995, 1996; Carver & Scheier, 1998; Schmeck, 1988も参照）。私は**方略**を，新しいソフトウェア・システムをマスターしたり政党の歴史を理解したりするというような，高いレベルの目標にアプローチするための計画やプランと特徴づけている。方略は方策のセットを調整する。1つ1つの方策は方略を実行するための潜在的な道具である。しかし方略を構成するすべての方策が必ずしも実行されるわけではない。カーバーとシェイアー（Carver & Sheier, 1998）の自己調整のモデルや，それに先行するパワー（Powers, 1973）のモデルは，個人の高いレベルの目標である原理（principle）と，プログラムに従った瞬時の意思決定の元となる，行動の一般的な道筋を与えるプログラム，そしてプログラムの達成に向けた段階を作る特定の行動の連

鎖とを，同様に区別している。方略を方策から区別することによって，4つの方略の重要な性質が焦点化されうる。それぞれの性質が自己調整学習への重要な示唆を持っていることについてはあとで議論する。

　第1に，方略化は従事に先行する。方略的な学習者は行動する前に課題へのステップを計画する。方策も計画ではあるが，IF-THENという形の1つのステップを含むだけなので，最も単純な計画である（IFsの条件的知識はきわめて複雑なものになりうることを念頭に置くこと）。方策は，環境が条件に合致するとき「ぱっとひらめく」が，役目を果たせばそれで「終わり」だ。方略はより幅広い影響力を持つ。方略は1つの課題の大半をこなす間，あるいは一連の課題を行う間じゅう，何が起こるのかを明らかにする。

　なぜこの計画に似た方略の質が重要なのだろうか？　長期記憶からの情報が，活性伝播の自動的な処理によって，そして探索によって，ワーキング・メモリに持ち込まれることを思い出そう。ある方略――方策的な選択のスキーマ――がワーキング・メモリの中で活性化されていれば，学習者はこの課題がどのようになるのか，そして課題自体に取り組む前にそれがいかによりよく説明されるかを探るためのよい準備がなされているのである。計画としての方略は，思考実験をモニタリングするための基準を与え，実際の活動が始まるとき，学習者が自己調整するためのよりよい準備となる。性教育に関する難しいエッセイを描く前にアウトラインや修正を行う著者のように，方略は，今この瞬間を越えてより長期に渡る，多くの部分に分かれた計画をガイドするのに役立つ。

　方略は課題に従事するための選択可能な方策で成り立っているため，方略の実行には，次に使う方策の決定が必要である。方略的な精緻化は，意思決定を調整するためのIF-THENの方策ユニット内に縮約されている実行－非実行（go-no go）の決定を精緻化する。これを行うことで，方略内の方策ユニットはIF-THEN方策をより複雑な形式であるIF-THEN-ELSEに精緻化するのである。条件（IF）が合致すれば，そのとき（THEN）特定の方策が実行される。そうでなければ（ELSE）異なる方策が用いられる。

　方略の第2の性質は，それがIF-THEN-ELSEの形で作られるところから得られるものである。代替的に使えるELSEを持つことで，課題を遂行するのにパターンを組み合わせていくことができる。これには課題の重要な節目をモニタリングすることが明らかに必要だ。言い換えれば，方略はまた注意も増大させるのである。ワーキング・メモリ内の情報量があまりに大きくなり過ぎない限

り，課題へ注意を払えば成功の機会は増大する。

　第3の方略の性質も，IF-THEN-ELSE形式を使った結果，生まれてくる。ワンステップ以上「深い」課題へ取り組めば，各ステップが完成するたびに情報，つまりフィードバックが生まれるだろう（Butler & Winne, 1995; Carver & Scheier, 1998）。そのようなフィードバックは課題を遂行中の学生から与えられるかもしれない。例えば，モニタリングを行って，目標の属性と，仕事の現状の属性を比較するプロフィールを書くときがそうだ。もしくは，学生が環境問題について研究している最中に多くの問題を突き止め，それが現時点で明確化されていないことをモニターするかもしれない。そのような属性は，明日の地球科学セミナーのための1ページの概要を作るという目標にはうまく合致しない。あるいはコンピュータ・プログラムがうまく作動しない場合や，友人が作品への指摘をしたときのように，フィードバックは環境から与えられるかもしれない。その資源が何であれ，フィードバックは課題の状態を段階ごとにアップデートさせるのである。方略はIF-THEN-ELSEユニットが代替の行動，つまりELSEを含むために，方策よりも柔軟なのである。方略は，利用可能になるフィードバックに基づき，課題に適応する方法を提供する。この特徴は，方略が下絵であるという概念を補うものである。よりよい下絵は柔軟であり，IF-THEN-ELSE構造のELSEを持つ方略は柔軟である。このように，方略は洗練された自己調整学習を証明するものなのである。

　方略の4番目の独特な性質もまた，このIF-THEN-ELSE構造から得られたものである。もし方策によって課題の条件がさまざまに変わるならば――すなわち方策が異なればフィードバックも異なるならば――方略は，方策よりもより豊かな（言い換えれば，より量が多い）情報を学習者に与える潜在性を持つだろう。もしIF-THEN方策が機能するならば，うまくいく。だが失敗するならばそれまでだ。学習者は効果があるかもしれない別の方策を選ぶための付加的な情報がほとんど得られない――すなわちELSEがないのである。対照的に，もし方略のTHENが成功すれば，学習者はELSEに結びつく行動は必要でなかったことを知る可能性がある。方略の条件は，THENかELSEが適切だったかもしれないより一般的な状況から現在の状況を区別する特性を何でも反映するよう，更新することができる。この場合，単にTHENに結びついた方策が働くのを知るということを越えて，ELSEに結びついた方策が必ずしも必要ではないことをフィードバックは示している。このようにして，方略構造は本質的に，方略

の中に埋め込まれた方策に関する条件的知識を増大させることとなる。そして，自分の持つ暫定的知識を弁別するほど，学習へのアプローチを調整する能力が増すのである。

情報処理の制御モデルと学習への動因

情報処理モデルの重要な集合には，制御の概念が重要な役割を果たす。このモデルでいう制御とは，何かを支配し，権威性を持つことを意図していない。むしろ行動への指針を与えることに関するものである（Miller et al., 1960; Carver & Scheier, 1998）。すなわち，目的意識の高い生徒のこころの中にある，目標に向けた情報処理をガイドすることである。

IF-THEN-ELSEの方略構造は，制御を行うための段階を設定する。現在の情報（仕事の状況）に基づき，課題ややりかけた大きな仕事を分類してしまうと，記憶が選択肢を与えてくれるかもしれない。すなわち，THENの方略に描かれた活動を行うか，あるいはELSEと結びついた行動をするかのいずれかだ。私たちの目標を達成するために，いずれがよりよい道筋を与えるのだろうか？属性のプロフィールは，THEN 対 ELSEに従うことによってどの程度前進するかについて，私たちの予想に関連した目標を描く。そのプロフィールをモニタリングすることが，私たちに選択をもたらすのだ。選択の際，私たちは制御を実行している。すなわち，私たちが行うTHENあるいはELSEとなることは，私たちのモニタリングの結果によってガイドされるのである。

かなり頻繁に起こることだが，モニタリングによって作られた情報は，THENあるいはELSEが両義的などちらか一方であり，どちらを行うか，何が利用可能かを選択することは，それほど正確でも明白でもない。私たちが認知的な生活をより正確にしたいと望んでも，事実はそうでないだろう（Butler &Winne, 1995; Winne & Perry, 1999）。純粋な自己利益（self-interest）のためにも，モニタリングによって産物（実際のものであれ，予測されたものであれ）と基準との間に生まれる比較の正確さを高める方法を知らなくてはならない。私たちは自らの弁別する力を増大させるために，しばしばさらなる条件，すなわちIFsを加えることによってそれを行おうとする。条件を分類するためにルールを詳細にすればするほど，私たちはより正確に，直面する課題の多様性に合った最善の行動を選択できる。それに成功すれば，目標により効果的に到達する方法を学ぶのである（Winne, 1995）。情報処理における制御理論家はこのよ

うにして動機づけに関する刺激的な推論を導く。つまり学習情報にいかにして方向づけるかが有用で価値があるため，私たちはいかに学習が始まるかに過剰に関心を持つべきではない。この意味で認知的制御の問題に焦点を当てる情報処理理論は，基本的に実行（agency）に関する理論である。

自己調整学習における基本的な情報処理

　自己調整学習のモデルはテーマの多様性を持つ。情報処理の視点から私の自己調整学習に関する見方を組織化するために，私は，ハッドウィンと共同で開発した1つのモデルを提起した（Winne & Hadwin, 1998a; 図5.1参照）。私たちのモデルは，自己調整学習を必要な3つの段階，時に4番目の段階に及ぶ1つのイベントとして特徴づけている。それぞれの段階で，情報処理は情報の産物（products）を構成する。これらの産物は4つのうち1つの主題を有する。

- 条件：これらは課題への取り組みに利用可能な資源と情報処理に影響する可能性のある制約のことである。資源のうち最も重要なものは先行知識——長期記憶内にすでに貯蔵されている情報——である。
- 産物：産物は，情報処理のプロセス——検索，モニタリング，組み立て，リハーサル，翻訳（SMARTs）——が既存の情報を操作するときに作られた新たな情報である。課題を完遂するという目標に向かって産物は連続的に構築される。産物は，私たちが「思考の実験」を行っているときのように，完全に記憶の中に属し，残るかもしれない。あるいは，エッセイの第1段落やコンピュータによる統計解析の結果のように，産物は環境において形成される。
- 基準：産物が有すると推測される質のことである。基準からなるスキーマがすなわち目標である。
- 評価：評価はモニタリングによって作られる産物である。それらは基準と産物の間の合致を特徴づける。前述のように，評価は学習者によって作られうる，あるいは環境から与えられる可能性のあるものである。

　SMARTの情報処理のセットを，**操作**と呼ばれる1語のカテゴリ内に集めることで，全体の課題は，条件（Conditions），操作（Operations），産物

（Products），評価（Evaluations），そして基準（Standards）の頭文字によってCOPESと要約される。それは生徒が学習にCOPES（対処）する要素のことである。COPESは，課題に取り組むためのある種の特定のスキーマ，すなわち**スクリプト（script）**における5つのスロットを表す。

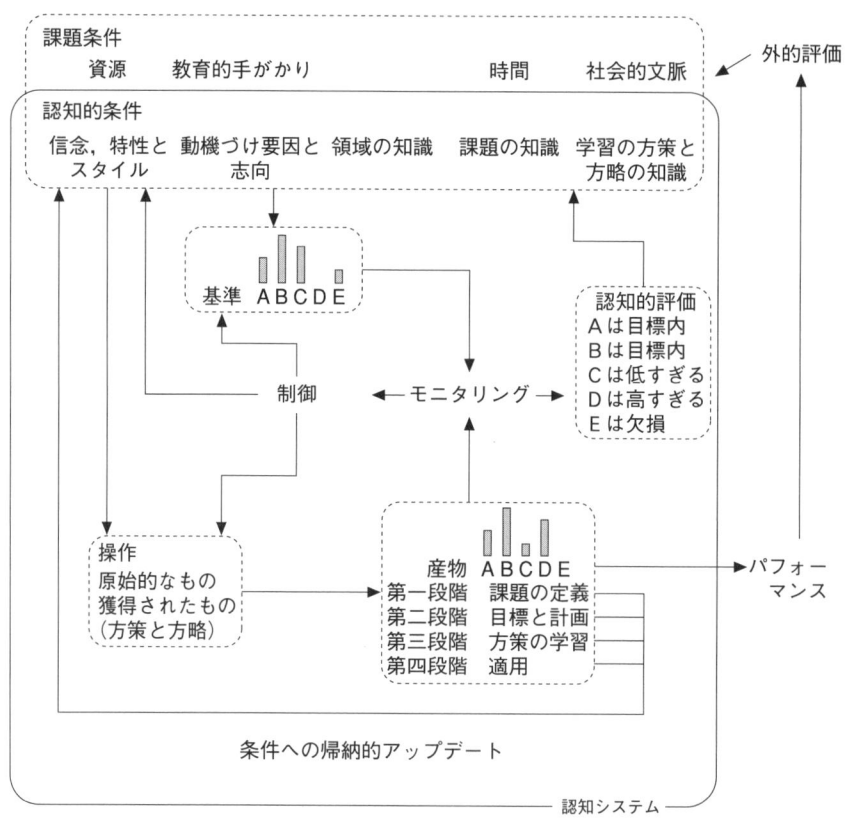

```
課題条件
  資源    教育的手がかり        時間    社会的文脈        → 外的評価
認知的条件
  信念，特性と  動機づけ要因と  領域の知識  課題の知識  学習の方策と
  スタイル     志向                                    方略の知識

        基準 ABCDE                      認知的評価
                                        Aは目標内
                                        Bは目標内
        制御    ←モニタリング→          Cは低すぎる
                                        Dは高すぎる
                                        Eは欠損

操作                 産物 ABCDE                        → パフォー
原始的なもの         第一段階 課題の定義                  マンス
獲得されたもの       第二段階 目標と計画
（方策と方略）       第三段階 方策の学習
                     第四段階 適用

        条件への帰納的アップデート
                                        認知システム
```

図5.1　自己調整学習の4段階モデル（Winne & Hadwin, 1998a）

図5.1に示されるように，自己調整学習のハブを形成する2つのイベントは，メタ認知的モニタリングとメタ認知的制御である。メタ認知的モニタリングは，自己調整学習が方向を変えるための軸である。なぜならそれは，方策を変える機会や，どのようにすれば課題にそのときよりもよりうまく対処できるのかを制御する機会を作るからである。カーバーとシェイアー（Carver & Scheier,

1998）は**コンパレータ（comparator）**という用語を用いた。これは，モニタリングが現在の状況を基準と比較すること，そしてメタ認知的制御が，方策を変えることで，あるいは課題を遂行するための方略さえも変えることで，影響力を発揮するための段階を形成することを強調したものである。カーバーとシェイアーのモデルでは，作用は変化を有効にするアウトプット機能において確認される。図5.1では，生徒が課題に取り組む際，時間の経過にしたがって段階が変化するときに，アップデートを作り出すために情報が伝えられる，その通り道を矢印で描いている。

第1段階：課題の定義

　第1段階では，学習者は与えられた，あるいは自ら行った課題を特徴づける条件に関する情報を処理する。この情報処理は課題が何であるかという定義に関する知覚を構築する（Butler & Winne, 1995; Winne, 1997; Winne & Marx, 1977）。主要な2つの情報資源が課題の定義に影響する。**課題条件**は，学習者が外的環境に基づいて解釈する課題についての情報に関するものである。例えば教師が宿題の指示をするとき，教師が指示を言い終わったときの友人の困惑した表情や，あるいはその本の章の例題をやり終えていることなどである。**認知条件**は，学習者が長期記憶から検索する情報に関するものである。そのような情報は，生徒の当該の課題領域における先行知識の評価を含む可能性がある。またこの領域での典型的な課題の成功を説明する（努力や運に対する）能力に関する帰属や，このような課題への不安な気持ちを感じた記憶を含みうる。一度課題条件と認知条件の情報がワーキング・メモリ内で活性化されると，生徒は課題の独特な定義を構築するために，それを融合するのである。この第1段階の結果は図5.1の産物（Products）のボックスに示されている。

　生徒は少なくとも2つの課題に関する定義を生み出すであろう。1つは「既定の」あるいは典型的な定義である。それは，通常の環境下では課題がどのようであるかを特徴づけ，課題を記述するための決まった方策や方略を含む（第2段階に関する次の節を参照）。生徒はおそらく出された宿題について典型的な理解をしているだろう。たとえば数学なら，問題がどの程度難しいか，そして教科書の練習問題は宿題にある問題のタイプに常に対応するかどうか，といった具合である。

　第2の定義は，特殊な条件が適用すると認識するとき，課題とは何かという

ものである。例えば算数の宿題で解く問題を与えるのではなく，たった1つの特定の方法だけでどの問題も解けるような，そんな問題をいくつか作らせるという場合を想定してみよう。おそらく生徒は，この種の課題の経験はほとんどないであろう。それは生徒にとってより困難だと認識されやすい。

　私が課題に2つの定義が存在すると仮説を立てる理由は，生徒が実行者（agents）であることを認めるためである。論理的には，実行者が選択の権利を持つことが必要であり，したがって選択肢がなければならないのである。解法を限定された問題を創作することを求めるような数学の宿題を解こうとしている生徒は，教師によって与えられた方針に従うかもしれない。しかし，常にもう1つの選択肢，すなわち課題の回避（Winne, 1997）が存在する。課題をスキップするという選択肢は，教師が薦めることではないが，これもまた自己調整学習の1つの形態である。

モニタリングの役割

　生徒が生み出す課題の定義は，基準に関連してメタ認知的にモニターされる。これを描写するため，図5.1では基準，というラベルのあるボックスの，A,B,C,D,Eという5つの理論的な基準のラベルで示している。ある生徒が三角法の解法の宿題の間に本を読んでいたとしよう。教科書の章の最初の文章は「角度のコサインの定義を思い出すことができますか？」と尋ねていた。生徒は長期記憶の中にその定義を探したが，検索できなかった。このような状況では，この課題を解くのは，生徒がどれだけ三角法に関する多くの領域知識を習得しているかにかかっているため，きわめて困難であると結論づけるかもしれない。図5.1の産物のボックスの中のBの長い棒は，生徒の解釈による，必要な高い水準の知識を表している。日常的な言葉で言えば，この生徒は，この領域の学習はどの程度すでに知っているかによると信じているのである。

　ほとんどの課題は，課題を記述するCOPESのスクリプトについての生徒の定義の中の，多様な基準を持っている。典型的な例は，答えに求められる精度，過程の綿密さ，その課題領域の能力が増大的（努力により達成可能）か固定的かという信念，遂行の速度を強調することである。図5.1に示されるA, C, D, E, そして必要な先行知識であるBの各側面は，生徒のこの課題基準のすべての定義を構成する。これらの基準に対して，課題のそれぞれの状況への合致の程度をモニタリングすることは，課題を再定義する第1段階を通して再循環する，

メタ認知的な制御を導く。例えば，基準Dが，教科書の章の終わりにある問題に取り組む前に，ノートを見直す努力をすることを価値づける認識論的な信念を表しているとしよう。その生徒の最初の基準はゼロ——すなわち，宿題にただ埋没するだけである。しかし，生徒はコサインの定義の検索に失敗したため，課題は今やもう少し難しく感じられ，努力と成功の間に相関のあるものと捉えられる。生徒はメタ認知的制御を実践し，どの程度努力が必要かによって課題の状況を再評価することを選択する。これは課題の新たな定義を作り出す。ウィンとハドウィン（Winne & Hadwin, 1998）のモデルの他の段階におけるメタ認知的モニタリングと制御も，類似した構成となっている。

第2段階：目標設定とプランニング——いかにしてたどり着くか

第2段階において，学習者は目標を考え出し，それに近づくための計画を立てる。私たちは目標を基準の多面的あるいは多変量のプロフィールだと捉える（Butler & Winne, 1995; Winne & Hadwin, 1998a）。プロフィールは図5.1の基準のボックスにあるA, B, C, DそしてEと名づけられたバーの頂点をつなげて作られる線の形で表すことができる。目標のプロフィールのそれぞれの基準は，課題を通してモニターされうる産物に対する価値である。第2段階を通して再度循環することによって，目標は，第3段階に進む課題そのものにおける作業として，アップデートされうる。いったん目標が活性化させられると，記憶が課題のためのCOPESスクリプトの例示化を完成させ，それらと結びついた方策や方略を自動的に検索するかもしれない（McKoon & Ratcliff, 1992）。このように計画を作成するのは，専門的知識によく見られる傾向である。

例えば，生徒の三角法の宿題は見慣れないものだったとしよう。生徒は問題を解く宿題を与えられたのではなく，1つの問題を考案して，それを使いながら，一群の問題タイプを解く独自の解法をいくつか個々に説明するという宿題を出されたのである。この変わった宿題をするには，以下のような方法があげられる。すなわち，それぞれ独自の解法のリストを作り，1つ1つの解法を吟味し，その解法によってのみ問題が解かれる場合にその問題に備わっているべき独自の性質を推論し，その解法に特有の性質を必要とする問題を作成することである。これを演繹的計画と呼ぶ。

もう1つのアプローチはまったく異なっている。すなわち，問題を作り，解き，用いられた方法を同定することである。方法が，以前に作ったいかなる問

題を解く方法とも違っていたならば，この問題には「取り組んだ」という印を付け，ランダムに他の問題を作り上げる，などである。これは帰納的計画と呼ばれる。

　生徒の目標の中に，別のアプローチを試みたり（あるいは「大変すぎる」という理由で課題をすっかり回避したり）する前に，記憶の探索にどのくらい時間がかかるかを明確にする側面が含まれていたとする。すると演繹的方法で始めた生徒は，もし十分な数の問題を限られた時間内に作成できないならば，その方法が実際に役立つかどうか見直すかもしれない。これは，モデルの次の段階であるモニタリングが，いかに方策を活性化させ，自己調整的に第2段階へと返還しうるかを示している。

第3段階：方策を実行する

　第2段階において示されたように，生徒が方策と方略を適用し始めたとき，それは第3段階への移行を意味する。第3段階においては，課題それ自体に取り組むことがなされる。検索方策は情報を，生徒の課題の定義に関連している長期記憶からワーキング・メモリにコピーする。SMARTの操作と主題領域の知識を組み合わせることによってあらかじめ作られていた他の方策は，情報を組み立てて課題をこなす。わが生徒の実行する演繹的計画がこのよい一例である。

　方策や方略を実行することによって作られたそれぞれの産物は，目標と同様に，プロフィールの形に表される複数の側面を持つ。図5.1において，産物のボックスのプロフィールの形態は，基準のボックスの中の目標のプロフィールの形態と多少異なっている。モニタリングは，これらのプロフィールの形態を比較し，あるいは特定の側面を表すあるバーの相対的な高さを比較する。そしてこのことは内的なフィードバックを生み出すのである。特定の解法を例示するような三角法の問題の作成に取り組んでいた生徒は，演繹的方法からもう1つの方法である帰納的方法へと移行するために，この比較の結果を用いた。メタ認知的モニタリングはメタ認知的制御を適用する結果となったのである。

第4段階：メタ認知の適用

　第4段階は任意的である。生徒は，自己調整が実行される程度を構造化するスキーマへの主要な適用を形成する。これは3通りの方法で遂行される。①操作が実行され，あるいは操作それ自体を付加する，あるいは置き換える状況の

増大（あるいは削除）。②方略における方策を明確にする状況の**調整**。③課題取り組みへのまったく異なったアプローチを生み出すために，認知的条件や方策，方略を大掛かりに**再構築**（Rumelhart & Norman, 1978の後，Winne, 1997参照）すること。

　三角法の問題の生徒の例では，自己調整学習全体への2つの重要な変化が展開しそうである。第1に，新たな問題解決課題を特徴づける際に，演繹的と帰納的という2つの計画のタイプを考慮する傾向を持たない可能性があることである。第2に，最初の計画から次への変更に成功する経験を持つ際に，「計画を変更する前にどの程度努力が必要か」に関する目標の側面がより低い閾値にすみやかに変更しうることである。

　図5.1とここまで私が書いてきた内容は，自己調整学習とは，順序よく各段階を経てきちんと連続して直線的に展開するものだと示唆しているかもしれないが，これは正しい考え方とはいえないだろう。自己調整学習は循環的である。循環的とは情報処理によって作られた産物が後の情報処理への入力となる，ということを意味している。自己調整学習は2つの点で循環的である。第1に，ある段階において作られた情報がモニターされ，同じ段階での第2のサイクルを作り出しながら，その結果がフィードバックされる点。第2に，ある段階でのモニタリングによって作り出された情報の産物が，前の段階にフィードバックする可能性がある点。それは第3段階で，ある絶対確実な計画がどのくらいうまくいったかを判断した結果，第1段階で感じた課題の困難さと複雑さの程度をもう一度見直すよう生徒が促されるときがそうである。この意味では，自己調整学習は弱いながらも連続性がある。第1段階において，課題の最初の認知が一度形成されると，後続の段階において形成された情報は，前か後ろかに段階を越え，あるいは同じ段階においてもう1つの情報処理のサイクルを作り出すよう循環するのである。

自己調整学習におけるモニタリングとフィードバックの重要性

　メタ認知的モニタリングは，個人の学習を自己調整的にする基本となる（Butler & Winne, 1995; Winne, 1996, 1997）。なぜなら現在の課題の取り組みのプロフィールと，満足すべき産物の基準を特定化する目標との間の差異を作り出す認知的評価がなければ，いかにして学習を調整するかに関するガイダンスは存在しないからである。他の情報処理的操作と同様に，モニタリングは情報

を作り出す。その形式は，①課題の基準の間の，そして②（ある段階における）課題の産物のワーキングメモリにおける表象の間の，一致と不一致のリストである。先述したように，第1段階において生徒が課題の定義を行うとき，認知は先行する類似課題の記憶の観点からモニターされる。第3段階において，モニタリング操作は，第2段階の枠にある基準（目標）に対する課題において作られてきた産物を対照化する。モニタリングの産物（図5.1の認知的評価のラベルのあるもの）は以下のすべて，あるいはいくつかをアップデートする。①課題条件：例えば生徒が，課題のために与えられた資源の変化をもたらすような質問をするよう教師に促されるかどうかといった条件。②認知的条件：例えば生徒が課題の動機づけ的要素を改定するとき。③生徒が課題に割り当てる基準（目標）。④認知の第1のサイクル，あるいは循環的な認知の基盤において生み出される産物：例えば目標に接近するために選択する方策を変えること。認知的資源の限界（生徒の知識とワーキング・メモリの容量）や，そしてまた，課題について与えられた特定の外的条件（資源，教育的手がかり，時間，そして社会的要因）の範囲で，これらのアップデートは，生徒がメタ認知的制御を発揮して，やりかけた課題への取り組みに順応する可能性を提供する。

自己調整学習における情報処理の研究

　自己調整学習，およびそれと達成との関連にはこれまで多くの研究がなされてきた。しかし情報処理それ自体としての自己調整学習の特徴を探る研究はあまり多くなされていない。この節では，この問題に焦点を当てるため，いくつかの研究の主題が概観され，新たな研究のための重要な領域をあげる。これらの主題とは，ワーキング・メモリの容量，自己調整学習に含まれる情報の表象，そして後続の課題への従事を枠づけする判断あるいは意思決定である。

記憶の容量と自己調整学習

　情報処理における強制は至るところに存在する。それはワーキング・メモリが限られた数の情報のチャンクのみを同時に処理しうるためである。ワーキング・メモリの容量あるいは範囲は，通常は4つから7つのチャンクと見積もられる。しかし実際の数は，生徒の年齢やチャンクの質それ自体や，そしてワーキング・メモリ内のチャンクにおいて働くSMARTの情報処理の複雑性などの

個人差によって異なる。スウェラら（Sweller et al., 1998）は，処理が単なるリハーサル以上であるとき，ワーキング・メモリの情報の容量は適切に3つのチャンクに減少されることを提起している。この情報を処理するためのワーキング・メモリの限定された容量は3つの方法にまとめられる。課題の要請を低減させること，情報を図式化し自動化すること，そして環境に対する記憶から情報を抜き取ることである。それぞれが自己調整学習への示唆を有している。

■ **課題の要請の効果**　課題が複雑なとき，課題は，自己調整に適用するには，わずかな，時に十分でないままで，ワーキング・メモリの容量を使用してしまう。ヴィエミラーら（Biemiller et al., 1998）は，ある領域の知識の個人差が，いかに課題が学習者に求めた要請とは正反対に関連しているかを述べている。そしていかにして課題の要請が異なる状況によって変化しうるかも示している。

ヴィエミラーとその仲間は，2年生，3年生，4年生の教室において，1人1人行う算数の活動の間子どもを観察した。研究者たちははじめに算数の時間に一緒に取り組みたい友だちを指名させ，算数でよい援助者となってくれる友だち，算数で何をすればよいかをクラスで最もよく理解している友だち，そして算数の時間にすることのためによいアイディアをたくさん持っている友だちを指名させた。これらの友人指名に基づいて，研究者たちは低い，中くらいの，そして高いグループを構成した。そして期待した通り，後にそれらのグループは学力度と知能の両方で異なっていることが示された。

ヴィエミラーらはそのとき自己調整的スピーチの例を記録した。それは課題の進展をモニターし，目標に到達するために課題への取り組みを調整する能力と子どもの意欲（動機づけ）の両方を反映する会話であった。例えば，算数に関する自分への質問（「私はこれらの問題のチェックを忘れていないか？」）と進歩のモニタリングに関する質問（「さあ，この部分はやり終えた」）は自己調整の反映だと考えられる。これらの発言のいくつかは私的な思考の表れであるかもしれないが，それらの多くがパートナーから，あるいはパートナーの仕事中のコメントから援助を要請しようとしている可能性もある。この種の会話は，話者の現在の課題と関連のない社会的な会話や，課題に対して答えるよう念を押す意見，そしていかにして課題の困難度が低められるのか（例えば「私はこの課題ができるのか？」）に関する教師やパートナーとの交渉からは区別される。

これらの観察には2つの文脈がある。第1に，生徒は通常クラスにおいて1

人で着席し，通常の問題に取り組む。問題の困難度が異なり生徒のコンピテンスのレベルも異なることから，能力の高い生徒には概して簡単な問題であるが，一方能力の低い生徒にとってはきわめて困難な問題に取り組むことになる。第1の状況は，生徒がペアになって取り組む実験室の文脈である。実験室状況における重要な違いは，各生徒のペアが能力レベルに応じた10単語問題に取り組むことである。

　この研究は明確な違いを示した。教室において単独で取り組むと，高い学力度／能力グループでは平均して1時間に57の自己調整的文章が見られ，中レベルグループの8文，低レベルグループの16文とは統計的な有意差があった。実験室の文脈では，能力に合った問題にペアで取り組んでいたが，グループ間の差異はなくなった。さらに重要なことに，自己調整的文章は低グループで177，中グループでは199，高グループでは222と大きく増加した。

　この研究は興味深い相互作用を示唆している。教室全体において独立した着席での取り組みでは，高能力の生徒に比べ，中あるいは低能力の生徒では自己調整は全体的に低かった。理論的には，中あるいは低能力の生徒のワーキング・メモリは，課題の困難度により，また教室で入る邪魔のために「過剰負担（overloaded）」となる。それゆえワーキング・メモリは自己調整に費やす資源をほとんど持たないのである。反対に課題をよく理解している生徒は，ワーキング・メモリの負担を取り除くための知識を用いることができるため，自己調整に適用する資源を自由に持つのである。しかし，生徒の理解度にあわせて問題が異なる実験状況では，すなわちそれぞれの生徒の発達の最近接領域に問題が位置するのであるが，そこでは2つの効果が観察される。第1に，自己調整の頻度が大幅に増加した。第2に，教室の設定のときのように，能力レベルが自己調整を行う傾向を抑えることはなかった。第1の効果は，自己調整はまれでなく必ずしも特別なものではないことを示している（Winne, 1995）。第2の効果は，ワーキング・メモリが過剰負担でなく，課題への取り組みによって適度に挑戦的であるとき，自己調整は増大することを示している。

　一般に，学習者のコンピテンスが適切に発揮される課題では，自己調整学習には本質的により大きなアフォーダンスが与えられる。しかし基本的な専門知識が欠如していた場合，2つの理由で課題はきわめて困難になる。第1に，学習者は課題を直接完成させる知識を検索できない。そして第2に，エキスパートのスキーマは容易に利用できないため，解を生み出すことは困難である。こ

のように，専門知識が十分に発達していないとき，挑戦しがいのある課題において自己調整を試みる学習者は，課題自体への取り組みに用いるメモリを最小限にしつつ，ワーキング・メモリを自己調整に割り当てねばならない。

カンファとアッカーマン（Kanfer & Ackerman, 1989の実験1）は次のような状況を述べている。彼らは，空軍の職員が，飛行機を着陸させる航空管制官になりかわる状況で，早いペースでコンピュータ・シミュレーションの複雑なスキルを学ぶ際，いかに認知的資源を用いているかを検証した。研究の全般的知見は，十分な領域の知識とスキルが利用可能になるまでは，実験協力者が自己調整学習の働きをモニターするほど，飛行機を着陸させる際の安全記録結果は悪くなる，というものだった。同様の結果はクーパーとスウェラ（Cooper & Sweller, 1987; Sweller et. al., 1998も参照）の代数問題を解くために学ぶ中学2年生と高校3年生の生徒に関する研究にも表れている。

このいくつかの研究は，基本原理を推論するための基盤を与える。自己調整学習を促進することが目的であるとき，教示はワーキング・メモリの限られた容量に対してさまざまな要求をするべきではない。特に，学習者に，課題に取り組むための知識やスキーマをあまりに深く検索することを求めることは避けるべきである。

目標の決まっていない問題解決（Goal-free problem solving; Sweller et al., 1998）に関する研究は，これをいかに行うかの計画を提起する。問題に取り組む生徒を表す基本的なアイディアには2つの属性がある。第1に，彼らが先行知識を用いながらSMARTの思考に従事しているならば，問題は解決可能であるということ。第2に，問題には，1つではなく解決されるべきいくつかの変数（あるいは解）が存在するように計画されるべきであるということ。例えば，「Gの角度がわかればこれらの2つの合同の三角形の情報が与えられる」といった問題のかわりに，「この図の中にはいくつかのわからないことがある。あなたができるようにどのようにでも解いてごらんなさい」。こうすれば，生徒は問題を解く際に，問題全体に関する情報を増やすことができる。一般に，（重要なものとして与えられた）COPESの条件に関する情報が多いほどよいのである。これらの条件下では，生徒はメモリの過剰負担を避けられる方法でスキーマを探ることが可能になる。目標のない課題解決のさらなる利点は，問題タイプの要素間の関係を理解する際，生徒は情報を図式化し方策を自動化できることにある。これは次で議論する。

■**図式化と自動化**　先述したように，ワーキング・メモリの容量の限界を拡大するもう1つの方法は，情報のチャンクが利用可能な形で大量の情報を表すことである。このようなチャンクは豊富な条件的知識と情報処理のための自動化された方策や方略を含んでいる。スウェラら（Sweller et al., 1998）はこのような質を持ったスキーマは「教授の最も重要な目標」になると考えている（p.258）。

　このようなチャンクは複雑かもしれないが，十分に学習され他のチャンクと関連づけられるならば，1つのチャンクとして処理されうる。本章では，5つの認知的プロセスとその記述の頭文字であるSMARTの例を提起した。あなたはまだ，このチャンクがワーキング・メモリに最小限の要求をするほどまで深く学んではいないだろうが，あなたの知っている他の記憶法，例えばROY G BIV（可視スペクトルを波長が長い順に並べたもの），あるいはChief SOH CAH TOA（三角法の関係の一般的な構造をサイン＝垂辺÷斜辺の形で表すもの）など）はその性質を持っているだろう。

　SMARTのように簡潔な記述からなるチャンクは，これを方策によって拡大させ，自己調整学習の道具にすることができる。たとえば，次の段落にあるように，モニタリングが理解の欠如を示すならば，はじめの主題に関連する情報を探し，テキストの手がかりをモニターし，あの段落の主要なアイディアとこの段落とを組み合わせる，などである。SMARTがすでに学んだ情報を概観するためのチェックリストになったとしよう。例えば，「私は基本リストを集めて，概念地図のように組織化し，さらに役立つ形式の表を作成したか」そして「私はキーコンセプトを探すことを検証したか」などである。そのようなスキーマは，全体的な学習セッションを調整するための他の学習方策をさらに組み立てるのである。

　このようにして，知識プラス方策のネットワークを自動化するために図式化し実践するためには，相当の勉強が必要だ。このような図式化と自動化の結果，専門知識となるのである。バイオリンを弾くこと，チェスゲームに勝つこと，テニスをプレイすることなどには，およそ10,000時間あるいは週に40時間の仕事を250回行うことによって達成される（Ericsson et al., 1993）。

　生徒が自己調整学習において用いる条件的知識の質を示す研究はいまだ十分になされていない。マークスと私による初期の研究（Winne & Marx, 1982）では，4年，5年，そして7年のクラスにおいて授業を観察し，生徒に授業への

参加についてインタビューを行った。生徒は彼らが理解している条件的知識が複雑に配置されていると説明した。それは教師がいかに授業を行っているかについて，そして教師の教育的手がかりに関連して生徒が採用した学習のための方策に関するものであった。生徒は課題への従事を調整する際に用いられるさまざまな手がかりを区別した。しかし彼らはまた，課題への取り組み方を調整しようとしても，課題の複雑さとそれが与えられるペースによっては，それが妨げられる可能性があることも報告した。これは授業のスケジュールの体系化が不完全（less-than-complete）だったことの間接的エビデンスである。マークスと私は，生徒は内容，信頼度，そしてスキーマの使用パターンによって大きな個人差があり，さらに図式化自体が生徒の間で異なるというエビデンスも見出したのである。

　プレスリーとその同僚（Pressley et al., 1998）は，大学生が持つ自己調整学習の条件的知識は豊富であることを報告している。学生は，講義でどのようなタイプのノートをとるかの条件を，テストへの期待やテスト勉強，そして時間管理と動機づけに基づく，さまざまな資料を記録しながら区別するのである。しかし，自己調整学習の際，ワーキング・メモリの資源がどのくらい制約されるかを決めるこれらのスキーマが，どの程度ユニット化されるかは知られていない。

　私たちはいかにして自己調整学習が促進されるかをより明瞭に描くために，物理学や三角法のような領域の問題解決の学習に関する研究から学ぶことが可能である。問題解決は当事者が図式化を用い，ルーティンを自動化しうるとき促進される。統合され自動化されたスキーマが欠けていたならば，問題解決の当事者はしばしば目標－手段アプローチを採用する（Sweller et. al., 1998）。このアプローチでは，操作は現在の問題解決状態と目標（解決）の間の差異を低減させるように働く。残された差異の性質がモニターされると，現在の問題解決状態と目標（解決）の差異をさらに低減させるよう，もう1つの操作が採用される。手段と連続的であり最適な結果（目標）を採用するこのプロセスは，ハドウィンと私（Winne & Hadwin, 1998a）が提案した4段階モデルで述べられた自己調整学習の4つの段階に対応するものである。

　目標－手段アプローチはワーキング・メモリの資源に重い負担を課す。第1に，問題への全体的な取り組みにおける連続する操作は徐々に実行される。第2に，それはワーキング・メモリ（リハーサル）において，解決に向けたそれぞ

れの連続した最適化を描くような特徴があるリストを求める。そのような情報がなければ，問題解決者は，解決に向けた前進の試みで適用する，次の操作に向けた探索にとって適切ではない基盤を持ってしまう。このリストの項目を活性化し続けるためにリハーサルすることは，学習者が問題解決のスキーマを欠落していることの直接的なエビデンスである。スキーマが統合され利用可能になると，リストの項目それぞれが，単一のユニットであるスキーマという形で表現されうる。このすべての作業に立ち向かうのは困難なことではあるが，学習者はそれを簡素化しよう，つまりスキーマを統合しようという気になるので，よいことかもしれない（Anderson, 1991）。しかし，これは骨の折れる学習である。

　学習者が自己調整のための手段－目的分析のような問題解決方法を用いなければならないとき，それはワーキング・メモリ容量への過剰な挑戦を許容するかもしれない。理論の中では，これは自己調整への適応が焦点となる4段階モデルの中の第4段階において特に当てはまる（Winne, 1997）。しかし，これを扱うにはいくつかの方法があり（Sweller et al., 1998参照），そしておそらく自己調整学習の促進においても同様である（Winne, 1995, 1997）。

　課題が困難すぎないときは，学習者は，課題と学習方法の理解へのモニタリングに対する明確な基準を持つことによって利益を持ちうる。モーガン（Morgan, 1985）の研究がよい例である。1年間の教育心理学コースにおいて，彼の研究には4つのグループが参加した。何の介入もなしにコースに参加する統制群に加えて，他の3つのグループは，目標設定の訓練をされた。週に1度，1つのグループは，1日にどのくらいの長さ学習をするかという目標を設定し，毎日学習後に目標を達したかどうかを記録した。第2のグループは，学習するそれぞれのセッションにおいて，「課題を学習する」といった全体的な目標を設定し，目標に達したかどうかを記録した。最後のグループは，それぞれの学習セッションにおいて，（COPESスクリプトの中の）条件や産物，そして基準を特定化することによって特定の行動目標を作り，学習セッションの最後にそれらの目標に達したかどうかを記録した。コース全体の終わりに，特定の目標を設定した最後のグループの生徒は，他のどのグループよりも多く学んでいた。どのくらいの長さ学習するかの目標を立てた生徒はより長く学習した。しかし「勉強しなさい」とだけ言われた統制群の学習はわずかであった。なぜか？　時間によって枠づけされた目標は，モニタリングの基準に関連する主題を提供しないのである。一般的な目標を設定したグループではどうか？　彼らも同じ

く，学習の質をモニタリングするには不適切な基準を持っていた。このように，正しい目標の種類を持つことは，達成のもととなる自己調整を促進しうる。

課題が複雑で困難な場合はどうだろうか。ここでは，目標を持つことは自己調整学習にとって有害になりうる。この話には少なくとも3つの要素がある。第1に，私は以前にスウェラら（Sweller et al., 1998）による研究，すなわち生徒に，物理学や代数学の問題を解くことについて，何の特定の目標も与えない目標なし効果に関する知見について紹介した。これは，同様のタイプの問題を解決するための情報の図式化の機会を押し上げるのである。なぜなら生徒の持つスキーマの要素であればなんであれ，生徒は用いることができるからである。それはスキーマを強化するものを保存しつつ，ワーキング・メモリの限られた資源のより有効な使用を可能にするのである。

カンファとアッカーマン（Kanfer & Ackerman, 1989; 実験2）による飛行機を着陸させる複雑でタイム・プレッシャーのあるスキルを学ぶためのコンピュータ・シミュレーションを用いた空軍の軍人の実験は，目標の決まっていない問題に関するスウェラら（Sweller et al., 1998）の原理に付け加えられた。先行する実験に基づいて，カンファとアッカーマンは，特定数の経験の後，飛行機の着陸におけるルールに基づくスキルが全般に統合され始めたことをすでに知っていた。そのため，実験2における最初の数試行のために，参加者にベストを尽くすようにとだけ教示した。

そして，参加者が記憶を浪費するようなルールの使用からの移行が予測されるとき，統合されたルールを用いるための段階的な方法によって，研究者は目標を「ベストを尽くす」から特定の挑戦的なものへと変化させた。この変化により，スタートの時点で特定の挑戦的な目標を述べた条件で取り組み始めた参加者に比べて，よりよいパフォーマンスを示す結果となった。

最後に，ジマーマンとキサンタス（Zimmerman & Kitsantas, 1997; 1999）による研究では，スキーマを統合し，自動化するプロセスをいかにして完成させるかが示された。運動スキル（ダーツ投げ）と学習スキル（作文の準備として文章を結びつけること）に関する研究において，目標を，課題へのCOPESスクリプトの中の産物を描くもの（例えば，文章を結びつける際最小限の単語を用いること）からCOPESスクリプト内のオペレーションの基準（あるいは過程）を描くもの（例えば，文章を結びつける方法における基本となるステップを実践すること）へ移行することの効果を検証した。その研究の中で，ジマーマン

とキサンタス（Zimmerman & Kitsantas, 1999）は4つの学習者のグループを比較した。第1のグループは明確な目標を持たない。第2のグループは産物目標を与えられ，第3のグループでは操作目標が与えられる。第4のグループでははじめは産物目標が与えられ，生徒がスキーマを統合すると操作目標が与えられる。移行する目標を与えられた生徒は，操作目標や，産物目標が与えられた生徒よりもよい結果となった。

　要約すると，記憶に埋め込まれた方策でスキーマを体系化し，そして自動的にスキーマを組み立てることが，生徒に生産的な自己調整学習を行わせるために十分な認知的資源を与える上でのキーポイントになる。ここで紹介されたわずかな研究は，自己調整学習への軸となる自己創出的なフィードバックに関する理論的な予測（Butler & Winne, 1995）を確証する。記憶の限りのある資源をいかに保持するかを理解することは，いかに自己調整学習が機能し，その発達が促されるのかについての重要な段階である（Winne, 1997も参照）。

■**負担軽減**　ワーキング・メモリの容量が拡大されうる第3の方法は，必要であれば参照可能だが，必要でなければワーキングメモリを混乱させることはしないよう，こころの外に情報を蓄積することである。その例をあげれば，生徒が書き留める講義ノート，平方根の計算方法を「知っている」計算機，またおなじみの，指に巻きつけた紐もそうだ。計画された負担の軽減は自己調整学習の優れた例である。

　方策の使い方の学習，およびその選択的な使用に関するいくつかの研究では，自己調整学習に関わる負担軽減情報を検証したり，直接操作したりした。先述したモーガン（Morgan, 1985）の研究では，いくつかの間接的な証拠があげられた。彼の実験は，教育心理学の年間コースに登録した大学生を対象にした4つのグループを含んでいる。1つは統制群，1つは特定の目標を設定する群，1つは全般的目標設定群，1つはどのくらいの長さ学習するかに関する目標を設定する群である。後半の3グループでは目標を書き出し，それらに達したかどうかを記録した。

　目標とは，学習がモニターされうることに対する基準であり，それらをノートにとることは，それらの基準を外的な記録へと負担軽減することと等価である。モーガンの知見では，どのくらいの長さ学習すべきかの目標を設定したグループは，他のグループよりもおよそ30分長く学習をした。これが自己調整的努力の証拠である。コースの期末試験において，条件，産物，そして基準とい

う学習のためのCOPESスクリプトという特定の行動目標を毎日設定しモニターした生徒は，他のグループよりも得点が高かった。もし学習する上で自己調整学習が有益であるならば，これは，モニタリングで用いられる負担軽減の基準が記憶の中の制約のない資源を助けた——そしてその資源とは，学習をモニタリングする際の基準を絶えず維持することよりも，学習そのものに適用できるものだった——という間接的なエビデンスとなる。

　デ・ラ・パスら（De La Paz et al., 1998）の研究は，自己調整学習に含まれる負担軽減情報の直接的効果を示している。彼らは，創作のための改訂をする際に，学習障害を持つ8年生12名が用いるプロセスを研究した。この研究では，自己調整学習の方策に関する情報は，カードに書かれた次のような方策の外的表象を生徒に与えることによって負担軽減された。すなわち①基準に対して草稿を比較する，②作品を細かい，そして全体的レベルの両方で弱点を診断する，③欠点を修正する方策を選択する。欠点を探す（診断）ためには，生徒は，基準を書いたいくつかのカードから数枚を選ぶかもしれない。そしてエッセイの例がある特定の基準で劣っていると判断すると，それを改善するために作品を修正するための方策を書いたカードの何枚かが選ばれる可能性がある。この教育的デザインは，負担軽減情報だけでなく，生徒を，唯一の方策を用いるものでない，カードに表された方策のためのいくつかのオプションを持つものとして，部分的に自己調整学習に対する目標なしアプローチに含み入れるのである。両方の特徴は，ワーキング・メモリの限られた資源の要求を低下させる。COPESスクリプトにおけるスロットの負担軽減価値と，比較的目標の決まっていない状態を進行させるための作業を認めることによって認知的負担を低下させることとを組み合わせた効果は，生徒が作業を見直すために適切な方策を使用することを促進する。

自己調整学習に関する情報の表象

　情報処理の視点の下では，自己調整学習に含まれるスキーマは標準的なフォーマットであるIF-THEN-ELSEを持っている。すべてのスキーマは，ある経験を他のものと区別する情報のビットに基づく特定の対象としての経験と分類する。実行された課題が経験されたとき，スキーマのIFsは，課題のCOPESスクリプト全体のCとSの要素である，課題の条件とその基準の片方か両方に言及

しうる。

　基準は普通，課題に対する取り組みによって作られた産物を説明する。それはまた，SMARTの操作が「実行（run）」を求めるべき，あるいは操作が実行すべきサイクルの回数を要求するべきなどのときに，情報処理の質を参照することが可能となる。THENsとELSEsのスロットの内容は行動である。これらは行動する力を備えつつ，スキーマに生命を与える。行動は全体には認知的であり，独立したSMARTsから複雑な認知的方略までの範囲がある。かわりに，THENsとELSEsはワールド・ワイド・ウェブ（www）のページ上の選ばれた（モニターされた）ハイパーリンクをクリックすることのような，明確な身体的行動である。

　情報処理モデルのグループに対して動機づけを含み入れることは，1つの挑戦である。通常，動機づけはいくつか，あるいはすべてについて参照する。すなわち，生徒が追求する，あるいは拒否するためにいずれの課題を選択するかに影響する内的条件や心的構成，集中や注意深さ，などの課題の従事への気質的な特徴，そして課題への耐性などである。3種類の情報のすべては課題を弁別する。例えばそれは，手短かにはできない課題や，私たちの払った注意に利益を与える課題，エラーに関するフィードバックに基づく多くの試行や適応を引き起こす課題などである。

　自己調整学習のためのスキーマにおけるいくつかのIFsは，これらの種類の情報，すなわち動機づけが何であるかに関する情報（Winne & Marx, 1989）を参照している。「冷たい（cold）」認知的条件，例えば新しいワープロのソフトウェアが簡単に使えるヘルプ機能を持っているかどうかのようなものに並んで，自己調整学習へのスキーマは，「熱い（hot）」動機づけ的条件，例えば，その人は新しいソフトウェアを使う際のわずかなコツをもすべて学習しようという内発的に動機づけられているかどうか，を含んでいる（Pintrich et al., 1993）。熱いプラス冷たいIFsの統合は，自己調整学習のスキーマにおけるTHENsへの引き金，あるいはELSEsに切り替えることであるため，課題に対する情報処理は，同じく内発的な「動機づけ処理」でもある（Winne & Marx, 1989; Borkowski & Burke, 1996も参照）。

　シンプルだが場合によっては難解な演繹法は，自己調整学習のスキーマを情報－動機づけ処理の融合としてみることによって理解される。基本的な選好（Zajonc, 1980参照）や驚きの反応に結びつく覚醒のような「基本的な」感情の

内容を除き，学習を調整するこのスキーマの見方は，歴史のような主題に関する情報処理問題に似た動機づけの問題の見方をもたらす（Winne & Marx, 1989）。そのような場合，自己調整学習の動機づけの特徴は，ワーキングメモリの容量や専門的知識，そしてメタ認知といった認知的活動の各側面を記述する，広く研究されてきた情報処理モデルを用いて検討され，説明されうる。

■ **スキーマにおける動機づけ**　課題の認知を生み出し，目標にたどり着くための計画を展開させる，図5.1に描かれた4段階モデルの第1段階と第2段階の遂行において，生徒は手近な課題を記述するための個人的なCOPESスクリプトを構成するであろう（Winne & Marx, 1977）。理論的には，自己調整学習の動機づけに関連のある4つの主たるカテゴリーには以下のスクリプトが含まれる。すなわち結果期待，効力感の判断，帰属，そして誘因である。そして，これらは同時に課題の第5の種類，すなわち有用性を生み出す基本となる。有用性はこの課題の実用性の全部 対 代替物の総括的な位置づけにある。

自己調整学習は，産物が基準に満たないときに展開する環境への適応を意味する。自己調整学習のより洗練された形では，操作のための1つ以上のオプションを検討する。これは，代替的な方策や方略が，基準を満たす産物を作り上げる可能性を予測することを求める。潜在的な産物（あるいはパフォーマンス；Bandura, 1997参照）がどの程度基準に見合うかに関する予想がなされると，それぞれの産物に結びつく，自己に対するさまざまな結果の記憶を検索し，予測することが可能になる。この予測は**結果期待**（outcome expectation）である。他のいかなる「種類」の情報とも同じく，結果期待はIFsの役割を果たすことができる。つまり，THENになるような場合を探して記憶の検索を始めさせるのである。現代の動機づけの理論によれば，主な3つの主題に関わるこのような検索によって，情報はワーキング・メモリに戻される。

各結果は学習者にとってある種の，あるいはある程度の価値を有している。産物が作られていなければ，その価値も現実化しない。それは学習者が予期する**誘因**（incentives）である。

効力期待（efficacy expectation）は，課題の基準によって求める産物を作り出すために，学習者がCOPESスクリプトの特定化された操作を実行できる可能性の評価のことである。効力期待は，学習者が課題に非常に慣れていれば，4段階モデルの第1段階において直接的に再生される。この場合，学習者はその課題のエキスパートであり，その課題にふさわしいCOPESスクリプトは長

期記憶から自動的に出現する。そうではなく，課題が小説のときなどは，効力期待は，課題を扱う操作に計画が集約される場合に，第2段階において生成される。

帰属（attribution）の主題は，課題に関する情報の3つ目の種類である。その主題は，課題における成功（あるいは失敗）の理由あるいは原因のことである。典型的な帰属因は能力，努力，運，そして課題の困難度である（Pintrich & Schunk, 1996参照）。

記憶が自動的に課題へのCOPESスクリプトのスロットの価値を満たすならば（Winne, 1997; McKoon & Ratcliff, 1992も参照），結果期待，誘因，効力期待，そして帰属は，動機づけ的な「熱い」情報に，「冷たい」認知的構造（Pintrich et al., 1993）となるものを付け加える。自己調整学習が，メタ認知モニタリングの基盤として，あるいはメタ認知的制御の目標として，COPESスクリプトの「冷たい」事実や解釈を用いるのと同様に，自己調整学習はまた，学習者が選択する課題や，彼らの気質，あるいは耐性に関わる動機づけ的な要素を使用し適用しうる（Garcia & Pintrich, 1994）。このように，自己調整学習への情報処理的な視点は，課題従事への自発的な特徴の説明，つまりいかに学習者が課題への動機づけと感情を発達させ，制御するか，についての見方を拡大させる。

■**決定を与えるオプション** 学習者はいかにしていずれのスクリプトを行うかを決定するのだろうか？ そのような決定をする，すなわち自己調整を行うためには，スクリプトの選択肢が，比較できる形で示されることが論理的に必要である（Winne, 1997; Byrnes, 1998も参照）。4つの動機づけと関連したIFs，すなわち結果期待，誘因，効力期待，そして帰属は，あるスクリプトを測るためのちょうどよいものさしを提供するであろう。

これらの種類の情報は，それぞれに動機づけられた行動において，そして自己調整学習において個人的に重要であるという大変多くのエビデンスがある（Bandura, 1997; Winne, 1997）。学習者が，他ではないあるCOPESスクリプトを好むのかという判断にたどり着くために，いかにして4つの側面を融合するのかを説明するための良いモデルは存在しない。しかし私は，スクリプトの有用性という混合的なラベルを貼ることを提案する。言い換えれば，有用性とは，学習者が自己調整学習の4段階モデルの第2段階において持っているすべての目標について，あるスクリプトがそこまでなら達成するだろうと思われる，その程度のことをいう。課題に従事するためにあるスクリプトを選ぶこと，すな

わち自己調整的な従事は，最大の有用性を約束するスクリプトを選ぶことを意味する（Winne, 1997; Baron, 1994; Byrnes, 1998も参照）。COPESスクリプトの動機づけに関連した4つのスロット，帰属（Attribution），効力判断（Efficacy Judgements），誘因（Incentives），結果期待（Outcome expectancy），そして有用性（Utility）のすべてを表すために，私はもう1つの頭文字であるAEIOUを提案する（Winne, 1997; Winne & Marx, 1989）。

有用性に関する重要な知見は，いくつかの研究の流れから報告された。すなわち学習者は，有用性に関する私たちよりも独特の見方によって，スクリプトの選択を自己調整する。説得力のある例としては，生徒は学習活動に対して，ぐずぐずしたり，わざと課題を避けたり，あるいは到底できないような目標を立てるなどのセルフ・ハンディキャッピング・アプローチ☆）を採用するのである（Covington, 1992参照）。例えば，ウッドら（Wood et al., 1998）は，生徒は，彼らが理解する課題にとって，それが効果的でなく適切でもないと知りながら，スクリプトを選んでいることを報告している。またガーナー（Garner, 1990）は，生徒はわざと比較的複雑でないスクリプトを選択すると断言している。これは私が思うに，努力を誘因につり合わせる（Winne, 1997），つまり最低限度の条件を満たそうとする（Simon, 1953）一般的な特性についてよく考えている立場である。

☆　課題遂行の際，遂行結果の評価をあいまいにするため，遂行の妨害となる障害を自ら作り出す行為。105頁参照。

メタ認知的制御の基礎としての意思決定

先に，自己調整学習の基本として，メタ認知的モニタリングについて述べた。それは，学習者が現在行っているCOPESスクリプトの有用性を特徴づける評価のプロフィールを作り出すものである。この評価を作り出すことは，学習者が自己調整のためのバランスを保ち，その有用性が十分にあるため現在のスクリプトに懸命に取り組み，その有用性が現在のスクリプトよりもよいと考えられるような新たなスクリプトを探し，選択することである。これらの代替案の中からいずれかを選択することは，意思決定のためにその動作と価値にメタ認知的制御を働かせることになる。また，その意思決定とは自己調整学習のように「知的で目的のある行動の本質」（Slovic, 1990, p.89）である。

私たちは，生徒はこのような意思決定をすると考えており，多くの研究もそれを示唆している（Wood et. al., 1998; Zimmerman & Martinez-Pons, 1988も参照）。しかし，学習課題における自己調整学習の文脈での意思決定に関する研究はほとんどない。私の概観した関連する研究では（Winne, 1997, 1999），3つの幅広い問題について端的にまとめられる。第1に，課題に用いる方策あるいは方略を用いる際，年少の子ども（Klayman, 1985）と大学生（Wood et. al., 1998）は，一方で力強く正確なアプローチをとり，もう一方でこれらのアプローチを遂行する際の努力を制御することの間のバランスをとることを求めている。第2に，ある生徒たちの持つこのような特性に伴って起こることは，努力はある課題では必ずしも必要ではないという信念となる可能性がある（Schommer, 1994）。最後に，年少の生徒も年長の生徒も同様に，課題への代替的なアプローチがどの程度有用であるかを評価する際には，それらをあまり信頼できない可能性がある（Byrnes, 1998）。もしこれらの知見が生徒の自己調整学習を妥当だと一般化するならば，結論は，自己調整学習に関わる問題の意思決定は，他の領域の意思決定と同様危険に満ちたものとなる（Baron, 1994; Stanovich, 1999; Winne, 1997参照）。

CoNoteS2：情報処理理論に基づく自己調整学習を支援するためのデザイン

　ハドウィンと私（Winne & Hadwin, 1998b）は，**STUDY**と呼ばれる一般的なプログラム・システムを用いた。これは，生徒の自己調整学習をサポートするようデザインされ，同時に自己調整学習研究のための実験として役立つソフトウェア・システムである，CoNoteS2の原型となるものである。図5.2，図5.3，そして図5.4は，テキストの章を学ぶ生徒に与えられるCoNoteS2の代表的なツールを表している。

　図5.2の右側では，CoNoteS2は生徒が学んでいる章のセクションを示している。そのため，私たちはこの種のウィンドウを**セクション・ウィンドウ（section window）**と呼んでいる。各章のセクション・ウィンドウの左半分は，垂直に構成された5つのパネルに分けられる。はじめのパネルは，現在の章と，章のセクションのタイトルを示す。それ以外は，CoNoteS2が提供したツールを用いて生徒が構成した情報を示している。例えば図5.2は，生徒がセクションの中で強調されたテキストのための索引語(index term)を作り出し始めることを示している。その索引語はインデックス・パネル(Indexes panel)に表れる。

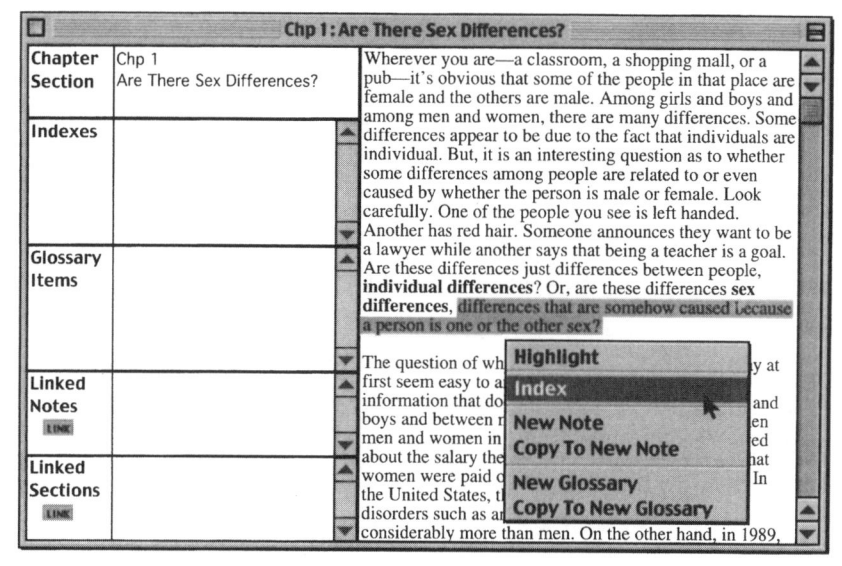

第5章　情報処理モデルから見た自己調整学習

図5.2　CoNoteS2のセクション・ウィンドウ

図5.3　CoNoteS2のノート・ウィンドウ

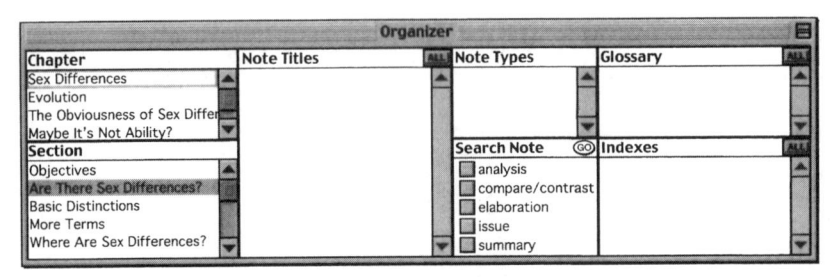

図5.4　CoNoteS2のオーガナイザー・ウィンドウ

　生徒がその語をクリックすると，CoNoteS2はスクロールし生徒の索引をつけた語を強調する。グロッサリー・項目パネル（Glossary Items panel）は，同様に生徒が語彙に加える語のために機能する。生徒がグロッサリー・項目に入りその定義を作り出すウィンドウ（示されてはしないが）では，それらは例示することによって，情報を精緻化するための手がかりを明確に与えられるのである。

　章のセクションで選ばれた語のポップアップ・メニューを用いると，生徒は図5.3に示されたノート・ウィンドウ（note window）を用いて，メモを作り出すことが可能である。ノート・ウィンドウに至る途中で，CoNoteS2は生徒にそれぞれのメモにタイトルをつけるよう求め，そしてそれをセクション・ウィンドウのリンク・ノート・パネル（Linked Notes panel）に転送する。このタイトルはメモへのハイパーリンクである。それをクリックするとCoNotes2には，メモが書かれた章のセクションのテキストへとスクロールしてそれをハイライト表示するよう，またそれと同時に生徒が作ったメモを開くよう，指示が送られることになる。

　図5.3のノートウィンドウは，メモのタイトル（「個人差」）がトップバーに示され，一番上の左側のパネルに章とセクションが示されている。右側の大きな空白の部分に生徒はメモを入力する。メモの中には，索引とグロッサリー・項目を作ることができる。そしてこのメモから他のメモへのリンク，ある章のセクションにあるメモから他のセクションへのリンクが可能である。ノートエリアの上は，生徒がそれらの含む情報のタイプによってそれぞれのメモを分類するチェック・ボックス付きのパネルである。CoNoteS2は生徒が学習を続ける際に，少なくとも１つのノートタイプを選択することを必要とする。

　生徒はこれらのすべての作業を図5.4に示された継続的に目に見えるオーガ

ナイザー・ウィンドウ（organizer window）において見間違えることなく行う。章，そして章のセクションをクリックすることによって，生徒はCoNoteS2に，そのセクションのすべてのノート・タイトル，グロッサリー・項目，索引を示させることができる。特定のノート・タイトルをクリックすることは，ノート・タイプ・パネル（Note Types panel）においてそのノートが含む情報の種類（分析，比較／対照，精緻化，問題，要約）を確定し，そのノートを開くのである。サーチ・ノート・パネル（Search Notes panel）は，1つかあるいはいくつかの特定のノートタイプ，すなわち要約や問題に関わるすべてのメモのような，すべてのウィンドウを生徒に見せる。グロッサリー項目や索引は，その項目が作られたウィンドウを開け，重要なテキストを強調する。そしてクリックした項目がグロッサリー・項目であるならば，その語や説明，そして生徒が作った例を示すウィンドウが開くのである。

自己調整学習へのサポート

CoNoteS2には生徒の自己調整学習をサポートする数多くの足場，つまり方法がある。そこで，私はすでにソフトウェアで実行されているものについて説明し，またいくつか予想図を描いてみる。

第1段階と第2段階：課題の定義，および目標設定とプランニング

CoNoteS2の学習セッションは，生徒が章とセクションを選択するオーガナイザーウィンドウにおいて始まる。そのセッション以前の学習セクションにおいて作られたノート・タイトル，グロッサリーへの入り口，そして索引がそれぞれのパネルに置かれている。

オーガナイザー・ウィンドウは，自己調整学習の4段階モデルにおける第1段階と第2段階，すなわち，課題の定義と目標と計画の生成の要素において，生徒をサポートするためにデザインされている。またオーガナイザー・ウィンドウは，その後の学習である第3段階では，ワーキング・メモリの限られた容量への要求を低下させる方法を与えるのである。

メモが含む情報のタイプはサーチ・ノート・パネルに載せられる。そしてそれは生徒が，情報を分析する，あるいは要約を作り出す課題に従事するための特定の学習方策（操作）を適用するとき，生成される産物なのである。生徒にこれらの一般的な課題の学習に気づかせることは，分析されるか要約されるかに関連した，章の中のメタ認知的情報の条件を含むスキーマを，長期記憶から

探すことを促す。これらの条件は，分析するのか，要約するのかによって異なる方策を区別して始動させるIFsである。すでに利用可能なスキーマをリハーサルすることは，プランニングの簡潔な形式である。図5.4のセクション・パネルに示されたように，もし章の著者が学習の目的を提供していたならば，生徒は，この章を学習することで，特定の方策がどの程度適用可能であるかについて，より弁別的な計画を発展させることができる。もし生徒がまだこれらの学習スキーマを自動化していなければ，この情報をメモに書いて負担軽減してかまわない。そのようなメモを作る際に，学習の専門知識を増やしながら，同じく分析，比較／対照などの通常の学習課題のスキーマの目的を構成しながら，生徒はスキーマをリハーサルしているのである。これらのプランニング・ノートを検索することによって，生徒は，章のセクションを学んでいる間，一貫した，章に対して弁別的でメタ認知的なモニタリングのための単一のチャンクを組み立てることができるのである。

■ **第4段階：メタ認知を適用する** 研究（Rabinowitz et al., 1993; Winne, 1995も参照）によれば，方策に必要な努力があまりにも多大であれば，生徒は効果的な方策を用いない可能性がある。しかし生徒はそのような方策を避けることによって，皮肉にもそれらを自動化し専門知識とする練習を排除しているのである。私たちは現在，理論上生徒にこのような学習へのセルフ・ハンディキャッピング・アプローチの回避の手助けをするCoNoteS2の修正を計画している。

大学生がCoNoteS2を用いた実験の中で，情報を検索する方策の学習は，高い有用性を持つため頻繁に用いられる，と私たちは予測した。しかし私たちは間違っていた——生徒は索引を作ることはほとんどなかったのである（Winne et al., 1998）。省みると，課題に関する索引の作成の2つの特徴が私たちの知見を説明する可能性がある。第1に，生徒は材料を索引する経験，特に学習の方法としての経験はほとんど持っていない。複雑な材料を学習する間，この新しい方策を自己調整的に使用するよう促すことは，航空交通管制のスキルを発達させるよう挑戦する際，学習者は自己調整を低めていた，というカンファとアッカーマン（Kanfer & Ackerman, 1989）の状況と類似するものであろう。第2に，航空管制の動機づけ的特徴が比較的明確なカンファとアッカーマン（Kanfer & Ackerman, 1989）の研究とは異なり，生徒は学習の方策としての索引についての，AEIOUスキーマをほとんど持っていないのである。

STUDYが提供する特徴を用いてCoNoteS2は，生徒がメモを書いたときにそ

れをカウントし，そして各メモについて，生徒がそこで情報を検索するかどうか観察するように変更されうる。メモの数がある値，例えば10を超えるとき，メモ内の索引の数は閾値の下，例えば2であると，CoNoteS2は索引に関する短いチュートリアルで章の学習を妨げる。はじめに，索引を作る利益——産物と潜在的な誘因——が述べられる。次にCoNoteS2は，作成された10のノートを参照しながら，この新しい方策である索引は，相当の努力が払われたとしても，その努力をより生産的なものにする可能性もあることを生徒に認識させるようガイドするかもしれない。すなわち，この例では，索引を作成する形式の中で，帰属はその努力であり，それが成功へと貢献するのである。このチュートリアルの中には，索引の作り方だけでなく，役に立つ索引を作成するための条件も詳しく示すような索引作成の例が盛り込まれる。CoNoteS2 は，索引の方策についての要約に関するチュートリアルで終了する。この要約は生徒のメモに加えられ，「インデックス」として索引される。

その後，生徒がメモを作成し始めたとき，CoNoteS2は自動的に索引に関するリマインダ☆をポップアップする。それは前述のメモである。そして生徒が新たなメモに取り組んだとき，生徒は索引における現在のスキルのレベルを評価するよう求められるのである。この方法は，生徒が将来のメモに対して効力期待を持つように，また有用な索引を作るための条件を見直したりそれに習熟したりするように，たくみに仕向ける。この2つは学習方策についての自己調整に適応するには必要不可欠な要素である。もしチュートリアルが効果的ならば，そして生徒が索引をつける際にスキルを得るとすれば，方策が自動的であることは，それが有用性を持つと判断できる程度だけ発達する。このプロセスにおいて，CoNoteS2は，まず自己調整的な学習のための動機づけ的要素を持つスキルの融合から始まり，生徒にスキーマを持つようガイドするのである。

☆　注意，手がかり。

結語

自己調整学習に関する情報処理的見方は，学習者の思考法に関する2つの基本的性質に基づいている。第1に，記憶は課題に費やす資源を限定してきた。チャンクは，それがどの程度の情報を含んでいるかにかかわらず，能力を測る

ために用いられるユニットである。記憶の容量は，多くの情報をチャンクの中に入れることによって仮想的に拡大される。第2に，方策と方略を含むスキーマは，個人が課題に取り組む際自己調整することについての情報を表す，きわめて資源に富んだ方法を提供する。特にスキーマは，自己調整的な学習方法への個人的なガイダンスを与えるために，冷たい認知（cold cognition）と熱い動機づけ（hot motivation）を統合しうる合流点を与えるのである。自己調整学習に関する情報処理的見方から見出されたこれらの広範な特徴を用いることで，私たちは，自己調整学習がいかにやりがいのあるものか，そして生徒に自己調整学習のより効果的な形式を実践する機会を提供するために，教示がいかに計画されうるかをよりよく理解することができる。CoNoteS2のようなソフトウェアシステムに取り組むことは，自己調整学習に関する情報処理に基づく理論と実践の結びつきを強め，そして同時に，その両方のさらなる改善を刺激するための実験の場を提供するのである。

第6章
自己調整学習の意思的側面

リン・コーノ
(Lyn Corno)
Teachers College, Columbia University

　学習における自己調整の概念は，人が意図を達成するためにする行為を強調する。これらの行為を導く基本的な心理的過程は，意思的なものである。しかしながら，自己調整学習の意思的な諸側面は，相変わらず誤解され，多くの操作的定義化に埋もれたままである。次世代の研究への期待は，意思についての最新の理論をよりよく理解することから得られる利益を示唆するものである。

　マンディナックと私（Corno & Mandinach, 1983）は，初期の論文で，学校の教科の知識の獲得における自己調整学習の役割について述べた。私たちは，情報処理理論から諸概念を採用した。そして，学校での学習における自己調整が，生徒の集中力，動機づけそして感情を調整，制御する高次の過程の使用を反映すると主張した。そして，私たちは自己調整学習を「内容領域における結合体系を深め，操作し，深化の過程をモニタリングし，改善するために生徒によって発揮される力」（p.95）であると定義した。

　この初期の定義にはいくつかの仮定があった。1つは，生徒が教科内容を単に暗記するのではなくて理解することを求めているという仮定である。教科に意味を与え，理解をモニタリングすることで，生徒は重要な意思的機能を働かせる。セルフ・モニタリングは，外部（課題）環境あるいは内部において妨害（例えば，興味あるいは気分の変化のときのように）が生じたときに，集中力

と動機づけを守る。

　教材の内容を学ぼうとする努力には，部分的に，利用可能な資源を見渡して取り出すことが含まれる。しかしながら，ここで資源に恵まれているというのは，課題を管理する以上の意味を含む。すなわち，自己管理，あるいは個人の資源をも効果的に扱うことを含む。これもまた，意思的機能の一側面である。

　初期の定義におけるもう1つの仮定は，自己調整学習への傾向性，すなわち学校での学習における自己調整学習についての知識やその使用傾向が生徒によって異なっているというものであった。そのような傾向性は，学習場面が特別な努力やサポートを要求するときに利益をもたらす。平均以上の認知的能力を持つ生徒でさえ，多くの学校課題に取り組むのに自己調整を行う必要がある。したがって，自己調整学習は認知的能力と同じものではない。また自己調整学習は，成功への期待や希望から予測的に付随してくるものではない。しばしば人は，希望の根拠が揺らいだときに個人的資源を思い出す（Corno, 1994）。ゆえに，自己調整学習は，認知的あるいは動機づけ的なものだけではありえない。それは意思的側面も同様に重みを持つのである。

　学習方略，自己管理，課題管理の内面化に伴って，人は状況の要求にしたがって自己調整学習を用いるようになる（Corno, 1986）。ゆえに，自己調整学習は，部分的には技術であり（過剰な学習が利益をもたらす），また部分的には活動様式である（すべての生徒が課題に自己調整学習の傾向を示すわけではない）。私たちの初期の定義におけるこれらの精緻な思考は，意思へのつながりを持ち続けると同時に，人がほとんど制御できないパーソナリティの特徴あるいは気質（例：熟慮型）から自己調整学習を区別してもいる。

　意思は，教育において特別な重要性を持っている。多くの学校や学級の学習場面が，他の行動を抑制すると同時に，意思的制御を引き起こし要求している。仲間が協同的に活動し，モデルを観察し，あるいは学習位置を変え，選択可能な気晴らし方法が豊富なときであっても，注意を払って話を聴き，質問に答えることが教室では期待されている。教室を観察すると，たとえ比較的制御され教師主導で指導されている間でさえも，生徒がある程度は注意散漫であることがわかる（Doyle, 1983）。問題解決についての研究は，生徒が個人で取り組んでいる場合，同様の注意力の要求を示し，また同様に対処することへの要求を重視する。与えられた課題は，ある生徒たちにとっては難しいと見えるが，それを時間つぶしと受けとめている生徒にとっては，取り組むのが同様につらい

ものかもしれない（Stanford Aptitude Seminar, 2002）。

　状況的な要求や強制を越えて，生徒たちは多様な能力や動機，目標を持っており，関与のレベルは教師の定めた目標によって変化する。興味と価値の高低に応じて，生徒の当初の決意や努力は増大もすれば減少もする。ある教室環境や教師による行為は，生徒が不当に扱われたと感じたときなどに，生徒の学習に対する最善の意図の土台を崩す（McCaslin & Good, 1996）。障害に直面したときに集中力を保つ能力は，就学の多くの課題への基本的意思的適性である。私たちの枠組みでは，意思は自己調整学習にとって必要条件ではあるが十分条件ではなく，遂行することへの手がかりとして特別な地位を与えられている。

　この章では，最初に，学校での学習における自己調整に関する現在進行中の研究にとって重要性を確立した意思についてのある総合的な理論を紹介する。次に，学校での学習における意思および方略の下位過程の例について議論する。教育心理学におけるいくつかの調査が，自己調整学習の意思的側面につながる。最後に，学習場面における意思のよりよい理解に向けられたいくつかの研究と，教育が意思をどのように促進するのかについて述べる。

意思についての現代の理論

小史

　意思という構成概念は，心理学の歴史を通してうまく使われてこなかった。20世紀の初頭に，ドイツの心理学者たちの間における議論でその理論的価値が問われた。何人かの理論家たちは，意思と動機づけを同じものと見なし，あるいは動機づけのほうをより包括的なものとして見ていた。また他の理論家たちは，意思を感情あるいは単純な認知などのような基本的な過程の派生物か，単に道具的条件づけの発現として考えていた。

　これらの問題は，1つには，意思力や意思の強さといった意思についての日常的な概念における曖昧さに結びついていた。現代の意思理論は，強く誘惑に抵抗するというような漠然とした概念から意思的過程を解き放してくれる。意思的過程の効果的な使用は，多くの利益をもたらす。例えば，選択的に決意を強化することによって，決意を妨害から守ることができ，それゆえに実際的な目的を果たすことができる。同様に，目標に向かってすぐに行動を起こすこと

により，人は優柔不断という罠を避けやすくなる。行為の制御の基礎にある過程を理解することが，動機づけから意思を引き離し始めるのである。

1980年代まで，**意思**という術語が心理学的な研究および教育に関する文章において登場することはまれであった（Snow, 1986）。最近になって復活したのは，ドイツ心理学者のジュリアス・クール（Julius Kuhl）の努力によるところが大きい。★　クールは，アッハ（Ach, 1910）によって発展した初期の型破りな理論をよみがえらせるために説得力のある論証をした。アッハは動機づけから明確に区別することによって，意思についての定義上の困難さに対処した。つまり，動機づけは行為するための推進力あるいは決意であり，行為を生起することができるよう意思が決意や推進力を制御する。動機づけと意思の過程は関連しているが，概念的には区別され，介入についての異なるポイントを示唆する。クール（Kuhl, 1985）は，一般的な情報処理理論の中で意思について再概念化するという考えを補足し，**学習性意思方略**あるいは**行為制御**として操作的に定義した。

> ★　そもそもドイツ心理学者たちの議論が意思という概念を捨てたので，そのドイツが再び私たちに意思という構成概念を提案するのはふさわしいことである。しかしながら，少しでも意欲の問題がドイツ文化といくらかつながっていると考えるといけないので，清教徒倫理についての初期の小論が意思力を神の価値の「証明」として語っていることを急ぎ指摘する。コットン・マザー（Cotton Mather）は，私たちが「快楽を否定することによって徳を証明」すべきであると述べている。しかしながら，「痛みなくして得るものなし（虎穴に入らずんば虎児を得ず）」という意思の見方は，私たちが当然そう見るように，現代の意思理論が仮定するところではない。加えて，私たちの全米の人気者であるジョン・デューイ（John Dewey）は，「意思力」という意味を過小評価する興味と意思についての小論を書いた（Dewey, 1974を参照）。

クールの理論と教育への応用

クールとベックマン（Kuhl & Beckmann, 1985）は，学校での学習も含めて，過食から悲劇的事件まで，日常生活のさまざまな領域における意思的過程についてのデータを収集した。クールとベックマンの著作のほとんどは，多くの学校の課題や宿題あるいは職場での仕事に比べると人工的に見える課題をこなす成人を対象とした，短期の実験について報告したものである（Corno & Kanfer, 1993）。

他には（Corno, 1986; Corno & Randi, 1999），クールの理論が，学習の自己調整という特定の状況に適用された。その著作のうちのいくつかは，ここで繰り返すことが必要である。その発想は複雑かつ発展的で，もしより単純で説得力

のある視点があるならば，研究者たちは捨てられた理論的構成概念に立ち返ることを渋るであろう。クールは，特に学習という状況において，意思という構成概念を作り変えることが理論的にも機能的にも有用であることを示した。

　クール（Kuhl, 1985）は，アッハ（Ach, 1910）の後に続いて，「対象とする行為を維持し成立させることにエネルギーを与える事後決定的な自己調整過程」（p.90）から成るものとして意思を概念化した。事後決定的過程，意思的過程そして行為制御過程は，クールにとって相互に置き換え可能であり，彼はより大きいカテゴリーとして自己調整過程を考えていた。動機づけ的である自己調整過程は，例えば，期待される結果や一連の行為についての価値判断を含み，今まさに形成されようとしている決定に先行し影響を与える。意思的過程は，学習課題を学習あるいは達成しようという決定がなされた**後**に働き始める。

　教育では，動機づけ的過程が，作業についての決定の形成を仲介し，学習あるいは課題を実行しようとする決意を**促進**する。意思的過程は，作業についての決定を確立することを仲介して，競合する行為傾向や他の潜在的な気を散らす事柄から学習する決意を**防御**する。意思的過程は自己調整にとって中心的なものであるけれども，遂行成績との関係によって行われる課題評価のような他の過程も，学習における自己調整に貢献する（ジマーマン，本書第1章；Stanford Aptitude Seminar, 2002を参照）。

　ベックマンとクール（Bechmann & Kuhl, 1984）によると，以下のようになる。

> クールは……もし行為がまったくの決まりきった行動であるか，あるいは外的な力によって制御されているのではない限り，十分な動機づけと十分な能力があるだけでは目的とする行為の実際の遂行にとって不十分であると主張した。人がある行為を遂行しようとするとき，しばしば，他の行為傾向は誘発するさまざまな外的あるいは内的な力（またはその両方）にさらされる。他の競合する行為の1つよりもむしろ目的とする行為が実行されることを確実にするためには，その目的とする行為が選択的に強化され，遂行されるまでの間，妨害から防御しなくてはならない。行為制御の理論において，クール（Kuhl, 1984）は，行為制御の過程の効率は，有機体の2つの異なる状態，すなわち，行為 対 状態志向によって影響されると仮定した（p.226）。

　行為志向 対 状態志向は，対処を要求する場面において人が示す比較的安定した気質として定義される。例えば，クール（Kuhl, 1981）は，制御不可能な嫌な出来事に長くさらされ，さらに適切な行為の計画よりもむしろこれらの出

来事に焦点を当てる傾向が加わると，行為できないという結果に至ることを示した。一方，問題解決の間，思いつくまま考えを声に出したり，所与の方向の行為を計画したりするよう求められた成人参加者は，しばしばすぐに**行為**するよう志向できる。

　成人において，気質的な行為志向の傾向は，質問紙によって測定することができる。行為制御尺度（ACS）は，遂行，失敗そして意思決定場面における各20項目から成る3つの下位尺度を含んでいる。**遂行**の下位尺度における項目の1つは，「私がすばらしい作業を終えたとき」……「私はしばらくの間他の何かをしようとするだろう」または「同じ領域でさらに何かをしたいと思うだろう」。**失敗**の下位尺度の項目例は，「私の作業が不十分だとレッテルを貼られたとき」……「私は本当に猛烈に勉強する」または「まず私は唖然とする」。**決定**尺度の項目例は，「もし私に宿題があったら」……「私はしばしば始めにくい」または「私はいつもすぐに始める」。どの下位尺度も，回答者に仕事，レジャーおよび社会的活動についての情報を提供するよう求めている。

　クールの理論は一般的な事例を説明し，初期の研究の多くは行為志向傾向を行動と関連づけるものだったが，最近の研究では人と状況の相互作用における過程を説明する方向に転換した。パーソナリティとシステムの相互作用（PSI）理論を使い，クール（Kuhl, 1996, 2000）は，意思的制御の異なる形態について概念化し，意識下の水準における意思の作用を考慮し，異なる形態が作用する条件についての研究を行った。

　例えば，クールは教室でのすべての課題が周到な意思的制御を要求するとは仮定しなかった。すなわち，課題の諸特徴が生徒の学習目標を守るという要求を奪い取ってしまうことがありうる。空想的要素やゲームのような動機づけの高揚は，学習目標を生徒が自己調整の他の側面に集中できるほど魅力的なものに変えるよう機能する（Lepper & Malone, 1987）。もう1つの意味では，十分な挑戦性と興味の喚起があるとき，課題「それ自体を完成させる」ことができるように思える（Csikszentmihalyi, 1975）。自己調整への意識的な機構――すなわちクール（Kuhl, 2000）が「内的独裁体制」（p.115）と呼ぶもの――は，自己に関連する思考や感情に開かれていること――すなわち「内的民主主義」（p.115）――を超越している。この場合，意思的プログラムはあたかも自動操縦のように機能する。

　何らかの形で意思が必要とされる仮説的な状況は以下の通りである。

・生徒が与えられた課題をこなすよう要求されており，同時に他の行為を選択する自由がない場合。
・教室あるいは課題環境に十分な「騒音」があるか，あるいは，生徒たちが遂行すると決めた課題に関連する目標から生徒の注意をそらすような課題環境がある。
・他の興味や主観的目標が作業あるいは学習への取り組みと競合し，それゆえに生徒の注意が分割される。
・生徒は，行為したいという思いを妨げたり干渉したりするような遂行への不安を募らせる。そして生徒は，意思的制御への要求を示す自己意識の高まりによって「頓挫」した状態になるかもしれない。
・生徒が自分には課題を遂行するスキルがあると信じ，成功するための入念な努力への必要性を感じているとき，防御的な動きが再び生じるだろう（Bandura, 1986; シャンクによる本書第4章を参照）。

最初の2つの状況は，外的な課題環境の特徴に重点がある。残りの状況は，個人と状況の結合を描いている。例えば，自己意識は，生徒が課題を難しいものとして受け止め，人目に触れる形での遂行が求められているときに生じると仮定される。このような条件は多くの学習や研究場面を特徴づけるものであり，それによって意思的制御の役割を頼りにすることになる。

動機づけと意思の区別は，いまや明確であるはずだ。すなわち，興味や目標のような，学習と遂行の動機づけ的側面は，決意を形作り，参加を確立する。遂行への効力感や帰属のような動機づけ的に重要となる認知は，課題への関与を増幅することもあれば，それを止めることもある。意思は，決意が弱かったり，人々がしばしば参加をためらったりする場合に重要になる。自己調整学習の意思的側面は，人が参加に優先権を与えたり，関与を前に進めるよう機能するのを助けたりする。

実践的有用性

意思が教育において有用である理由は，生徒に意思がないと教室での生活がどんな状況になるかを少しでも考えればはっきりとわかるだろう。そのために，大混乱と対決しようとする幼稚園の先生は，行動規範の厳守のために教室の報酬構造を成り立たせ，生徒の自己制御を発達させようと努力する。幼児が年齢

を重ね，学校の課題をだんだんとこなせるようになっていくとともに，彼らの遂行は意思的制御における洗練によって恩恵を受け続ける。学校の規則を内面化し，最終的には個人的な責任を課していくことによって，生徒は複雑さの増していく学業や学力に対処することを学ぶ（Winne, 1995）。また，クール（Kuhl, 2000）は，意思の形は内的独裁体制からよりいっそうの内的民主主義へと発達すると述べている。

教師は特殊なケースについて語るが，意思的制御という課題は，時々教室全体を決定づけ，さもなければ，より大きい学校共同体に波及する。アメリカ都市部の学校では，いわゆる「動機づけ的」問題がよく記録され，増加してきている（Brophy, 1998）。しかしながら，教師や研究者が意思的課題を動機づけ的問題と一緒のものとして分類するという傾向は，たいていの場合，慣例からかけ離れているし，どちらを処理するのにもほとんど役に立たない。生徒の学習や集中への決意に影響を与える要因は，事後決定的な意思的要因よりも教育的介入には左右されないのかもしれない。

理論と研究への有用性

科学的な心理学の見地から意思が有用であるという理由は，あまり明白ではないかもしれないが，それでもなお重要であるだろう。スノー（Snow, 1986）が主張しているように，意思的な構成概念を再提出することが心理学の理論を深め，認知や感情，そして意欲がどのように連携しているかについてのよりよい理解を可能にする（Hilgard, 1980; またSnow & Farr, 1987, p.33参照）。

近年になって現代の理論に呼び戻されたもう1つの古典的な構成概念である意欲は，動機づけと意思の両方の機能を特徴づける不安な状態として定義されている。ゆえに，動機づけと意思の構成要素を統合し，それらの相互作用の研究を推し進めることになる。意思と同じように，意欲という概念はまだ数えられる程度の研究者によってしか採用されていない。しかしながら，3つの基本的な心理学的機能の理論的な調和や節約性を否定することはできない。その上，意欲的な過程の全範囲が認知と結びつけて研究され，感情が遂行にとって周辺的ではなく中心的なものとして理解されるとき，人間の行動と遂行はよりよく説明されることだろう（Corno, 2000；Snow et al., 1996）。例えば，明確に打ち立てられた目標に向かって努力することは，たとえ認知処理と感情的関与が不十分なときでさえ，成功という結果に至るかもしれない。一方で，多くの目標

は努力なしでは到達できないだろうし、そして、目標がなければ努力は無意味である。

社会心理学のような特殊な領域における理論もまた発展している。最もよい例は、今、社会－認知的過程への焦点づけによって複雑化し深まってきたバンデューラの社会的学習と行動変容の理論だろう（Bandura, 1993；ジマーマン、本書第1章）。社会心理学における過程－理論的視点の展開は、他者によって示された行動と思考の内面化（すなわち社会的構成）が認知－社会的発達における根本原理だと長い間考えてきた発達学者との健全な調和を可能にする（マッカスリンとヒッキー、本書第7章、Vygotsky, 1962; Wertsch, 1979）。バンデューラ（Bandura, 1974）と同様に、人間は「自分自身の運命の不完全な設計者」（p.867）であると信じるならば、決定論あるいは自由意思に対して哲学的に同調する必要はない。道具的随伴性は、発達を通して内面化され、行為を調整するようになるが、人間はまた、場面の要求に合わせて適切な道具性を意図的に適用する。ゆえに、意思を持つということは、単に学習された随伴性の表れとしてではなく、所与の場面において自己調整を動員し維持する傾向として理解することができよう。

教育研究者が最近関心を持っているように、動機づけの名が高まっていることを考えると、教育心理学における理論と研究に意思の概念を再導入することもまた重要である（Ames & Ames, 1984とPintrich & Schunk, 1996を比較せよ）。ワイナー（Weiner）、バンデューラ、そしてデシ（Deci）を含むアメリカの心理学者による理論的貢献は、帰属、自己効力、そして自己調整に直接的に作用する教育的環境についての中身の詰まった継続的な研究を増大させてきた。クール（Kuhl, 1985）がアッハの意思の理論を情報処理用語において再概念化すると同時に、これらの理論家たちは伝統的な動機づけ理論に関わる諸過程に手を伸ばしている。遂行の帰属、期待、自己観察そして自己評価は、もはや動機づけ的なニュアンスを伴う認知としては定義できず、実際に両方の機能をつなぐ過程と見なされている。しかしながら、これらの認知－動機づけ理論には学習への決意を防御する事後決定的過程に焦点を当てているものがないので、意思特有の問題は取り組まれていない。

この状況を正す理由の1つは、学校で先行する強化歴を変えるのが不可能だと思われる場合であっても、子どもたちに意思的制御の基礎を教えることができるかもしれないからである。程度の差はあれさまざまな学習場面での先行す

る遂行が，学校関連の作業への効力についての帰属や信念を形づくる。すなわち，意思的制御がこれらの関連を仲裁する。同じく，デシとライアン（Deci & Ryan, 1985）によって推奨されている教授や教育的環境の組織化への変化，すなわち生徒と教師に，より同等の制御を割り当てるという変化は，成し遂げるのが難しいと感じる人もいる。もちろん，これは経験的な問題で，教育的研究において意思の概念を復活させる――この課題と他の課題を解決する研究を生む――最後の理由である。

自己調整学習の意思的下位過程

他には（Corno, 1986; Corno & Randi, 1999），生徒が意思的制御を方略的に用いることができる6つのやり方が例示された。表6.1では，クールの6つの意思的方略の拡張版リストが示されており，意思的下位過程のカテゴリーによって体系化されている。

表の中でクール（Kuhl, 1985）の6つの方略にアスターリスク（＊）が付されている。これらのうちのいくつかは，内面的過程を制御する努力に関わっている。例えば，情報や符号化への注意を制御することは，メタ認知の1つの形である。同様に，ポジティブあるいはネガティブな結果についての感情や思考を意識的に制御することによって，個人は学習と遂行の感情的および動機づけ的側面をうまく処理することができる。成功的な自己制御のやり方は，かねてから臨床心理学のフィールドにおける認知－行動的介入の焦点であった（Meichenbaum, 1977を参照）。そして，意思的制御についてのもう1つの見方はメタレベルにおけるものであり，すなわち，学習を間接的に促進する**自己管理**そして**課題管理**の側面である（Dansereau, 1985; Thomas et al., 1988を参照）。

意思的な方略は訓練可能である。クールの研究（Kuhl, 2000を参照）は，まさに方略使用を実験的に操作しており，意思が活動するよう喚起される条件を評価している。意思的方略を訓練することについての1つの重要な課題は，学習者によって変化する，また初期学習の間に（少なくとも一時的には）中断される精神機能の微妙な側面があるということである。それゆえに，年少の学習者への介入は期待できる。認知的方略の教授と類似する点があるものの（Pressley et al., 1995; Weinstein & Mayer, 1986），方略的な意思はほとんどの認知的方略よりも短期訓練の影響を受けにくいだろう。

意思は，認知，動機づけそして感情を含む自分自身の機能への意識の増大に

表6.1 意思的制御のカテゴリーと
特定の意思的制御方略

Ⅰ．自己制御の内面的過程

A．認知の制御
　1．注意制御＊
　2．符号化制御＊
　3．情報処理制御＊
B．感情制御＊
C．動機づけ制御
　1．誘因増大＊
　2．帰属
　3．教授

Ⅱ．自己制御の外面的過程：環境制御＊

A．課題状況の制御
　1．課題制御
　2．場面制御
B．課題状況における他者制御
　1．同級生制御
　2．教師制御

注) ＊クール（Kuhl, 1985）で同定された意思的制御；この論文でクールは動機づけ制御を誘因増大と同じものと見なし，環境制御の下位過程を区別しなかった。

基づいて，青年期を通して発達し続ける。この発達的過程は，家庭や他の場所での社会化の実践によって強く影響される（Kuhl & Kraska, 1989; Kuhn & Ho, 1980）。それゆえに，成功する意思的方略の訓練は，一種の自然なままのガイダンスあるいは参加者のモデリング教授を含み，認知的そしてメタ認知的方略の訓練のより効果的な形を特徴づけるものになるように思われる（Collins et al., 1989; Corno & Randi, 1999; McKeachie et al., 1985; 本書第8章パリスとバーンズとパリス，Pressley et al., 1995）。

表6.1に示された第2の大きいカテゴリーは，環境を制御することによって自己を制御する努力を示している。人的要因の研究は，人と課題の接点をより効果的あるいは効率的な遂行に向けて修正あるいは順応させることの価値を強調する。ある人々は十分に設計されていない課題を，段階を整備して，例えば

属性を再編して，直観的に修正する。またある人は，課題場面で課題を成し遂げられるように他の人々をうまく扱う。これらの方略を組み合わせることは，課題からの過度の要求を低減する——課題を整備する1つの方法であり，また，援助を求めたり，気の散る原因となる同級生を黙らせる方法を見つけたりすることもそうである。環境制御の全般的なカテゴリーはこれらのすべてを含むものである。

　表6.1にある各事項は，さらにまた，教室での諸課題の観察時に例証される。最初に，内面的自己制御の領域を取り上げると，クラスの人気者から目をそらしたり，余分な雑音を無視したりするような行為は，**注意制御**の例である。**符号化制御**は，完了を促進する課題の諸側面について選択的に思考することを含む。それゆえに，生徒は試験に出そうな題材だけ繰り返し練習したり，あるいは課題を心の中で完成させる段階を立案したりすることを選択できる。**情報処理制御**は，クール（Kuhl, 1985）の用語では，「情報処理の停止規則の定義」(p.106) である。情報を効率的に処理する（あるいは効率的に意思決定する）生徒は，課題をすばやく遂行するのに必要とされる段階を評価し，活動を開始する。ゆえに，学習しようとする「意図の動機づけ的な力を最適化する」(p.106)。

　人はまた，ウォーターズとアンドレアセン（Waters & Andreassen, 1983）が提案しているように，処理システムに過重な負荷をかけるようなやり方を回避したり，まとめ直しやリフレッシュのやり方の1つとして退屈な課題の小休止を決心したりするかもしれない。この例は，ある生徒のいわゆる「課題から離れる」行動についての異なる見方を提案する。場面が要求するときに意思的過程を利用することは，情報処理の効率を最大化し，学習しようとする意図を支持し，課題遂行の可能性を高める。人は，方略的な意思を，簡単に壊れた中央プロセッサの滑らかな動きを約束する方法の1つとして考えることができる。

　学習している間，ネガティブな感情を制御するために，生徒は心配のような良くない感情状態を抑制したり変えたりするかもしれない。**感情制御**は，課題への従事を維持するのに役立つ肯定的な内言，すなわち「私はこのことについて心配なはずがない，私は非合理になれない」といったものを含むだろう。それはまた，人に課題をやり遂げさせるのに十分なやましさを生み出す忠告を含むか，そうでなければ，不快な感情をより受け入れ可能なものへと転換するだろう。生徒は，例えば，楽しいことやリラックスすることを考えることによっ

て，テストの結果を待つことに関連した不安を適切に処理することができる。

クールにとって，**動機づけ制御**は，意図の優先順位づけを示す。すなわち，学校において，例えば，学習への意図が他の競合する意図よりも優先されなければならない。友だちと交流するほうが好まれるかもしれないが，学校から帰ったら最初に宿題をやらなければならない。与えられた課題を完成させようとする動機づけの喪失を感じたら，生徒は前もって失敗という結果について，あるいは代わりに成功とともにやってくる楽しみについて考えておくことができる。いくつかの著作において，クールはそのような思考を**誘因増大**と呼んだ（Kuhl, 1984を参照）。ジマーマンとポンス（Zimmerman & Pons, 1986）は，想像上の結果と実際に起こった結果の両方を表すために**自己結果**という同様の考えを用いた。これらの用語はどれも，**動機づけ制御**という用語より記述的である。動機づけ制御は，（認知の制御で見てきたのと同じように）いくつかの下位過程を含むより一般的なカテゴリーである。

これらの動機づけ制御の下位過程のいくつかが，研究によって確認されてきた。誘因増大（あるいは期待される結果や価値の制御）に加えて，生徒は因果性の正確な分析によって動機づけを制御できる（「私はこの題材を知っており，そこにどうアプローチするかも知っている」あるいは「私は失敗した。しかし，よりよく勉強すれば，次は成功できる」）。自己教授もまた驚くべき成果をあげる。すなわち「私はこれらのうちのほとんどをつかみ損ねた。しっかりと読み直してノートをとりなさい」。あとで，これらの下位過程のそれぞれについて違いを議論する。

自己制御の外面的な過程は，環境の方略的制御を反映している。これらは内面的な方略よりも簡単に評価され，おそらく生徒の家庭や学校環境において自然に発達するだろう。例えば，宿題をすることは多くの子どもたちが時間を管理し適切な仕事場を作り出すことを学ぶ機会を提供する（Xu & Corno, 1998）。クールによる意思的制御の分類では，環境制御は最も直接的介入の影響を受けやすい（Kuhl, 1984）。さらにまた，環境制御は，課題状況において生じる変化（すなわち，課題そのものを変えるか，いつどこで課題が成し遂げられるかというような課題設定を変える）と，課題を支えてくれる他の人々の行動の変化（すなわち，普通は，教師と同級生）の両方を含む。

個人はまた，困難な課題を完成させるために環境的随伴性を前もって準備することもできる。例えば，生徒は，実行するのが困難なより遠い先の関与より

も，課題に近接した下位目標を設定することができる。同様に，困難な課題には自己報酬を与え，だらだらしているのには苦痛を課すのがよい。これらの変化は，生徒が**課題の結果**を制御するのに役立つ。**課題設定における制御**はさまざまであり，例えば，うるさい同級生から離れることへの許可を求めたり，能率をあげるために計算機やワープロ，あるいは他の道具を使用したりすることを含む。生徒はまた，例えば，一生懸命に取り組んでいる同級生に囲まれようとしたり，親友にソーシャル・サポートの提供を求めたり，過去の失敗に言及するのを避けたりすることによって，自分自身の決意をより安定したやり方で処理する。そのような制御は，教師からの特別の援助や好意を獲得しようとする直接的な努力を補完し，**課題状況における他者の制御**という下位分類に入る。それらは，行動を制御するとともに，集中と感情を高める。

自己調整学習における意思関連の研究

　3種類の研究は，学習場面における自己調整学習を捉えるために行われている研究の幅を示している。さまざまな**記述的**研究によって，通常の学習課題における生徒の自己調整の進展が確認され実証されてきた。これらのうちのいくつかは，方略的意思のエビデンスを示している。第2に，**相関的**研究は，自己調整（と意思的制御）を生徒の特性プロフィールや課題要因，そして学力のような遂行結果と関連づけている。また相関的研究は，自己調整を全般的な認知能力から区別し，異なる種類の課題で学習成績への独立した寄与を証明している。第3に，生徒から自己調整のさまざまな側面を引き出したりあるいは教えたりするよう計画された課題についての**実験的**研究が発展しつつある。すなわち，ここでは研究者が，実験群の結果と，異なる課題を受けている統制群の結果を比較する。教室実験は，課題や教授条件を変えて自己調整を直接的に促進したり，結果としての学力を評定したりする。

記述的研究からのいくつかの示唆

　学習と遂行についての多くの記述的研究では，意思のエビデンスが潜在しており，それを見つけるような本質を見抜く作業が必要とされる。例えば，ダイソン（Dyson, 1987）は，同じ教師によって教授されている言語科目において8人の小学生の「自然発生的な発話」について綿密な分析を行った。子どもた

ちが作文課題を完成させるために同級生と相互作用している様子が録音された。そしてダイソンは，これらのプロトコル・データを参加観察記録と結合させ，生徒の協同的な努力を概念化した。彼女のデータは，学校課題を効果的に完成させるために，生徒が自発的に意思的制御を使用していることを示している。

言語科目では，生徒が①同級生を管理するために自分自身のことを主張している（「私は今ここに座っている」），②自分で自分を誉めている（「私は知っていた」），③聴衆に自分の作品への反応を期待している，といったエビデンスがある。読み手にとって理解するのが「困難」な部分があると言及する生徒の動きは，ダイソンによって書き直しへの1つの誘因として解釈された。研究は，効果的な筆記課題にとって活発な精神制御および環境制御の重要性を実証している。それにもかかわらず，意思はそれ自体関係しているとは見なされていなかった。

異なる流れでは，ジョンストン（Johnston, 1985）による記述的研究が，読むことに障害のある成人の学習の取り組みにおける効果的な自己調整の**欠如**を実証した。ジョンストンは，症例分析法を用い，3人の男性に，考えていることを大きな声で報告してもらい，口頭で読み上げるという相互作用評価セッションを行った。考えていることを声に出したプロトコルは，自然発生的な内省や回顧を含んでいた。参加者が示した概念的な問題に加えて，ジョンストンは，正常に機能していないコーピングの多くの利用を記録した。例えば，これらには，教師を騙したり避けたりすることや，口頭での指示に聞き耳を立てるといったことが含まれていた。

そのような動きは，たとえ彼らがほとんど読み書きできない状態であったとしても，社会で働くことを可能にする。そのコーピング・スタイルもまた，男性たちが読み書きできないことを克服するために行ってきた取り組みを実際上妨げ，結局はセルフ・ハンディキャッピングを示した。ジョンストンはまた，そのようなコーピングがネガティブな感情反応（衰弱させる不安やストレス）に伴われている頻度も記録した。

1つの示唆は，成人の読みの困難という問題を乗り越えることが読みの技術を改善することに加えて自己管理の介入を要するかもしれないということである。例えば，生徒は，再挑戦を提案する安定した遂行の帰属を通して，失敗に効果的に対処する方法を学習することができる。永続性は，過去の失敗が，例えば，さまざまな原因に帰属され，それらのうちのいくつかが個人的に制御可

能である（例，「もしかしたら，私は十分一生懸命に取り組まなかったかもしれないが，下手な教示をされたということもあるかもしれない」）場合に多く生じる。学習障害の生徒の作業様式についての最近の調査では，バトラー（Butler, 1996）が，介入の潜在的に重要部位として，意思の欠如に明確に的を絞った。

　また，ローケンパー（Rohrkemper, 1986）は異なるタイプの記述的研究を行った。彼女は，難易度の異なる数学の問題を解いた場合にさまざまな学力水準を示す都市部の小学生たちに面接を行った。彼女の興味は，易しい条件下とより難しい条件下において，問題解決に伴う「内言」を確かめることにあった。数学の能力や性別で調整された84人の生徒が参加した。生徒は，特定の数学の問題を解いている間に「こころの中で考えている」事柄を確認するよう，構造化された質問紙と面接が求められた。発言の分類には，自己教授（例，「私は時間をかけて問題を解いてみる」「私は計画を立てる」）に加えて動機づけ的な発言も含まれた。方略的な自己教授は，以前に定義された動機づけ制御のいくつかの側面を示していた。

　これらの生徒は，能力の個人差や性別とは関係なく，課題の遂行を調整するために内言を使った。そして，課題の難易度によって内言の量と様式には違いがあった。すなわち，難しい課題では内言が少なく，易しい課題では（課題関与の対極として）自己に関する発言が多く生じた。また，研究は，異なる能力プロフィールを示す人たちの間でさえ，この年齢の子どもにおいて特に意思的制御に関する自己調整的発言が自然発生的に生じることを示している。マッカスリンとヒッキー（本書第7章）は，彼らが自己調整学習において内言に基づいて作業を続ける場合の意思的制御に言及している。

　最後の記述的報告は，ラインハードとプトナム（Leinhardt & Putnam, 1987）のデータによるものである。彼らは異なる教授方法で天文学を学習しているときの5年生をビデオ撮影した。ビデオデータは，自己調整の自発的な使用と符号化制御の明確な例を示している。すなわち，自分のクラスの数学の授業をビデオで見たある生徒は，面接において，「えーとね。聞いたことがなかったことだから，彼女が言ったことを考えていた。MAPテストにあるので，考えないといけないなぁと思う……大事なことだからね」（p.575）と言った。しかしながら，意思という用語は，この研究者がデータを解釈するのに用いた言葉の中には含まれていなかった。

大部分の研究：相関的研究

　国家的研究（Jan Simons & Beukhof, 1987を参照）から国際的なハンドブック（Boekaerts et al., 2000）までに示されているように，自己調整学習の研究では相関的研究が支配的である。しかしながら，いくつかの研究は，意思の問題を直接的に取り上げている。例えば，デヴィットとレンズ（DeWitte & Lens, 2000）は，学生の学習の遅延について自己報告を用いて調査した。彼らはまた，学習への意図，学習時間，学生の学習観，そしてパーソナリティ特性としての楽観主義を測定した。相関分析では，悲観的な遅延者は悪いと感じているのに対して，楽観的な遅延者がほとんど罪悪感なしに学習への意図を遅らせることが示された。加えて，遅延者の持続性と開かれた質問への応答が，学習することについての広い視野よりも，課題の細部に焦点を当てることから利益を得ていることが見出された。この研究では，パーソナリティと作業様式の両方が遂行に影響を及ぼしていた。

　そのような意思的問題についての直接的な調査は，自己調整学習を測定するために構造化面接の手続きを用いているジマーマンとその共同研究者たちによって行われ，頻繁に引用される相関研究とは対照的である。ジマーマンとポンス（Zimmerman & Pons, 1986）は，郊外の高校で上位から下位まで80人の生徒に「授業に参加したり，学習したり，課題を完成させたりするのに用いている方法について示す」よう求めた（p.617）。面接には，授業での学習，宿題，そしてテスト勉強からの具体例が含まれていた。生徒たちの反応は，自己調整学習と非自己調整学習のさまざまなカテゴリーにコード化された。著者たちは記述の中で自己調整の術語を用いていないが，識別された自己調整学習の14カテゴリーのうち少なくとも5つは，意思的制御の過程を示していた。例えば，生徒が学習をより容易にするために，課題環境を再整理したり，情報や社会的援助を求めたり，学習にとってあまり重要でない題材からより重要な題材を選び出したり，作業のポジティブな結果とネガティブな結果を想像したり実際に整理したりする例があった。

　結果は，自己調整方略の頻繁な使用によって，成績優秀者がそうでない者から区別された。全体的には，回帰分析は自己調整の使用についての自己報告が，言語的および量的な標準化テストスコアにおける分散の36％～41％を説明した。すなわち，これは親の教育水準そして性別による説明率を上回っていた。ジマ

ーマンとポンスは,より精緻化された自己調整学習の測定尺度を開発し,自己調整学習の意思的側面についての実践的かつ理論的価値の十分なエビデンス（引用がないにも関わらず）を生み出した（ジマーマン,本書第1章を参照）。

相関的研究のもう1つの型は,ブルーメンフェルドとミース（Blumenfeld & Meece, 1988）によって明らかにされている。彼らは,授業の難易度,社会組織化の型,そして現場観察を用いた複雑な手続きによって,中学校における科学の授業をカテゴリー化した。これらのさまざまな授業の型は,質問紙法と面接法による191人の生徒の報告にしたがって,関与と認知的関心を作り出したあるいは減少させた程度によって区別された。生徒の自己報告データはまた,観察された授業中の自己調整学習方略の使用についての質問を含んでいた。これらの質問のうち,援助要請に関するものだけが意思的であった。

この研究において報告された方略使用は,生徒の授業関与についての認知と有意に関連していたが,テスト得点や成績といった遂行の結果とは関連していなかった。著者たちが提案したいくつかの有力な説明の中では,これらの結果は,要求される内容とテストされる内容の対応不足,そして生徒がテストに方略を適用する能力の不足というものであった。後者の仮説は,意思的方略が遂行結果について最も予測力が高い可能性を提起するものだが,これらは研究者たちの方略質問紙には十分に示されていなかった。

意思的要素を直接的に問う尺度は,自己調整方略使用の他の指標との相関関係の中に位置づけられなければならない。ベンベヌティとカラベニック（Bembenutty & Karabenick, 1998）は,学生からの自己調整についての報告を得て,これらを「満足の学習遅延」の尺度と関連づけた。彼らは,学習の遅延を成功的な自己調整学習方略の使用によってもたらされやすい1つの結果として考えた。彼らの遅延尺度では,例えば,間に合った期限,図書館利用,同級生との相互作用,そして学習することについての報告を学生に求めた。高い遅延得点の学生は,より積極的な動機づけとよりよい方略使用を示したが,遅延得点と彼らがどのように時間を使い勉強したのかについての報告との間には強い相関が見られた。また,意思の要素が学業において重要な役割を果たしているという示唆もある。

就学に関連した意思についての最も直接的な尺度は,マッキャン（McCann, 1999）の学習の意思方略目録かもしれない。「私は私自身に……と話す」「私は……について考える」で始まる項目や「君はそれができる！」あるいは「それ

に取りかかって集中しなさい」で終わる項目が含まれている。各項目は，表6.1で示された方略が反映されている。マッキャンの論文では，246人の学生に目録を用いて相関分析を行っているが，課程の成績が認知的関心を通して高められること，換言すると意思的制御に支えられていることが見出された。

数少ない実験

　十分に計画された実験は少ないままだが，3つの実験的な研究が，教育における実験的研究で何が可能になるかを明らかにしている。

　シャピロ（Shapiro, 1988）は，大都市の大学の156人の数学補習学生を対象に学期縦断の論文研究を行った。実験のやり方は，これらの学生が補習コースの代数学の問題を改変したもので，特別に計画されたテキストを使った。テキストの初期の授業では，問題にさまざまな意思的ヒントのみならず方略的な問題解決の説明が付いていた。

　例えば，問題には，学生が与えられた情報に十分な注意を払うべきであるという考えだけでなく，効果的な問題解決アルゴリズムの提案が含まれていた。また，いくつかの問題には，もう1つの解決方法が提案されていた。そのような注意は，後の授業では「徐々に弱まった」が，テキストには学生が自分自身の努力や方策を記録するスペースが残されていた。テキストの宿題部分，基準参照の標準化された事後テストが従属変数の役割を果たした。

　テキストはランダムに実験群のクラスに割り当てられ，同じ指導者によって教えられる統制群のクラスでは，同一の内容を網羅する伝統的なテキストが使用された。教師の違いを統制した入れ子の分散分析は，すべての尺度で実験群が統計的に有意に支持される結果が示された（平均効果量は.40）。この研究は，生徒が基本的な代数の自己調整学習を特徴づける認知的および意思的方略を用いるようにテキストによって教えられるということ，そして，方略使用が高い達成をもたらすことを示した。

　シャピロは実験的な現場研究で直面するすべての障害を適切に処理し，また，支持的な結果を生み出した。さらに，彼女のほとんど知られていない研究は，方略使用がテキスト教授だけでも学習されるものであり，教師の介入は必ずしも要求されないことを示した。

　他の型の実験は，より頻繁に見られるものだろうが，知的なコンピュータ・ゲームの方略的なプランニングの知識および自己調整スキルの習得における適

性と教授法の交互作用について検討した。マンディナック（Mandinach, 1987）は，48人の中学生に「怪物狩り」という問題解決コンピュータ・ゲームによる時間外の教授を行った。生徒たちは①指導者による最小限の介入でゲームを探索するか，②指導者に案内されての実践と徐々に減少するヒントとともに最適の動きでモデリングを受ける，のいずれかに割り当てられた。

さまざまな認知－知的能力の水準を示す生徒たちは，ランダムに処遇を割り当てられ，数回の個人セッションに実験者とともに出席した。方略的プランニングや遂行を示すさまざまな過程や結果の測定は，コンピュータによって生成された反応潜時，エラー・パターン，ゲーム得点のような「確かなデータ」から，転写課題，質的フィールドノート，生徒のスケッチ，そして自然発生的な言語化までにわたった。潜時データと生徒の自己報告との組み合わせは，自己調整とその意思的側面の指標となった。

結果は，能力の高い生徒のほうが低い生徒よりもゲームでの測定結果および転写課題において有意に優秀だった。また，能力の高い生徒は概して能力の低い生徒よりも自己調整についてより多くのエビデンスが見られた。能力にかかわらず，すべての生徒は参加モデリング手続きにおいて最も良い成績をあげたが，この主効果は統計的に有意ではなかった。交互作用は，特に，能力の低い生徒がモデリングから恩恵を受けていることを示した。すなわち，発見学習において著しく彼らの成績は低かった。

これらのデータからマンディナックは，能力の違いがゲーム-プレイ教授からどのくらい利益を得られるかに影響を与えていると結論づけた。平均すると能力の高い学習者のほうが自己調整についてより多くのエビデンスを示したが，能力の高い学習者の中にも自己調整学習のエビデンスが見られない者もいた。しかしながら，マンディナックは意思的方略と自己調整学習の他の方略の頻度については比較しなかった。

この実験への追試において，マンディナックとリン（Mandinach & Linn, 1986, 1987）は，この課題の成績に基づき「スーパースター」と考えられる能力のより高い生徒を対象に質的な事例研究を行った。その結果，自己調整と方略的プランニング知識を大いに使用することが，これらの個人の作業努力を規定することが見出された。ゆえに，また，方略的な自己調整は，特定の学習課題を対象とした特別な教授方式により学習可能であるように思われる。

この研究は，**できる生徒**は自己調整学習方略をすぐに使用するという注意事

項を付け加える。「読むだけ」という教授方法は提供されていなかったので、シャピロの数学テキストに類似した誘導モデリング・コンピュータ・テキストがマンディナックの実験者主導の教授と同様の結果を生み出すのかどうかについては知る術がない。

実験の最後の型は、初歩的な作文に関するスカルダマリアとベライターによる一連の認められた研究で明らかにされている（Scardamalia & Bereiter, 1983, 1985, 1993）。この研究は、シャピロやマンディナックと同様に、教育における実験の現代的な型の典型例である。そこでは、教授処遇が特定の課題を遂行するのに必要な、根底にある認知的および自己調整スキルの分析に基づいている。また、シャピロやマンディナックのように、スカルダマリアとベライターは、筆記行動における熟達した自己調整にならった教授を提供し、徐々に援助を減らすことで結果を出した。

これらの著者たちは、プランニング、筆記行動、そして作文の書き直し段階における教授に焦点を当てた。教師たちは、最初は教師と学習者の相互作用により、後に生徒に「ひとり立ち」するよう求めて、各段階をそれぞれ分けて対処した。生徒たちは、アイデア生成や作文技術の改善の助けとなるような、こころの中で言うことのできる記述の例を受け取った。これらの記述の多くは、現実に自己調整的か意思的であった（Scardamalia & Bereiter, 1985）。生徒たちが作文課題を遂行する間の教授に続いて取得された、独り言のプロトコルは、方略使用のエビデンスを示した。実験群と対照統制群とで、生徒たちによって書かれた作文の質が比較された。

いくつかの関連する研究がここで引用された例の中で報告されており、そのすべてが記述されたような教授を受けた小学生が優れているという有意な効果を示している。プロトコルに示された方略の質、プランニングに費やした時間、そして産出された文章の質について正の効果が見られている。

自己調整スキルが学習可能である条件を提案している、記載されたすべての実験に共通する注目すべき成功的な教授方法がある。コリンズら（Collins, 1989）は、この種の教授法の例として、パリンスカー（Palinscar）、ブラウン（Brown）、スカルダマリアとベライター（Schoenfeld, 1985とともに）による研究を選び出した。他に、コーノ（Corno, 1987）は、「参加モデリング」（Bandura, 1977にならって）や「認知的見習い」（Collins et al., 1989）を含むこの種の教授法に与えられたさまざまな名称のいくつかをリストアップした。

［スカルダマリアとベライターの］成功には基本的な理由が2つある。第1に，彼らの方法は生徒が書くプロセスについての新しい概念を構築するのを促進している。当初，生徒たちは，書くということが知識を語る直線的なプロセスであると考えている。熟達したプロセスをきちんとモデリングして足場とすることにより，プランニングとやり直しを伴う，書くことについての新しいモデルを生徒たちに与えていく……。ほとんどの子どもたちがまったく新しい書くことについての見方を発見した。さらに，生徒たちが仕事中の作家を見ることは，あるとしてもまれなので……生きたモデリングは，苦心や誤った第一歩，落胆といったもの……を伝えることを促進する。モデリングはまた，生徒たちに，書くことへの一連の複雑な目標を展開し分解するときに，熟達した著述家たちはしばしば自分の思考を反省や探求の対象として扱うということを示す……。(p.13)

　結果は，自己調整が芽生えているということである。自己調整学習の意思的および他の側面がモデリングの存在によって学習可能かどうか，そして生きたモデルが年少の生徒たちにどの程度必要なのかは現時点ではわからない。

　自己調整学習のよりよい理解に寄与する研究の範囲と型，そしてそれが意思的制御とどのように交差しているのかについて明らかにしてきた。自己調整学習研究のこの初期世代にとっての基本的な問いは，「自己調整のどの側面が学習にとって最も問題となり，これらの中で最善のものを，ある生徒にとって有効であるものを，どうしたらその生徒に教えることができるか」であった。より能力のある学習者が学習課題を完成させるのに用いる過程に関する記述的研究は，この問いの前者について答えるのに役立った。第2部では，生徒が社会化やモデリングを通して自己調整的傾向を自然に用いて獲得する様子について探求することに焦点が当てられる。訓練や自然な教授によって方略を繰り返し教えるという最近の研究は，自己調整学習への同調を発達させるだろう。

教室における意思に関するその他のエビデンスの検討

　前節では，多かれ少なかれ間接的に自己調整学習の意思的側面に言及している研究について述べた。過去10年間における教員養成大学での私たちの研究は，教室での課題における意思的方略にまともに取り組んだ。私たちは，小さい標本研究の記述的データの微視的な分析から始め，実験的計画へと移行した。記述的研究における私たちの方法は，意思が成功にとって重要であるように課題変数を十分に制御すること，そして，課題を遂行するときに生徒によって用い

られる意思的方略についてのさまざまなエビデンスを探求することであった。私たちは，クール（Kuhl, 2000）にならい，さまざまな課題条件（すなわち，産物，操作，資源など；Doyle, 1983を参照）が生徒による意思の使用に影響を及ぼすと仮定した。

6週間にわたるある研究論文は，生徒たちが小集団で協同的に作業するときの同級生が気を散らすことについての分析を含んでいた。パナジオトポラス（Panagiotopolous, 1986）は，ブロンクスにある公立学校の教室で21人の5年生を観察した。生徒たちは，民族的に混合で，標準学力テストでは平均よりやや上に位置していた。

クールの意思を促す場面のいくつかは，本研究のための課題として立案された。すなわち，教師によって課題が命じられ，教師は，協同的な作業がもたらすあらゆる潜在的な妨害の中で，指示された時間内での完成を期待した。加えて，作業は生徒たちにとっておなじみのものであり，ほとほどに難易度の低いものであった（アルファベット順の配列，辞書の使用，算数などに関係する課題）。協同的な課題には，スレイビン（Slavin, 1983）の生徒集団学力測定法（Student Teams-Achievement Divisions）を用いた。そこでは，チームが協力してあらかじめ決められた目的に基づく題材を完成させる。スレイビンによって推奨されているように，チームは学力や性別，民族の指標に基づいてバランスがとられた。チームは30分のセッションで同じ題材を完成させ，その様子が録音され，後に書き起こされた。言語的なプロトコル・データは，課題遂行の過程のみならず，課題管理についても反映していた。

私たちの関心は，集団のときと，他の通常授業の条件下とで，生徒が与えられた課題を完成させるために意思的制御をどの程度使うのかにあった。目的は，もしあるとするならば，彼ら自身の経験を通して，すなわち，ヒントなしで生じるような，内面化されてきた方略がどのようなものかを調べることであった。そして私たちは，直接的な発達あるいは訓練を要求する他の方略を教えるための足場として情報を用いたいと思った。

研究に先立って実施されたテスト・バッテリーは，分類装置として使われた。私たちは，分析的推論のテスト（Raven, 1958），そしてカリフォルニア学力テスト（CTB／McGraw-Hill, 1977）の言語的下位尺度と数学下位尺度を用いて，生徒の一般的知能の2側面を測定した。加えて，動機づけの指標を得るために，私たちはハーター（Harter, 1979）の児童用・認知されたコンピテンス測定尺度

（Perceived Competence Scale for Children）の認知的コンピテンスと一般的コンピテンスの下位尺度を用いて認知されたコンピテンスを測定した。

これらのデータの2つの主要な側面は重要なものである。データのいくつかは，教室での研究から得ることのできる意思についての他の形態のエビデンスを示すために詳細に記述された。

最初に，6つすべての協同的なセッションからのコード化された逐語録は，生徒たちが集団で作業する様式を反映したカテゴリーにデータを分類するために用いられた。独立したコード化担当者の一致率は，「主要な課題」と「選択的な課題」とに分類する場合には100％に達した。「主要な課題」での発言を「管理」と「完成」活動に分類する場合の一致率は92％であった。**課題管理**活動には，課題を完成させるために情報を追跡，収集したり，自分や他の生徒たちをそれぞれの役割に沿って動かしたり，進展を確認したり，注意散漫を処理したり，自分自身や他者を動機づけたりするような意思的制御を含んでいた。**課題完成**活動には，算数の課題で大きな声で引いたり足したり，アルファベット順に配列する課題でアルファベットを声に出して復唱したりするような，課題を実際に遂行する動きが含まれた。第3の主要な課題のカテゴリーは，ある生徒が他の生徒を教えている時間の量を示すもので，**教授**として定義されたが，これもまた意思的機能を果たすものである。

私たちは，言語と算数の課題におけるすべての協同的なセッションに占める言語的な活動の平均的な割合を算出した。生徒たちは，20％から25％の時間，選択的な課題に取り組み，他の誰かに教えるという時間は5％以下であった。両教科の主要な課題の大部分は圧倒的に管理活動であった。生徒たちは，平均して全時間の3分の2を目前にある課題管理に費やした。課題を完成させる言語化された動き（生徒たちは答えを声に出して言うよう特に求められた）は費やされた時間の5％から9％で，算数において割合が大きかった。

興味深いデータの第2の側面は，意思的制御を反映した言語プロトコルの部分である。私たちは，クール（Kuhl, 1985）によって示され，表6.1にまとめられた意思的方略の使用を例証する部分を見つけるためにプロトコルを選択した。私たちは，カテゴリー化で合意に到達するまで発言を何度もコード化した。目的は，生徒たちが集団場面において与えられた課題をこなすのに意思的制御を用いることを示すことだった。

私は，私たちが確認したエビデンスの種類を明らかにすることから始め，そ

第6章　自己調整学習の意思的側面

して，生徒たちが協同的に作業しているときに担う重要な役割のいくつかについて議論する。私たちのデータは協同的な学習活動における**課題名人**と**教授者**という役割についてのさまざまな見方を提供する。私たちは，それぞれの生徒の認知的能力および認知されたコンピテンスについてのデータを持っているので，私たちはどのようなタイプの生徒がこの場面で意思的制御をより使用する傾向にあるのかについても調べる。これは将来，意思的制御における個人差についてのより包括的な検証のための仮説に終わるのかもしれない。

エビデンスの種類

算数における代表的な発言からの切り口は，生徒たちが課題を遂行するためにいくつかの意思的方策をどのように用いたかを示している。集団は，課題への解答用紙を与えられ，お互いにチェックし助けるよう告げられた。そして問題は，チェックすることや単に助けることとは別に，課題管理へのどのような手続きが観察されるかである。

　　ア　ン：さぁ来てよ，やろうよ。やるよ。
　　ポール：いいよ。8×5は……
　　ハニー：5×8は……
　　ポール：40だ。
　　ア　ン：彼に言っちゃダメ。彼は自分でやらなきゃ。
　　ハニー：了解。
　　ア　ン：5×8は……
　　ポール：……40
　　ポール：40だ！　正解。正解！
　　ア　ン：もちろん！
　　ポール：5×1は5足す4は9
　　サ　ル：10の位で四捨五入しなくちゃ。
　　ポール：そうだ
　　サ　ル：0×5。0×5は何だ？
　　ア　ン：どうやったら900になる？
　　サ　ル：10。0。
　　ポール：知ってるならどうして僕に聞くの？　どうやったら900になるか知らないんでしょ？
　　ア　ン：わからない。ちょっと待ってて。パナジオトポロス先生！　私はこれがわからない。全部やった。

サ　ル：ハニーはどこ？　ハニー，答えわかった？　見せて……
パナジオトポロス先生：あなたたちのグループで答えがわかったのは誰？
サ　ル：彼女。
ア　ン：私。
ハニー：私。
ア　ン：私の横に座りたい？
ポール：いや，君の答案用紙をちょうだい。
サ　ル：ポール，君はわかる。君はそれがわかる。ポール。
ポール：わかる。でも……2つを合計するのを忘れた。
サ　ル：まいったなぁ。君は5番。やれやれ，僕はやっと6番だ。
ハニー：やめたほうがいいよ，サル。
ア　ン：8×6は？　もちろん，48。どうして私に聞くの？　どうして自分に尋ねないの？　指で数えなよ。わぁ，私はこれがすごく嫌いなの。
ポール：ぼくはそれがすごく好き。おぉ，これはすばらしい。
ア　ン：私はそれが好きだけど，それが嫌い。

　この経過は，環境制御の優勢を示している。自分たちが課題に取り組み続けるために，同級生の制御がここでポール，サル，アンによって用いられている。この生徒たちは，他者を受け流すことによって自分自身の時間をうまく守っている（「どうして私に聞くの？」）。解答用紙を手にしていることは，自分自身の作業を確認する1つの方法である。ポールは，自分自身を動機づけるために，成功的な結果の知識を用いている（「正解！」）。アンもまた，（彼女自身を含む）みんなに作業をするよう説得するときに情報処理制御を用いている。アンの発言は，自己帰属，計画された教師制御，そして感情制御を示している。

　生徒たちが集団で一緒に作業しているとき，お互いに進み続けるために，たくさんの異なる技法を用いている。これらの技法のいくつかは，他のものよりも励みになるものである。情報のフィードバック，自己帰属，そして課題への取り組み方についての具体的な提案を用いることはすべて自分自身と他者を動機づける建設的な方法である（Brophy, 1998）。何人かの生徒は，これらの技法を集団の中で自発的に用いた。

　アンは，動機づけの道具としての自己帰属，感情制御，そして教授を用いたが，彼女は事前テストにおいて平均的な能力と高く認知されたコンピテンスを示していた。ポールは，能力測定においては高得点だったが，認知されたコンピテンスは低かった。ポールの行動パターンは，自分を動機づけ，感情を課題

へと向け，そして同級生を制御しようと試みることであった。サルは，同級生制御も証明したが，能力では平均的で，認知されたコンピテンスは低かった。

　発言の他の部分を見渡して，同様のパターンや他の顕著な関係を探すことを除いて，個人差についてこれらのデータから見出されることはほとんどない。認められるパターンは，将来の調査のための仮説を形成するために利用できるだろう。より直接的に推測されることは，集団作業の中で数少ない何人かの生徒に用いられた方略が，他者によって自発的に観察され，モデルの観察による代理学習への可能性が創られることである（Bandura, 1986）。また，行き詰ったり，気後れしたり，あるいはネガティブな感情が表現されたりするときに，生徒がさまざまな動機づけ的発言を自分自身にするのを援助するようプログラムされたコンピュータを想像することもできよう。

協同学習における2つのリーダーシップの役割：自分自身の学習を保証する能動的な段階

　算数の録音記録からの2つめの抜粋は，違う様相を描いている。本節では，私たちが「課題名人」として言及したリーダーの役割をハニーが引き受けている。彼女は一生懸命に集団を前へ進めようとする。

　　　ハ　ニ　ー：（集団に向けて）彼が全部やるの。全部やって。最初にやって，いや，最初の行をやって，そして君がそれをチェックして。いや，あれはやらないで。最初の行をやって。いい？
　　　ミシェル：それでいいよね？
　　　ハ　ニ　ー：5は4：2, 5；3, 1。正解。今度はそれをやって。私が言った全部の行をやって。君チェックした？
　　　フィリップ：うん。
　　　ハ　ニ　ー：本当に？　全部あってる？
　　　フィリップ：1つ1つ。
　　　ハ　ニ　ー：それをチェックして。いい？これは間違い。
　　　フィリップ：あぁ，それは間違い。
　　　ミシェル：ちょっと待って。最後のところだけやらせて。
　　　ハ　ニ　ー：急いで，急いで，急いで，急いで。
　　　フィリップ：間違ってないよね？　チェックした？　いや，君はチェックしなかった。
　　　ハ　ニ　ー：これから数字を言って。最初から始めて。数字を言って，彼はそれが合っているか間違っているかを見るの。いい？　違う，違う，違う，違う！　このように，よく見て。やっかいなことになるから，

何も言わないのはやめよう。(ハニーはちょうどミシェルに2つの問題に答えさせた。)

　ハニーの行動についての１つの解釈は，それが権力者の振る舞い方に似ているというものである。権力者は，何かをやらせるために，おだて，しつこく言い，命令し，罠をかけ（「本当に？　全部あってる？」)，そして手本を示す（「このように，よく見て」)。親，教師，そして雇用者は，しばしばこのように行為し，そしてハニーはそれをよく学習してきた。彼女は，権威的な役割に置かれたときに，それを私たちに繰り返し示している。ハニーは能力的に高く，認知されたコンピテンスは平均的であった。

　子どもたちは，親や他の権威ある人物によって示された動機づけ制御を内面化し，自分自身の課題を管理するときにそれを自分で思い出す（Xu & Corno, 1998)。確かに，何人かの研究者は，意思的制御の開花に必要な発達的経験として社会的相互作用を考えている（Wentzel, 1991)。しかしながら，ここで最も重要なのは，**他者を管理することによって，ハニーもまた自分自身を管理している**という事実である。課題管理における彼女の積極的な努力は，彼女自身の集中しようとする意図を守る。あなたがその課題名人であるならば，気を紛らすのは容易ではない。

　将来の研究に向けての２つの興味深い問いは，次のようなものである。すなわち，生徒たちは，権威ある人物や年長のきょうだいとの初期の社会的相互作用から，どのように意思を学習し，あるいは発達させるのか。そして，親と教師は，おだてたり，しつこく言ったりするよりも，どの程度，動機づけ制御というより好意的に世話をするやり方を子どもたちに強調するだろうか（すなわち，誘因増大，帰属，教授)。ノッディングス（Noddings, 1984）は，教師は教科内容を教えると同時に，動機づけの世話的側面の見本を示すことができると主張した。この提案は体系的な調査にふさわしい。

　また，私たちの研究での録音記録は，私たちが優秀な「教師」と見なしている生徒たちの例が示されている。他者を援助するということは，協同学習の倫理の一部であるので，何人かの生徒は，自然に教えるという役割を引き受けている（Webb, 1983, 1992)。課題名人の役割と同様に，協同学習の中で教える役割を担うことは，生徒にとって集中力を守るもう１つの積極的な方法である。全員が課題を理解して完成させる行為に取り組むのを保証するということは，

第6章　自己調整学習の意思的側面

同時にその人自身の理解と貢献を保証する。確認されたこれらの「よい教師たち」によってなされた発言の綿密な検討により，協同学習の中で積極的な役割を取得することからまた，自分自身の学習をどのように保証するのかについてのもう1つの例が得られる。

　シュプレサは，平均的な能力と平均的な認知されたコンピテンスを持つ女の子だが，他の人たちからよい先生だと言われた。以下に示すのは，算数と国語の時間におけるシュプレサの教授例である。

　　シュプレサ：待って，待って，あなたそれ間違ってたよ。
　　ハ　ニ　ー：私のこと？
　　シュプレサ：指示では，あなたがやらなくちゃ，あなたが自分の評価を書いて何役もこなさなくちゃ。そしてあなたが答えを書かなくちゃ。
　　ハ　ニ　ー：その通りにやったよ。まったくその通り。
　　ジャッキー：ちょっと，話をやめて。
　　シュプレサ：いや，あなたが四捨五入して，あなたが百の位で四捨五入して。
　　ハ　ニ　ー：あなたがチェックして。
　　ミシェル：8×5は？
　　シュプレサ：あなたはそれを知ってるでしょう，ミシェル。5の段は一番易しいでしょ。それは40，いい？　あなたはここの一番右にゼロを書かなくちゃ。オーケー，それから。1×5。
　　ミシェル：1×5。
　　ハ　ニ　ー：シュプレサ，私に解答用紙をちょうだい。先生が間違った。
　　シュプレサ：彼女が，えーと，4で間違ったのはわかってる。
　　シュプレサ：あのね，静かにしてもらえる？　私はそれを彼女のためにわかりやすく書いたの。8×3は，だから，私は38って書いたの。8＋8は16……。
　　パナジオトポロス先生：もしかしたら，あなたがあちら側に座っていたから，彼女はあなたの手書き文字が見えなかったのかもよ。
　　ミシェル：あなたができない8と7。オーケー。
　　シュプレサ：どうやってそれをやる？　どうする，どうやって25にする？
　　パナジオトポロス先生：よい先生！　ワオ！
　　サルヴァトア：4。6。シュプレサはいい先生だ。あなた聞いてた？
　　シュプレサ：オーケー，ミシェル。オーケー，聞いて。あなたは全部やらなくちゃ，あなたがやらなくちゃならないのは全部足し算。あなたは1万の位を評価して。もし書いてあったら，聞いて，えーと，もし書いてあったら，もし6000みたいに書いてあったら，そしたら10の位では

評価できないから、ちょうど6000のままにしておかなくちゃ。

そして言語の授業では：

シュプレサ：ここに来て。私が手伝うよ。あなたはわかる？
ダ イ ナ：わからない。
シュプレサ：オーケー、ここに来て。ここに座って。
シュプレサ：ここに来て。ほらね？　あなたはわかる。shwaという発音。
サルヴァトア：（息を呑んで）解答用紙取った？
ダ イ ナ：シュプレサ、これはnitそれともnight？
シュプレサ：あなたには教えられない。
サルヴァトア：Night。彼女は長音のIとか全部知らないんだ。彼女は……
シュプレサ：あなたはここを見渡さなきゃ。見なくちゃ、そしたらわかるよ、あなたはそのことがわかるよ、うーん、オーケー。
サルヴァトア：それをやってるよ。
シュプレサ：書いてあるよ。ここでわかるでしょ。shwaという発音。shwaはこういう感じ。shwaはどこにある？　それはどこ？
サルヴァトア：あなたはいい先生だ。（シュプレサが笑う）
シュプレサ：オーケー。ジョウゼフ、なかなかよかったよ。あなたは何をするかわかってる？　アドリアノ？
アドリアノ：何だって？
シュプレサ：もう終わったの？
アドリアノ：まだ。
シュプレサ：焦らなくていいよ、ゆっくりどうぞ。

　数学の最初に、シュプレサは結果の知識を使い、ハニーの行為を制御するために教授を指示する（「待って、間違ってたよ。指示は……」）。その際、彼女は課題の指示を自分に繰り返す。その後、ミシェルの質問に答える中で、シュプレサは最初に帰属について注意している（君はそれを知ってるでしょう）が、すぐに課題を単純化する（課題制御）いくつかの具体的な指示を提案し、次の項目に進むようミシェルを勇気づけている。ハニーが解答用紙を要求するとき、彼は先生の誤りを疑ったため、シュプレサは彼に先生が**すでに自分自身で誤りに気づいている**ことを示す。

　この動きは、シュプレサが選択した教授役割に加えて、彼女を権威者として位置づけるものである。他の生徒のために課題を単純化して制御することは、この場合もやはりエビデンスとなる。すなわち、シュプレサは「私はそれを彼

女のためにわかりやすく書いたの」と言い，この理由を示している。これは課題を単純化する方略の手本を示しており，ゆえに他の生徒たちに制御を得るための手段例を提供する。教師もまた周囲の環境を変える（この場合もまた制御を得る）という発想を提案している。言語科目からの引用は，シュプレサのモデリング，自己確認，課題の単純化，誘因の使用（「こっちに来て，手伝うよ……」），指示の繰り返し，そして正の強化の提案を示している。

さらに，これらの重要な教授行為は，他の生徒たちが使うことのできるモデルを提供し，同時にシュプレサ自身の関与を保証する。もし，より多くの生徒たちが協同学習において「課題名人」や「教師」になることを学習できるなら，課題志向的行動において横道にそれることはもっと少なくなるかもしれない。これは，すべての生徒がリーダーにならなければいけないということを提案するのではなく，むしろ教室に1人よりも多いリーダーがいること，そして協同学習におけるリーダーシップの役割は，他者のみならず自分自身の課題関連行動を守るという意思的機能を果たすということである。

意思の個人差

私たちは，個人差については本研究のデータに基づいて推測することしかできない。協同学習においてリーダーシップの役割を引き受けた生徒たちの調査では，あるパターンが浮かび上がった。対象となった21人の生徒のうち6人が，課題名人か教授者の役割を一貫して引き受けている傾向にあった。例えば，ハニーとアンは，観察されたすべての活動において課題名人であったし，シュプレサとルイスはいつも教授していた。これらの役割を引き受ける傾向は，私たちのデータ——6人の生徒たちは，すべての能力水準に渡っていたが——では能力尺度との間に相関が見られなかった。しかしながら，協同学習についての先行研究（Webb, 1992）では，能力の低い生徒よりも高い生徒のほうが，より援助行動や教授を示すことが見出されているため，この知見については何とも判断できない。

私たちの研究で観察された6人の生徒たちを平均すると，認知された自己コンピテンスは高かった。協同学習において課題名人あるいは教授者の役割を引き受けることは，ゆえに学校において成果を挙げるための認知された能力と関係しているのかもしれない。これは，クール（Kuhl, 2000）の理論から直接導かれる1つの仮説であるが，認知された能力を意思的制御のための一条件とし

て仮定するのである。例えば，効力と意思的制御の関係は曲線的かもしれないが，これは理論的に筋が通っている（Stanford Aptitude Seminar, 2002）。与えられた課題や状況に対する効力あるいは個人的な自信については，過剰でも不足していても潜在的に不利益をもたらすので，最適の量が必要であろう。私たちは，データにおいて「教授者」のプロフィールと「課題名人」のプロフィールが異なることをここでは指摘していないが，これもまた，将来の研究に向けての興味深い問いの1つであろう。

　私たちの個人差についてのデータは，教室研究において得られる典型的なものである。すなわち，認知的能力と自己概念についての標準化された尺度である。クールの行為志向尺度をこのデータベースに加えるのは興味深いだろう。クール（Kuhl, 1982）は，属性尺度とテスト不安そして達成動機の尺度との間に $r=.20$ 台の正の相関を見出した。行為志向尺度は，意思の行動的指標に関連するパーソナリティ要因を引き出すことを明確な目的として計画されているので，その妥当性は教室での課題における意思的方略使用を予測すると，他の尺度の妥当性を上回るだろう。教室あるいは学習課題に関係する項目だけを含んでいて，若年層への使用に対する信頼性と妥当性のある行為志向尺度の改訂版は，役立つだろう。私たちの小さな標本において，リーダーシップの役割を引き受けた生徒たちの知識に基づくと，私たちが測定した個人差の尺度よりも行為志向性のほうがこれらの傾向を予測することが期待される。

　例えば，教室実験では，生徒のACS得点とさまざまな成績水準でのさまざまな学習課題下における成績との関係を調査することができる。課題については，いくつかの実験で行われてきたように，決意の葛藤を作り出すよう計画あるいは選択することもできるだろう。クール（Kuhl, 1981）にならって，研究者がさまざまな条件下（例えば，難易度，興味あるいはサポートの点で課題がさまざまに変わる場合）で生徒たちの意思的制御の相対的な使用を観察しながら，異なる志向水準の生徒たちに声に出して考えることを求めるということも考えられる。妥当な行為制御尺度もまた，非認知的データでの標準化テストを増やす有益な方法だろう。

　本研究から得られたデータは，意思についての1つの視点を提供する。個人の意思は，1人で作業するときに比べて，協同的な課題を完成させる上ではそれほど重要ではないかもしれないが，ここで見てきたように，協力し合うことによって生徒たちは各自の努力を守ることが可能になる。作業を終わらせるの

に利用可能な人がいなくて，自分自身しかいない場合（課題が外的な力によって制御されない場合）に，意思への欲求が最も喚起されると推測したくなる。それにもかかわらず，私たちは同級生の作業がもたらすさまざまな注意散漫を見てきた。すなわち，本研究での生徒たちは，協同グループでの課題を完成させることに等しく向かっているわけではなかった。「選択的課題」としてコード化される多くの冷やかしがあり，それはこれまで他の過程に焦点を当てた研究では「課題から離れること」としてコード化されてきた。

言語プロトコル・データの大きな限界は，最も表現力のある生徒が方略使用を示す人になるということである。ジマーマンとポンス（Zimmerman & Pons, 1986）は，各生徒に方略使用の**頻度**を尋ねた面接プロトコルに4段階の評定を付けることによってこの問題を処理した。この測度は，面接で言及された方略の数よりも生徒のパフォーマンスをよりよく予測した。コンピュータもまた同様の評定を導き出した。

協同場面の録音記録における言語的バイアスを克服するために，刺激再生面接が用いられる。例えば，録音テープは，言葉の流暢さの異なる生徒たちの発言に戻って再生できる。面接では，セッション中の彼らの思考について尋ねている。このデータ収集方法は，大きな労働力を要する。しかしながら，スー（Xu, 1994；Xu & Corno, 1998を参照）によるもう1つの論文では，保護者と一緒に宿題をしている3年生のビデオテープに続く刺激再生面接が効果的に用いられている。保護者と子供たちは宿題によって生じたストレスと緊張についてさまざまに解釈し，ビデオテープによって，保護者が援助しようとするやり方について説明するよい機会をもたらした。いくつかの事例では，子どもたちが保護者による意思的制御のモデリングを内面化し始める明確なエビデンスがあった。

さらに，意思的制御が実際の教授環境や宿題をするというような強制状況においてどのようにして自然に発達するのかについての研究が必要とされている（Corno, 1994; Turner et al., 1998）。例えば，ブロックとルトケンハウス（Bullock & Lutkenhaus, 1988）は，研究室での遊びや作業における幼児の意思的発達について検討した。その結果，子どもたちが3歳に達すると，遊びにおいてさえ，意思関連行動における予想された変化が見られた。意思的制御における子どもたちの成長は，自己関与，総合的な自己調整，そして認知的変化と正の関連を示した。

現在進行中の重要な研究課題

　学業における意思の次世代的な研究には，いくつかの議題項目がある。教室での課題と生徒による意思的制御の機会を利用可能にする状況の範囲についての地図作成が必要である（Mischel & Shoda, 1998）。生徒たちは，個人で作業する場合，すなわち協同管理がない場合において，意思的過程を用いるかもしれないし，用いないかもしれない。課題のいくつかの特徴は，他のそれよりも意思を要求する。例えば，生徒にとってほとんど内発的興味のない課題は，完成させるのが困難だろう。退屈になるか，そうでなければ，課題を完成させないことがどういうわけか強化されるだろう（Wolters, 1998）。研究は，さまざまな教室課題における意思的制御の有用性を示す必要がある。

　また，言語によらない遂行に基づく指標（Pressley et al., 1995を参照）を含めて，教室での方略使用の最も適切な測定方法を学ぶために，ジマーマンとポンス（Zimmerman & Pons, 1986）のような研究を追試する必要もある。マンディナックのような研究は，いくつかのすばらしい手がかりを提供している。すなわち，マンディナックは，生徒たちにコンピュータ・ゲームについて学んだことを（この場合は研究者に）教えるよう要求した。このようにして，生徒たちは皆，言語的なエビデンスに傾くことなく，遂行でエビデンスを示した。

　頻発する話題は，意思的方略の使用によって高い信頼度で予測可能な重要な教育的結果であった。課題従事と課題の適時完成は，本書における多くの他の章で記述されている意思的管理の重要な結果である。20年以上前，教室研究は生徒の取り組みと学力との間に強い関連があることを実証した（Berliner, 1979）。教室における意思的制御には，他にどんな感情的および認知的利得があるだろうか（Rohrkemper & Corno, 1988; Stanford Aptitude Seminar, 2002）。また，マイナス面は何だろうか（McCaslin & Good, 1996）。

　どうしても必要なのは，教育的活動領域における意思の，より多くのよりよい実験的操作である。私たちは，クール（Kuhl, 1981）が，学校の子どもたちの中で大人と一緒に行ったように，容易に行為志向性を誘導することができるだろうか。自然な教室場面において，問題解決中に声に出して考えてもらうよう頼むことは効果的だろうか。コンピュータが使用者に自己強化するよう思い出させたり，過剰に時間が経ったときに次の項目に進ませたり，あるいは反復

させたり，自己確認させたりといったことをするようプログラムされるという提案はどうだろう（Scardamalia & Bereiter, 1993）。そのような仮想の保護者にさらすことが生徒の学習にどんな効果をもたらすのか。この種の意思的モデリングは後の使用のために内面化されるのだろうか。意思に欠ける生徒たちはこれらの条件下で学ぶことができるのか。あるいは，困難な条件下で意思的方略を示す人間モデルとの社会的相互作用は，何人かの学習者にとって重要であるのか。

トラウィック（Trawick, 1990）による私たちの計画に基づくもう1つの論文は，地方短期大学の治療カウンセリングプログラムにおける学生を含んでいた。彼女は，学生たちに学業課題の管理を援助する肯定的な自己発話と環境制御を教えた。彼女は，最終試験に直面した場合，夕食でのデートか宿題を選ぶ場合，授業で集中力が途切れた場合などになすべきことを役割演技した。これらの役割演技場面は，学習された方略を評定する測定手段であるだけでなく，意思的方略の使用を教授するための手段である。しかしながら，すべての学生が等しく利益を得たわけではなかった。

さらなる研究では，ランディと私（Corno & Randi, 1999; Randi & Corno, 1999）が，小学生と中学生のために意思を必要とする教室での課題を計画した。自己調整学習を教えるための私たちの「カリキュラムに埋め込まれたアプローチ」は，冒険ジャンルの固有のメッセージあるいは文芸の「旅行物語」と，意思の現代的概念との互角の取り組みに集中する。将来の研究では，教師は生徒における学習的意思の知的な理解を発達させようと試み，そして研究計画は高い要求水準の課題と低い要求水準の課題を体系的に変化させることになるだろう。

結論

本章では，自己調整学習の概念における意思の役割を特徴づけた。意思は人によって異なる傾向性を持つ。多くの学校場面は意思を要求する。そして意思的制御は教育の重要な産物の1つである（Corno, 2000; Stanford Aptitude Seminar, 2002）。意思的側面は自己調整学習についてのほとんどの評価や現存する研究において潜在的なものであるが，意思のエビデンスは，理論的にも経験的にも，これまでよりも明確な注意を向けられるに十分なほど重要である。

私たちは，明確な概念と統合により科学的理論を充実させる。さまざまなよりよい評価手続きや相互作用する類似した概念間のより説明可能な関係についての展望は，研究をおもしろくする。結局のところ，学校における認知行動療法や認知情動的方略訓練のような効果的な介入の共通基盤を理解することによって，教育成果におけるいくつかの重要な課題を説明し改善することが可能になるのだろう。同様に，動機づけについての社会的認知理論と自己調整学習における意思の理論とのよりよい統合に達することが重要である。

　意思的制御の領域では，実証的な示唆が豊富である。意思的方略を意識的に用いることによって，個人は自分が考えた最良の計画を——すなわち，その計画が大学院のコースを教えたり子どもたちを育てたりする間に研究者が論文を生み出すものであろうと，他の関心事が大きくなってきた場合にも学生たちが教師の研究課題に追うことであろうと，また，教師が注意をそらすマンネリを改善しようとすることであろうと——守ることができる。私が意思についての理論と研究について聴衆に語るとき，私は人々が自分自身の意思的能力を改善したいのだと感じる。すなわち，彼らは意思的スキルに磨きをかけ，より処理能力の高い人になりたいと切望している。私たちは，未来の研究が彼らにその方法を示すのを期待している。

第7章
自己調整学習と学力：
ヴィゴツキー派の見方

メアリー・マッカスリン
(Mary McCaslin)
University of Arizona
ダニエル・T・ヒッキー
(Daniel T. Hickey)
The University of Georgia

　本章では，第1に，1920年代のソヴィエト連邦にヴィゴツキー理論が興った文脈について概説する。なぜなら，社会的介入や意識の歴史的性質についての理論は，歴史的見方を必要とするからである。第2に，ヴィゴツキー的観点に含まれる3つの相互に関連した事柄，すなわち，言語の多機能性，内面化過程と変化の性質，そして方法論と分析単位に焦点を当てる。第3に，現代の教室研究を組織化し，教室研究における社会構成主義者の準拠枠に現れるような問いや方法論を説明する1つの方法として，共同調整学習のモデルを提唱する。

ヴィゴツキー派理論の歴史的文脈

　ヴィゴツキーの着想は，革命後のロシアに存在した独自の状況の産物であり，彼を「文化史におけるかつてない人物の1人」にした（Werstch, 1985, p.1）。西側の教育者たちによるヴィゴツキー派の実践のすばやい受容は，彼の諸概念が容易に理解され，現代の教育的目標に全体的に矛盾しないことを示している。しかしながら，ダヴィドフとラジコフスキー（Davydov & Radzikhovski, 1985）は，「ヴィゴツキーによる説明の外観的単純さの下には，深い言外の意味が隠されている。ヴィゴツキーの着想の特殊性を分析するためには，遠回りしなけ

ればならず，当時のソヴィエト心理学の一般的な文脈から始めなければならない」（p.35）と指摘した。

　ヴィゴツキーはマルクス主義者を自認しており，彼の理論は社会変化に対してマルクス主義的分析を駆使しようという顕著な試みであるので，ヴィゴツキーについての議論には，マルクスについての議論が必然的に含まれる。確かに，ヴィゴツキーはマルクス主義心理学の開拓者であった。したがって，ヴィゴツキーの諸概念が現代的文脈に高い「表面的妥当性」を持つ1つの理由は，ある意味において，西側の実践における多様な反復によってそれらが「浄化されている」からである（Bruner, 1984）。

　言語，意識，そして変化の過程に関するマルクス主義の3つの見解が，ヴィゴツキーの思考における中心的な役割を示唆することが手短かに議論されている（Vygotsky, 1962, 1978）。1つは，人が自然を変え，そうすることで自分自身を変える手段としての人間の労働と道具の使用というエンゲルスの概念についてのヴィゴツキーの労作ということである。エンゲルス（Engels, 1890）による人間の進化についての理論は，人間の活動と協同的労働の必要の結果として言語が発達するという提案であった。ヴィゴツキーは，書くことや数字などを含むより広い記号の使用を含むところまで，この概念を拡張した。エンゲルスが考えたように，働くための道具の使用が人類を変えたのと同じく，記号の使用は人類を同じやり方で変えている。つまり，記号の使用は，人間を動物から区別するものである（さらなる議論には，Slobin, 1966を参照）。

　第2に，マルクスは，質的変化の原因となる小さな量的変化が徐々に蓄積された結果である人間の脳の特性として，意識を定義した（Gray, 1966も参照）。さらに，意識は経験の積極的な構築者であり，行動を組織し制御する。それは，特定の状況から個人を解放する行動を制御する能力である。自己調整によって，社会的に意味のある行動ができる。人は，差し迫っていない目標へ向かう行為を予想し，計画し，方向づけることができる。マルクスにとって，実行する**前**に一連の行為を計画し，想像し，練り上げるというこの能力は，人間に特有のものであった（Marx, 1867を参照）。

　ヴィゴツキーの見方に影響を与えたマルクス主義の第3の基本的見解は，ヘーゲル（Hegel, 1949）によって最初に進められた弁証法的過程である。弁証法的方法は，運動（あるいは進歩）が対立物との葛藤の結果であるという考えのことである。それゆえに，弁証法は，矛盾が融合しより高次の真実へと上昇す

第7章　自己調整学習と学力：ヴィゴツキー派の見方

る過程である。弁証法は成長を含む。テーゼ，アンチテーゼ，統合の階層的な順序づけがある。ヘーゲル自身はこれらの用語を避けていたが，この用語は彼の概念を理解する上で有用である。**テーゼ**は，ある着想あるいは歴史的運動である。この着想にはそれ自体の内に対立あるいは**アンチテーゼ**，すなわち葛藤する着想あるいは運動を引き起こす不完全性がある。葛藤の結果として，第3の見方が生起する。統合である。これは，テーゼとアンチテーゼの両方を包含したより高次の真実を調和させることで葛藤を乗り越えるものである。マルクスとエンゲルスによって拡張されたように，それは世界を解釈するだけでなく，世界を変える方法をも知らせている（Marx, 1844; Marx & Engels, 1888）。

1917年の十月革命の余波の中で，新しいソヴィエト政府は大規模な改造という課題に直面した。そして，ほとんどの知的あるいは科学的エネルギーが社会主義的理念の推進に向けられた。革命時には，体制の完全な否定が新しい体制となる。しかしながら，ソヴィエト連邦では，ここで描かれたマルクス主義の理論が具体化したために，状況はより複雑であった。その理論は，新しいソヴィエト人の特性，**新しいソヴィエト的人間へ教育**するために，膨大な農民層を再教育するという課題に直面した新しい政府にとって，明白な魅力であった。新しいソヴィエト的人間は，変化を推進しながら，その急速な変化に対処することが必要だったのである。

私たちは，レニングラードでの第2回精神神経会議における1924年の舞台にいるヴィゴツキーにさかのぼる。当時の一般的な心理学的視点は，主観的経験に関心を向けていなかった。それにもかかわらず，ヴィゴツキーは，条件反射と人間の意識的行動の関係についての口頭発表によって支配的な見方に挑戦した。「科学的」心理学は意識という「事実」を無視できないと主張しながら（Wertsch, 1985），ヴィゴツキーは「高次そして低次の精神機能の関係を強調し，説明原理として"社会的に意味ある活動"をする」発達的な「非反射神経学的科学的心理学」を熱心に支持した（Kozulin, 1986, p.xvii）。

彼の1924年の強い発言によって，ヴィゴツキーはモスクワの心理学研究所に参加を要請された。彼のそこでの共同関係，すなわちルリアと**トロイカ**と言ったルリアとレオンチェフとの関係は，10年後のヴィゴツキーの死まで続いた。この間，ヴィゴツキーは，しっかりしたマルクス主義の視点から，学習の社会的介入と意識の役割についての考えを練り上げた。ルリア（Luria, 1979）は以下のように振り返っている。

……ヴィゴツキーの手により，マルクスの分析方法が私たちの方向性の形成においてきわめて重要な役割を果たした。マルクスに影響を受けて，ヴィゴツキーは，より高次の形態の意識的行動の起源が，その個人の外界との社会的関係に見出されると結論づけた。しかし，人は環境の産物であるだけでなく，その環境を創造する積極的行為者でもある……。私たちは，言ってみれば，人間に特有な心理的活動の形態の起源を発見するために，有機体の外側へと踏み出さなければならない（p.43）。

　そのようなわけで，「有機体の外側」へ出ることによって，ヴィゴツキーは，誕生においてのみ支配的だと考えていた生物学的過程を越えて，個人の経験の調整を検討した。経験は社会的に構成された課題や道具を表している点で文化的なものであり，今日**意味的知識**（言語に基づく情報），方略と手続きの**学習を学習すること**（例；リハーサル，同化），そして**メタ認知的覚醒**（認知的方略の意識的なモニタリング）と呼ばれているものの「貯蔵庫」を示している点で歴史的なものである。ルリア（Luria, 1979）は，この貯蔵庫について，「……現在において過去を分析でき将来において完全にする，大きく拡張された人の力」を持つ（p.44）と論じた。ルリアが思い描いていた心理学の範囲と，1980年代から教育心理学を支配してきたメタ認知の機能についての冷静で境界のある情報処理の理論家たちによる議論との対比は，ソヴィエト心理学の社会－政治的文脈に対するある印象を読者にもたらすかもしれない。

ヴィゴツキーの言語理論

　言語の進化に関するエンゲルスの理論は，伝達的社会的言語は人間の労働から発生し，人間の労働とともに発達し，そして人間に特有である——すなわちそれは人間を動物から区別するものである，と仮定した。同様に，パブロフ（Pavlov, 1927）は，彼が第1信号系（知覚的）と第2信号系（言語的）と呼んだものを決定的に区別した。パブロフは，人間の条件づけが持つまとまりのない性質と，動物の古典的条件づけデータが人間に一般化できないことを観察した。彼は，第2信号系が人間と動物の学習における相違の原因であり，ある意味においては，話し言葉が人を現実から引き離してしまったが，別の意味では，「話し言葉こそが私たちを人間にした」（Slobin, 1966, p.112から引用）と考えた。

　ゆえに，パブロフにとっては，エンゲルスにとってと同様に，話し言葉は人間に特有のものであった。第1信号系（知覚）との相互作用では，話し言葉は，

環境の刺激特性によって**制御**されるのとは反対に，環境を**支配**することを可能にする。よって，言語は，行動を方向づけ調整する人間の能力に関与している。第２信号系の調整的および自己指示的役割は，ヴィゴツキーの研究と理論化における土台になった。

多機能性

ヴィゴツキーは，意味的，有意味言語――パブロフが第２信号系と呼んだもの――の多機能性とこれがどのように自然発生し，２つの異なる機能，すなわち他者とのコミュニケーションと自己方向づけを獲得するのかに関心を持った（Zivin, 1979も参照）。人間の赤ちゃんは，生まれたときには生物学と第１信号系，環境の物理的特性に制御されている。最初，子どもは言葉に対してその意味ではなく，その音すなわち物理的刺激特性に反応する。ジェームズ・ジョイスは，1900年代初頭に書いたのだが，スティファン・ディダラスの生涯における言語発達の刺激特性を生き生きと伝えた。この小説は，赤ん坊のスティファンの話「昔々，とても楽しい時代，道を降りてくる牛さんがいました……」（Joyce, 1976, p.1）から始まる。子ども時代を通して，幼いスティファンは，彼の人生における大人と出来事を意味づけた。彼はダンテおばさんについて説明する……「そしてダンテおばさんが夕食後に騒いでいて，それから，自分の手で口を覆った。それは胸やけだった」（p.11）。

子どもの言語が発達するにつれて，言葉が徐々に刺激特性から独立した意味を獲得する。学校の児童スティファンは，同級生を'suck'と呼ぶことについてじっくり考えた。

「'suck'とは奇妙な言葉だ。同級生は，サイモン・ムーナンをそう呼んだ。サイモン・ムーナンは長官の背中の陰でよく仮袖を結びつけていたので，長官は腹を立てたと漏らしていた。しかしその音は聞き苦しかった。かつて，彼はウィックローホテルのお手洗いで手を洗い，彼の父親がストッパーを鎖で引っ張り上げ，汚水が洗面器の穴から落下した。そして洗面器の穴からゆっくりと全部流れ落ちたとき，そのような音がした。'suck'。大きな音だった」（p.11）。

社会的－教授的環境で，**他者**からの語の意味に繰り返しさらされた後，子どもたちはそれに続いて**自分自身**に語の意味を触れることができるようになり，それゆえに自分自身の行動を方向づけるようになる。スティファンは消灯時刻に遅れる。「寄宿舎で衣服を脱ぎながら彼の指は震える。彼は自分の指に急げ

と命じた」(p.18)。しかし，子どもたちは，文化変容過程に日常の理解を持ち込む。すなわち，彼らは他者を単にまねたり反復しているのではない。ジョイスは続けた。「彼は脱いで，ひざまずき，自分自身の祈りの言葉を唱え，自分が死んだときに地獄に行かないようにガスが減る前にベッドに入らなければならなかった。」(p.18)。このように，子どもは，言語を通して他者とコミュニケーションするだけではなく，自分自身の行動を方向づけ制御するための能力を獲得する。他者との協力を通して，子どもは日常の概念と理解を自分の文化の科学的概念に——文化を豊かにするため統合する（Yowell & Smylie, 1999も参照）。

言語の2つの機能，すなわち，他者とのコミュニケーションと自己方向づけの発達的順序は，社会的あるいは対人的なものから，自己方向づけあるいは個人内的なものへ，である。この発達が意味するところは決定的に重要である。言語は2つの異なる機能を獲得するが，社会的環境は，外的なコミュニケーションと内的な自己方向づけ両方の起源である。第2信号系は，私たちを独自に人間にするが，これは文化的，歴史的，そして社会的な言語環境に組み込まれている。

しかしながら，社会的なコミュニケーションと内的な自己方向づけの構造と機能は異なっている。文法的に正しい伝達的言葉と対比して，内言は，より簡潔なものである。伝達的な（外的）言葉は分かれていくが，究極的には「子どもによって習得された言葉の構造が思考の基本的構造になる」(Vygotsky, 1962, p.51)。その結果，内言は外言と逆のものになる。外言は思考を言葉へと変えるのに対して，内言は，言葉を思考へと変える（Vygotsky, 1962, p.131）。内言は，純粋な意味で思考である。すなわち，それは社会の第2信号系と個人の思考をつなぐものである。第1信号系から第2信号系への言語の進化に基づいて，ヴィゴツキーは（第2信号系により）自然を制することによって，私たちは自分自身をも制すると（Leontiev & Luria, 1968, p.342に引用されているように）主張した。

歴史的位置づけの対比

言語発達におけるヴィゴツキーの理論的関心は，1920～30年代にやはり言語発達を研究していた2人の同僚，ルリアとピアジェの関心としばしば混同される。ヴィゴツキーは，関心の領域および方法論の点でルリアと異なり，理論の

発展とデータ解釈点でピアジェとは異なっていた。

■**A. R. ルリア** 第2信号系の意味的および自己方向づけ能力に焦点を当てたヴィゴツキーとは対照的に，ルリアは子どもの第1信号系から第2信号系への**移行**に焦点を当てた。そこで，ルリアは，言語の刺激属性，音と条件づけを通して行動を調整できるそれらの衝撃特性，そして第1信号系から他への移行を導く計画された条件，を検討した。彼の研究方法には，ある程度の強制と直接的な実験操作が含まれていた。対照的に，ヴィゴツキーの研究は，自然に発生すると彼が考えていた自己に向けた言語，ピアジェが自己中心的言語と呼んだもの，すなわち他者がいるときに声に出して話される言葉から成るもの，の観察に限定されていた。それは，社会的あるいは伝達的な言語のようであるが，しかし，聞き手の反応はおろか注意さえ求めていない。

■**ジャン・ピアジェ** 言語に生じる二重機能についてのヴィゴツキーの理論化は，自己中心的言語の起源と機能のピアジェ（Piaget, 1983）との意見の不一致に多く基づいていると言うのはおそらく正しいだろう。ヴィゴツキーはピアジェが子ども研究に革命をもたらしたと感じていたけれども，彼はピアジェの基本的な前提に同意しなかった。それは，思考の初期の形態は自閉的で，しばらく後で論理が生じ，自己中心的言語が接続の役割を果たすという考え方である。ヴィゴツキーの意見の相違は，ピアジェの臨床的方法と設定を追試する一連の研究を重ねさせた。しかし，「自由な活動を妨害して子どもに自分の問題に直面してもらう」（Vygotsky, 1962, p.16）ために，子どもに欲求不満を起こさせる困難な要素を加えた。その結果は，困難に直面したときに子どもの自己中心的言語が増えることを示した。

ピアジェと同様に，ヴィゴツキーは，言語は意識するようになる過程の表現という仮定の支持としてこれを解釈した。しかしながら，ヴィゴツキーは，自己中心的言語が問題解決の探索と計画立案における道具になると主張した。それは自分を方向づける。ピアジェとは対照的に，ヴィゴツキーは自己中心的言語を最終的に「訂正」されるもの，すなわち消えていくものとは見ずに，むしろ外言と内言の変わり目だと考えた。それはすでに内言の機能をしているが，その構造において社会的言語と似ている。内言が発達するにつれて，「解消という現象の裏に，漸進的な発達，新しい言葉の形態の誕生が横たわっている」ので，自己中心的表現は減少する。その新しい形態とは，すなわち，内言である（Vygotsky, 1962, p.135）。したがって，言語の多機能性の発達は，自己中心

的社会的言語から内言へと進むものである。

実践に対する現代の考察

　歴史的理論家たちの混乱は，現代の教育実践において明白である。ヴィゴツキー，ピアジェ，デューイ（Dewey）は教育者にとって発達の3巨頭である。これは，ホール・ランゲージ（Whole Language）のような運動や全米数学教師協議会（National Council of Teachers of Mathematics, 1990）によって推薦された実践において特に顕著である。それぞれの理論家は，発達への双方向的かつ弁証的なアプローチ，意味の基本単位としての活動の位置づけゆえに高く評価され，精神構造の発達を可能にする教育機会に関係がある子どもの代弁者である。ヴィゴツキーは，「生徒の受動性は科学的視点からの最大の罪である。なぜなら，それは教師がすべてで生徒は無価値であるという誤った原理に基づいているからである」（Bozhovich & Slavina, 1968, p.165より）とまで主張していた。

　■**レディネス**　特にヴィゴツキー派の教室とピアジェ派の教室を比較すると，それぞれの理論家の言うことは重要な点で異なっている（さらに議論を深めるためにMcCaslin, 1989を参照）。自己中心的言語の解釈に関する実践の違いは，比較的わかりやすいので，レディネスの概念を検討する。ヴィゴツキーはカリキュラムに関わったが，ピアジェはそうではなかった。ゆえに，ピアジェのカリキュラムの行動化は，他者によって実行されてきた。ピアジェの発達段階と適応過程の理論は，教師が子どもを彼らの発達水準に合わせ，最適量の不均衡を生じる刺激を与えることを意味する，と解釈されてきた。目標は，学習者を同化（新しい概念を今の構造に取り込むこと）よりも調節（今の認知的構造の修正）を支援する活動に従事させることである。関心の焦点は，学習者の頭脳の内部である。そして関心の過程は学習者の適応である。ピアジェによる学習者は，現在のシェマおよびスキーマ（大雑把に言うと，知識構造と手続き）と課題に対して知覚された挑戦との間の均衡を達成するための個人的内的葛藤に関わる。

　対照的に，ヴィゴツキーは，ピアジェのいう発達が先行し学習の進行を可能にするという考え方を支持しなかった。ヴィゴツキーは，直接的に他者に影響したり作用することが可能だとも信じていなかった。ヴィゴツキーにとって，本当の教育活動は，学習者が現在の自分自身の能力を超えた課題（「発達の最近接領域」）を，促進者（より能力の高い仲間あるいは大人）とともにやり遂

げる機会であった。関心の中心は、社会的、「社会的に位置づけられた」学習にあった。そして、関心の過程は「立ち現れる相互作用」（Wertsch & Stone, 1985）である。ヴィゴツキーによる学習者は、やはり社会的に調整され認知された課題に取り組む。その学習者は、共有された活動に組み込まれた個人的関係によって精神構造を発達させようとする、精神構造を変容させるだけでなく刺激しようとする、社会的－教育環境に導かれ支えられる。

■ **社会的学習** 人間の言語に特有の能力（例えば、Bruner, 1965, 1972）は、1960年代と1970年代におけるアメリカ心理学にとって中心課題となり、人間の経験と学習を理解するための動物研究の重要性を大幅に減じるものであった。当時のアメリカ心理学者たちはまた、因果関係についての新しいモデルを導入した。例えば、相互作用説（Mischel, 1977）や相互決定論（Bandura, 1978）は、人間に影響を与える環境の力をひどく希薄化した。ヴィゴツキー理論（Vygotsky, 1962）の翻訳とソヴィエトのグループ学習の利用、社会的モデリング、そして人格教育（Bronfenbrenner, 1962）は、1960年代の学術団体（マサチューセッツ工科大学出版局およびAmerican Psychologist誌のそれぞれ）においてすでに役立っていた。ソヴィエト発達理論の知識、教育実践、そして人間と世界との関係を変化させ刺激する概念が、急速な社会変化と社会工学への高い期待というアメリカの歴史にそのときに生じた。革命はなかったが、偉大な社会になろうとしていた。

これらの力の新興の統合体は、人間の経験における社会的関係の性質への焦点化を含んでいた（McCaslin & DiMarino-Linnen, 2000）。そこで、ヴィゴツキー派の見方における学習の固有の社会的性格と社会的学習理論の社会的モデリング（例えば、Palincsar & Brown, 1984）の特徴との間にはかなりの共通の立脚点がある。例えば、どちらの理論も、あるやり方で、対人間ダイナミクス、導かれた実証、そして「その瞬間の」足場づくりに注意を向けている。

しかしながら、本質的な違いを見落としてはいけない。ヴィゴツキーのいう社会的に調整された学習は、ソヴィエト社会主義の中心にある**共同主義**にとって本質的なものである。すなわち「発達の最近接領域は、分業が共同的社会において作用する様子を直接表現したものである」（Bruner, 1984, p.95）。対照的に、現代の社会的学習理論では、社会的に調整された学習とは、アメリカの**個人主義**の中心である自己信頼と自己関心にとって本質的なものである。自己制御は、ヴィゴツキーにとっては社会的に意味のある活動への道筋である。これ

に対して，社会的に意味ある活動は社会的学習理論にとって，自己制御への——そして個人的自由への道筋である（Bandura, 1997）。それは，社会文化的モデルと社会における分業からの実に多様な軌跡である。

変化のダイナミクス：内面化の過程

　他者との個人間，コミュニケーションの役割から，個人内，自己方向づけの役割への言語発達の連続性という考えは，個人間領域の「自己調整」という新たに生じた能力を課題の正面に位置づける。ヴィゴツキー派の理論は，文化－歴史的進化と意識の発達にこだわる。そこで，社会的環境の役割は顕著である。ヴィゴツキーの理論（Luria, 1969）は，「……社会生活の産物としてこころを考え，2人（コミュニケーションで組織された）に早期に共有されていて，そしてただ後になって，精神的発達の結果として，個人内の行動の形態となる活動の形態としてそれを扱う」（p.143）。個人の心理は，社会的出会いの相乗的な産物である。ゆえに，高次の精神過程は社会的世界から始まる。

新たに生じた相互作用

　新たに生じた相互作用は，ヴィゴツキー派の観点から対人領域の内面化のダイナミクスを捉えるためにワーチとストーン（Wertsch & Stone, 1985）によって造られた言葉である。自分への内言発生の理解は，新たな相互作用，子どもの経験における多様な社会的－教育的環境——心理間的，文化的世界——を，子どもの自然な発達過程と理解に統合する内面化の過程について正しく認識することを求める。内面化は，ゆえに，反復や拡張ではないし，外界の単なる「取り入れ」でもない。むしろ，それは本質的に社会的かつ相互作用的なものであり，その中心に信号－言語の熟達がある。

　この内面化の概念は，文化の中に個人を埋め込む。そしてそれは，主流のアメリカ心理学ですでに受け入れられている自己と他者の区別をあいまいにする。ヴィゴツキー派の枠組みでは，意識の形成における社会－歴史的なものと自然的なものの相互作用は，社会的認知と個人内の自覚と理解の間の関係について問題にする。個人は，認知された社会的世界の複雑な一部である。そこで，自己知識は他者の知識から独立していない。ある人が，自己についての報告は，分析する中で「他者の認知」という文脈なしには解釈できないと主張する，私

たちもそう主張する。また，家庭や学校の対人的影響を理解せずに，学習場面における生徒の特別な対人的アプローチや反応は明らかにならない。あとで，私たちは，これらの主張を明らかにし，教師（両親も同様に）が，社会的サポートの内面化を生徒に促進するような教室での関係性と機会をよりよく構築し，また，私たちが**適応的学習**と呼ぶものを促進する「共同調整」のモデルを提案する（McCaslin & Good, 1996b）。適応的学習とは，目標の内面化，関与や挑戦そして改善への動機づけ，さらにそれらの関与を実行し評価する能力を含む（McCaslin & Murdock, 1991）。

実践に対する現代的考察

社会的かつ新たな相互作用を強調することは，20世紀初期のソヴィエト連邦の社会的かつ政治的な目標と明らかに矛盾しない。それはまた現代の西側の教育目標とも相性がいい。ブロンフェンブレンナー（Bronfenbrenner, 1962）が個人を動機づけるための集団競争というソヴィエトの概念をアメリカの心理学者たちに紹介したとき，ソヴィエト心理学と教育に対してのかなりのスプートニング以降についての関心があった。これらの方略は，名称を除いて，驚くほどすぐにアメリカの教室へそのまま移された。ソヴィエト連邦で**集団競争**と呼ばれたやり方は，アメリカ合衆国では**共同学習**と呼ばれた。

発達の最近接領域　ヴィゴツキーの構成概念は，教育的集団において進んで受け入れられ，最も顕著なのは，前にも述べたように，仲間による促進と発達の最近接領域の概念である。ヴィゴツキーはこの領域を，学習者が1人ではできないが教師やより有能な同級生からの援助があればできることとの隔たりあるいは差異と見なした。この概念についての基本的な見解は，学習者が最初に支援だけでできる課題は，その構造あるいは支援の足場を受け入れるにつれて独力でできるようになるというものである。足場は，過剰な場合に徐々に消えるような移動可能で融通が利く支援を意味する。アメリカの心理学者，続いて教育者たちは，特に過去20年間の少人数グループ学習に対する高い効果を仲間による促進についても強調した。

しかしながら，ヴィゴツキー派の視点にとって欠かせないのは，共同参加者間の関係である。ヨエルとスマイリ（Yowell & Smylie, 1999）は，「効果的足場となる教師と生徒の相互作用が生じるのは，生徒の自律性，間主観性，そして知的な共感性を支援することによって特徴づけられる親密な人間関係の中であ

る」（p.478）と述べた。生徒と教師は発達の最近接領域を相互に調整する。そして発達の最近接領域は，変化のトップダウン的な概念ではない。発達の最近接領域における足場の目標は，教師の文化的知識と生徒の日々の理解および経験との間の意味あるつながりを促進することである。発達の最近接領域における構造的支援の目標は，生徒が単に大人や文化的な概念を取り入れることではない。ヨエルとスマイリが続けるように，発達の最近接領域における生徒の運動は「大人との共同の中で学ばれた概念の新に現れる想像力に富んだ理解を意味する」（p.478）。発達の最近接領域は，個人を力づけるだけでなく，文化を豊かにすることでもある。個人は文化的権威に従うのではなく，文化をより意味あるものにするのである。

■政治と学校変革　ヴィゴツキーの理論は，社会−教育的環境（SIE）の内面化を通した根本的な変化についての理論である。それは社会−教育的環境と個人を同時に力づける，教育の刺激的な処方である。ヴィゴツキー派の見方は，本質的に政治的である。これはヴィゴツキーに限ったことではない。すべての心理学的理論は本質的に政治的である。おそらく，自己調整の概念は，ただより広く問題を拡大しているのである。例えば，自己調整学習研究の1つの目標は，個人の自己啓発のために自己調整学習の発達を促すことであり，個人を自己方向づけや十分な計画性へとすすめることで，直接的環境から自由にすることである。もう1つは，社会−教育的環境を個人に対する責任から自由にすることである。すなわち，自己調整学習は，学習者たちが自分たち自身を教えることができると言うのである。ヨエルとスマイリ（Yowell & Smylie, 1999）は，自己調整学習の第3の潜在的な目標を提案した。それは，人格教育，生徒の自己制御そして「反復的なメッセージを通しての順応」（p.481）の強化である。ある人格教育者たちにとって，自己調整学習はすべて従順である。キルパトリック（Kilpatrick）が主張したように，「ある習慣を身につけるには，時どき強制が必要とされる」（1992 in Yowell & Smylie, 1999, p.481）。

　現代の学校改革は，国際競争力の欠如に対する責任を生徒たちにとらせるようなものである。勤勉，高い期待，そしてより高度な基準が万能薬である。教育から益するものがなく，不十分な教育の埋め合わせがされない——自分自身を教えることができない——生徒たちは，たとえ指定されたテストができなくてもそのままにされることになる。不十分な教育の補いを生徒に期待させ，彼らを単なる反復にさらし，あるいは彼らをすっかり教育場面から追い出す

（Bryk, 1999）のは，教育改善にお金をかけるより，短期間ではより簡単で安価かもしれない。

　要するに，教育者が彼の仕事の教育的そして政治的ダイナミクスに気づかないままでいることが特に問題であるように思われる。なぜなら，人が政治的に中立であるという信念に基づく教室でのこまごまとしたアプローチは，しばしば決して中立ではない利用となるからである。均一で高い能力の学習者の共同的な集団が明らかな例である。人は，概念の根底にある新たな心理学間の発達仮定を理解しなくても，発達の最近接領域や「仲間による促進」のような道具を単純に使うことが**できる**。しかしながら，理論的な正当化は求められ**ない**。教育者が理論的概念を脱文脈化することは，動機づけの高い教室学習についての詳しい情報の理解を促進しない。また，構成主義理論の名で，教師責任を流布することにも意味がない。その生徒たちの学習の説明ができずに，「内発的に動機づけられた」生徒たちという「特異な概念」に屈服する教師（そして教師教育者）が多すぎる。他者のための公立学校の仕事に降伏する政治的な素朴さ——その他者の何人かは，動機づけの高い教室学習よりも，学校の失敗や自己昇進（例えば，Berliner & Biddle, 1995; Good & Braden, 2000）に関心をもっているかもしれない——は危険である。教育者は，青年教育に欠かせない参加者である。彼らは，その機会についての与えられた責任を，高め受け入れなければならない。

方法論的課題と分析の単位

　「新たな相互作用」の理論的枠組みの中の，対人的領域で始まる自然発生的な自己を方向づける内言の研究は，研究者に有益な方法論を工夫するためにかなりの要求をする。それは，過去80年間のあらゆる技術的進歩と増加した知識を持つ今でもほとんど達成されていない。それはヴィゴツキーによっても容易には獲得されなかった。ヴィゴツキー派の研究者の間で繰り返される議論は，彼の理論の要求を満たすヴィゴツキーの研究の矛盾に関するものである。ダヴィドフとラジコフスキー（Davydov & Radzikhovski, 1985）は，特に，「方法論者ヴィゴツキーと心理学者ヴィゴツキー」を区別している。

有益なデータ

　方法論者としてのヴィゴツキーは，自然に生じる行動の指標としての誘発行動をすぐには受け入れなかった。彼は主観的で内省的報告に反対し，対象者に自分の考えていることの報告を直接には求めなかった。しかしながら，彼は課題構造を操作し，そのフラストレーションを起こしやすい可能性を高めるように課題を変え，自分に向けた言語を求めた。ヴィゴツキーが直接的な質問方法を拒否したことは，彼が自己を方向づける内言の研究を，困難な新奇なあるいはフラストレーションを引き起こす課題条件の自己中心的言語の観察にとどめたことを意味した。彼は自己中心的言語が本質的には自己を方向づける言語であると考えていたので，これらの観察から内言のダイナミクスを推論する必要があった。

　心理学者ヴィゴツキーは，世紀の変わり目から今日まで続く心理学の大部分を特徴づける感情か知性かというという誤った二分法についての関心を表明した。

> 私たちは，知性と感情との関係を念頭に置いている。研究の主題としてそれらを分けることは，伝統的な心理学の大きな弱点である。なぜなら，思考過程が，思考する人の人生の充実，個人的欲求や関心，性向や衝動とは別の「思考自体を考える思考」の孤立した流れとして表れるからである……（この現在のアプローチは）感情と知性を結合する意味の力動的な体系の存在を示す……それは，思考によって欲求や衝動から特定の方向への道筋と思考から行動や活動への反対の道筋をたどることを可能にする（Vygotsky, 1962, p.8）。

　そこで，ヴィゴツキー自身の研究は感情と知性の相互作用を対象にしなかったが，彼はそれらの組織化——すなわち，それらの弁証法的な統合——を検討する必要性と，一方からの分離の様相と社会—教育的環境の新たな相互作用の起源からの分離の様相のいずれかを検討することの無益さ，を認めていた。

分析の単位

　感情と知性の統合についてのヴィゴツキーの関心は，その統合をもたらす課題の構造や性質についての関心には至らなかった。現在，ヴィゴツキーの理論化における重大な欠点と考えられているものは，おそらく方法論者としての彼

の欠点に由来するだろう。ヴィゴツキーは自己中心的言語を刺激するために難しい課題を使ったが，彼はそれらの理論的意味を正しく理解しておらず，むしろ別々の道具として見ていた。

ヴィゴツキー（Vygotsky, 1962）は，「複雑な精神の全体像を要素に分解する」（p.3）という要素的アプローチとは異なる心理学的分析単位を作ろうとしてきた。彼は，ユニットという概念を仮定し，「要素とは異なる分析の産物は，全体のすべての属性を保持する。そしてその全体は，ある部分を失うことなしにそれ以上分割することが不可能なものである」（p.4）。ヴィゴツキーは，これらの必要条件を満たす言語的思考という基本単位が語の意味であると信じていた。

分析の基本単位としての道具に媒介された目標志向行為は，内的過程の研究についてのヴィゴツキーの議論と矛盾しない。内省と主観的報告の限界についての彼の関心は，「それをある外部の活動とつなげる」内的過程を外在化させる方法の考察へと向かった。なぜなら，そのときだけ客観的な機能分析が可能になるからである（Vygotsky, 1962, p.132）。おそらく，方法論者ヴィゴツキーと理論家ヴィゴツキーの区別をもう1度考えることが役に立つだろう。ここで私たちは，彼の研究方法が課題の概念を具体化することがわかる。その課題こそが，道具の媒介という難局に対してうまく対処する自分への言語の確認を可能にするのである。しかしながらこの場合，理論家ヴィゴツキーは彼の方法論の難問をうまく処理することができなかったことになる。

実践に対する現代的考察

研究者は，新たな相互作用のダイナミクス内での感情と知的な過程の基本的な関係を理解しようと努力し続けている。ヴィゴツキー理論の豊かさを認識することは，集団の比較や1回の標本抽出計画のような主流の心理学研究道具の有用性を減らしてきた。現代理論家たちにとっては，「個人差」や「独立性」のような構成概念は，内省報告がヴィゴツキーにとってそうであったように，厄介なものである。

構成概念の関係
人間の活動についての研究で感情と知性を統合することは簡単な作業ではないし，統合における因果関係の研究者の概念は不可欠なものである。例えば，ストロング（Strong, 1958）は，職場の大人を対象に「スキルと意志」を統合しようと試みた。彼のモデルでは，動機づけにとっての燃

料としてスキルを描いた。対照的に，1980年代，教室での意志とスキルを統合しようとする試みは，動機づけを基本的に，認知を利用可能にする関与あるいは自己制御であると見なしていた（Corno & Mandinach, 1983; Corno & Rohrkemper, 1985; Paris, 1988; Rohrkemper & Bershon, 1984; Rohrkemper & Corno, 1988）。これらは，強調点のわずかな違いのようには見えない。ストロングの労働者には，教えれば動機づけは後からついてくる。すなわち，現代の生徒たちを動機づければ，彼らは学ぶだろう。失敗だと見立てることは良くない。すなわち，ストロングの労働者はもっと援助が要る。そして，現代の生徒たちは関与と自己統制が欠けている。

ヨエルとスマイリ（Yowell & Smylie, 1999）は，自己調整を，活動の心理内的そして対人関係的相互作用の多様なレベルで，発達し成立するものとして考えるためにヴィゴツキー派の見方を用いた。これには，親密な人間関係の中で生じる内面化，随伴的な社会環境によってもたらされる励まし，そして社会資本のより広い文脈の中に存在する将来への方向づけが含まれる。彼らは，それぞれの水準における重要な関係を特定する指標をまとめ，このモデルをさまざまな学校に基礎を置いた介入と教育的実践を検討するために用いた。ヨエルとスマイリ（Yowell & Smylie, 1999）は，大人と子どもの相互作用の中でうまくいく足場は，2人の熟達者と2人の未熟者を実際に必要とすることを示した。子どもたちは，彼らの行動を取り巻く社会的環境とさまざまな随伴性において熟達者である傾向があるのに対して，大人は子どもたちの社会的環境における随伴性に関しては未熟者になる傾向がある。逆に，大人は好ましい結果を促進する長期的な行為と方略の結果においては熟達者であるが，子どもたちはこれらの領域において未熟者である。彼らの分析は，自己調整のそのような特徴づけは，自己調整および自律性や間主観性のような関連する構成概念のより豊かで潜在的により有用な概念化を引き出すこと，を示した。

■ **活動理論** ワーチ（Wertsch, 1985）は，ジンチェンコ（Zinchenko, 1985）と同様に，記号学の発展は，心理学における基本的な分析単位としての語義の位置づけに挑戦してきたと主張し，道具に仲介された目標志向的行為を統合する「活動」という構成概念を代わりに提唱した。この概念は，活動理論の中で，ヴィゴツキーの弟子の1人であるレオンチェフによって大きく発展した（例えばLeontiev, 1974-1975, 1978: Kozulin, 1986）。この理論では，人間の活動は個人と社会のつながりをもたらす。レオンチェフ（Leontiev, 1974-1975）によると，

活動とは，その実際のあるいは物質的な**対象**によって定義され，その「実際の動機……いつも応答する要求あるいは欲求である」（p.22）。活動は，**行為**として知られる目標志向的過程から成っており，「達成されるべき結果についての精神的表象によって構築される過程，すなわち，意識的**目標**によって構成される過程である」（p.22）。活動理論は，動機や目標が，個人の属性としてよりは，社会文化的領域の中に生じ存在し，活動，行為，そして操作が相互に依存したものであり，単独では分析できないと仮定する。そして，「対象それ自体は，人間の活動体系の中においてのみ，エネルギー源や目標，そして道具に成る。この体系の文脈から外れては，それらはエネルギー源，目標あるいは道具にならない」（Leontiev, 1974-1975, p.28-29）。

ワーチ（Wertsch, 1985）は，活動という構成概念が「心理内的な水準のみならず心理間的な水準に適用され，仲介にとっての適切な枠組みを提供する」（p.208）と主張した。ヴィゴツキーとレオンチェフのように，多くの現代理論家たち（例，Lave, 1988; Rogoff, 1990）は，認知的活動が文脈束縛的であるため，人は個人の認知的能力，個人の感情状態，活動が生じている文脈と活動それ自体とを区別することができないと仮定する。ロゴフ（Rogoff, 1990）は，「出来事と活動は目標にしたがって組織されているが，精神的過程は達成されるべき目標や実践的かつ対人間の行為から離れては分析できないものである」そして「意味と目的は出来事あるいは活動のすべての側面の定義にとって中心的なものであり，個人の特徴と文脈の特徴を要約することによって分けることはできない」（p.29）と主張した。この視点からは，動機づけのような構成概念は活動のより大きい領域から区別することができず，個人の活動はより大きい社会文化的文脈から切り離すことができない。人は，人間の活動というより大きな範囲，すなわち，レオンチェフの言葉では「置かれているありのままの（活動の）内的関係」（p.28）を学ぶことだけができるのである。言うは行うより易し，ということである。

ヴィゴツキー派の伝統内での研究も，多様な方法，新たな構成概念，そして進化する問いがある。例えば，自己調整学習に関連した論文には，集団や課題の比較および事例研究計画がある。自分を方向づける行動の概念は，アイデンティティ活動として表れ，自己調整学習を予測する方法についての問題は，やりがいのあるサポートと随伴的なフィードバックによって特徴づけられるような生徒との真の関係を通して，それを促進する方法の問題へと発展した。しか

しながら，この伝統における研究の究極的な目標は，変わらないままである。自己調整学習は，社会的に意味のある活動にとっての道具である。自己調整学習は個人を力づけるだけではなく，文化を豊かにする。たとえそうであったとしても，他の伝統における豊富な自己調整学習研究や関連領域の研究（例えば，帰属理論や養育スタイル）における構成概念から学ぶべきことはたくさんある。次に示される共同調整学習のモデルは，この有用性を描く1つの試みである。

共同調整学習

　共同調整学習は，私たちが教室という文脈の中で定義する3つの基本的な概念に基づいている（さらに議論を深めるためには，McCaslin, 1996; McCaslin & Good, 1996a, 1996bを参照）。第1に，分析の基本単位は，個人，対象，そして場面の間の関係である。

　関係は，教室の基本的単位としての個人や課題，基本的目標としての学力や学習，それが全部生じる単純な場所としての環境の概念を置き換える。第2に，生徒たちの基本的な課題は，多重な社会，期待，そして目標を調整することである。達成は，生徒であるということのただ1つの側面である。そして，生徒であることは，子どもであるということのただ1つの側面である。生徒は，いつもサポートと安全をもたらすとは限らない多重な社会（例えば，家庭，地域，学校）に生きている。生徒は，両立しない，達成できない，そして受け入れがたい期待を抱くかもしれない複合的な集団の成員である。生徒は，学校の要求以上のものと折り合いをつけ，学校の中でさえ，諸期待は異なっている（例えば，Brantlinger, 1993）。生徒は，多重の目標を追求し，関与を変えながら，多様な理由で課題と期待に折り合いをつけている。彼らは，自分が従事する数々の目標や課題，それらの相互作用，そしてそれらの間に優先順位をつけて最適化する方略を区別し評価するために「目標調整」を学ぶ必要がある（Dodge et al., 1989も参照）。

　第3に，目標調整が身につけられる。しかしそれは難しい。軌道に乗るよりも降りるほうが簡単である（Corno, 1993）。教師の基本的な仕事は，生徒の動機づけ，実行，そして自己評価の調整過程を促進するために，支持的な足場と余裕のある機会を提供することである。教師と生徒の共同調整，そして機会の間の共同調整は，特定の文脈内で，最終的に生徒の「自己」調整につながる。

第7章 自己調整学習と学力：ヴィゴツキー派の見方

表7.1 共同調整学習：教室の社会的ー教援環境（SIE）によって利用可能となる個人内過程の発見モデル（McCaslin & Good, 1996b）

		行動化		評価	
				進歩の自己評価	生徒の進歩についての教師評価
動機づけ		外面的および内面的方略		評価↔一致	
動機	目標設定	SIE志向	個人的志向	評価TOTE☆ ー中間，最終	進歩と結果の評価
要求／希望／欲求関心	個人目標：到達度や特異性，適時性などの困難さの水準	他者に関連するもの（例，援助，主張，公平）	自己に関連するもの（例，感情，意思，動機，再構成）	感情の帰属	感情の帰属
			→人工物		
自己，課題，状況間の関係についての知識	目標関係（例，近接した／遠い目標の道具性）目標調整方略（例，統合，改善）定期的な目標の再検討（例，再関与，組み替え，棄却）	場面に関連するもの（例，対象物の変換，場面の特徴の制御）	課題に関連するもの（例，認知的，メタ認知的方略，目標の洗練）	持続に関する決定（例，継続，修正，中断）	教育に関する決定（例，継続，修正，中断）
帰属 効力 期待				帰属の解釈，即時的なものと遅延したもの（将来に関連するもの：目標，課題，自己）	帰属の結果，即時的なものと遅延したもの（例，機会，課題，評価，説明責任）

☆ test-operate-test-exit

マッカスリンとグッド（McCaslin & Good, 1996b）は，次のように述べた。

> そこで，共同調整学習は，多少なりとも意欲的で（抗議あるいは自己防御で）学ぶ能力のある（先行知識や認知的またはメタ認知的方略の程度により）生徒に唯一の焦点を戻すのである……社会の期待と偏った機会に唯一の焦点を戻す（p.660）。その期待と機会はまた，教育的文脈と生徒の性格との新たな相互作用の変化を求める人たちの気をそらす，受益者か犠牲者としての生徒の考えを促進する。

共同調整では，「教育体系の究極目標」は，元・保健教育福祉長官の J. W. ガードナーが主張するように，「自分自身の教育を追求するという責任を個人へ移すこと」ではない（Zimmerman & Schunk, 1989における献辞のページ）。共同調整は，共有責任を意味する。目標は，究極的には文化を豊かにする社会的に意味のある活動にとっての道具となる自己調整である。

表7.1（McCaslin & Good, 1996b）には，共同調整が促進されるように意図されている生徒の個人内あるいは「自己」調整過程が示されている。私たちは，社会文化的視点の中での研究例の説明をまとめ，他の傾向の研究貢献を説明するのにそれを用いる。それぞれの領域の中で，構成概念が，個人内と対人間の相互作用の間の力働的な緊張関係を示すためにまとめられている。

動機づけ

2つの有力な理論が，教室での動機づけ研究の主流になっている。第1に，帰属理論（Weiner, 1986）は，出来事がなぜ起きたのかを理解するために「振り返る」ことに焦点を当てる。たくさんの教室研究が，学力（例えば，Ames, 1992）と親和（例えば，Goodenow & Grady, 1992; Rohrkemper, 1984, 1985）の両方で，この枠組みの恩恵を受けている。個人がどのように「振り返る」かを理解することにより，彼らの感情と行動を予測できる。帰属理論は一般的に個人差にはほとんど関心がない。すなわち，状況が帰属過程を規定する（Graham & Weiner, 1996）。第2に，効力理論（Bandura, 1997）は，「将来に目を向けること」，目標設定，集中力の維持，そして進歩の評価により焦点を当てる。たくさんの教室研究が，目標，認知された進歩，そして自己効力の間のつながりを検討している（例えば，Schunk, 1981）。目標設定と目標追求の中心で，個人は本人自らの実行者となる。効力理論は，個人差がすべてである。

社会文化的分析において，帰属理論と効力理論はともに，動機づけのダイナ

第7章　自己調整学習と学力：ヴィゴツキー派の見方

ミクスの新たな相互作用を特徴づける。そのダイナミクスはアイデンティティの要素になる。帰属理論は，社会文化的規範の内面化（私たちはこれが「状況が規定する」ことの1つの理由であると考える）として動機づけを理解するための1つの手段である。そして，個人的働きは，役に立つ機会を求め，設定し，あるいは安定させることにおける相互的選択力を体系化する1つの方法である（「個人差」の相互性）。それらの併合を考察することは，読者を，社会文化的アプローチの中でのアイデンティティ形成における新たな相互作用の構成概念へと近づける。もう1つの方法は，多層的文脈の考察である。

ペヌエルとワーチ（Penuel & Wertsch, 1995）は，エリクソン（Erikson, 1968）によるアイデンティティの概念によって知られるアイデンティティ形成をヴィゴツキー派の枠組みで説明した。ヴィゴツキーのように，エリクソンは，社会文化的，歴史的，そして心理的文脈を組み込んだ。しかしながら，ヴィゴツキーは，アイデンティティ研究を特には研究しなかった。ペヌエルとワーチ（Penuel & Wertsch, 1995）は，人間の行為は出発点であると主張し，アイデンティティ形成，すなわち，エリクソンの基本的領域である忠誠，価値，イデオロギー，そして仕事の中で，関与を発展させることについて検討した。彼らは次のように述べた。

> アイデンティティが，行為の形として考えられていると私たちが提案するのはこの理由による。行為の形とは，自分が誰であるか，そしてさまざまな目的を達成するために自分は何に価値を置くのかについて，他者（そして自分自身）を説得することに関連して，何よりもまず修辞的なものである。そして，価値を置くのは，連帯，対立，違い，類似性，愛，友情などである。それは常に誰かに向けられる。その誰かは，文化的に歴史的に位置づけられ，個人にとって特有の意味を持っている。このアプローチから作られるアイデンティティの最も基本的な論点は，エリクソンが表現するように，達成するのが簡単でも困難でもあることだ。すなわち，アイデンティティは，意味ある行為を成し遂げるための標識を用いながら，目標を実現し変換することについてである（p.91）。

マッカスリンとマードック（McCaslin & Murdock, 1991）は，学力的に同等で，同じクラスの（小都市）男子と女子各1名の計2人の6年生という文脈で，アイデンティティ形成について研究した（完全な選択基準はMcCaslin & Murdock, 1991を参照）。どちらの生徒も労働者階級の家庭で，同じ近所に住んでいる。しかしながら，彼らの両親の管理様式は異なっている。ノラの両親は，

バウムリンド（Baumrind, 1987）のいう因習的である，ジュリオの両親は権威主義的で厳格である。それぞれの事例研究は，親，教師，そして生徒への（複数の）面接，学級通信，そして困難度を変える問題解決課題の過程追跡プロトコルによって構成された。ここで私たちは，自己調整学習とアイデンティティ発達を理解する中で新たな相互作用の構成の力を重視する。

　諸事例は，生徒たちが，どのように忠誠，制限時間それに有限のエネルギーとどのように対立する関係になるかを明らかにする。それらはまた，家庭と学校の期待の間で展開される（不）調和を明らかにする。ジュリオは，学習が時間と作業と援助がいると信じている。彼は家庭学習を自分からやるようにした。その家庭学習は，自分自身よりも他者に服従し信頼を置く。学年が上がるにしたがって方略の成果は次第に減少する。ノラは，自己信頼，自分と他者のために「本質を見抜くこととやり遂げること」を強調する家庭学習を自分からやるようにしていった。すなわち，関与と責任と優先事項である。彼女は自分の能力を軽視し，自信をふくらませる。ジュリオとは対照的に，ノラの家庭学習は，はじめの学年よりも後の学年で良くなることに役に立つ。はじめの学年では，ジュリオの援助要請がノラの独力で解くことよりも重視された。ジュリオにとっては逆である。ジュリオの援助要請はもはや6年生においては価値がない。彼の援助要請行動は，学習への動機づけよりもむしろ，いまや未熟さあるいは教師や同級生への無関心を示すだけだ。つまり，社会的－教授的環境のメッセージは，彼を混乱させ，悲しませ，そして怒らせる。

　マッカスリンとマードック（McCaslin & Murdock, 1991）は，学習，動機づけ，子ども，そして学校についての親の信念を含む，より広範な研究からこれら2つの事例を選択した。マッカスリンとインファンティは，親面接（N=45）の全集団を再検討し，両親が概して子どもの学校に対して権威を引き渡し，子どもの教育経験に対して「部外者」の役割を受け入れているように見える程度が大きいことに強い印象を受けた。その結果，それは社会的構成としての親のアイデンティティについての研究となった。社会的構成は，公式の教育政策文書，有名女性誌，学術研究，そして教育実践に影響を受けている（McCaslin & Infanti, 1998）。主に，現代のアメリカ文化では，非常に多くの親が学校の仕事を支援することに無力であるかそれを嫌っていることが，明らかに信じられ，知られている。ジュリオとノラの両親たち，そして彼らの同級生の親たちは，学校に権威を与えている。彼らは学校に通うことに見切りをつけているのでは

ない。たとえそうだとしても，子どもたちの教育を無視している親は，今日の生徒たちの社会歴史的文脈の一部なのである。

　要するに，社会文化的視点の中では，自己調整学習は本質的に感情的そして動機づけ的なものである。動機づけはおよそアイデンティティであり，アイデンティティはおよそ歴史的文化的文脈の中で現れる個人的な活動であり，そして歴史的文化的文脈は，自分たちの新たなアイデンティティを問題にし，あるいは認証する私たちの生活の中に，重要な他者を入れるのである。動機づけの社会文化的モデルは，個人を越えて，自分自身と経験の信念，目標，そしてそれらをいかに優先順位づけし調整するかについてを「知る」。アイデンティティもまた，（多かれ少なかれ有効な）実現方略と（多かれ少なかれ現実的な）自己評価の情報を与えるのである。

行動化

　私たちは，自己と他者の制御を目的とした外面的および内面的方略としての行動化を概念的に説明する。私たちは，社会的－教授的環境の「他者」の中に仲間の参加者や対象物（例えば，課題や場面の特徴）を入れる。そこで，私たちはしばしば単独で研究されるそれらの構成概念を行動化の中に含める。例えば，私たちは，認知的方略やメタ認知的方略，意志制御方略，内言，そして退屈で欲求不満になったり悩んだりした場合の感情の制御といった自己制御方略を含める。また私たちは，混乱したときに援助を求めたり，気が散ったときに小集団を変えたり，マンネリになったときに始めではなく終わりから問題を始めたりするなど，人，場面，そして課題の外部制御の方略を含める。多様な外面的および内面的構成概念の統合により，将来の研究において行動化というさらに統合的な概念によく導く，現存の研究の財産を具現化することができる（これらの文献の広い展望と統合のためにNuthall, 1997を参照）。私たちの組織化もまた，個人内相互作用と個人間相互作用の間にある弁証法的な緊張関係を強調する。

　私たちがすでに議論したように，ヴィゴツキー派の伝統の中では，行動化方略が感情と知性とを統合し，活動という構成概念の中において「道具に媒介された，目標志向の行為」として理解される（Wertsch, 1985; Zinchenko, 1985）。そこで，機会は行動化の本質的な特徴である。機会に伴う個人内での感情的および知性的な過程の統合は，ヴィゴツキー派の視点の中で，小学校の子どもた

ちを対象にした研究プログラムの1つの焦点となった（Bershon, 1987; Fields, 1990; McCaslin & Murdock, 1991; McCaslin & Rohrkemper, 1989; Rohrkemper, 1986; Rohrkemper & Bershon, 1984; Rohrkemper et al., 1983; Segal-Andrews, 1991, 1994）。要するに，感情的および知性的な過程と方略の最も有効な統合を促進する——要求し挑戦する——ように見える課題は，主観的に中程度の困難を持つ課題である。主観的に認知された中程度の困難を持つ課題は，それらの課題を「しなくてはならない」というオーラを持っているように見える。それらの課題は，まだ解決が確実ではない以前にやった何かに似ているのである。それらは問題解決が「のどまで出かかっている」ものである。覚醒方略——さらには計画された方略——を高めるのは，まさに課題の親しみやすさである。

対照的に，主観的に易しすぎる課題は，努力する認知を要求しないし，重要なことに，方略あるいは感情の洗練を促進しない。難しすぎると知覚される課題は，同様に限界がある。難しすぎる課題は，学習者の期待と近接性を越えている。そして，そのような課題は方略的な洗練を促進しない。むしろ，それらは学習者の適応的な空想や創造性あるいは不適応行動（例えば，置き換えなしのあきらめや退行，怒りで増幅された疎外感）をもたらすかもしれない。この研究からの1つの意味は，感情と知性の適応的な統合を促進し支える教室課題，機会，そして評価手続きの計画である。

評価

教師が共同調整する生徒の個人内過程における第3の領域は，自己評価の機会と自己評価の教育である。個人的進歩を自己評価することは，社会的学習理論の主要な特徴である。ヴィゴツキー派の伝統では，自己評価は，基準に向かっての進歩，特に他者による設定（つまり課題対目標）と同様に，個人的な意味や感情についてのものである。そこで，表7.1でこの過程を示すTOTE（test-operate-test-exit）単位（Miller et al., 1960）は，自分がどのようにやっているか，そしてなぜそれをしているのかについて，考えるだけではなく感じる生徒たちによる自己評価を表す理想の姿とは言えない。機会は，ヴィゴツキー派の視点にとって中心的なものである。私たちは，自己についての知識が現れる3種類の機会について簡潔に示す。すなわち，課題の計画，教育の進度作り，そして評価手続きである。課題の性格は，生徒に自己評価をもたらす程度が異なる。例えば，下位目標あるいは段階を伴って計画された課題は，中間的な進歩の確

認を可能にする。第2に，設定することは，評価に関する情報が異なる。例えば，早い速度の教室は，自己省察の時間の余裕がない。ある生徒たちは「暇な自分」から利益を得るかもしれないし，一方で他の生徒たちは，速さが不安を増大させることを知るかもしれない。最後に，評価手続きによって，成績について学ぶ内容が異なる。個人的に参照される評価は，社会的に比較される評価よりも自己評価を促進する。社会的比較による評価は，あまり有能ではない生徒たちにとって特に弊害をもたらすと同時に，一方で，教室での能力としばしば結びつくエリート主義を深刻にする（Krampen, 1987）。

　教室の評価機会に埋め込まれた意図的そして無意図的メッセージに加えて，生徒の自己評価の共同調整は，自己評価の入念な教育をもまた検討する。例えば，ロシアの教育者（Zuckerman, 1994）は，生徒に自分の学習に積極的参加を勧めるために，1年生という早い時期から自己評価を教える。「学校生活入門」は，最初は，生徒の不足の私的な個人内知覚を積極的で対人的な機会へと変えようとする。そして，「私はこれができない」から「私に必要な援助は何か」へと変えるのである。第2に，（意見に対比されるものとしての）客観的な規準のある場面の現実的な自己評価を教える。ザッカーマン（Zuckerman, 1994）は，達成の水準とは別に，生徒の自己評価と教師の評価との調和を重視する。もし，教師と生徒の評価が一致するならば，たとえ両者がCという評価で一致したのだとしても，子どもは現実的な自己評価をしたことに対して賞賛が与えられる。目標は現実主義である。生徒が過大評価しているかあるいは過小評価しているかが問われる。

　「学校生活入門」は，学習と評価が社会的に位置づけられているが，優れた基準の内面化を支援するための刺激的な共同調整方略であるように思われる。重要なことは，生徒の自己評価が，精神衛生や学習に役立つには，実際的であることが必要である。共同調整のモデルでは，実際的な自己評価は，また，適応的学習にとってのキーポイントでもある。実際的な自己評価は，現実的な目標設定にも役立ち，そこで感情と知性を結合する行動化方略に挑戦しそれを洗練する機会に役立つ。

おわりに

　本章で私たちは，自己調整学習へのヴィゴツキー派あるいは社会文化的アプ

ローチを西側の読者にとって利用しやすいものにしようとした。私たちは，このアプローチが一般的な自己調整の理解とどのように異なるのかを強調すると同時に，他者をヴィゴツキー派や社会文化的構成概念と結びつけようとした。私たちは，研究アイディア，方法論，そして構成概念の刺激になる効果を期待する。私たちは，この伝統における研究が，有意義な教育機会と支持的かつ共同調整的教室関係を促進し刺激すると信じている。私たちの目標は，生徒を力づけることであり，文化を豊かにすることである。私たちの生徒はまさに賞賛に値する。私たちの文化はまさしく受け入れるに値するものなのである。

第 **8** 章
自己調整的な学習者はどのような理論・アイデンティティ・行動を構築するか

ジェームズ・P・バーンズ
(James P. Byrnes)
University of Maryland

スコット・G・パリス
(Scott G. Paris)
University of Michigan

アリソン・H・パリス
(Alison H. Paris)
University of Michigan

　自己調整学習（SRL）が教育心理学の研究において20年もの間人気あるトピックでありつづけたのは，教育の基本的な目標が，生徒たちが学習方略を効果的に適切にそして自発的に用いることであったことが一因であろう。1980年代の自己調整学習研究の多くが，学習方略の獲得と使用に注がれていた。生徒たちの方略使用の発達に着目した研究もなされ，一般に，小学生よりも中高生において，成績の低い生徒たちより成績の良い生徒たちにおいて，自己調整学習が顕著に見られた（Zimmerman, 1989）。また，自己調整学習を促進するための介入手法を開発する研究もなされた。例えば，読解や作文，算数の指導において，メタ認知的な洞察や社会的サポートが与えられると，生徒たちは効果的な方略を用いることができることが示されている（Graham & Harris, 1994; Palincsar & Brown, 1984; Paris et al., 1984; Pressley, Woloshyn, et al., 1995）。こうした研究からは，サポートによる足場作りや，方略とその使い方についての話し合い，効果的な問題解決のコツの明示によって，学習者の方略使用と自立を促進できることがわかった。

　パリスとバーンズ（Paris & Byrnes, 1989）は，子どもたちがどのように認知的方略を獲得・適用したかに焦点を当て，こうした研究知見を，構成主義の観点からまとめた。また，子どもたちの持つ，自分自身や学習・学校の課題につ

いての理論に，自己調整学習がどのように埋め込まれているかを示した。彼らの研究から10年がたった現在，自己調整学習の根底にある，子どもの持つ理論・方略・動機づけの発達に関する研究が数多く蓄積されてきた。しかし，こうした研究知見の解釈枠組みとなる構成主義は，その姿を大きく変化させた。私たちは，この章を書くにあたって，まず，新しい構成主義の特徴と，私たちが自己調整学習に当てはめる解釈枠組みの位置づけを明確にしたい。その後に，子どもたちが自分自身や学校での学習についてどのような理論を構築するのかを検証する。最後に，自己調整学習においてどのようなダイナミクスが働いているのか，特に，信念や意欲は，どのように理論を行為へと変換するのか，行為が望ましいアイデンティティの構築をどのように促進するのか，という点について考えたい。

新しい構成主義

　近年の研究を，構成主義の新しいバージョンと古いバージョンに分けて考えることは，単に恣意的な歴史的分類をすることではない。1960年代から1980年代にかけての，アメリカでの構成主義ブランドの人気は，心理学における認知革命の1つの大きな成果であった。この時代の構成主義は，解釈上も方法論上も，個人主義的であった。一方，1990年代の「新しい」構成主義は，思考や学習を社会的状況や実践の中に埋め込まれたものとして捉え，必然的に，その解釈も方法論も文脈化されたものとなった。デコルテら（DeCorte et al., 1996）は，こうした概念的な違いを持つ2つの構成主義をさして，「認知革命の第一波と第二波」と呼んでいる。構成主義の第二波は，「単独認知（Rogoff, 1990を参照）」に対する反発であり，ブロンフェンブレナー（Bronfenbrenner）やコール（Cole），ヴィゴツキー（Vygotsky），デューイ（Dewy），バートレット（Bartlett）といった研究者が指摘してきた文化的特徴や文脈の重要性を強調するものであった。

　本書の第1版（Paris & Byrnes, 1989）は，構成主義の第一波の産物だといえ，明らかに単独の認知の考えに沿ったものであった（それが第1版における私たちの使命であったからでもあるが）。ここで，「単独の」構成主義的な考え方の原則をまとめておこう。

・情報を模索しようとする内発的な動機づけが存在する。
・理解は与えられた情報を超えたものになる。
・発達によって心的表象は変化する。
・理解のレベルは，徐々に洗練されていく。
・学習にはその発達段階における制約が存在する。
・省察と再構成が学習を刺激する。

　ブルーナー（Bruner）やピアジェ（Piaget）といった研究者の功績から考えられるこれらの原則は，学習や発達の構成主義的アプローチの原則として今でも生き残っていると言えるだろう。しかし，構成主義の第二波は，さらに解釈原則を加えた。以下では，そうして加えられた解釈原則のうちの5つを取り上げる。これらの原則は，自己調整学習における構成主義的観点による解釈枠組みをさらに拡大するものである。

　■学習は，社会的歴史的文脈に埋め込まれており，こうした文脈が思考の内容とプロセスを形作る　この主張は，「単独認知」に対する根本的な批判であり，すべての学習について文脈化された解釈が必要であると考える。ここでいう文脈とは，課題分析における問題空間の定義にとどまるものではなく，社会的に構築された物理的・心理的な状態と言うべきものである。こうした状態が，特定の行為が他の行為よりも優位になるような制約を与え，その行動をアフォードし，サポートするよう働くのである。コッブとバウアーズ（Cobb & Bowers, 1999）は，文脈の定義についてのこうした差異が，伝統的な「単独認知」の立場をとる研究者（Anderson et al., 1996）と状況論的な立場をとる研究者（Greeno, 1997）の主張が矛盾する理由であると指摘している。

　自己調整学習を分析するにあたって，私たちは，以下のことを意識しておく必要があると考える。つまり，生徒にとって，望ましい方略や行動や感情は，調整するべき「対象」であり，何が望ましいかは，両親や仲間・担任の教師のような重要な他者によって特定されるものだということである。新しい構成主義は，自己調整学習行動リストのすべてが相対主義的なものであることを強調する。なぜなら，調整されるべき行為や追及するべき目標は，特定の社会的役割や状況によって特定されると考えられるからである。例えば，日本の生徒たちにとって，従順で丁寧な態度をとることは望ましいこととされるが，他の国では，主張的で探究心旺盛であることがより望ましいと考えられている。よっ

て，自己調整学習において「何を，どのように，なぜ，いつ」調整するかは，特定の状況において個人が構築するものだと考えられる。そして，特定の状況が自己や調整機能の構成にどのように影響するのかを解釈する際には，その生徒の個人的歴史と環境要因を考慮しなくてはならない。

■ある特定のコミュニティのメンバーになろうと努力している新たな参加者は，実践的な活動を通して，そのコミュニティにおける手段や道具，価値，習慣を身につける　ロゴフ（Rogoff, 1990）やレイブ（Lave, 1993）の研究は，個人がコミュニティに文化的な参画をするためには，実践的活動が重要であることを明らかにした。子どもが縫い物の仕方やトルティーヤの焼き方，ペットの世話の仕方などを家庭での日常的な実践的活動として学習するのと同じように，生徒たちは，学校での実践的活動に合致した行動をとることを学ぶ。よって，実践に関する理論は，学習に関する理論に生態学的・現象学的に付随してくるものだと言うことができよう。なぜなら，子どもたちの自己調整学習は，彼らの環境からの需要に対して適応的な反応となるからである。構成主義の社会的認知的な見方からは，実践が歴史や文化・参加者によって変化することが示唆され，自己調整学習の相対主義的な特徴に焦点が当てられる。これは例えば，生徒たちは，学校での学力測定や学力評価に従って，自分自身の能力について異なる考え方をするようになることを意味している。個人的で非競争的で参照基準が個人内にある学力測定は，個人内での変化や習得の重要性を生徒に認識させるだろうし，基準準拠的評価や，相対評価，公的評価は，生徒に，教室での競争を勝ち抜くことや，同級生と比較して高い地位を得ることの重要性を認識させるだろう。

　また，参加することがメンバーとしての文化的参画における基本的過程となる。成功している生徒と成功していない生徒の基本的な差異の1つが，効果的な学習実践への接近の有無である。接近の有無は，方略の適切性や使用のパターンにつながっている。就学前の子どもで，一斉読みや質問と回答のやりとり，従順に規則に従うこと，他者と適切に分かち合うこと，といった学校的な実践に参加していない子どもは，学校からの要求に対する準備ができておらず，持続的な教授学習場面に参加することができない。彼らはまた，同級生や教師から承認されにくく，それゆえに，認知的なレッスンよりも日常的で社会的な制裁措置に耐える時間が長くなってしまう。こうして，文化的経験・社会経済的地位・両親の不在・母国語の相違・学校的実践への不参加といった要因による障壁が，学校での学習上の成功を妨害するのである。レイブとウェンガー

（Lave & Wenger, 1991）は，社会的実践における周辺から中心への実践の移動プロセスを，正統的周辺参加（LPP）の理論に基づいて描き出した。生徒の中には，学校的実践の円の周辺にとどまり，効果的な学習方略を発生させるような実践には参加しない者がいることを，私たちは指摘しておきたい。これらの生徒たちは，実践によく参加しサポートされている生徒たちのようなアイデンティティや価値や期待を，自己調整学習の行為に関して構築することができない。

■ **自己は，個人と周囲の社会的グループによって構築される** つまり，コミュニティや学校において，自分はどのような実践に参加し，何を道具として得ることができるか，またそれらにはどのような価値があるか，という点に関する生徒の認識に，社会的グループが影響するのである。生徒たちは，彼らのグループにおける文化的資源を利用する。何が文化的資源となるかには，スポーツや音楽，学力，学閥やギャング集団への参加などに関する価値，あるいはアイデンティティに関係している。各グループにおいて，特定の実践が排斥され，他の行動がより適切なものとされる。適切とされた行動は，そのグループのメンバーであることが明らかになるよう，まねされ，監視され，調整される。グループのメンバーであることは，調整されるべき行動だけでなく，生徒のコンピテンスや個人的アイデンティティにも直接的な影響を及ぼす。私たちは，自己調整的な人間に変化していく行為が，グループの中での個人の発達の一部分として捉えられることを強調したい。生徒は，主体であると同時に，同じように自己調整の主体である他者によって形作られる客体的対象でもある。このように考えると，生徒になるということは，社会状況に根ざした，児童期中期から青年期にかけてのアイデンティティの発達の一側面である（Erikson, 1968; Paris & Cunningham, 1996）。後述するように，生徒が，教師によって許容される行動に沿って調整されるかどうかは，その生徒が想定するアイデンティティの問題であり，望ましいアイデンティティがどのように実践において例示されるかに関する問題である。

学校教育は，子どもに起こるめまぐるしい発達的変化の中で行われるため，子どもの教育における経験が，彼らの自己の感覚に甚大な影響を与える。最も顕著な結果は，自分自身の能力に関する感覚，すなわち自己のコンピテンスであるが，それ以外にも，自己効力や自己制御のような自己参照的なプロセスが影響を受ける。これらの積極的な主体としての特性は，自己尊重や自己価値の

ような，より一般的な結果をもたらす。ハーター（Harter, 1999）は，ジェームス（James, 1890）の理論をもとに，自己に関する2つの側面を区別した。そのうちの1つが，「主体としての自己」であり，積極的な知識者としての側面である。この主体としての自己は，以下のような特徴を備えている。

　（1）**自己認識**：何を必要としているか，何を考えているか，何を感じているか，といった自身の内的状態に関する気づきを持つ。（2）**自己主体性**：自分自身の考えや行為を形成するのは自分自身であるという感覚を持つ。（3）**自己の連続性**：時間がたっても自分は自分自身であり続けるという意識を持つ。（4）**自己の一貫性**：自分が1つの一貫した，他とは区別される存在であるという安定した認識を持つ。

　これとは対照的に，ハーターは「客体としての自己」を「対象としての自己」として表現した。ここで，この客体としての自己は，「物体としての自己」，「社会としての自己」そして「精神としての自己」といった構成要素を持つ。主体としての自己が分析者であり，思考するものであるのに対して，対象としての自己は，観察や分析の結果であり，思考の対象である。近年の構成主義的見方は，これら2つの自己を融合して捉える。実際，アンダーソンら（Anderson et al., 1996）によって提案された「単独の認知」の観点は，対象としての自己に焦点化したものであり，個人の認知の結果に見られる特徴に焦点を当てるものである。それに対して，状況論的な見方では，主体としての自己が推論の主体となる活動における学習を取り上げようとしている。これらの2つの見方に見られる差異を，コッブとバウアーズ（Cobb & Bowers, 1999）は，演技者の観点をとるか，観察者の観点をとるかの差異として指摘している。こうした指摘は，学習に関する研究における主体的・客観的見方を表現するものの1つだと言えよう。生徒たちは，彼らの教育的経験において，自分の認知的な自己について，主体的観点と客観的観点の両方から振り返りをするようになるため，私たちは，自己調整学習における両方の意味での自己の意味を検討しなくてはならない。

■**人は，自分の人生や行為について，自己の一貫性や楽観性を反映させた個人的な解釈を作り上げる**　私たちは，生徒たちが自分自身を理解するのには，彼ら自身の過去と予測される未来が関連している，と考える。生徒たちが自分自身の過去を振り返り，未来を見通そうとすることによって，特定の実践やアイデンティティ，目標に向かう行為を調整すると考えられ，こうしたプロセスによって私たちが自己調整学習として定義するような行為が形作られると考えられる。

自伝的な解釈は，経験から意味を構築する個人的な心理過程でもあるし，自己調整学習を理解するための外的な分析ツールにもなる。社会的な状況において，あるいはコミュニティにおいて，個人が自己の概念を構成するとき，自己の分析は，ある程度は個人的で具体的なものとなる。マーカスとヌリウス（Markus & Nurius, 1986）は，人は，いくつかの可能な自己を思い描くことを指摘している。彼らは，「自己のスキーマは，特定の領域における個人の過去の経験から，創造的・選択的に構築される。こうして構築されるスキーマは，その個人にとって継続的に顕著であることや傾倒していることを反映したものとなる。そしてこれらのスキーマは，自己に関する情報の処理に，体系的で広範な影響を及ぼす（p.955）」としている。生徒たちは，教師や仲間から情報を引き出して自分の能力に関するデータを統合し，自身の行動に関する自己の視点からの解釈を行う。生徒たちは，この情報を，自分が何者であり，どのような人間になりたいのか，に関する一貫した表象へと組織していく。

■**思考や学習は，普通，適応的で役に立つものであると考えられるが，非適応的な考えや行為をも導きうる**　伝統的な構成主義の要点は，①子どもは，自分の経験を内的に結びついた知識構造や信念体系として表象し，②適応の機能によって，知識や信念が（通常は）より一貫性のある，現実に対応した，より役に立つ機能へと変化していく，というものであった。この2つの要点のうち，前者は現在も有効であると考えられるが，後者については，その個人にとって都合のよい心的表象の構成過程として捉え直すほうがよいだろう。すなわち，適応は，その環境における成功を導くような動的な心的表象変化のプロセスとして捉えられるべきなのである（Anderson, 1990; Byrnes et al., 1999; Halford, 1999）。このように考えると，次のような結果が生徒に見られることが予測される。まず，子どもの知識や信念がより現実状況（例：学習環境）に沿ったものとなる。環境が変化するにつれて，子どもの知識や信念が変化し，環境の要請に合わせた漸進的で適応的な変化が生じる。第2に，出来事に対する個人の解釈が，経験よりも重要となる。認知的・感情的に表象されるのは，主観的な経験だからである。第3に，出来事の解釈における個人差が，非適応的な傾向を生じさせる。特に，短期的な利益や誤概念の適用は，挑戦や深い理解を避けようとするような長期的な問題を生じさせる。

自己調整学習の目標と機能

　自己調整学習の文脈では，調整されるようになった行為は，その個人の地位や成功，幸福を促進する。自己調整学習の機能に見られる一貫性に関する以下の3つの疑問を検討してみよう。

　まず，なぜ人は自分の行為を調整するのか。学習を特定の目標に導くには，数多くの理由がありうる。私たちは，他者に認められたいという欲求や，ポジティブな自己を提示することによって，自己を高めたいという欲求が，個人の行為を調整する動機の根底にあることを強調したい。つまり，子供たちは，他者に尊敬されるようなやり方で意図的な行為を行うようになり，例えば，「頭の良い生徒」として認められるための行為を行おうとするのである。これは，自己や他者による肯定的な評価につながる。しかしながら，どのような行為が，どのような自我を持った生徒によって，どのような社会グループに向かって実行されたか，といったことが，問題を非常に個別的なものにする。例えば，教師が生徒たちに質問を投げかけたとき，ある生徒は手を上げて正解を述べるが，別の生徒は別のことをぶつぶつとつぶやくかもしれないし，またある生徒は大声で馬鹿にしたようなコメントを言うかもしれない。これらすべての行為は，その個人が，聞き手に自分を印象づけ，自分の評判（「賢い」「タフだ」「おもしろい」など）を上げようとする意図のもとに調整されていると考えることができる。

　第2に，生徒たちはどのようにして調整方略を身につけるのか。生徒たちは，自分自身で考案すること，人に教えられることの両方を通して，自己調整学習における特定の方略を身につける。あるときは，どのように問題を解き，文章を読み，定型的なレポートを書くか，を教えられるが，別のときには，彼らは自分のやり方に合った発見的手順を適用するかもしれないし，また別のときには，風変わりなやり方を考案して適用することもあるだろう。そのやり方がどのようにして導入されたかにかかわらず，こうした実践は，生徒たちの学習に関する認識論的信念の一部となり，生徒たちの中に深く染み込んでいく。これらの実践は個別的で非効率的なものだと言えるかもしれないが，確固として実行されているものである。若者が，騒がしく込み合った場所で勉強したり，大音量で音楽をかけて本を読んだり，試験直前に詰め込もうとしたりするのは，

第8章　自己調整的な学習者はどのような理論・アイデンティティ・行動を構築するか

こうした実践の一例である。これと同様のプロセスによって，子供たちは，社会的な役割についても，自分で考案したり，教えられたりして学んでいく。学習の結果に対する強化が，そのやり方をより持続的なものとし，アイデンティティを維持する。

　第3に，自己調整的な学習者になるとどうなるのか？　自己調整学習の結果は，通常，よりよい学習と学力の向上だと考えられてきたが，学問的でない志向性についても考慮しなくてはならない。生徒たちは，特定の結果や，聴衆に特定のアイデンティティを認められるといった目標のために，ある実践を行う。よって，私たちは，生徒たちが自己を調整する動機づけとして，他者や仲間にどのような人間として見られたいと思っているか，という高度に個別化された欲求が働いていることを見逃してはならない。伝統的な自己調整学習に関する説明には，「生徒たちは効果的な方略を用いたいと願っており，良い成績を得たいと願っている。しかし，どうやってそれをやったらいいかという知識がないのだ」という前提を置くものがあまりに多い。私たちの考える解釈は，こうした前提とまったく異なるものである。すなわち，生徒たちが自分の社会的地位を高めるために自己の行為を調整するという点が重要だと考えられるのである。よって，生徒たちは，よりよいXであると認められるために，Xのような行為を行うので，もし，Xのように振る舞うことが肯定的な評価を導くようなものであれば，生徒の行動や学習はよりよいXになるよう導かれていくであろう。自己調整学習の結果が肯定的なものでない場合，生徒は，自己調整的でないのではなく，他のアイデンティティを選択し，それに沿うように自己を調整したと考えられる。目標となるXが仲間や両親，教師，自己に高く評価されるかどうかは，多くの要因に依存している。子供たち・若者は，複数のアイデンティティを，おそらく同時に追及するので，その状況において創発される社会的アイデンティティの知識や，そのアイデンティティをどのくらい伝達できているか，といった知識によって，彼らの行動は調整される。

　ヒギンズ（Higgins, 1991）は，子供がどのように理想的な自己表象を構築し，追求していくのかに関する段階モデルを提案した。子ども時代の初期においては，他者によって設定された目標や基準に対して徐々に敏感になり，これらの基準を満たすことによって自分の能力を示すことに動機づけられている。中期においては，こうした外部の期待から「自己の導き」への移行が起こり，子どもは，自分の理想的自己を追求するようになる。しかしながら，理想と現実の

自己の違いを認めると傷つきやすくなり，それによって抑うつ的になったり自己価値を見失ったりする事態も生じてくる。ヒギンズ（Higgins, 1991）は，子どもが「自分が**なりたい**自分になれない」ことを感じると，悲しみや落胆が結果として起こると述べている。一方，子どもが「自分が**なるべき**自分になれない」と感じた場合には，心配や危惧を感じることも指摘している。こうした否定的な反応は，低い期待や社会的回避，無力感といった自己調整的行為に結びつき，肯定的な期待は，子どもが自己の感覚から見て，自らが望んだ結果あるいは周囲から期待される結果を得ることに成功した場合に生じる。このように考えると，自己調整の内容とプロセスを確立させるのは，「したい・なりたい」あるいは「するべき・なるべき」という目標であると言えるだろう。

　自己調整学習は，生徒を独立した個人として認めさせるような行動の実行化に関わっている。例えば，生徒は，いたずらっ子として，あるいは優等生として，怠け者として，運動が得意な生徒として，認められるような行為をとる。調整は，生徒がそうなろうとして試してきた1つの自己の役割やルールに沿った行為を行おうとしてきた結果であり，理由ではない。生徒たちは，いくつかの可能なアイデンティティについて，重要な他者からの反応を引き出し，その結果を判断する。そこで実行される，行動の一貫性と調整は，特定のアイデンティティを他者に伝えようとする試みの結果である。この結果と理由の区別は微妙だが重要である。人々は，調整がそれ自体として良いことであるから自己調整的な行為をとるのではなく，自分が望むアイデンティティに沿ったやり方で行為を行うことが，一貫した調整行為に結びつくのである。他の言い方をするならば，特定の能力やアイデンティティを備えた人間になろうとすることが，その人の知識や信念，行為を組織する，ということができよう。調整は，アイデンティティを求める努力から生じる結果なのである。よって，例えばライフ・コース・セオリー（Elder, 1998）や談話分析（Bruner, 1986）のような，自伝的な解釈に基づく新たな枠組みを持って自己調整学習を解釈することが必要である。ハーター（Harter, 1999）は，こうした分析の必要性を以下のように述べている。

　　　自己に関する談話の発達において，個人は，時間を超える連続性の感覚を作り出し，自己に関連するライフ・イベントの一貫した関連性を作り出す。こうしたライフ・ストーリーを構築していく際に，主体としての自己は著者としての重要な役割を割り当てられる。主体としての自己は，その時々で相次いで生じている対象とし

第8章　自己調整的な学習者はどのような理論・アイデンティティ・行動を構築するか

ての自己を一貫した自己に関する談話へと組み込むことによって，意味と将来への方向感覚を与えていくのである。

自己，調整，学習に関する新たな理論

　ハーター（Harter, 1999）は，認知発達の観点から考えると，自己表象の構築は必要不可欠なものであると主張し，「人間は，自分自身を含めた，この世界に関する**理論**を積極的に作り出し，自分の経験から意味を見出すようにデザインされている種である」と述べている（p.8）。私たちは，ハーター同様，子どもたちが彼ら自身と彼らを取り巻く世界についての意味を理解しようとしており，年齢と経験が増すにつれて，事実を体系化する方法がより抽象化されていくと考える。こうした考え方は，「**理論の理論**」と呼ばれる。この理論のもとでは，子どもの知識の体系化を，科学者がデータを蓄積し抽象的に組織し，仮説を生成するのと似たプロセスとして検討することができると考える。ゴプニックとウェルマン（Gopnik & Wellman, 1994）は，子どもの持つ理論の特徴を明確に示した。こうした理論によって，子どもの知識は，ゆるい一般化された知識，あるいはスクリプト以上のものとなっている。

> 　子どもの理論は，観察できない要素を，一貫した関連を持たせて抽象化しようとすることから生じる。理論によって，子どもは抽象化された要素や法則を用いて特徴を説明するようになる。こうした理論は，また，子どもの新しい事例に対する予測や，予測の間違いのような，特徴的なパターンを説明する。さらに，理論は，事例の明確な解釈を導く。よって，非常に基本的な事実や経験であっても，持っている理論が異なれば，異なる解釈をすると考えられる。これらの明確な説明・予測・解釈のパターンは，子どもの知識の理論的構造を最もよく示すものであり，理論の理論を特徴づける点である。（p.262）

　本章では，特に自己調整学習における自己参照的理論に着目して，子どもが学習や教育に関する理論を構築していることを示す証拠を示したい。これらの理論は，客体としての自己の側面を表すものであるが，理論を構築し検討するのは主体としての自己の役割である。両者とも幼稚園から高校3年生までの教育の中で同時に発達していくものなので，主体としての自己が新たに身につけていった省察・分析・制御の能力は，同時に変化しつつある対象としての自己

理論のコンピテンスや効力感,アイデンティティへと反映されると考えられる。自己についての新しい理論は,環境や他者に関する理論(例えば,社会的認知)の発達と絡み合っているので,子どもたちの自己調整学習に関する理論は,より条件や文脈に依存する,相対主義的なものとなる。子どもたちは基本的な領域(Wellman & Gelman, 1992)に関する理論を構築しており,学習に関する理論は,そうした基本的な領域の中の心理学的理論の一部をなすと考えている。

これまで,子どものこころの理論に関わる認知発達研究の多くが,2歳から5歳の子どもを対象としてきた。これらの研究の焦点は,子どもが心的な世界と物理的な世界の区別をつけることができるか,あるいは,子どもが自分と他者のこころを差異化できるか,という点にあった。私たちは,より年長の子どもは,これと類似した区別や差異化を,学習,特に学校の学習に関する理論の構築において行っていると考える。以下では,子どもの自己調整学習に関わる理論,すなわち自己のコンピテンスや自己制御,学習課題や道具的な学習方略における,主要な抽象化や発達的変化を捉えていく。

自己のコンピテンスに関する理論

子どもの自己調整学習にとって重要な,自己に関する理論は数多くあるが,その中でも,能力と努力に関する信念は,自己のコンピテンスに関する子どもの知覚に強い影響力を持っている。問題集や社会的比較,外的な評価から,子どもたちは,自分のクラスにおける自分の相対的な強みと弱みに関するデータを得る。小学生時代に,子どもたちは,これらのデータをどのように収集し,解釈するのかを学習する。その結果,子どもたちは,これらの外的指標に自らを適合させようとし続け,自分の対象としての自己の再構築を行う(Paris & Cunningham, 1996)。自己のコンピテンスの認識は,子どもたちの動機づけや,教室での活動の調整に大きな影響を及ぼす。自分に能力があると認識する子どもたちは,困難に直面しても粘り強く,自分が持っている能力や方略を発揮しようとする。それに対して,たとえ本来の能力が高かったとしても,自分の能力が低いと認識すると,新しい課題に取り組む動機づけが低下し,取り組んでいる課題を完成させようとする努力は阻害される(Pressley & McCormik, 1995)。

これまでの研究から,子どもの自分自身の学力に関する認識は,学校に入ると急激に低下することが指摘されている(Eccles & Roeser, 1999; Nicholls, 1984)。

第8章　自己調整的な学習者はどのような理論・アイデンティティ・行動を構築するか

子どもたちは，自分の能力について，非常に（時に客観的な評価を上回るほど）肯定的な見解を持って小学校に入学する（Pressley & Ghatala, 1989）。しかし，3年生の段階で，こうした楽観的な信念は弱くなり，多くの児童が，自分の能力を，教師の客観的な評価よりも低く見積もるようになる（Eccles, Wigfield et al., 1993; Juvonen, 1988; Stipek & McIver, 1989）。11歳から12歳になると，自己のコンピテンスに関する認識はさらに低下する（Wigfield et al., 1996）。中学校への移行時には，能力に関する自己評定が劇的な低下を見せることが明らかになっている。おそらく，学校が変わり，クラスメイトが変わることによって社会的な比較の機会が増加するためであろう（Eccles, Midgley et al., 1993）。また，こうした低下は，男子よりも女子において顕著に見られる（Cole et al., 1999; Phillips & Zimmerman, 1990）。このような現象からは，生徒が構築する自分の能力に関する理論が，その本人の進学と最終的な職業に関する選択肢に影響すると言うことができるだろう。

コンピテンスの認識の変化の基底にある要因

こうした，自分の学習能力の認識の本質的な変化はどうして生じるのだろうか。ここでは，発達に関わる3つの要因が重要である。すなわち，第1に，子どもの能力や努力に関する概念的な変化，第2に，教育実践と能力測定の方法の変化，そして第3に，能力や努力に関する，あいまいで，時には非適応的な理論を構築する機会の増加，の3つの要因である。

▍変化する理論
まず，子どもが学習能力や努力をどのように概念化するかに発達的な変化がある（Covington, 1987）。子どもの能力に関する理論は，子どもの「自分はどのくらい良くできるのか」という疑問に対する答えを提供する。また，努力に関する理論は「自分はどのくらい頑張らなくてはならないか」という疑問に対する答えを提供するだろう。これらの疑問に対する答えは，能力や努力についての，体系的に構造化された信念や態度のネットワークを生み出す。年齢の低い子どもたちの能力に関する理論は，努力の理論と結びついている。小学校低学年では，多くの生徒が，努力やその結果を能力と同等のものとして見ており，一生懸命に頑張ることが能力の向上に結びつくと信じている（Nicholls, 1990）。ドウェックとエリオットの初期の研究（Dweck & Elliott, 1983）では，年齢の低い子どもは，「拡張的理論」を持つ，と表現される。これは，この発達段階の子どもたちが，頭の良さが努力の直接的な結果として増

大すると考えていることによる。しかしながら，10歳から12歳頃になると，多くの生徒は，「固定的理論」を持つようになり，もともと他の生徒より頭の良い生徒がいて，その差を努力によって埋めることはできないと考えるようになる。固定的理論を持ち，自分はあまりあまり頭が良くないと思っている生徒はあまり努力をしないし，学校での自己効力は徐々に低下していくだろう。近年の研究からは，多くの生徒は，固定的理論と拡張的理論の両方を持っていると考えられている（Cain & Dweck, 1995）。

　年齢の低い子どもは，努力と能力の概念を同じと考えているだけでなく，他のさまざまな能力に関する概念を混同している。例えば，学習能力と社会的能力を異なるものとして捉えていないので（Stipek & Tannatt, 1984），小学校1年生の多くは，普通の生徒と賢い生徒の違いは「他の人と協調して取り組むことができるかどうか」だと考え，幼稚園児は，難しい課題に取り組むことを能力と同等視する（Nicholls, 1990）。しかし，子どもの年齢が高くなってくると，これらの概念間の差異を理解するようになる。12歳になると，子どもはスキルによって得られた結果と，運の良し悪しによってもたらされた結果を，明確に区別し，スキルが必要な課題には努力が重要であると信じるようになる。また，子どもたちは，徐々に努力に関する客観的で標準化された概念を持つようになり，能力と切り離して理解するようになる（Nicholls, 1990）。10歳から11歳くらいになると，子どもたちは，努力と能力を差別化し始め，青年期初期には，固定的理論を持つようになり，能力は生まれ持っての才能であり個人差があるものだと捉えるようになる（Nicholls, 1990; Nicholls & Miller, 1984）。

　こうした概念の発展は，一方で，仲間の中での相対的位置や社会的比較への敏感性を高め（Nicholls, 1990）たり，努力が能力の低さの現れであるという考えを持ったりするというネガティブな結果も引き起こす。子どもたちが，青年期初期において，成功のために多くの努力が必要だったということが能力の低さを現すと考えるようになるにつれて，一生懸命に頑張ることは，否定的意味合いを持つようになる。チャップマンとスキナー（Chapman & Skinner, 1989）は，若者のまじめであることより一生懸命にやっている様子を見せないことを重んじる傾向と，年齢の間に相関が見られるのは，努力と能力がトレード・オフの関係にあると考えるようになることと関連があることを示した。4年生や6年生は，仲間に努力家であるところを見せたがるのに対して，中学2年生は，仲間に一生懸命勉強しているところを見せたがらない（Juvonen & Murdock,

1995)。エイムス（Ames, 1992）やマエーとミグレイ（Maehr & Midgley, 1991）によれば、これは、一生懸命にやるべきではない、という仲間規範が作られ、仲間の拒絶を恐れて一生懸命勉強しているところを見せないようになるためであると考えられる（Brown, 1993）。さらに、努力を見せずに高成績を得た場合は、運ではなく高い能力を持っている証拠だと認め、努力せずに低い成績であった場合は、怠けていたからだと考えたり、やる価値のない課題だったからだと考えたりするようになる。

　このように、4～5年生になって、努力がネガティブな意味を示唆するようになってくると、子どもの能力の理論は、領域ごとに分化されるようになる。例えば、能力に関連する学習能力の自己認識は、学校での一般的な自己概念に加えて、少なくとも2つの領域（文系・理系）に分けられる（Marsh, 1990; Marsh et al., 1988）。また、5年生が、学習領域における自己認識を、知覚される能力・近い将来の期待値・より遠い将来における期待値・能力への原因帰属の4つに分けて認識していることが示されている（Simpson et al., 1996）。ウィグフィールドら（Wigfield et al., 1996）は、領域別（数学、読解、音楽、スポーツ、一般的能力）に子どもの自己認識に関する検討を行い、年齢が上がるにつれて、子どもの反応が徐々に領域ごとに調整されるようになり、外的な基準と相関するようになることを示した。この領域固有性は、異なる課題における自分の能力の違いを理解しており、「一般的に能力が高い・低い」といった自己概念に対抗していると考えられる。このように能力を差異化して捉えることによって、努力量も、領域によって異なるように調整されるようになる。よって、子どもの年齢が高くなり経験が増すにつれて、自己調整学習も領域によって異なってくることが予想される。

■**変化する環境**　子どもが成長するにしたがって、教室での実践も変化する。評価には公的な基準が導入され、その結果、子どもは自分の能力の認識を低下させることが多くなる。年齢の低い子どもは、課題を終わらせることが習得を意味し、習得が能力の高さの証拠になると考えている。また、年齢の低い子どもは、社会的な賞賛によって大きく影響され、他の人が自分を誉めたり肯定的な評価をしたりするならば、自分には能力があるのだと信じている。低学年の課題や評価実践は、こうした、「努力や社会的な能力が生まれつきの能力を補償する」という楽観的なアプローチを促進するものとなっている。それとは対照的に、教室で与えられる成績やご褒美、報酬は、その生徒の課題遂行結果に

関するはっきりした情報を提供する。例えばスティペックとダニエルズ（Stipek & Daniels, 1988）は，学習に力を入れた幼稚園の子どもたちは，評価的なフィードバックがあからさまに与えられており，普通の幼稚園の子どもたちよりも，コンピテンスを低く認識している，と述べている。しかしながら，一般的には，能力の自己評定と成績の間の相関は，3年生か4年生以上になるまでは見られない（Nicholls, 1978）。また，5年生になるまでは，子どもの自己評定と教師の評定との間に高い相関は見られない（Harter, 1982）。子どもが学校時代を通して成長するにしたがって，遂行結果に基づく明確な評価にさらされるようになり，能力別グループ分けを行うような実践の機会も増加する。規準的評価や公的評価が社会的比較の機会を増加させ，徐々に，努力がコンピテンスの認識をする上での基準とはならなくなっていく。また，教科によって子どもは異なるパターンの評価を受けることになるため，こうした評価実践は学習領域による自己概念の分化にも寄与すると考えられる。年齢の低い子どもたちは，すべての領域において同等の努力をし，自分の能力が領域によって変わることはないと信じているかもしれない。しかし，成長するにしたがって，同じように努力をしても異なる評価が与えられることがあり，それが，いくつかの教科において自分の能力が低いことを示している，ということに気がつくようになる。

■**歪められた理論**　教室での実践が変化し，子どもたちが能力と努力についての理論を明確に区別して構築するようになるのと同時に，彼らは，間違った，あるいは歪んだ理論を構築することも多くなる。ここでは，間違った理論・歪んだ理論に関する研究例として，5つの大変よく知られた知見を紹介したい。まず，マーシュ（Marsh, 1990）は，生徒たちが，成功した原因は自分にあると考えるが，失敗は他人や外的な環境に原因があると考えるようになる，ということを示している。マーシュは，この現象を利己的効果と呼んだ。第2に，子どもたちは自己認識を守ろうとして，参加しないという方法をとることがある。自己価値に関して防御的な生徒は，成績の低さが能力の低さに帰属されそうな達成場面において，自ら努力することを放棄するのである（Thompson et al., 1995）。3番目の努力に関する歪んだ理論は，学習性無力感として知られている（Abramson et al., 1978）。生徒たちは，努力が報われないだろうという間違った考えの下に，結果を制御するのをあきらめてしまうのである。

第4に，子どもの努力や能力に関する理論に，教室風土と指導における関係

第8章　自己調整的な学習者はどのような理論・アイデンティティ・行動を構築するか

性が影響することを示す知見をあげたい。例えば，教師が誉めることは，子どもの努力や能力の理論に大きな影響を持つ。もしも教師がランダムに生徒を選んで，彼らの能力が高いと誉めたとしても，他の生徒たちは自分たちの能力を実際より低く認識するようになるだろう。ピントリッチとブルーメンフェルド（Pintrich & Blumenfeld, 1985）は，2年生と6年生を対象とした調査において，教師の賞賛と生徒の能力認識には高い相関が見出されるが，教師の賞賛と生徒の努力の認識との間にはそのような相関が見られないことを示した。一方で，教師が課題への取り組みを批判することと生徒の努力の認識の間には高い相関が見られた。つまり，教師の賞賛は「頭が良いのは誰か」に関する仮説を導き，教師の批判は「怠けているのは誰か」に関する仮説を導き出すのである。5番目の例として，援助の提供に関する知見をあげたい。教師の援助はしばしばよりできない生徒に向けられるが，だからといって，教師の援助が生徒のできなさの指標になるわけではない。優秀な意思決定者の特徴の1つに「いつ誰に助けを求めるべきかを知っている」ことが含まれる（Byrnes, 1998; Newman, 1998）ことからも，このことは明らかである。しかし，生徒たちが，仲間から「できないやつ」と思われるのが嫌で，援助を要請しないことは非常に多い。

　能力や努力に関する子どもの理論は，本章のはじめに述べた構成主義の原則を反映したものである。彼らの理論は，学校での経験の初期の段階で構築され，主体としての自己の発達や学校での環境変化にしたがって変形されていく。その理論は，適応的な場合もあるが非適応的な場合もある。いずれにしても，そうして構築された理論は，生徒が学校でどう振る舞うかに大きな影響を与える。生徒の理論を最も的確に示すのは，彼らが成功するためにどのくらい努力するか，であるが，学校の課題にどの程度の価値があると考えているか，また，自己価値をどのように捉えているか，といった点からも彼らの学習に関する理論を知ることができる。ハーター（Hater, 1999）は，自己のプロセスが，理論を構築し，動機づけるものであり，自己防衛機能も自己のプロセスも，生徒が学校や自分自身について持っている理論と一致しているということを示した。年齢の低い子どもは，努力と能力の概念を区別しておらず，自分の能力は高く，努力すれば成功するだろうと考えている。こうした理論が，自己調整学習を低下させる防衛的な動機づけパターンから彼らを守っている（Cain & Dweck, 1995; Paris & Newman, 1990）。しかし，子どもの理論が分化され，領域によって能力を分化して捉えるようになると，成功が期待できて満足できそうな特定

の課題に努力を振り分けるように,いくつかの自己概念を構成する。自己調整学習は,次第に,子どもが能力と努力をどのように区別しているかに依存するようになり,より状況依存的で個人的なものとなる。

実行と制御に関する理論

能力と努力の理論に加えて,子どもたちは,学習状況を制御しようとする経験を蓄積するにしたがって,自分の持つ実行と制御に関する理論を構築する。個の実行は,バンデューラ(Bandura, 1997)によって詳細に概念化された。認知的理論と行動理論のギャップを埋めるために,バンデューラ(Bandura, 1986)は,「思考は個人の行為の実行によって行動に影響する。人は,環境を理解し,動機づけを変容させ,行為を制御するために思考という道具を使うのだ」(p.1)と述べている。個人の実行とは,人が自分の行為に責任を負い,自分の選んだ目標に関する失敗・成功や,利用可能な資源,自分ができる努力について考える内容をさす。認識される自己効力は,個の実行の重要な構成要素である。自分が特定の行動をとれるかどうかに関する知覚は,その人の期待や動機づけを構成するからである。自己効力を高く評価する子どもは,学習課題により気軽に参加し,やりがいのある課題を選択し,一生懸命勉強し,失敗したときにも我慢することができ,高い成績を得る(Pintrich & Schunk, 1996; Schunk & Zimmerman, 1997)。バンデューラ(Bandura, 1997)は,自己効力の認識が認知発達や認知機能に影響することを示す数多くのエビデンスを引用している。効力の基本的原理は,「特定の行為を効果的に行うことができるという,自己の能力に対する強い信念が課題遂行を成功させる」というものである。高い自己効力は,また,自尊心や満足感,肯定的な感情をもたらす。

どのような要因が個人の実行における肯定的な信念を促進するだろうか。1つの要因として,成功経験があげられる。ある課題で成功し続けることによって,達成感と満足感を得ることができ,この先も類似の課題を解くことができるだろうという信念を得ることができるだろう(Stipek & Hoffman, 1980)。また,社会的比較の機会が増加するにつれて,生徒は,自分の成績と他の生徒の成績を比較することで,自己効力を高めるようになる(Schunk, 1987)。2番目の要因としては,フィードバックがあげられる。肯定的なフィードバックは自己効力を強化し,生徒が達成可能でやりがいのある目標を設定するのを促進す

る（Zimmerman & Kitsantas, 1997）。3番目の要因は，観察学習である。観察者は，自分と似た仲間が成功する様子を見ることで，自己効力を高める。しかし，観察者がモデルとなった仲間のように成功できないと，こうした自己効力の変化は小さくなってしまう（Schunk & Zimmerman, 1997）。自己効力の認識にプラスの影響を及ぼす4番目の要因は，社会的説得である。生徒は，教師や両親，仲間から，自分が課題を達成することができるという説得的な情報を受け取る（Schunk & Zimmerman, 1997）。例えば，教師はよく「他のところに書いてある内容をよく考えれば，その単語の意味もわかるよ」と言って，生徒を励まそうとするが，これも説得的な情報の1つと言えるだろう。個人の実行の構築は，成功をどのように解釈するかにかかっている。そのため，課題における成績や達成，観察，そして「能力がある」「成功は，もともとの賢さと努力によるものだ」という他者からの説得が，自己の有能感を支える効力感の基礎となるのである。

　自己効力あるいは実行の認識が，能力一般，おそらく名前のつけようのない領域固有の自己概念のようなものとして，一般化されると考える研究者もいる。しかし，スキナー（Skinner, 1996）は，**実行に関する信念**を，人が「特定の主体が持つ可能性のある手段」に対して持つ期待，と考えた。すなわち，実行に関する信念は，自己と手段をつなぐリンクを反映しているものと考えられる（**実行者－手段信念**）。それに対して，**制御に関する信念**は，自分が望んでいる結果を成功裏に導き，望まない結果を除外することができるかどうかに関する信念と考えることができる。このような信念をスキナーは，自己と目標をつなぐリンクを反映する，**実行者－目標信念**と呼んだ。よって，**手段－目標信念**は，手段・目標・実行の三者関係における道具的つながりを示すものと言える。子どもを対象とした面接法による調査を行い，因子分析を行った研究において，スキナーら（Skinner et al., 1988）は，これら3つの信念が，子どもの自己調整学習に独立して影響を与えていることを見出した。

　私たちは，子どもたちが，その環境における自分の制御に関する信念を構築すると考えている。その信念に基づいて，ある結果は望ましく，また他の結果は達成不可能なものと考えられるようになり，それが彼らの持つ能力や努力の理論に直接的な影響を与える。目標を達成するための行為を制御することができるという強い信念なしに，子どもたちが自立して目標を設定したり，目標達成のための動機づけが生じたりするとは考えにくい（Johnston & Winograd,

1985)。後に述べるように，非適応的な学習は，多くの場合，正当な教育目標にたどり着くことができないという，生徒の間違った信念に起因している。自分の実行や制御に関する子どもの信念は，彼らが構築しつつある，学習に関する理論の主要な部分である。知覚された実行と，望ましい結果を得るために自分が実行できる制御に関する信念は，両方とも，自己調整的行動をとるために必要である。たとえ子どもが教育におけるアイデンティティに価値があると考えたとしても，彼らが成功するのに十分な制御力と実行を持っているという信念を持たない限り，そのアイデンティティを達成するための行動はとられないだろう（Cullen, 1985）。

就学と学習課題に関する理論

　子どもたちは，学校で何を学ぶのか，どのくらいの期間学校に通わなくてはならないか，といったことについての素朴な認識を持って学校に入る。評価方法や学習課題の変化に直面し，子どもたちは，学校や彼らが臨むべき課題の性質について，よりはっきりとした概念的理解を構築するようになる。就学の理論は，自己効力や制御の理論と相互作用するため，子どもたちにとって非常に重要である。本章では，「子どもたちが選択する目標」と「課題の構造」という2つの側面から，子どもが持つ就学についての信念を検討する。

生徒の目標志向性

　自己調整学習においては，生徒が，自分が努力を向ける対象として，適切な目標を選択することが重要だと考えられる。残念ながら，幼い子どもたちは，課題の目標についてはっきりした意識なしに学校に入っていく。例えば，5歳児の多くは，「読む」ということは，単に絵を眺めるだけではなく，文字を符号化していくことだという意識を持っていない。ボンディ（Bondy, 1990）は，1年生の多くが，「読む」というのはそのページに書いてある文字を読み上げることだという意識しか持っていないことを指摘した。読むことを学び始めたばかりの子どもや，読むのが苦手な子どもは，文字の読み上げや符号化，テキストの字義通りの意味にのみ集中し，全体の意味の構築という文章理解本来の目標を意識することができない。正しく発音するための方略と，テキストの内容を精緻化したり統合したりするための方略は異なったものである（Paris et

第8章　自己調整的な学習者はどのような理論・アイデンティティ・行動を構築するか

al., 1991）が，それを理解していないのである。

　同様に，幼い子どもは，書くことの目標が，自己表現のための作文ルールを学ぶことだと理解していない（Scardamalia & Bereiter, 1986）。また，ほとんどの小学生は，算数の目標は数字の間の関係を理解することであるとは思っておらず（Resnick, 1987），ワークシートやドリルの練習問題に示されている領域での活動に焦点化している。よって，算数の授業は時に，考えることなくただ手順を覚えるだけのものになってしまい，数学の原則を学ぶためのものではなくなってしまうことがあるのだ。このようにして，子どもたちは，読み書きと算数という学習課題は，スキル重視で儀式化された手順であるという理論を構築してしまう。こうした理論は，課題における概念的理解や学習本来の目標を妨げるものである（例えば，Turner, 1995）。

　教室場面において生徒が持つ目標は，よく，「習得目標」と「遂行目標」として言及される（Ames, 1992）。習得目標は，新しい能力を開発すること，自己効力を高めること，困難な課題をやり遂げること，そして，理解すること，に焦点を置いた目標志向性である（Dweck & Leggett, 1988; Maehr & Midgley, 1991）。一方，遂行目標は，自分の地位の向上や，標準化された基準に即して良い成績を上げることや，他者との比較によってより高い地位を得ることが強調される。他の研究者も，「学習目標」と「遂行目標」（Dweck & Leggett, 1988; Elliot & Dweck, 1988），あるいは，「自我関与的目標」「課題関与的目標」のような，異なる用語によって類似した概念構造を提案している。最近では，「習得目標」と「遂行目標」を「接近・回避」の次元によって区別する考え方も提案されている。エリオットとチャーチ（Elliot & Church, 1997）は，「習得目標と遂行目標は，課題の習得や標準化テストでの良い成績のような，それぞれの目標にとって肯定的結果を導くための自己調整として表現できる」としている（p.218）。より近年の目標の概念化においては，理解できないことや学習できないことといった課題の習得の失敗に焦点化した，習得－回避的目標も指摘されている（Pintrich, 2000）。遂行－回避は，「失敗することへの恐れ」であり，習得－回避は，「成功できないことへの恐れ」と言い換えることもできるだろう。両方とも，自己効力感の理論や，成功や失敗の帰属から導き出される信念である。いずれの回避の信念も，自己価値を守るための自己の抑制につながる。

　自己コンピテンスや動機づけ，達成行動に，習得目標と遂行目標が与える影響については，数多くの研究が蓄積されている。これらの研究では，習得目標

は，肯定的で適応的な帰属パターンにつながり（Ames, 1992; Dweck & Legget, 1988），生徒たちは，自らの失敗や成功を努力に帰属することが多い（Pintrich & Schunk, 1996）。反対に，遂行目標を持つ生徒たちは，自分の成功や失敗を能力に帰属し，努力と能力が負の相関にあると考えている。習得目標を持つ生徒は，課題により多くの時間を費やし，より粘り強く課題に向かう（Ames, 1992; Elliott & Dweck, 1988）。そして，習得目標を持つ生徒は，深い処理を行う方略を用いたり，自己制御学習方略を用いたりするなど，認知的により高度な取り組みを行う（Pintrich & De Groot, 1990）。帰属パターンと動機づけに加えて，習得目標と遂行目標は，感情面においても異なる結果をもたらす。すなわち，習得目標は，自尊心や満足感，内発的動機を導き，学習課題に対するより肯定的態度を導く（Ames, 1992; Pintrich, 2000）。

　これらの伝統的な達成目標理論が，習得目標と遂行目標を区別し，習得目標に価値を置くのに対して，複数の目標を持つことの利点も最近では指摘されている。ハラッキウィクスとバロン（Harackiewicz & Baron, 1998）は，習得目標と遂行目標は独立であり，それぞれが興味や成績にプラスの影響を持つと指摘している。さらに，彼らの研究では，課題の完成やコンピテンスが促進された場合には，両方の目標が内発的動機を促進することが示された。学習やスキル習得の異なる段階において，どのように複数の目標が適用され，自己調整学習に影響するのか，についてはさらなる検討が必要である。生徒は，自分自身の状況や性格だけでなく，活動の状況に応じて異なる複数の目標を適用している（Wentzel, 1996）のではないかと考えられる。例えば，学校で算数の問題をやっているとき，ジョンが，他の生徒たちがさっさとその問題を終えている様子を目にしたとしよう。ジョンにとってその問題が難しかった場合，彼は，自分の能力への帰属を行い，問題をきちんと終わらせることを放棄しようとするかもしれない。あるいは，カンニングしたり，適当に答えたりして，さっさと問題を終わらせ，らくらく問題が解ける能力の持ち主であるように見せようとするかもしれない。こうした場合，ジョンの目標は，社会的な状況に伴って，習得－接近的な目標から習得－回避的な目標へ，そして遂行－接近的目標へと変化したと考えることができる。重要なのは，目標は，生徒が課題に取り組むのに伴って生じるものであり，課題を取り巻く状況が，そこで生じる彼らの課題についての理論や能力に関する理論に影響し，目標志向性も，その状況を反映して変化していくという点である。

学習課題に根ざした動機づけ

こうした異なる目標志向性が見られるのはなぜだろうか。多くの研究者が，目標は，教室実践の構造から生まれることを主張している。例えば，種類・多様性・難しさ・制御・意味といった課題の次元が，習得目標を促進することが示されている（Blumenfeld, 1992; Meece, 1991）。また，教師が，授業において，課題の競争的側面や機械的な手順，統制を強調すれば，生徒たちは，課題を「急いで仕上げるべきもの」と見なし，課題を完成させることに集中し，表面的にしか関わらなくなる（Blumenfeld et al., 1983; Doyle, 1983）。こうした活動によって構築される学問的課題に関する理論は，学習への関わりを，最小限・最短の時間にとどめようとすることにつながる。教室での課題に対する表面的な関わり方は，教師が生徒にいくつも同じような閉じた課題を与えることによって促進される（Turner, 1995）。閉じた課題とは，ワークシートや機械的な暗記，創造性がほとんどない課題などをさす。反対に，開かれた課題は，プロジェクト学習や研究，解釈といった課題を意味する。

パリスとターナー（Paris & Turner, 1994）は，開かれた課題の重要な特徴を，内発的動機づけを促進する6つのCによって表現した。すなわち，**Constructing**（個人的な意味の構築），**Choosing**（どのように課題を成し遂げるか，そのアプローチの選択），**Challenging**（難しい課題を探すこと），**Controlling**（成功するための方略を自ら制御すること），**Collaborating**（他者との協同），そして，**Consequences**（自己効力を高める遂行），である。ターナーら（Turner et al., 1998）は，5・6年生が算数に一生懸命取り組むための条件を分析した。その結果，教師が理解を重視し，生徒の自主性を重んじ，内発的動機づけを高めようとする授業において，生徒たちは最も一生懸命取り組み，肯定的な影響が見られた。一方，「教師による質問－生徒の解答－評価」というサイクルを用い，外発的な動機づけを重視し，難しい課題をあまり与えない授業では，生徒たちの取り組みはそれほど熱心ではなかった。

ここで，子どもが課題と学校に対して持つ理論の2つの重要な特徴に注意してほしい。まず，生徒たちは，努力を最小にするために同型の問題を探そうとする。生徒たちは，学習問題に慣れていくにしたがって，ワークシート，基礎的読解の授業，社会の教科書，文章題，といった伝統的な学習課題が要求していることの共通性を見出すようになる。構造や反応の類似性に気がつくと，特

定の方略や目標が導き出されるようになる。2つ目の特徴は，アルゴリズムの構築と，すばやく課題を終了させる習慣の形成である。多くの学習課題は，生徒に高度な手続き化を要求する。生徒たちは，類似した課題に出会うと，よく用いていた手続きを転移させる。これは，努力を倹約するためでもあるし，認知的な正確さのためでもある。多くの生徒は，問題集を終わらせるための，あるいは音読課題や文章題といった他の問題を終わらせるための，効果的な問題解決方略を持っている。しかし，生徒の中には，課題への関与を最小限にしようと，非適応的な方略を持ってしまう者もいる。例えば，現実には，4・5年生になると，多くの生徒は，読解課題の問題には，問題文を読まないでも答えられるものがあることを知っており，問題文読解前にそれらの問題に答えることで時間を節約しようとする。教師たちは，課題や教科の区分を強調することによって，生徒がこうした機械的な手続きをとることを促進してしまっている。生徒がアルゴリズムや課題をすばやく終わらせる手続きを求めようとすることの背後には，良い意図だけでなく悪い意図も働いており，生徒の関与を高めたり習得目標を促進したりするような状況はわずかである。

生徒の学習課題に関する理論は，明らかに，経験年数によって変化する。つまり，生徒が，繰り返し行われる活動に慣れてくると，問題間の類似性がわかるようになり，それによって適切な問題解決方略が導かれるのである。12～13歳になると，子どもたちは，さまざまな課題の構造について理解しており，適切な方略を用いることができるようになる。しかしながら，読解や数学などの教科の学習において，子どもたちが，バグの多いさまざまなアルゴリズムを用いたり，難しい問題に特異な手続きを間違って適用したりすることがしばしばある（Resnick, 1987; VanLehn, 1990）。部分的には，慣れた手続きを新しい状況に適用するのが最もよいと考えるため，上述したような間違った手続きを導入しようとする動機づけが引き出される。間違って適用された手続きは，時にはほほえましいものであるが，学習や動機づけの非適応的パターンとして成長後も残ることもある。

方略に関する理論

自己調整学習は，意図や資源を必要とする。すなわち，生徒たちは，教室においてさまざまな方略を自分で学ばなくてはならないのである。方略の中には，

第8章　自己調整的な学習者はどのような理論・アイデンティティ・行動を構築するか

情報処理を組織するものもあれば，時間の使い方を調整するためのものも，動機づけや感情を調整するためのものもある（Weinstein & Mayer, 1986）。方略の中には，頭の中で実行されるものもあれば，ノート取りのように，行動として現れるものもある。また，状況や課題に特有の方略もあれば，全体に発見的であるものもある。しかし，方略は，こうした多様な側面を持つのと同時に，いくつかの特徴を共有している（Paris & Lindauer, 1982参照）。第1に，方略は，特定の目標を達成するための意図的な行為である。第2に，方略は，ルールに機械的に従ったり頼ったりすることからではなく，個人によって導入・生成されるもので，実行と制御に関わる。第3に，方略は，選択的かつ柔軟に実行され，認知的なスキルと動機づけに影響を受ける。第4に，方略は，社会的に支持される問題解決のコツであり，特に学習課題においては，それが個人に取り入れられていく。最後に，方略は，重要な「トラブル・シューティング」であり，しばしば意識的に適用され共有されるが，好んでよく使われる方略は自動化され，さまざまな課題に転移されるようになる（Paris & Winograd, 1990）。

　方略の中にはごく初期に発達し，方略的行動の基礎となるものもある。例えば，ウェルマン（Wellman, 1988）は，2歳から5歳の子どもが事物や事象を覚えておくためにさまざまな方略を使いこなすことを報告している。おもちゃを探したり，歯を磨くことを覚えておいたりといった日常的な課題から，方略の基本的な概念が生まれるのだ。この基本的な概念とは，方略が目標志向的であること，道具的で，個人の努力や実行に関わるものであることなどが含まれる（Paris et al., 1985）。学校に入ると，子どもたちの方略は，さらに進んだ認知的発達を反映したものとなる。例えば，記憶やコミュニケーション，注意の洗練されたテクニックは，5歳から12歳の間に発達する（Schneider & Bjorklund, 1997; Brown et al., 1983; Paris & Lindauer, 1982）。また，学校での経験を通して，読み，書き，計算，そして勉強の仕方やテストの受け方に関する特定の方略が身についていく。（Pressly & Levin, 1987; Weinstein & Mayer, 1986）。したがって，認知発達や学習課題の実践，特定の教示は，すべて，学習課題における認知方略の発達を促進するものと言える。

　子どもたちの方略の理論には，どのような情報が含まれているのだろうか。まず，子どもたちは，方略とは何かについての認識（宣言的知識）を発達させる。すなわち，方略レパートリーの機能と目的に関する概念的理解である。例えば，作文のプロセスについて教えられた生徒たちは，プランニングと改訂が

作文に重要な方略だと学ぶ（Scardamalia & Bereiter, 1986）。次に，生徒たちは，方略をどのように用いるか（手続き的知識）を理解する。生徒たちは，必要な行為に関する手続き的知識を発達させる。その手続きを用いて，学校での課題解決の練習を繰り返すことによって，方略の概念的理解だけでなく，明示的な手続き的知識が得られる。最後に，子どもたちは，その方略が，いつ，どうして有効になるかということを理解する（条件的知識）。方略理解のこの側面は，子どもが自発的に適切な方略を転移させるために重要である。例えば，パリスら（Paris, Newman et al., 1982）は，記憶方略の重要性と有効性の説明を受けた子どもたちは，方略を使用するようにという教示がないときでも方略を用い続けたが，そうした説明を受けなかった子どもたちは，以前の非方略的な行動に戻ってしまい，その結果，記憶成績が低下したことを報告している。また，オサリバンとプレスリー（O'Sullivan & Pressley, 1984）は，対連合課題において，いつ，なぜ方略を用いることが有効に働くのかを説明された子どもたちが，単に手続きを指導された子どもたちよりも良い成績をとったことを示している。同様に，プレスリーら（Pressley et al., 1984）は，条件的知識が，より有効な方略とそうでない方略を見分けるのに効果的に働いていることを示し，ファブリシアスとヘーガン（Fabricius & Hagen, 1984）は，記憶の再生成績の良さをカード分類方略に帰属した子どもたちは，その後の課題でも方略を用い続けたことを報告している。

　1970年代および1980年代の認知方略に関する研究のほとんどが，子どもたちの宣言的知識，手続き的知識，そして条件的知識に焦点を当て，方略の維持と生成にこれらが重要であることを示してきた。例えば，読解方略の発達は，方略の性質と理解を助ける有効性に関する理解に依存しているようである（Paris et al., 1983）。しかしながら，方略的行動は，単なる知識や方略に関するメタ認知以外のものにも関わっている。自己調整学習となるためには，子どもたちの方略の理論は，自己のコンピテンスや努力，学習課題と統合されなければならない。知識は，適切な意図や意図的制御を持って，行為に変換される必要があるのである（Corno, 1989）。

　そのためには何が必要だろうか。自分の能力について，教室で直面する課題の本質について，そして特定の目標を達成するためにどのように自分の努力と方略を調整するべきか，ということについて，子どもたちが多くの情報を得ることが，これまで概観してきた研究からわかるだろう。これらの理論は，研究

者によって個別に分析され，年齢の低い子どもたちの理論とは分離して考えられてきた。発達における中心的な課題は，自己調整学習に影響するさまざまな要素に関する情報を統合することである。言語や情報処理における認知的制約は，子どもの認知処理に関する理論の発達に影響するだろう。また，子どもたちによる理論構築は，課題の特定性にも制約を受ける。子どもたちの読み書き算数に関する初期の経験においては，意図的な学習と自己調整的行動を必要とする課題は，わずかな形式的課題，状況，相手に限られているだろう。よって，理論構築に用いられる情報もあまり目立たないし，そうした情報の重要さが歪められていると考えられる。

理論から行為へ

　知っていることは行動することの十分な基盤とはならない。この問題は，自己調整学習に関する多くの説明において指摘されており，理論の理論の立場にも当てはまるかもしれない。よって，本節ではこの点について述べる。自己調整学習に関する多くの説明が，さまざまな自己管理のプロセスに関する定義と表現に関するものとなっており，調整の力動的なプロセスにほとんど注意が向けられていない。例えば，自己調整学習に関する多くの説明，特に情報処理の観点を持つものでは，帰属や自己観察，目標，方略といった要因を重要視し，これらの要因がいかに生徒の学習の効果に影響しているか，ということを示そうとする。しかしながら，これらの要因は記述のための分析道具であり，多くの説明は，これらの要因が学習者の中でどのように関係し合っているのかを示していない。四角と矢印によって表現されるモデルは，機械的であり，変数間の相互作用を表していない。四角の中に四角を入れ込んだり，双方向の矢印を用いたりして複雑な相互作用を表現しようとするモデルもあるけれども，こうしたモデルは，自己調整学習における可能な要因とそれらの間の可能な相互作用を表す巨大なリストを作り上げるようなものであり，比較可能な，あるいは実証可能なモデルとはなっていない。

　さらに，多くの説明が，自己調整学習における自己を見落としている（McCombs & Marzano, 1990参照）。要因はすべて，主体としての人間抜きの既有知識として表現されているのである。ヴィゴツキーが指摘したように，そのようなモデルは，目標と人間の相互作用を欠いたものである。知性と感情の分

離に関して，ヴィゴツキー（Vygotsky, 1986）は，「（知性と感情を）研究対象として分離することは，伝統的な心理学の大きな弱点である，なぜなら，両者を分離することによって，思考過程を，思考者自身に関する分離された自律的な流れのように表し，思考者の生命の全体性から引き離し，思考者個人の欲求や興味，傾向，衝動から引き離してしまうからである（p.10）」と述べている。この批判は，認知モデルにおいてよく指摘される「小人問題」や，ある思考が他の思考とつながりあっている回帰的因果に対する批判の1つのバリエーションと捉えることもできるだろう。このことが自己調整学習理論において問題となるのは，意志や感情を持った主体なしには，モデルが冷たく静的なものになってしまうからである（Paris, 1988）。知識は，行為の必要条件ではあるが，知っているだけでは行為につながらない。知識に縛られた理論の中には，因果に関するメカニズムは存在しないのである。

　これらの知識駆動型システムに関する問題は，理論の理論の立場をも危うくしうる。問題を回避するには，付加的な説明枠組みが必要となるだろう。ウェルマン（Wellman, 1988）は，子どもの，信念-欲求-行為の枠組みを用いて，思考と行為の因果関係を示した。すなわち，Xを信じることが，Yの追求を動機づけ，それによって行為Zが導かれると考えるのである。これは「知識が欲求に変わる」という考え方で，理論の動機づけに適用される。ここでは，なぜ人は自己調整されたやり方で行為するのか，という問題を解くために，これと類似した，自己調整学習を理解するための枠組みを提案したい。しかしながら，この提案は，学習に良い方略を適用する，向社会的行動のみに限定されたものではない。なぜ人は一貫して自己調整学習というラベルで提案されているようなやり方に一致したやり方で行為を行うのか，を説明する，より一般的見方を提供するものである。ここで，自己調整学習は，ある行為は，その行為をとろうとする動機の結果導かれる行為を示しているのではなく，結果として生じる行動を表すラベルである。人々は，自己調整的であろうとして努力しているわけではなく，また，自己調整学習に関する知識だけが，人々に知識に沿った行為をとるよう動機づけているわけではない。また，自己調整学習の動機を，指示や教示，他者からのサポートに還元することはできない。そのようにしてしまったら，もはや**自己**調整的であるとは言えないからである。そこで，私たちはまず，内的で，自己決定的で，構造化され，因果的に結びついた，自己調整学習の動機を特定しなくてはならない。この点について，私たちは，アイデン

ティティ確認が動機の根底にある,ということを提案したい。

自己の感覚の探求と確認

　自己調整学習は,変化する環境からの要求に対する個人の反応であり,個人の能力や理論に沿ったものであるために,適応的だと言える。学校での子どもの行動の調整的な側面は,部分的には,子どもたち自身が,ある特定のやり方で,特定の自己として,望んでいるアイデンティティを持つものとして認められるために努力したために生じる,ということを私たちは主張する。こうした側面は,年齢の低い子どもたちの学校での行動においては,潜在的かもしれない。しかし,年齢が上がるにつれて,子どもたちの理論はより分化されたものになり,自分自身の対象としての自己に関する考えは,より意識的なものとなる。中学生・高校生になる頃には,多くの若者が,自分の属するコミュニティにおいて,自分にとって価値ある他者に対する自分自身の評価が高くなるように,自分の行動パターンを調整するようになる。多くの子どもたちにとって,自己調整学習の学習志向性は,達成志向的な生徒のモデルに一致している。ローケンパーとコーノ (Rohrkemper & Corno, 1988) は,こうした自己調整的な生徒たちについて次のように述べている。「心理的なリスクを伴う目標を探索し,それに向けて努力する。また,自分自身の間違いから学ぶことができる。ストレスフルな状況に対して柔軟かつ積極的に**反応する**能力があり,自分の能力にとってやりがいのある課題に挑む。こうした生徒たちは,自分自身の学習を制御していると考えられる (p.299)」。

　学習の成功,あるいは他の目標に対して努力することは,効力感や義務感に刺激を受けた欲望や欲求の条件を動機づけることでもある (Bandura, 1997; Higgins, 1991)。ここから,生徒たちがさまざまなペルソナや役割を試すプロセスにおいて,行為を調整しているのではないか,と私たちは考える。行為を動機づける欲求は,頭が良いとか仕事が速いとか物静かでまじめな知識人だとかいった,自分がそうなりたいと望む「自己」を目指す努力であると考えられる。これらの可能的自己が,自己調整的な行為を導く。自己調整的な行為は,典型的には,方略をうまく用いることや,良い生徒,良い自己調整学習行動のリストを含んでいる。しかし,そうなりたいと望む自己は,仲間によっては支持されるものの,教師には否定される場合もある。例えば,冗談ばかり言っている生徒や,いじめっ子,嘘をつく子,ズルをする子がそうした自己に当たる。

その個人がなろうと努力するアイデンティティのタイプにかかわらず，行為は，聴衆となる周りの人々や自分自身のために，その特定の「対象としての自己」を確認しようとする意図を持って行われる。社会的役割を試し，確認するための機会を見つけようとすることは，欲求－行為のリンクで表されるだろう。また，理想的自己像，そうあらねばならない自己像を作り上げることは，信念を追及すべき行為に変換するだろう（Higgins, 1991）。対象としての自己を確認しようとするときの，欲求と行為を結びつけるための，重要で動的な動機づけが，自己調整である。したがって，自己調整過程は，行為の価値やなりたいアイデンティティが社会的に受容されるかどうかということからは切り離されていると考えられる。

　調整された行為の結果は，他者の反応によって評価されたり，自己評価されたりする。例えば，ある生徒が，教師の指示に従わなかったりして，権威を軽蔑し虚勢を張ったような態度をとったとしよう。彼（彼女）は，仲間からさまざまな評価を受けることになる。中には高い評価もあるだろうし，低い評価を受けることもある。そのとき，この生徒は，こうした行為とそれに関連するアイデンティティが社会的評価を高めるものになっているかどうかを決めるために，親や教師からの評価を判断すると同時に，自分にとって価値のある仲間からの評価と，価値のない仲間からの評価を判断しなくてはならない。アイデンティティを補強し，他者から評価される行為は繰り返され，内化されていく。よって，望ましいアイデンティティと調整された行為の間の結びつきは，個人的あるいは社会的評価によって影響を受けると言える。「Xのように振る舞う」ことに対して，非難や制裁，無視がなされた場合は，新たなアイデンティティが試されるだろう。自分とは何者か，何になることができるか，他の人がどのような人を尊敬するか，と言ったことについて仮説を立て，空想しながら，生徒たちはさまざまなアイデンティティや役割，行動を試しているのである。これらは，ジェームス（James, 1890）が「権利の主張」と呼んだ概念であり，マーカスとヌリウス（Markus & Nurius, 1986）が「可能的自己」と呼んだ概念であり，ボーカーツ（Boekaerts, 1998）が自己解釈として記述したものであると言えよう。生徒たちは，これらのペルソナに関して新たに生まれた信念を星座のように心に描いている。ある特定のアイデンティティが他者に肯定的に評価されるという信念は，そのアイデンティティを試そうとすることにつながり，それが行為の調整につながるのである。望ましい対象としての自己が承認され

たり，承認されなかったりすることが，あるアイデンティティを試そうとする力動的な関係に即して，次の調整行為を刺激する。その結果として，生徒たちは，異なる社会状況において，異なる人々を前にして，さまざまなアイデンティティを一通り実験してみることになる。こうした実験がうまくいったもの，良い影響が見られたものは，その後も持続される傾向にあるということは言える。しかし，自己評価やフィードバックの解釈，望ましいアイデンティティの承認，調整された行為の持続，といったプロセスは非常に複雑なものである。

アイデンティティ探索の事例

自己調整学習が，社会的なアイデンティティを模索し，承認を受けようとする個人的な試みによって導かれるという私たちの考え方は，個人の知識に関する構成主義の枠組みに根ざしたものである。しかし，私たちは，そうした個人の知識に，社会文化的原則を加えたい。この社会文化的原則とは，前に記したように，構成主義の第二波の一部である。私たちはここで，対象としての自己に対する特徴的な見方から自己調整学習の3つのバリエーションを示したい。まず，学校での学力が低い生徒や，学校で反抗的な態度をとる生徒のアイデンティティについて考えてみよう。彼らのように社会的に認められていることに反発したり，学校での決まりに反抗したりする生徒に，私たちがどのようなラベルを貼ろうとも，彼らのアイデンティティに関わる力動的なプロセスは，他の生徒たちと類似しているし，同じくらい自己調整的である。例えば，こうした学校で成功していない生徒たちは，成績や学力，大人から誉められることや，将来の教育課程への期待といったものと結びついたアイデンティティを軽蔑しているだろう。なぜなら，これらはすべて，失敗を犯すのではないかという不安を引き起こすからである。しかし，良い学力や生徒であろうとする努力を避けるアイデンティティを適用すれば，こうした自己尊重に対する脅威を避けることができる。そこで，彼らは，学校での権威への挑戦的態度や，学習目標，学習における方略使用，そして習得目標の拒否といった行動をとるようになる。こうした行動はすべて，失敗を導くような努力，あるいは低学力という学校でのアイデンティティにつながってしまうような努力を防ぐことができるからである。努力が，社会的に価値を承認された他の対象，例えばスポーツや音楽活動に向けられれば，大人や仲間の承認が付いてくるが，反社会的な行動，例えば非行や薬物の使用といった行為に向けられれば，仲間からの承認は保留され

る。そこで生徒は最終的に，防御的な戦略行動として，学校での努力や成功を低く見積もる方向で，生徒は自分自身を高度に調整し，代替的なアイデンティティを形成するようになる。

自己調整学習のためのアイデンティティ確認のダイナミクスの第2の例は，集団に対するステレオタイプであろう。数学の学力の性差を考えてみてほしい。このよく知られている差異は，両親や教師の信念が生徒に伝わったため生じると解釈されてきた（Eccles & Roeser, 1999）。女子は数学が苦手だとするならば，数学での成功は一時的な努力に，そして失敗は能力の低さに帰属されるだろうし，男子はその逆の帰属を行うだろう。つまり，男子は，成功を高い数学能力に帰属し，失敗を一時的な運や努力に帰属すると考えられるのである。こうした帰属パターンが，数学の成績に関する信念を育成し，その結果として，良い成績を得ることに対して，男女で異なる期待を持つようになるのである（Eccles & Roeser, 1999）。学校教育も，男子は数学ができて女子は数学にハンディを持っている，というアイデンティティを補強しているかもしれない。こうしたステレオタイプは，不正確であるばかりでなく脅威となるものである。スペンサーら（Spencer et al., 1999）は，こうした性差に関するステレオタイプが強調されるほど，女性が難しい数学の問題ができないという現象がよく見られるようになり，逆に，こうしたステレオタイプがなくなると，そのような現象は見られなくなる，ということを示した。

これと同じダイナミクスは，人種に基づくステレオタイプにも見ることができる。よく知られているステレオタイプの脅威に関する理論は，ある個人が，自分の属する人種はその領域でうまくできないというネガティブなステレオタイプを信じていると，遂行成績が低くなることや，課題における失敗は，そうしたステレオタイプに沿ったものとして捉えられることを示している（Steele, 1997）。こうした効果によって，アフリカ系アメリカ人の標準化試験での成績が劇的に低下させることが知られている。学力のための努力は自己調整学習のバックボーンとなるが，生徒が自分の成績がネガティブなステレオタイプに沿ったものだと考えると，こうした努力は損なわれてしまう。ステレオタイプの脅威によって窮地に立たされている個人は，短期的には学力のための努力を回避することが適応的であると考えるだろう。女性がしばしば数学の授業を避けたり，マイノリティの生徒が学習の成功の価値を低く見たりするのは，こうした理由によるかもしれない。したがって，欲求と行為のリンクは意図的で調整

されているものと考えられるが，期待やステレオタイプの脅威に見られるような，信念と行為の結びつきによっても影響を受けるといえる。

　第3の例として，社会的，文化的，そして歴史的な力の影響を受けて，アイデンティティの確認が行われることを示す。私たちは，すべての生徒がそれに従うことができる，「効果的な自己調整学習行動」というリストがあるわけではないと考えている。生徒はそれぞれ，異なるアイデンティティの概念に基づいて，異なる目標を持っているからである。こうした差異の最も明確な一例は，文化比較において見ることができる。アメリカの生徒たちは，個人の学力が評価される学問的環境に文化的な参画をする。多くの自己調整学習に関する説明は，こうしたアメリカ的な学力の見方に基づいたものとなっているため，個人の成功を高めるための，認知的方略や社会的比較，そして競争を重要視している。しかしながら，西洋以外の文化の見方では，教育的あるいは人間的発達において，個人主義を西洋と同程度に価値づけているわけではない。例えば，アジアやポリネシアの文化では，協同やチームワーク，家族，そして協力をより重要視している。学校環境においても，生徒たちの社会的アイデンティティは，こうした価値観に基づいて支えられており，個人的な成功を重視するアメリカの生徒たちとは考え方が異なっている。つまり，調整された行為は，さまざまな望ましいアイデンティティと関連しており，アジアとアメリカの生徒では異なっているのである。ボカエーツ（Boekaerts, 1998）は，自己を構築する上でのこうした文化的差異は，西洋においては，生徒の自己実現目標のような「個人的な利益」につながっており，アジアでは，生徒の自己融和目標に見られる「集団の利益」につながっていると主張している。

アイデンティティの構築と確認が自己調整学習の説明理論に与える示唆

　これまでに述べてきた私たちの見解は，自己調整学習に関する他の説明理論とどのように異なるだろうか。まず，私たちの主張の最も重要な点は，自己調整学習における行為が，徐々に発達する自己に関する理論から生じるということである。対象としての自己は，乳児期から始まる人生すべての過程を通じての発達的概念である。学習コンピテンスや課題，目標，方略，基準，主体性などは，自己と学習に関して生徒が構築する心理学的な理論に根ざすところが大きい。よって，自己調整学習に関して創発される理論は，認知発達における理論の理論の一種として捉えることができる。第2に，生徒が新しく構築する理

論は，内的な情報と外的な情報の両方から構築されている。可能的自己という内的な概念は，その個人の才能に関する他者からの外的フィードバックと相互作用し合う。すなわち，仮説的なアイデンティティ，あるいは望ましいアイデンティティは年齢と社会的環境によって形成されると言える。第3に，自己調整学習のダイナミクスは，信念－欲求－行為のつながりによって表現される。このつながりの中で，生徒たちはさまざまなアイデンティティや役割を試していく。生徒がとったある役割に対する他者からの承認や賛同によって，支持されたアイデンティティの維持や選択が行われる。したがって，自己調整学習は単なる学習のための方略獲得過程ではなく，特定の行動を調整的に実行する，ある種の人物になろうとする過程だと考えられる。

　第4に，望ましいアイデンティティに沿った行為をとろうとするダイナミクスが，自己調整学習の根元的な動機となっていると考える。さまざまなアイデンティティを追求し，またそのアイデンティティから導き出される行為は，劇的な多様性を持ち，自己調整学習として現れる。こうした多様性は，年齢や学習理論の洗練によって生じる。また，多様性は状況にも依存する。つまり，環境によって，特定のアイデンティティが引き出されたり，支持されたり，特権を与えられたりすることによっても，行為の多様性が導き出されるのである。友人や家族，文化がこのような環境の役割を果たし，アイデンティティ発達を自分で導くための社会的なガイドとして働く。さらに，行為の多様性は，領域によっても生じる。生徒たちは，自分の努力がどの領域で報われるかを，学習領域と自分の才能を考慮して判断し，選択的に努力を振り分けるからである。自己調整学習に多様性が生じる最後の原因は，複数のアイデンティティを適用しようとする努力である。生徒たちは，さまざまな役割を実験しながら，学力や人種，性別，運動能力などによって異なるアイデンティティを示すために異なった行為をとる必要があることに気がつく。生徒たちは，自分の行動をモニターし，その場の状況や聴衆に合わせて調整することを学び，異なる役割をとるときには異なる行動セットへと切り替えるようになるだろう。これは，非常に高度に自己調整的な行為であり，調整される行動やアイデンティティは多様である。

　第5に，自己に関する理論における発達的制約や，評価と調整の自己参照的プロセスにおける制約から考えると，自己調整過程には一般性があるが，その結果構築される自己はきわめて特異的なものとなりうる（Harter, 1990）。自己

第8章　自己調整的な学習者はどのような理論・アイデンティティ・行動を構築するか

調整学習に個人差が生じるのは，自分自身を確かめ，他者から承認を得るために，生徒たちが自分の対象としての自己の独自性を主張しようとするからである。生徒たちは，自分の生徒としてのアイデンティティを自分の両親や先生，仲間から伝えられた信念に沿って構築しようとするだろう。

　また，生徒たちは，学校での成績だけでなく，人種や性別，文化に関してステレオタイプ的な対象としての自己を形成するかもしれない。こうしたことから，アイデンティティの発達と自己調整学習は分離不可分であることがわかる。なぜなら，学校で生徒たちが追求している行動は，生徒たちがどのような人間になろうとしているかを示すものだからである。また，このように考えると，生徒の目標や役割，アイデンティティから分離された，「良い方略」カリキュラムによって自己調整学習を指導することはできないということも明らかであろう。学習行動において，生徒たちが，どのようにそしてなぜ自己調整的な行動をとるのかは，個人の発達を参照して説明されなければならない。よって，自己調整学習は，持続的な自己の構築において自伝的な性質を持っていると言える。それゆえ，生徒たちが学校において行動をどのように調整しているかを理解し，変化させようとする試みにおいて，個人的，歴史的，発達的特徴を踏まえた分析や介入が必要となるであろう。

結論

　本章のはじめに，教育における基本的な目標が，生徒が学習方略を効果的に，適切に，そして自発的に使うことができるようにすることであることを指摘した。本章では，この目標達成における個人差や発達差を理解する上で，自己調整学習の構成主義アプローチが有効であることを示した。子どもたちは，自分の説明枠組みを構築し，学校経験を理解したいと考える傾向にある。ことが順調に進めば（つまり，彼らが成功するための機会をたくさん与えられ，自分の成績を解釈するための足場作りが得られ，文化的に意味のあるやりがいのある課題を行い，可能的自己の肯定的な側面を追求するための励ましを得られれば），子どもたちは，適応的な学習方略の獲得や使用を促すような，能力や課題そして自己についての理論を構築するだろう。しかし，うまくいかなければ，子どもたちは，不適応的な学習方略の獲得と使用を促進し，不適切な目標を持たせるような理論を構築するだろう。本質的には，理論は手続き的知識のベー

スとなる概念的・条件的知識を意味する。子どもの行動の方略的・調整的側面は，特に学校においては，彼らが自分自身や学校に関係する課題をどのように理解しているかの関数となるのである。

　また，私たちは，概念的知識を実行するための動機は，子どもの信念や欲求にあることを指摘した。特に，子どもたちは，特定の状況において正当化される行為があり，特定のアイデンティティを有する個人に典型的な行為というものがある，という信念を持っている。子どもたちは，さまざまなアイデンティティを試し，そのアイデンティティを示す行為を伴った個人として認められようとする。こうしたプロセスによって，子どもたちは特定の行動を行い，維持するよう動機づけられているのである。しかし，学校において何をすべきか，ある行為がどのような人間であることを周囲に示すか，といった点に関する子どもの信念は，必ずしも正確ではないし，明確化されていない。そのため，子どもが自分の信念に基づいて行動しているにもかかわらず，他の基準からは不適切だと判断されるような行動になっていることがあるのである。しかしながら，自分や周囲が望ましいと考える対象としての自己を表現するような行動をとるように，主体としての自己が行動を調整しているということは重要である。信念－欲求－行為の連続性の中に起こるさまざまな出来事の連鎖によって，自己調整学習に関する概念的な理解（例：子どもの中に発生する理論）や表面に出される行動（例：方略や行為），動機（例：自分の欲求や周囲の期待）が規定される。最後に，構成主義的な観点から自己調整学習を検討していくことが特定の環境における子どもの動機づけや学習のさまざまな側面の集合体を研究する上で有効な枠組みとなる，ということを指摘して，本章の結論とする。

第 **9** 章
自己調整学習と学力の理論についての考察

バリー・J・ジマーマン
(Barry J. Zimmerman)
City University of New York
ディル・H・シャンク
(Dale H. Schunk)
Prudue University

　生徒たちの学習の自己調整についての公式の研究は，始まって20年足らずである。1970年代と1980年代初頭では，研究者たちは，目標設定，自己教示，方略学習，自己管理のような別々の自己調整過程の効果に関心を寄せた。しかし，生徒たちの学習スキルの発達に関して，自己調整過程を結合する意味をほとんど考慮していなかった。1980年代半ば，学習の自己調整についての話題の関心が，とりわけ自己調整学習方略，優れた方略ユーザー，自己効力をもつ学習者，メタ認知関与などの多様な型を記述したジャーナル論文の発表と結合し始めた（例えば，Corno & Mandinach, 1983; Pressley et al., 1987; Schunk, 1984; Simons & Beukhof, 1987; Weinstein & Mayor, 1986; Zimmerman, 1986）。学習の自己調整的アプローチの理論的多様性を捉えようとする初期の努力は1989年に生じた。そのとき，多くの本書の執筆者たち（Zimmerman & Schunk, 1989）は，自己調整についての主要な理論的見方の現代的特徴も歴史的特徴も記述した。本書中に，私たちは，10年来の研究を考慮して，彼らの理論を書き換えるためにこの著者たちをまた集めたのである。それぞれの理論は，自己調整学習過程の特定側面の説明に特に力を入れた。そして，それぞれの理論は，ある基本的論点に関する議論を引き起こしてきた。この終章で，私たちは，表9.1に要約されている力点と討論について，これらの理論を検討する。私たちはまた，学習の自己調

整についての現代理論における，精神物理学的二元論に関する哲学的関心も考察する。

表9.1　自己調整学習の主要な諸理論の力点と討論

自己調整学習の諸理論	力点	討論
オペラント	満足を延滞させること	自己強化の性質
現象学的	自己アイデンティティの役割	自己アイデンティティを定義し，測定し，認証すること
情報処理	フィードバック・ループを自己モニターすること	否定的フィードバック・ループ 対 肯定的フィードバック・ループ
社会的認知	認知的目標と期待 社会的モデル	自己効力：範囲のゆとりまたは限界
意思的	忍耐 対 注意	動機と意思を分けること
ヴィゴツキー派	自己言語化と社会的対話	自己言語化 対 共構成主義
構成主義	個人理論と方略	認知的葛藤の役割対状況的文脈

オペラント的見方

力点

　オペラント研究者たちは，自己調整機能が向上すると，学習者たちが新たな行動形態を獲得するために，今の行動形態をやめる必要があると主張した。しばしば,この移行することによる報酬は,当面する学習文脈では不足していて，学習者がある程度のスキルを獲得した後でだけ役立つようになる。例えば，学習者に教科書の一節を強調して勉強するように言っても，試験の結果はすぐに良くはならない。しかしいったん，この学習者が試験される情報の型を見極められると，該当する節を強調して勉強することができ，彼らの試験の点数は上がるのである。この不十分な最初の報酬の条件のために，生徒たちは，強調して勉強する自己調整技法をとり，維持することを，しばしば妨げられるのである。認知的指向をする理論家たちは，**満足を延滞させること**（Mischel, 1983）として直後報酬を長期間後の報酬に延ばせる学習者たちの能力について述べている。そして，生徒たちが進んで満足を延滞するという報告が，より高い動機づけと

達成に関係があることを示す研究（Bembenutty & Karabenick, 1998）がある。

　オペラント的見方では，学習者たちは，短期と長期の文脈間の強化随伴性の不一致のせいで，満足を延滞することができないという。大体は，生徒たちは，後まわしにした学習の見返りとして，テレビ，友だちとの電話の会話のような楽しい活動を，すぐにあきらめなくてはならない。そんなわけで，勉強の直後の結果は，長期間後の結果とは一致しない。オペラント的アプローチは，今の環境的文脈を再構成して，長期的文脈とより一致させるための有力な手段を与える。これは次のことを導入して遂行できる。①学習者が遅延報酬を思い出し管理する追加の記述手がかりあるいは自己教示，②目標行動への接近のために自己管理された，コーヒーブレイクのような追加の自己強化子，そして③現在の行動達成を長期間強化子に結合する，自己記録装置と自己評価基準。さらに，オペラント的研究者たちは，もし活動の恩恵や物質的利益のような追加の報酬の導入による強化が不十分でも，長期間後の結果を良くすることができる。

　オペラント研究者たちは，強化子の導入を，観念的ではなく実用的に見ている。良くなった試験の成績を賞めるような普通の強化子が選ばれるけれども，お金のような主観的に選択された報酬が，生徒たちに長期間後の結果を追求しなくてはならないとき使われる。この多様な強化子を与える柔軟性によって，教師たちが，勉強のできない生徒たちにも手を差し出すことができるようになるのである。メース（Mace）と同僚（本書第2章）は，オペラント的アプローチによって，行為のどの方向を選択するかと直後か延滞強化子のどちらを選択するかが提示されるので，学習者は励まされると考えている。

討論

　オペラント派の理論家たちによって起こされた基本的な論争は，自己強化が「本当の」強化過程であるかどうかに関係している。オペラント派の理論家たちは，本来は，自己強化は個人の制御の下にあるので，それは本当の強化ではないと言っている。彼らは，個人がそれぞれが望む形で自己調整するのには，まったく自由でなくてはならないと言う。もし生徒たちが，外的随伴性に応じて自己強化するなら，そのとき彼らが自分自身に与える報酬は，「反応間」制御の形態であるにすぎないと考えられる。その形態は，実際は外的強化子によって決定されるのである。

　オペラント派の理論家たちによって提起された基本点は適切である。すなわ

ち，学習者は，社会的環境的な空白状態では自己強化しないしまた同様に自己調整もしない。自己調整は，本質的には自らやるのに良いものだが，されるものでない。実際，学習者は，条件と結果が既知の自己調整法を保証しなければそれを使用しない。例えば，しばしば出来のいい生徒たちは，新聞や壁の標識のような，読みとる素材のさまざまな形態を使う強調表示方略を使用しない。もちろん，彼らがグラフィック・アーチストでないので！ 自己調整する努力は，しばしば，追加の時間，計画，努力を要求する。そしてこれらの要求は，学習者たちの状況文脈の基盤によって異なる。オペラント的アプローチによって，実行者は，達成に及ぼす変化する条件の影響を査定し，学習者たちが自己調整に失敗するときには，追加の強化子や記述された手がかりおよび他の方法などを使うようになるのである。

しかしながら，批判する人たちは，自己管理された強化子は外的強化子のように学習を向上させ，学習過程フードバックはそれだけで長い間行動を維持できると主張している。また，学習者は，学習の自己調整過程を，それ自体で大切であると価値づけるようになるというエビデンスがある。例えば，プロの作家になりたいと願っている生徒たちは，そのうちに本を発行するという見込みがあまりないときでも，執筆の進捗状況を毎日と週ごとに記録するのである。その記録は，書くという行動の継続を十分に強化する。ガートルード・スタイン（Gertrude Stein）のような作家たちは，初めの著作が発行される前に，発行所から何度も断られていた（White, 1982）。作家を希望する多くの人たちは，金銭的なものを得る見込みの少ない自己選択の題材を書かずに，コマーシャル記事を書くという金銭的誘惑をはねつけてきた。作曲家と芸術家のような他のエキスパートと同じく有名な作家たちは，自分たちの成功した作品を，目標ではなくより高いスキルのレベルに向かう道程の道しるべと見ている。課題を達成する目標というのは，学ぶための有効な動機である。

メイスと同僚は，自己強化や自己罰としてよりも「反応」効果として，自己記録に対する自己反応を論じている。彼らは，反応性は，対象者の動機づけ，目標行動の誘発性と性質，実験者の教示や監視，自己記録の適時性と性質，それに自己評価目標のために，しばしば変わると指摘している。この考えは，認知理論家たちとほとんど一致する。認知理論家たちによると，社会的文脈要因が，学習者たちが自己調整の高いレベルに到達したあとに，学習者たちの反応に影響し続けるという。学習者たちを長期間の成績を維持するために追加的強

化子から通常的強化子に結局は移行させる必要性があるという考えも，またほぼ一致する。メイスと同僚たちの自己評価の役割についての強調によって，自己強化のオペラント的見方と認知的見方とのこれまでの隙間は埋められている。評価的水準とは，重要な外的随伴性に結びついている自己強化の個人的達成基準のことなのである。私たちの見方では，自己強化の信頼性についての討論は，自己評価基準を包含するような自己強化の効果を高める過程ほど大切ではない。

現象学的見方

力点

　自己調整の説明の中に，学習者たちの自己認知アイデンティティを含むことの重要性について，理論家たちの間にはかなりの一致がある。マッコム（McCombs, 本書第3章）は，学習者たちの自己組織の基本的現象学的成分として，自己アイデンティティを記述している。いかに学習者は学習課題を認知するかは，学者，スポーツマンあるいはリーダーのような，学習者のアイデンティティ感覚の点から見て評価される。パリス（Paris）と同僚は（本書第8章），学習者たちの長期間に及ぶ動機づけをもっとうまく説明するために，構成主義者たちの公式の基本的要因に自己アイデンティティを含めている。パリスたちは，自己アイデンティティの形成を発達的に書いている。そして彼らは，生徒たちのアイデンティティは，特に小学校，中学校の教育課程で大きく変わるという。パリスたち，それにマッコムの両者ともに，いかに学習者たちが学習効果について大いに自信をもって1年で学習を始めても，教師たちからの嫌なフィードバックと級友との社会的比較が働くと，認知的コンピテンスの低下を経験すると記述している。このようにコンピテンスが低下することで，何人かの生徒たちは，いたずら者，怠け者，運動選手のような他の反生産的アイデンティティを受容して，彼ら自身の学習アイデンティティを拒否するようになる。一度形成されるとこれらのアイデンティティは，生徒たちが自分で設定した目標，学習方法に影響する。そして非学習アイデンティティのせいで，しばしば生徒たちは学習から遠ざかるのである（Steinberg et al., 1996）。

　自己認知アイデンティティの重要性に，現象学主義者たちと構成主義者たち以外の他の理論家たちが引きつけられてきた。カーバーとシェイアー（Carver

& Scheier, 2000)のような情報処理理論家たちは，学習者たちの階層システムにおける最高目標としての理想自己目標を考えた。カーバーとシェアーの考えによれば，生徒たちのアイデンティティは，3つの連続するレベルに目標水準を置くように関連づけられている。それは，「かくありたいゴール」，「するゴール」，「動作制御ゴール」である。学習自己アイデンティティを持つ生徒たちには，「かくありたいゴール」は，「授業の準備をする」ような自己の特性のことである。そして「するゴール」は，学習者たちが，指定された教材を読むような，「かくありたいゴール」を達成するためのものである。「動作制御ゴール」は，読んだ主な節にしるしをつける強調法を使うような，「するゴール」を最適化する方法のことである。

学習の自己アイデンティティは大変広く大切であると認知されているので，さまざまな伝統的理論の理論家たちは，今では，理論を修正して学習の自己アイデンティティを取り込んでいる。自己アイデンティティは，生徒たちが自分たちの学習を自己調整するために使う究極目標であると見られている。そして生徒たちのアイデンティティとは一致しない経験が遠ざけられているのである。非学習アイデンティティを持つ年長の生徒たちは，学習の自己調整技術をとることに抵抗するので，教育者たちにとっての特別問題を作り出す。マッコム（本章）は，現象学派の教育者たちが不安定な生徒たちの学習アイデンティティの形成と普通の生徒たちの学習アイデンティティを高めるのに使う，いくつかの方法について論じた。

討論

重要な討論は，どのように自己アイデンティティは，規定されるか，測定されるか，認証されるか，に集中している。自己アイデンティティの規定には大きな隔たりがある。それは，今の自己アイデンティティを強調する理論家たち（例えば，Harter, 1999）と可能的自己アイデンティティを強調する他の理論家たち（Markus & Nurius, 1987）までである。ロジャーズ（Rogers, 1951, 1969）やマズロー（Maslow, 1954）のような理論家たちは，自己の包括的規定を強調した。他方，他の理論家たち（Harter, 1999; Marsh, 1990）は，学習自己の中にある自己アイデンティティの拡大する領域固有の大きさを持つ階層的自己アイデンティティ構造を強調した。この自己アイデンティティのそれぞれの定義によって，別々の測定方法が生まれたが，そこで得られた結果はしばしば矛盾し

ていた。概して，自己アイデンティティの領域固有の量的測定は，包括的測定よりも達成について正確な予想ができた。しかし，研究者たちは質的接近を含む新しい方法を開発し続けている。高い相関が，数学自己概念，達成度のような領域固有量間に現れたが，重要な検証すべき争点が残っている。それは，自己アイデンティティの指標は生徒たちの学習結果に反応しているだけなのか，それともそれは将来の学習努力をも予想するものなのか？ということについてである。自己アイデンティティ指標の提唱者たちは，普通，自己アイデンティティ信念の重要な原因役割を強調するが，自己アイデンティティの反応的役割については今までにも多くのエビデンスがある。

情報処理的見方

力点

　自己調整に対する情報処理モデルの最も興味をそそる１つの特徴は，フィードバックループの点から見た，自己モニタリング過程の記述である。情報処理派の理論家たちは，自己調整を，自己評価基準，この基準に関係する達成結果の自己モニタリング，それにその達成を修正する調節あるいは適応の点から考えた。フィードバックと自己評価基準の間のマイナスの不一致によって，学習者たちは，不一致が解消するまで努力（つまり，ループを通してリサイクルすること）を続けるのである。このマイナスの不一致の分析によって，特に外的条件を変化させるといかに学習の取り組みが自己調整されるかの説明が相当正確になってきたのである。フィードバック制御ループの定式化によって，次のことを十分に一般化できる。それはサーモスタットのような機械の力学的達成も人間の認知機能も説明できるということである。フィードバックループの非認知的効用のおかげで，フィードバックループは，意思決定する意識を含むときと同様に，自動化されたときの人間の自己調整を説明できる（Vancouver, 2000）。これらのフィードバックループは階層組織の形になる。階層組織は，従属的フィードバックループの自己の価値づけ基準が上位のループによって制御されることができる。この制御ループの階層的システムによって，情報処理派の理論家たちは，自己調整システムがどのようにそれ自体を向上させることができるのかを説明できるのである。

討論

　マイナスの不一致モデルが，自己調整の重要な側面，予測できる環境の達成について，特に予想された調節を説明できるという議論はあまりない。しかしながら，このモデルは，力動的で不慣れな環境の学習に際して，マイナスのフィードバックに対する人間の反応の多様性の説明が求められている（Bandura, 1991, 1998）。何人かの生徒たちは，良い方略を発展させ，そして基準にかなうようにさらに努力をする。それに対して他の生徒たちは，基準を下げ，良くない成績のままにしておく。また他の生徒たちは，基準は保持するが，多くなる失望に悩むのである。最後に，私たちは，マイナスのフィードバックの不一致を減らすと，ただ事前の設定目標の達成を確かめられるだけではなく，学習者たちが自分たちで新たな挑戦目標の設定ができることに気づいている。これはプラスの制御ループと名づけられた。そこで，フィードバックループの実用性は，ループがマイナスの制御反応だけでなくプラスの制御反応を含むまで広げられるなら，増やすことができるのである。

社会的認知的な見方

力点

　目標と期待の大切さは，自己調整の多くの理論で強調されていたが，この目標と期待の2つの構成概念に対する社会的認知派の見方は，次の2点の特徴を示している。すなわち，目標と期待の定義，モデリングと他の社会経験との目標と期待の関連である。**目標**の定義については，社会的認知派の理論家たちは，特定の宿題を仕上げるような学習者の状況的課題文脈の大切さを強調した。研究（Bandura, 1986; Locke & Latham, 1990; Schunk, 1994; Zimmerman & Kitsantas, 1999）は，目標設定の利点を確かめている。目標設定の利点とは，固有な課題であり，達成時間が近く，個人を刺激し（つまり，彼あるいは彼女の今の達成水準の少し上に），そして，過程目標から結果目標へと階層的に結合されていることである。対照的に，一般目標，先端目標，絶対（変わらない）目標，非階層的目標を設定した学習者たちは，動機づけも弱く，成功もしない。この後者の目標の特性は，自己調整する努力を損ねてしまう。それは次の理由による。

①決まった目標のない学習者たちは，次にやることが時々はっきりしない，②先端目標を設定している学習者たちは，修正フィードバックを長期間待たなくてはならない，③絶対目標を設定している学習者たちは，しばしば，見かけ上ゆっくりした進行に失望する，④達成結果から階層上で方略過程を見分け損なった学習者たちは，高い質的技術をほとんど発展させない。

期待の形成について，社会的認知派の理論家たちは，自己効力のような期待の達成基礎指標の大切さを強調した。一般的期待とは違って，自己効力指標は，算数の分数の問題を解くような，学習者たちの特定の文脈の成績に集中している。期待の小さい固有課題指標と比べると，自己効力判断は優れた予測能力（Bandura, 1997; Schunk & Ertmer, 2000; Zimmerman, 2000b）がある。自己効力判断の高い予測能力のせいで，本書の多くの理論的モデルが自己効力を含むようになってきたのである。さらに，社会的認知派の研究者たちは，次のことを示してきた。社会的モデルは，どのようにして目標設定の最適な形態を伝えることができるか，またそれは，どのようにして難しい学習課題に取りかかるために学習者たちの自己効力を高めるかである（Schunk, 1994）。

討論

批評家たちの中には，自己効力はただの学習者の事後の行動達成の言語的指標に過ぎず（Eastman & Marzillier, 1984; Kirsch, 1982），したがって，期待の特性（すなわち，一時的な）測定に比べて，自己効力に優れた予測性があるというのは思い違いだと批判してきた人たちがいた。この批評家たちは，学習者たちはやることをただ書いているだけだと主張している。実際，自己効力判断は，事後の達成とは完全には相関がない（Bandura, 1997）。自己効力認知についての広範囲な個人差は，学習者たちの認知スキルと社会経験が結びついていることを明らかにした。課題をやり遂げる学習者たちの能力は，課題の専門的査定とスキルのレベルの現実的評価を必要としている。そこで，自己効力は，認知的判断，感情的判断，社会的判断には反応しやすいが，行動そのものではない予測構成概念ということになる。

第2の批判は，関連する達成文脈の中の自己効力期待指標の予測性は認めるが，これらの指標が，その達成文脈を越えて学習結果までも予測できるかどうかを問題にする。要因分析研究（Bong, 1997）は，英語のような学習領域の自己効力指標が，スペイン語やアメリカ合衆国の歴史のような関連する学習領域

の自己効力指標とともに，より上位の**言語**要因を形成するというエビデンスを報告した。この言語的自己効力要因は，次に，代数と幾何学の自己効力指標に由来する量的な自己効力要因とは区別される。おもしろいことに，言語的自己効力要因と数量的自己効力要因は，また，とても高い相関がある（r=.58）。このように，自己効力指標の関連領域予測の妥当性は，関連する自己効力指標の構成概念の妥当性をなおざりにしては獲得されない。学習課題領域は，学習者たちにとっては概念上は別々なのだが，この領域は，言語的コンピテンスのような自己効力信念の共通する内在的起源の存在を予想しているように見える。

意思的見方

力点

　自己調整についての面接と質問紙研究からは，生徒たちがもっと熱心に勉強したいと言っていても，気をそらす誘惑に耐えられるかについては，しばしば疑問であることが明らかになっている（例えば，Zimmerman & Martinez-Pons, 1986）。落ちこぼれの恐れのある生徒たちは，だめな学習習慣を変えたいし学習量を増やしたいと言っても，彼らは勉強中にこの気持ちを貫けないのである。意思派の研究者たちは，理論の焦点を持続性の停止の説明に当てている。クール（Kuhl, 2000）と彼の仲間たちは，行為制御の意思方向づけの点から，学習者たちの気をそらさずにいる能力について論じた。そしてコーノ（本書第6章）は，一連の方略を記述した。それは，学習者たちが，気の散ることを除去するために環境を再構成するような，あるコースにいてそのままでいるために使用する行為制御が認知的に関わる方略である。大学生たちは，うるさい寮の部屋よりも静かな図書館で勉強するように奨められる。このように，過去の欠点であった煩わしい思考を制御することが教えられる。意思派の研究者たちは，生徒たちはどのようにして，学習課題に取り組んだ後，気の散ることと反芻的思考や見解に抵抗できるかの説明の必要をやむを得ず指摘してきたのである。

討論

　学習者たちの課題を続け，注意を多様な気を散らすものを制御したいという要求は，たいていの理論家たちによって認められている。しかし，意思が，期

待や目標のように，動機づけの伝統的指標と実際に別の構成概念であるかの疑問には理由がある。意思派の理論家たちは，学習者たちが行為の過程に関与したあとでは，動機づけの初めの起源はもはや作用していないと言う。彼らは，学習する取り組みの結果は，新しい意思的判断の目で解釈されると主張した。今日まで，比較的わずかなエビデンスしかこの仮説を支持するために提供されていない。だが，次のことを示唆するかなりの研究がある。それは，目標と自己効力信念のような動機づけの指標は，学習過程では変わらないだけでなく，改められた指標は，次の学習計画の予測であることを示すものである。私たちの知っている限りでは，行為や状態の制御の印のような意思的指標は，目標設定と自己効力信念のような動機づけの指標ほどは，生徒たちの学習過程の持続性を予測してはこなかった。

　他方，意思派の理論家たちは，目標や期待の前もっての意図的指標は，事後の学習過程のすべての側面を予想したのではなく，学習を開始後のこれらの指標における変化は，新しい「意思的」現象を示していると論理的に主張している。クール（Kuhl, 2000）は，大きな自己調整ネットワークの中にある意思的制御ループを使って，これらの複雑な関係を調整しようとした。しかし意思と動機づけの間を区別する利点ははっきりしないままである。

ヴィゴツキーの見方

力点

　発達における言語化の役割と自己調整技法の利用が，ヴィゴツキー（Vygotsky, 1962）の研究成果として，広く認められてきた。彼は，次のことに明解な説明をした。どのようにして，自分への言語は人の達成を促し向上させるか，またどのようにして，生徒たちが自己言語化技法を組織的に内面化するか，そして最後は，どのようにして，生徒たちは意識的方略としてその技法を使用するかについてである。ヴィゴツキーは，子どもたちが難しい課題や条件に出会うと，自分の名前の1つ1つの文字を書きながら声を出して綴る1年生のように，自分への言語をしばしば使っていることにも注目した。同じように，大人でも難しい条件下で働いているとき，書かれた記録が役に立たないときにオペレーターが告げた電話番号を口頭でリハーサルするように，顕在的自己言

語化に頼っている。問題解決をしているときの自分への言語の高いレベルは，向上した学力と関係しているし，また，教師から自己指導が高いと評価された子どもたちは，自己指導が低いと評価された生徒たちより，自発的課題調整言語を2倍使っている（Meichenbaum & Beimiller, 1992）というエビデンス（Berk, 1992）がある。これらの研究成果は，言語制御の下に行動をおくことによって，生徒たちは学習努力を有意に向上できるというヴィゴツキーの結論を支持する。

学習者たちの言語能力のおかげで，マッカスリンとヒッキー（本書第7章）が書いたように，生徒たちは，コミュニティのメンバーとして共構成的活動に参加することができる。このように，言語の内面化は，自発的参加学習とグループ参加学習の機会の両方を増やす。このように，ヴィゴツキー（Vygotsky, 1962, 1978）は，どのようにして自分への言語は，大人との言語社会化経験によって次第に内面化していくかの，説得的説明をした。ヴィゴツキー理論とそれが刺激した研究の結果を受けて，たいていの自己調整研究者たちは，今は基本的な学習方略として，自己言語化を含めている。

討論

ヴィゴツキーの自己調整の見方の解釈の違いによって，ある研究者たちは認知的行動の制御技術として自己言語化を強調するし，他の研究者たちは共構成的制御技術として対話を強調するなど，学習への干与は正反対のものである。ヴィゴツキー（Vygotsky, 1978）は，発達の最近接領域の中で生徒たちの学習支援の有効な技術としてモデリングを論じている。またマイケンバウム（Meichenbaum, 1977）は，生徒たちの学習機能を，モデリングによる自己調整言語の利用を組織的に増やして，向上させようとした。彼は，自己言語化を次の多段階学習過程によって教えた。初めに，学習者たちは，大人のモデルを観察し，課題をやり遂げ，基礎になる方略をはっきり言う。それから学習者たちは，教師の口頭の指示のもとで実際にやってみるように言われ，自己言語指導のもとに彼らの作業がそれに続く。最後に，生徒たちの自己言語化は閾下のささやき声のレベルに低下し，それで終わる。このヴィゴツキー理論の認知的行動適用によって，衝動的な子どもたちはより内省的方法で学ぶようになり，学習成績をあげることができた（Meichenbaum, 1992）。

対照的に，他のヴィゴツキー派の研究者たち（Diaz et al., 1990）は，自己言

語化訓練を，あまりにも焦点が行動的であると批判し，モデリングは内面化の最適なレベルと学習の意識制御を生じさせないと主張した。これらの研究者たちの何人かは，そうしないで，相互教授（Palincsar & Brown, 1984）と共構成的学習（McCaslin & Hickey，本書）のような，グループ学習過程に焦点化した。学習を調整しようとする新しい方法に関しては，学習者たちの級友たちや教師たちとの対話が，学習者たちの学習する取り組み（Butler, 1998）への寄与感とそれを続ける責任感を増加させると仮定している（Butler, 1998）。共構成主義者のアプローチは，自発的な自己調整動機づけあるいはスキルをあまり持たず効果的な学習共同社会の現在のメンバーではない生徒たちには，特に魅力的である。

構成主義的見方

力点

ほとんどすべての理論家たちが受け入れてきた自己調整学習の決定的な特性とは，メタ認知的に高度なやり方の方略を使うことである。学習方略の効果に及ぼす文学作品の働きはよく知られている（Pressley & McCormick, 1995）。そして良くできる生徒たちはできない生徒たちよりも効果的な学習方略を使うという多数のエビデンスがある（Zimmerman & Martinez-Pons, 1986, 1988）。構成主義派の説明は，教科書の読解力を向上しようとしてよく考えた質問をしノートをとるなどのように，課題を学習しやり遂げるための開発しつつある方略の個人的スキルの価値を強調している。効果的方略を作るには，学習者たちは，学習課題を部分に分解し，これらの部分を，はじめは最も基本的成分に焦点化しながら，階層的系列に組織できなくてはならない。一般的方略は使う人の能力の範囲から選ばれるが，その方略は，ある教科書の節をよく理解しようとして自問方略を修正するように，学習文脈が効果的になるように構成的に調整されなくてはならない。フラベル（Flavell, 1979）は，方略利用と結びついた知識と思考過程を記述する**メタ認知**という言葉を作ったが，パリスと同僚（本書）は，より包括的な構成概念—個人理論を採用した。彼らは，子どもたちは年齢が上がるにつれて，自分と自分の周りの世界についての精巧な理論をさらに発展させるのだと言う。そしてこの高度な個人理論は，子どもたちの有効な

学習方略の選択や構成を方向づけると考えられている。

討論

ジマーマン（Zimmerman）が本書の概観の章で述べたように，バートレット（Bartlett, 1932）とピアジェ（Piaget, 1952）のような古典的構成主義派の理論家たちは，形の上では認知的である。発達的にはより進んだ表象を構成しようとする，学習者たちの動機づけの第一の起源は，以前の表象と今の経験との認知的葛藤である。構成主義者たちが葛藤を作り解決することを強調したことによって，教師は発見学習と社会的葛藤訓練法を使うようになった。対照的に，パリスと同僚（本書）は，構成的活動の第一の起源として認知的葛藤よりも，状況的文脈の役割に関心を寄せた。この見方では，学習者たちは，一貫したシェマ，方略，あるいは理論を構成するために，社会的環境と物理的環境を利用するという。

これまで状況認知的見方（Brown et al., 1989）は，ヴィゴツキー（Vigotsky, 1978）の説明のように，社会的構成理論と結びついていた。そしてそれは，認知的構成主義的説明よりも非常に異なった教育的含みを持っていた。例えば，状況認知派の研究者たちは，本物の文脈の中で学ぶ学習者たちの社会的コミュニティの創設を提唱した。これらの文脈における協力は，葛藤よりもむしろ共同を生じさせるように普通は構成されている。しかしながら，学習者たちの課題についての今抱いている考え方と今の経験との葛藤が，文脈上の関係の中で表現されることはありそうなことである。これこそが，パリスと同僚（本書）が構成主義原理を拡張して達成しようとしてきたことである。

精神物理学的二元論を超えて

自己調整理論が国際的関心をますます呼ぶにつれて，いくつかの誤解が，現在の理論モデルの哲学的基礎について生じた（例えば，Prawat, 1998）。本書のそれぞれの理論は，内的感覚と気乗りのしない外側の身体を打ち負かす理性というよりも，個人的目標の達成へと導く対話的過程として，自己調整を描いている。**精神物理的二元論**とは，人間性は２つの異なった，ともに単純化できない，要素から成ると考える理論のことである。すなわちその２つとは，精神と身体である（Misiak & Sexton, 1966）。プラトン（Plato）とデカルト（Descartes）

のように，初期の哲学者たちは二元的であった。彼らは，物質的肉体と闘わなくてはならぬ精神あるいは魂を想定し，その肉体は，退屈，疲労，楽しみ，痛みを生み出す環境によって，極端に影響されていると考えていたのである。二元論では，魂や自己は，厳しい訓練によって身体的に制御できるようになると想定するのである。その訓練は，高い基準に応じて行動する意志とともにその行為の基準を内面化するものである。多くの二元論モデルによると，学習者たちは，身体に影響する外的の力から内的自由や自律の感覚を経験するために自己調整するのである。

　内発的動機づけと外発的動機づけという二極の見方，それに動機づけを意味する**意志**という用語をまだ使っているように，自己調整の現在の見方の中には，二元論の多少の名残りがある。しかしながら，これらの命名でさえ，基礎的現象の複雑な解釈と矛盾している。そして本書の諸理論は，生得的な精神と身体の葛藤によって自己調整を記述することを避けてきた。二元論的見方は，内的な力と外的な力との基本的区分とその葛藤を見ていて（Dewey, 1988），社会的環境と物理的環境の影響を自己達成の資源としてよりも乗り越える力として扱っている（Thoresen & Mahoney, 1974）。

　自己調整の現在の説明はおおむね，デューイ（Dewey, 1913）とジェームス（James, 1890）のプラグマチスト哲学の伝統を引き継いでいた。その伝統は，人間の機能する原因を，環境条件を変えようと調節してきた精神的－行動的活動に求めた。方略使用，自己モニタリング，自己評価のような自己調整活動は，身体レベルかこころのレベルかに単純化できない。そうではなく，これらの過程は，人間の内面の働き，行動，自己向上制御ループの環境を融合している（Zimmerman, 1989, 2000a）。例えば，学習環境を最適化しようとしている生徒たちは，環境を再編成する認知的－行動的方略を発展させるために環境の知識を利用しなくてはならないし，精神的で行動的で環境的でもあるフィードバックを実行するために方略を調節しなくてはならない。これらの調節をするときに，認知された効力は，学習の努力を続けるための有効な動機と見なされている。

　学習者のこころの中に自己調整の原因を置く二元論的モデルとは違って，自己調整の双方向的モデルは，原因を学習者たちの適応活動だとする。この活動は，循環的な自己調整ループの意図的な目標，方略行動，環境結果を原因として加える（図9.1参照）。学習方略は，自己調整派の理論家たちによって例外なく効果的であるとは考えられていない。しかし，学習方略は，本を読む人が変

化する明かりの条件に応じて本の向きと距離を変えるときのように，結果に基づいて絶えず調整されなくてはならない。循環理論の見方によると，学習者たちは，予測できないように変わる照明の条件下でテキストの文章を読むときのように，個人目標を達成しようと自己調整するのである（Powers, 1998）。循環理論は，自己調整を，自律という認知的状態よりも，目標設定，方略利用，自己モニタリング，自己評価基準のような一定のプロセスの獲得と利用だと定義される。

自己／こころ → 身体／環境

自己調整の
循環的対話モデル

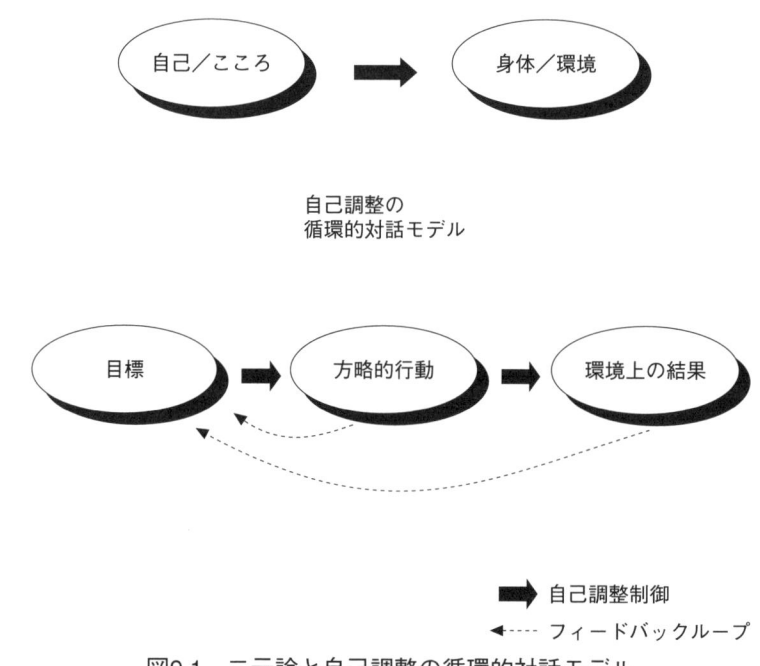

目標 → 方略的行動 → 環境上の結果

➡ 自己調整制御
◀---- フィードバックループ

図9.1　二元論と自己調整の循環的対話モデル

たいていの現在の自己調整理論家たちは，二元論的仮定を避けるが，経験の少ない学習者たちはそうではない（Zimmerman, 1998, 1999）。パリスと彼の同僚たち（本書）が言うように，学習者たちは自己調整の個人的理論を作り上げ，そして発達的に未熟あるいは経験の少ない学習者たちはしばしば二元論的定式を作り上げる。この単純化した理論は，学習する努力が報われないと，この学習者たちの動機づけを損なうことがある。例えば，二元論的仮定によると，経験の少ない学習者たちは，自分たちの失敗を不十分な意志の力のせいにする。

その結果，彼らはやる気を続ける気持ちがほとんどないことに気がつく（Thoresen & Mahoney, 1974）。対照的に，自己調整を，多様な制御過程を繰り返し組織して，獲得されたスキルと見ている学習者たちは，失敗を自分たちの方略のせいにする。彼らは，その方略を，次の学習の試みの間に容易に調整できる。この循環論の学習者たちは，社会的身体的環境を，自己達成の当てにできる資源として見ている。例えば，高度に自己調整された学習者たちは，よく調整されていない学習者たちよりも，級友，教師あるいはコーチからより頻繁に援助を受けているという豊富なエビデンスがある。（Karabenick, 1998; Newman, 1994）。

　これらの援助を求める経験のおかげで，学習者たちは自分でよく調整できる。しかし，熟練者でも定期的社会的提供を当てにし続け，そして「自己」調整の最高度レベルの活動を支えるというエビデンスがある（Zimmerman, 2000a）。例えば，ゴルファーとテニス・プレイヤーのような，多くのトップ・アスリートたちは，運動中の過ちを見て彼らに助言するコーチのサービスを受け続けている。この本の最初の章で指摘した点を繰り返すと，自己調整された学習を規定する基本的論点は，自己調整が，二元論的意味で社会的に孤立しているかどうかではなく，むしろ学習者が個人的な自発性，忍耐，それを求めるときの循環的適応スキルを示すかどうかである。

結論

　研究者たちは，1980年代中期に，学習者たちがどのようにして学習を自己調整するようになるかの記述と説明に関心を持った。彼らは，仮説を作ろうとしてオペラント理論から構成主義までの周知の諸理論を利用した。学習の自己調整について10年間以上の研究が行われてきた。そしてこの理論は，新しい研究成果と知識交流によって発展してきた。最初は，それぞれの理論は表9.1に述べたように，自己調整の独自性に集中する傾向があった。全体として，これらの諸理論は，自己調整できる学習者たちの特徴を述べた。その学習者は，後の学習の報酬のために即時的満足を延期し，学習の個人アイデンティティを形成することによって学習で良い成績を修めた。自己調整できる生徒たちは，自分たちの達成関連フィードバックをモニタリングし目標を設定し学習文脈について期待を形成して学習している。結局，これらの学習者たちが成功しているの

は，状況的に注意散漫だったり意に沿わない結果が出ても集中し続けることと，自己言語化と学習の効果的コースを共構成することと，学習課題を達成するために認知的に方略と理論を構成することによってである。

必然的に，これらの異なる諸理論は，外的強化子は介入プログラムに欠かせないものかどうか，どうやって生徒たちの自己アイデンティティの認知を測定し認証するかのような基本的論点についての議論を生じさせる。他の争点は，自己モニタリングに関係した負の制御ループと同じように正の制御ループの必要性と，自己効力信念のような課題固有目標と期待に対する必要性に，集中している。もう1つの争点である動機づけと意思の区別は，以前未解決のままであり，構成主義者の説明に対する認知的葛藤仮説の重要性は，10年前ほど顕著ではなくなっている。最後の争点は，自己言語化と共構成主義的対話の相対的効果である。

明らかに，いかに生徒たちが自己調整できるようになるかの理論的記述と理解は，この10年間，さらに詳細になりまた練り上げられた。しかしながら，多くの疑問が残っている。教育者たちが生徒たちに自己調整技法（Schunk & Zimmerman, 1998）を使うことを教えこむにつれて，疑問が，生徒たちの自己調整に関する研究の教育学的波及効果と同様に哲学的波及効果についても生じてきた。可能な精神物理学的二元論についての関心が高まり，自己調整の現代モデルは，哲学上の陥穽を，避けることができるかどうかが問われている。その陥穽は，自主的内的状態として自己調整を定義したように，初期のモデルを落とし入れたのだった。二元論的仮説のいくつかの痕跡は，現在の説明にも残っているが，この本に述べられたモデルは，その代わりに，個人的であり，行動的であり，環境的である技術的編成的過程の点から，自己調整を記述してきた。

自己調整研究の教育学的意義は，実験（Schunk & Zimmerman, 1994）と介入研究（Schunk & Zimmerman, 1998）の両方によって検討されてきた。研究者たちは，本書のいたるところで生徒たちの学習機能を向上する点で，説得力のある結果を報告してきた。この学力は，健康，スポーツ，ビジネス，音楽，専門的著述のような，関連分野の自己調整技法の使用から得られたものに匹敵する（Bandura, 1997; Zimmerman, 1998）。ほとんどの分野で高いレベルの優秀さには，訓練された学習と実践が必要であって，専門家たちは自己調整技法が豊富に利用されていると報告している（Zimmerman, 2002）。21世紀に入って，学習の自

己調整の研究についてのすばらしいプログラムが，ヨーロッパ，北アメリカ，オーストラリア，アフリカ，アジアで始まった（Boekaerts et al., 2002）。私たちが議論してきた論点は，これからの研究と介入を必要としているのであり，私たちは，本書に述べてある諸理論が発展し続けることを期待している。

引用文献

▌序文▐

English, H.B., & English, A.C.(1958). *A comprehensive dictionary of psychological and psychoanalytic terms.* New York: McKay.

▌第1章▐

Bandura, A. (1971). *Social learning theory.* New York: General Learning Press.
Bandura, A. (1977). Self-efficacy: Toward a unifying theory of behavioral change. *Psychological Review, 84,* 191-215.
Bandura, A. (1986). *Social foundations of thought and action: A social cognitive theory.* Englewood Cliffs, NJ: Prentice-Hall.
Bandura, A. (1997). *Self-efficacy: The exercise of control.* New York: W. H. Freeman and Company.
Bandura, A., Grusec, J. E., & Menlove, F. L. (1967). Some social determinants of self-monitoring reinforcement systems. *Journal of Personality and Social Psychology, 5,* 449-455.
Bandura, A., & Kupers, C. J. (1964). The transmission of patterns of self-reinforcement through modeling. *Journal of Abnormal and Social Psychology, 69,* 1-9.
Baron, A., Kaufman, A., & Stauber, K. A. (1969). Effects of instructions and reinforcement feedback on human operant behavior maintained by fixed-interval reinforcement. *Journal of Experimental Analysis of Behavior, 12,* 701-712.
Bartlett, F. C. (1932). *Remembering.* London: Cambridge University Press.
Belfiore, P. J., & Hornyak, R. S. (1998). Operant theory and application to self-monitoring in adolescents. In D. H. Schunk & B. J. Zimmerman (Eds.), *Self-regulated learning: From teaching to self-reflective practice* (pp. 184-202). New York: Guilford.
Benenson, J., & Dweck, C. (1986). The development of trait explanations and self-evaluations in the academic and social domains. *Child Development, 57,* 1179-1187.
Berlyne, D. (1960). *Conflict, arousal, and curiosity.* New York: McGraw-Hill.
Bijou, S. W., & Baer, D. M. (1961). *Child development: A systematic theory.* New York: Appleton-Century-Crofts.
Bloom, B. S. (1964). *Stability and change in human characteristics.* New York: Wiley.
Bracht, G. H. (1970). The relationship of treatment tasks, personalogical variables, and dependent variables to aptitude-treatment interaction. *Review of Educational Research, 40,* 627-745.
Broden, M., Hall, R. V., & Mitts, B. (1971). The effect of self-recording on the classroom behavior of two eighth-grade students. *Journal of Applied Behavior Analysis, 4,* 191-199.
Brown, J. S., Collins, A., & Duguid, P. (1989). Situated cognition and the culture of learning. *Educational Researcher, 18,* 32-42.

Carver, C. S., & Scheier, M. F. (1981). *Attention and self-regulation: A control theory approach to human behavior.* New York: Springer-Verlag.

Carver, C. S., & Scheier, M. F. (1990). Origins and functions of positive and negative affect: A control-process view. *Psychological Review, 97,* 19–35.

Cronbach, L. J. (1957). The two disciplines of scientific psychology. *American Psychologist, 12,* 671–684.

Davis, M. H., Franzoi, S. L., & Markwiese, B. (1987, August). *A motivational explanation of private self-consciousness.* Paper presented at the annual meeting of the American Psychological Association, New York.

Diaz, R. M., Neal, C. J., Amaya-Williams, M. (1990). The social origins of self-regulation. In L. C. Moll (Ed.), *Vygotsky and education: Instructional implications and applications of sociohistorical psychology* (pp. 127–154). New York: Cambridge University Press.

Eccles, J., Adler, T. F., Futterman, R., Goff, S. B., Kaczala, C., Meece, J. L., & Midgley, C. (1983). Expectations, values, and academic behaviors. In J. T. Spence (Ed.), *Teacher expectations.* Hillsdale, NJ: Lawrence Erlbaum Associates.

Eccles, J., Wigfield, A., Harold, R. D., & Blumenfeld, P. (1993). Age and gender differences in children's self and task perceptions during elementary school. *Child Development, 64,* 830–847.

English, H. B., & English, A. C. (1958). *A comprehensive dictionary of psychological and psychoanalytical terms.* New York: McKay.

Fiske, E. (1976, November 10). Harvard review drive for major overhaul in liberal arts. *New York Times,* p. B4.

Flavell, J. H. (1979). Metacognition and cognitive monitoring: A new era of cognitive developmental inquiry. *American Psychologist, 34,* 906–911.

Gallimore, R., & Tharp, R. (1990). Teaching mind in society: Teaching, schooling, and literate discourse. In L. C. Moll (Ed.), *Vygotsky and education: Instructional implications and applications of sociohistorical psychology* (pp. 175–205). New York: Cambridge University Press.

Ghatala, E. S., Levin, J. R., Pressley, M., & Lodico, M. G. (1985). Training cognitive strategy monitoring in children. *American Educational Research Journal, 22,* 199–215.

Glasser, W. L. (1969). *Schools without failure.* New York: Harper & Row.

Harter, S. (1982). The perceived competence scale for children. *Child Development, 53,* 87–97.

Harter, S. (1987). The determinants and mediational role of global self-worth in children. In N. Eisenberg (Ed.), *Contemporary topics in developmental psychology.* New York: Wiley.

Harter, S. (1999). *The construction of self: A developmental perspective.* New York: Guilford Press.

Hess, R. D. (1970). Social class and ethnic influences on socialization. In N. P. H. Mussen (Ed.), *Carmichael' manual of child psychology* (3rd ed., Vol. II, pp. 452–558). New York: Wiley.

Higgins, S. (1987). Self-discovery: A theory relating self and affect. *Psychological Review, 94,* 319–340.

Holt, J. (1964). *How children fail.* New York: Pitman.

Homme, L. E. (1965). Perspectives in psychology, XXIV: Control of coverants, operants of the mind. *Psychological Record, 15,* 501–511.

Hunt, J. McV. (1961). *Intelligence and experience.* New York: Ronald Press.

Ito, M., & Nakamura, K. (1998). Humans' choice in a self-control situation: Sensitivity to reinforcer amount, reinforcer delay, and overall reinforcer density. *Journal of the Experimental Analysis of Behavior, 69,* 87–101.

Johnson-Laird, P. N. (1988). *The computer and the mind.* Cambridge, MA: Harvard University Press.

Kaufman, A., Baron, A., & Kopp, R. E. (1966). Some effects of instructions on human operant behavior. *Psychonomic Monograph Supplements, 1,* 243–250.

Kuhl, J. (1981). Motivational and functional helplessness: The moderating effect of state versus action orientation. *Journal of Personality and Social Psychology, 40*, 155–170.

Kuhl, J. (1984). Volitional aspects of achievement motivation and learned helplessness: Toward a comprehensive theory of action-control. In B. A. Maher (Ed.), *Progress in experimental personality research* (Vol. 13, pp. 99–171). New York: Academic Press.

Lewin, K. (1926). Untersuchungen zur Handlungs-und Affekt-psychologie. II. Vorsatz, Wille und Bedurfnis. [Investigation of action and affect psychology. II. Intention, will, and need]. *Psychologische Forschung, 7*, 330–385.

Markus, H., & Nurius, P. (1987). Possible selves: The interface between motivation and the self-concept. In K. Yardley & T. Honess (Eds.), *Self and identity: Psychosocial perspectives*. New York: Wiley.

Marsh, H. W. (1986). Verbal and math self-concepts: An internal external frame of reference model. *American Educational Research Journal, 23*, 129–149.

Marsh, H. W. (1990). The structure of academic self-concept: The Marsh/Shavelson model. *Journal of Educational Psychology, 82*, 623–636.

Marsh, H. W., & Shavelson, R. (1985). Self-concept: Its multifaceted, hierarchical structure. *Educational Psychologist, 20*, 107–123.

McFall, R. M. (1970). The effects of self-monitoring on normal smoking behavior. *Journal of Consulting and Clinical Psychology, 37*, 80–86.

Meichenbaum, D. H. (1977). *Cognitive behavior modification*. New York: Plenum.

Mischel, W. (1968). *Personality and its assessment*. New York: Wiley.

Miller, G. A., Galanter, E., & Pribram, K. (1960). *Plans and the structure of behavior*. New York: Holt, Rinehart and Winston.

Misiak, H., & Sexton, V. S. (1966). *History of psychology*. New York: Grune & Stratton.

Murray, F. B. (1972). The acquisition of conservation through social interaction. *Developmental Psychology, 6*, 1–6.

National Commission on Excellence in Education (1983). *A nation at risk: The imperative for educational reform*. Washington, DC: U.S. Government Printing Office.

Nicholls, J. G. (1978). The development of the concepts of effort and ability, perceptions of own attainment, and the understanding that difficult tasks require more ability. *Child Development, 49*, 800–814.

Nicholls, J. G., & Miller, A. I. (1984). The development of the concepts of effort and ability: The differentiation of the concept of ability. In J. G. Nicholls (Ed.), *The development of achievement motivation* (pp. 185–218). Greenwich, CT: JAI Press.

Palincsar, A. S., & Brown, A. (1984). Reciprocal teaching of comprehension-fostering and comprehension-monitoring activities. *Cognition and Instruction, 1*, 117–175.

Piaget, J. (1926). *Language and thought of the child*. London: Routledge & Kegan Paul.

Piaget, J. (1932). *The moral judgment of the child*. New York: Harcourt.

Piaget, J. (1952). *The origins of intelligence in children*. New York: International Universities Press.

Piaget, J. (1970). Piaget's theory. In P. H. Mussen (Ed.), *Carmichael's manual of child psychology* (3rd ed., Vol. 1, pp. 703–732). New York: Wiley.

Powers, W. T. (1998). *Making sense of behavior: The means of control*. New York: Benchmark Press.

Pressley, M. J., & McCormick, C. (1995). *Advanced educational psychology for educators, researchers, and policymakers*. New York: Harper/Collins.

Rogers, C. R. (1951). *Client-centered therapy: Its current practice, implications, and theory*. Boston: Houghton Mifflin.

Rogers, C. R. (1969). *Freedom to learn*. Columbus, OH: Merrill.

Rosenberg, M. (1965). *Society and the adolescent self-image*. Princeton, NJ: Princeton University Press.

Schunk, D. H. (1984). The self-efficacy perspective on achievement behavior. *Educational Psychologist, 19*, 199–218.

Schunk, D. H., & Ertmer, P. A. (2000). Self-regulation and academic learning: Self-efficacy enhancing interventions. In M. Boekaerts, P. R. Printrich, & M. Zeidner (Eds.), *Handbook of self-regulation* (pp. 631–649). San Diego: Academic Press.

Schunk, D. H., Hanson, A. R., & Cox, P. D. (1987). Peer-model attributes and children's achievement behaviors. *Journal of Educational Psychology, 79*, 54–61.

Seligman, M. E. P. (1975). *Helplessness: On depression, development, and death.* San Francisco, CA: Freeman.

Shanker, A. (1988, March 6). The same old fashion "cures". . . They produce the same old results. *New York Times*, p. B7.

Shapiro, E. S. (1984). Self-monitoring procedures. In T. H. Ollendick & M. Hersen (Eds.), *Child behavior assessment: Principles and procedures* (pp. 148–165). New York: Pergamon.

Sigel, I. E. (1969). On becoming a thinker: A psycho-educational model. *Educational Psychologist, 14*, 70–78.

Siegler, R. S., & Richards, D. D. (1983). The development of two concepts. In C. J. Brainerd (Ed.), *Recent advances in cognitive-developmental theory: Progress in cognitive development research* (pp. 51–121). New York: Springer-Verlag.

Simmons, R. G., Blyth, D. A., Van Cleave, E. F., & Bush, D. M. (1979). Entry into early adolescence: The impact of school structure, puberty, and early dating on self-esteem. *American Sociological Review, 44*, 948–967.

Smedslund, J. (1961). The acquisition of conservation of substance and weight in children. V. Practice in conflict situations without external reinforcement. *Scandinavian Journal of Psychology, 12*, 156–160.

Steinberg, L., Dornbush, R., & Brown, B. (1996). *Beyond the classroom.* New York: Simon & Shuster.

Stevenson, H. W., Lee, S., & Stigler, J. W. (1986). Mathematics achievement of Chinese, Japanese, and American children. *Science, 231*, 693–699.

Stipek, D. J. (1981). Children's perception of their own and their classmates ability. *Journal of Educational Psychology, 73*, 404–410.

Stipek, D. J., & Daniels, D. H. (1988). Declining perceptions of competence: A consequence of changes in the child or the educational environment? *Journal of Educational Psychology, 80*, 352–356.

Stipek, D. J., & Tannatt, L. (1984). Children's judgments of their own and their peers' academic competence. *Journal of Educational Psychology, 49*, 800–814.

Stuart, R. B. (1967). Behavioral control over eating. *Behavior Research and Therapy, 5*, 357–365.

Thurstone, L. L. (1938). Primary mental abilities. *Psychometric Monographs, No. 1.* Chicago: University of Chicago Press.

U.S. Office of Education. (1973). *A guide to Followthrough.* Washington, DC: U.S. Government Printing Office.

Vygotsky, L. S. (1962). *Thought and language* (E. Hanfman & G. Vakar, Eds.). Cambridge, MA: MIT Press.

Vygotsky, L. S. (1978). *Mind in society: The development of higher psychological processes.* Cambridge, MA: Harvard University Press.

Watson, J. B. (1924). *Behaviorism.* New York: Norton.

Watson, R. I. (1963). *The Great Psychologists.* New York: Lippincott.

Winne, P. H., & Stockley, D. B. (1998). Computing technologies as sites for developing self-regulated learning. In D. H. Schunk & B. J. Zimmerman (Eds.), *Self-Regulated Learning: From teaching to self-reflective practice* (pp. 106–136). New York: Guilford Press.

Wylie, R. (1968). The present status of self-theory. In E. Borgotta & W. Lambert (Eds.), *Handbook of personality theory and research* (pp. 728–787). Chicago: Rand McNally.

Zimmerman, B. J. (1983). Social learning theory: A contextualist account of cognitive functioning. In C. J. Brainerd (Ed.), *Recent advances in cognitive developmental theory* (*pp.* 1–49). New York: Springer.

Zimmerman, B. J. (1986). Development of self-regulated learning: Which are the key subprocesses? *Contemporary Educational Psychology, 16,* 307–313.
Zimmerman, B. J. (1989). A social cognitive view of self-regulated academic learning. *Journal of Educational Psychology, 81,* 329–339.
Zimmerman, B. J. (2000a). Attainment of self-regulation: A social cognitive perspective. In M. Boekaerts, P. Pintrich, & M. Zeidner (Eds.), *Self-regulation: Theory, research, and applications* (pp. 13–39). Orlando, FL: Academic Press.
Zimmerman, B. J. (2000b). Self-efficacy: An essential motive to learn. *Contemporary Educational Psychology, 24,* 82–91.
Zimmerman, B. J., & Blom, D. E. (1983). Toward an empirical test of the role of cognitive conflict in learning. *Developmental Review, 3,* 18–38.
Zimmerman, B. J., & Kitsantas, A. (1997). Developmental phases in self-regulation: Shifting from process to outcome goals. *Journal of Educational Psychology, 89,* 29–36.

第 2 章

Baer, D. M. (1984). Does research on self-control need more self-control? *Analysis and Intervention in Developmental Disabilities, 4,* 211–218.
Bandura, A. E., (1976). Self-reinforcement: Theoretical and methodological considerations. *Behaviorism, 4,* 135–155.
Bandura, A. E., & Mahoney, M. J. (1974). Maintenance and transfer of self-reinforcement functions. *Behavior Research and Therapy, 12,* 89–97.
Bass, B. A. (1972). Reinforcement history as a determinant of self-reinforcement. *The Journal of Psychology, 81,* 195–203.
Belfiore, P. J., & Hornyak, R. S. (1998). Operant theory and application to self-monitoring in adolescents. In D. H. Schunk & B. J. Zimmerman (Eds.), *Self-regulated learning: From teaching to self-reflective practice* (pp. 184–202). New York: Guilford.
Belfiore, P. J., Mace, F. C., & Browder, D. M. (1989). Effects of experimenter surveillance on reactive self-monitoring. *Research in Developmental Disabilities, 10,* 171–182.
Boehme, R., Blakely, E., & Poling, A. (1986). Runway length as a determinant of self-control in rats. *The Psychological Record, 26,* 285–288.
Bowers, D. S., Clements, P. W., Fantuzzo, J. W., & Sorensen, D. A. (1985). Effects of teacher-administered and self-administered reinforcers on learning disabled children. *Behavior Therapy, 16,* 357–369.
Brigham, T. (1982). Self-management: A radical behavioral perspective. In P. Karoly & F. H. Kanfer (Eds.), *Self-management and behavior change: From theory to practice* (pp. 32–59). New York: Pergamon.
Cassel, J., & Reid, R. (1996). Use of a self-regulated strategy intervention to improve word problem-solving skills of students with mild disabilities. *Journal of Behavioral Education, 6,* 153–172.
Castro, L., de Perez, G. C., de Albanchez, D., & de Leon, E. P. (1983). Feedback properties of "self-reinforcement": Further evidence. *Behavior Therapy, 14,* 672–681.
Catania, A. C. (1975). The myth of self-reinforcement. *Behaviorism, 3,* 192–199.
Catania, A. C. (1992). *Learning.* Englewood Cliffs, NJ: Prentice-Hall.
Christie, D. J., Hill, M., & Lozanoff, B. (1984). Modification of inattentive classroom behavior: Hyperactive children's use of self-recording with teacher guidance. *Behavior Modification, 8,* 391–406.
Cooper, J. O., Heron, T. E., & Heward, W. L. (1987). *Applied Behavior Analysis.* New York:

Macmillan.

DiGangi S. A. , Maag. J. W. , & Rutherford, R. B.(1991). Self-graphing of on-task behavior : Enhancing the reactive effects of self-monitoring on on-task behavior and academic performance. *Learning Disabilities Quarterly, 14*, 221–229.

Drabman, R. S., Spitalnik, R., & O'Leary, K. D. (1973). Teaching self-control to disruptive children. *Journal of Abnormal Psychology, 82*, 10–16.

Ferster, C. B., & Skinner, B. F. (1957). *Schedules of reinforcement.* New York: Appleton-Century-Crofts.

Finney, J. W., Putnam, D. E., & Boyd, C. M. (1998). Improving the accuracy of self-reports of adherence. *Journal of Applied Behavior Analysis, 31*, 485–488.

Fowler, S. A. (1986). Peer monitoring and self-monitoring: Alternatives to traditional teacher management. *Exceptional Children, 52*, 573–581.

Frederickson, L. W., Epstein, L. H., & Kosevsky, B. P. (1975). Reliability and controlling effects of three procedures for self-monitoring smoking. *Psychological Record, 25*, 255–264.

Goldiamond, I. (1976). Self-reinforcement. *Journal of Applied Behavioral Analysis. 9*, 509–514.

Gross, A. M., & Wojnilower. D. A. (1984). Self-directed behavior change in children: Is it self-directed? *Behavior Therapy, 15*, 501–514.

Grskovic, J. A., & Belfiore, P. J. (1996). Improving the spelling performance of students with disabilities. *Journal of Behavioral Education, 6*, 343–354.

Hallahan, D. P., Lloyd, J. W., Kneedler, R. D., & Marshall, K. J. (1982). A comparison of the effects of self-versus teacher-assessment of on-task behavior. *Behavior Therapy, 13*, 715–723.

Harmon, T. M., Nelson, R. O., & Hayes, S. C. (1980). The differential effects of self-monitoring mood versus activity in depressed patients. *Journal of Consulting and Clinical Psychology, 48*, 30–38.

Harris, K. R. (1986). Self-monitoring of attentional behavior versus self-monitoring of productivity: Effects of on-task behavior and academic response rate among learning disabled children. *Journal of Applied Behavior Analysis, 19*, 417–423.

Hayes, S. C., & Cavior, N. (1977). Multiple tracking and the reactivity of self-monitoring: I. Negative behaviors. *Behavior Therapy, 8*, 819–831.

Hayes. S. C., Munt, E. D., Korn, Z., Wolfert. E., Rosenfarb, I., & Zettle, R. D. (1986). The effect of feedback and self-reinforcement instructions on studying performance. *The Psychological Record, 36*, 27–37.

Hayes, S. C., Rosenfarb, I., Wolfert, E., Munt, E. O., Korn, Z., & Zettle, R. D. (1985). Self-reinforcement effects: An artifact of social standing setting? *Journal of Applied Behavior Analysis. 18*, 201–204.

Hems, E. D., Lloyd, J. N., & Hallahan, D. P. (1986). Cued and noncued self-recording of attention to task. *Behavior Modification, 10*, 235–254.

Humphrey, L. L., Karoly, P, & Kirschenbaum, D. S. (1978). Self-management in the classroom: Self-imposed response versus self-reward. *Behavior Therapy, 9*, 592–601.

Hundert, J., & Batstone, P. (1978). A practical procedure to maintain pupils' accurate self-rating in a classroom token program. *Behavior Modification, 2*, 93–112.

Ito, M., & Nakamura, K. (1998). Humans' choice in a self-control choice situation: Sensitivity to reinforcer amount, reinforcer delay, and overall reinforcer density. *Journal of the Experimental Analysis of Behavior, 69*, 87–101.

Jones, J. C., & Ollendick, T. H., (1979). Self-reinforcement: Assessment of external influences. *Journal of Behavioral Assessment, 1*, 289–302.

Jones, J. C., Trap, J., & Cooper, J. O. (1977). Technical report: Students' self-recording of manuscript letter strokes. *Journal of Applied Behavior Analysis, 10*, 509–514.

Kanfer, F. H. (1977). The many faces of self-control, or behavior modification changes its focus. In R. B. Stuart (Ed.), *Behavioral self-management: Strategies, techniques, and outcomes* (pp. 1–48).

New York: Brunner/Mazel.
Kaplan, H., Hemmes, N. S., Motz, P., & Rodriguez, H. (1996). Self-reinforcement and persons with developmental disabilities. *The Psychological Record, 46,* 161–178.
Kaufman. K. E., & O'Leary, K. D. (1972). Reward, cost. and self-evaluation procedures for disruptive adolescents in a psychiatric hospital school. *Journal of Applied Behavior Analysis, 5,* 293–309.
Kazdin, A. E. (1974). Reactive self-monitoring: The effects of response desirability, goal setting, and feedback. *Journal of Consulting and Clinical Psychology, 42,* 704–716.
Kazdin, A. E. (1979). Unobtrusive measures in behavioral assessment. *Journal of Applied Behavior Analysis, 12,* 713–724.
Kirby, K. C., Fowler, S. A., & Baer, D. M. (1991). Reactivity in self-recording: Obtrusiveness of recording procedure and peer comments. *Journal of Applied Behavior Analysis, 24,* 487–498.
Lee, C., & Tindal, G. A. (1994). Self-recording and goal setting: Effects on on-task and math productivity of low-achieving Korean elementary school students. *Journal of Behavioral Education, 4,* 459–479.
Lipinski, D. P., Black, J. L., Nelson, R. O., & Ciminero, A. R. (1974). The reactivity and unreliability of self-recording. *Journal of Consulting and Clinical Psychology, 42,* 118–123.
Litrownik, A. J., & Freitas, J. L. (1980). Self-monitoring in moderately retarded adolescents: Reactivity and accuracy as a function of valence. *Behavior Therapy, 11,* 245–255.
Logue, A. W., Pena-Correal, T. E., Rodriguez, M. L., & Kabela, E. (1986). Self-control in adult humans: Variation in positive reinforcer amount and delay. *Journal of the Experimental Analysis of Behavior, 46,* 159–173.
Maag, J. W., Reid, R., & DiGangi, S. A. (1993). Differential effects of self-monitoring attention, accuracy, and productivity. *Journal of Applied Behavior Analysis, 26,* 329–343.
Mace, F. C., & Kratochwill, T. R. (1985). Theories of reactivity in self-monitoring: A comparison of cognitive behavioral and operant models. *Behavior Modification, 9,* 323–343.
Mace., F. C., & Kratochwill, T. R. (1988). Self-monitoring: Applications and issues. In J. Witt, S. Elliott, & F. Gresham (eds.), *Handbook of behavior therapy in education* (pp. 489–502). New York: Pergamon.
Mace, F. C., Shapiro. E. S., West, B. J., Campbell, C., & Altman, J. (1986). The role of reinforcement in reactive self-monitoring. *Applied Research in Mental Retardation, 7,* 315–327.
Mace, F. C., & West, B. J. (1986). Unresolved theoretical issues in self-management: Implications for research and practice. *Professional School Psychology, 1,* 149–163.
Maletzsky, B. (1974). Behavior recording as treatment: A brief note. *Behavior Therapy, 5,* 107–111.
Malott, R. W. (1984). Rule-governed, self-management, and the developmentally disabled: A theoretical analysis. *Analysis and Intervention in Developmental Disabilities, 4,* 199–209.
Martin, J. (1980). External versus self-reinforcement: A review of methodological and theoretical issues. *Canadian Journal of Behavior Science, 12,* 111–125.
Martin, K. F., & Manno, C. (1995). Use of a check-off system to improve middle school students' story compositions. *Journal of Learning Disabilities, 28,* 139–149.
McFall, R. M., & Hammen, C. L. (1971). Motivation, structure, and self-monitoring: Role of nonspecific factors in smoking reduction. *Journal of Consulting and Clinical Psychology, 37,* 80–86.
McGuffin, M. E., Martz, S. A., & Heron, T. E. (1997). The effects of self-correction versus traditional spelling on the spelling performance and maintenance of third grade students. *Journal of Behavioral Education, 7,* 463–475.
McNamara, J. R. (1972). The use of self-monitoring techniques to treat nailbiting. *Behavior Research and Therapy, 10,* 193–I 94.
Meichenbaum, D. (1977). *Cognitive behavior modification.* New York: Plenum Press.

Michael, J. (1982). Discriminating between discriminative and motivational functions of stimuli. *Journal of the Experimental Analysis of Behavior, 37*, 149–155.

Miller, A. J., & Kratochwill, T. R. (1979). Reduction of frequent stomachache complaints by timeout. *Behavior Therapy, 10*, 211–218.

Morrow, L. W., Burke, J. G., & Buel, B. J. 1985 Effects of a self-recording procedure on the attending to task behavior and academic productivity of adolescents with multiple handicaps. *Mental Retardation, 23*, 137-141.

Nelson, R. O. (1977). Methodological issues in assessment via self-monitoring. In M. Hersen, R. M. Eisler, & P. M. Miller (Eds.), *Progress in behavior modification* (Vol. 5, pp. 263–308). New York: Academic Press.

Nelson, R.O., Hay, W. M., & Carstens, C. B. (1977). The reactivity and accuracy of teachers' self-monitoring of positive and negative classroom verbalizations. *Behavior Therapy, 8*, 972–975.

Nelson, R. O., & Hayes, S. C. (1981). Theoretical explanations for reactivity in self-monitoring. *Behavior Modification, 5*, 3–14.

Nelson, R. O., Hayes, S. C., Spong, R. T., Jarrett, R. B., & McKnight, D. L. (1983). Self-reinforcement: Appealing misnomer or effective mechanism? *Behavior Research and Therapy, 21*, 557–566.

Nelson, R. O., Lipinski, D. P., & Boykin, A. R. (1978). The effects of self-recorders' training and the obtrusiveness of the self-recording device on the accuracy and reactivity of self-monitoring. *Behavior Therapy, 9*, 200–208.

Nevin, J. A. (1974). On the form of the relation between response rates in a multiple schedule. *Journal of the Experimental Analysis of Behavior, 21*, 237–248.

Piersel, W. C. (1985). Behavioral Consultation: An Approach to problem solving. In J. R. Bergen (Ed.), *School psychology in contemporary society* (pp. 252–280). Columbus, OH: Merrill.

Premack, D. (1959). Toward empirical behavior laws: 1. Positive reinforcement. *Psychological Review, 66*, 219–233.

Rachlin, H. (1974). Self-control. *Behaviorism, 2*, 219–233.

Rachlin, H., & Green, L. (1972). Commitment, choice, and self-control. *Journal of the Experimental Analysis of Behavior, 17*, 15–22.

Reid, R., & Harris, K. R., (1993). Self-monitoring of attention versus self-monitoring of performance: Effects on attention and academic performance. *Exceptional Children, 60*, 29–40.

Salend, S. J., & Allen, E. M. (1985). Comparative effects of externally managed and self-managed response-cost systems on inappropriate classroom behavior. *Journal of School Psychology, 23*, 59–67.

Santogrossi, D. A., O'Leary, K. D., Romanczyk, R. G., & Kaufman. K. F. (1973). Self-evaluation by adolescents in a psychiatric hospital school token program. *Journal of Applied Behavior Analysis, 6*, 277–287.

Schunk, D. H. (1989). Social cognitive theory and self-regulated learning. In B. J. Zimmerman & D. H. Schunk (Eds.) *Self-regulated learning and academic achievement: Theory, research*, and practice. New York: Springer-Verlag.

Seabaugh, G. O., & Schumaker, J. B. (1994). The effects self-regulation training on the academic productivity of secondary students with learning problems. *Journal of Behavior Education, 4*, 109–133.

Shapiro, E. S., & Ackerman, A. (1983). Increasing productivity rates in adult mentally retarded clients: The failure of self-monitoring. *Applied Research in Mental Retardation, 4*, 163–181.

Shapiro, E. S., Browder, D. M., & D'Huyvetters, K. (1984). Increasing academic productivity of severely multihandicapped children with self-management: Idiosyncratic effects. *Analysis and Intervention in Developmental Disabilities, 4*, 171–188.

Skinner, B. F. (1938). *The behavior of organisms*. New York: Appleton-Century-Crofts.

Skinner, B. F.(1953). *Science and human behavior*. New York: Macmillan.

Skinner, B. F. (1969). *Contingencies of reinforcement: A theoretical analysis.* New York: Appleton-Century-Crofts.
Skinner, B. F.(1979). *The shaping of a behaviorist.* New York: Knopf.
Sohn, P., & Lamal, P. A. (1982). Self-reinforcement: Its reinforcing capability and its clinical utility. *Psychological Record, 32,* 179–203.
Speidel, G. E., & Tharp, R. G. (1980). What does self-reinforcement reinforce? An empirical analysis of the contingencies in self-determined reinforcement. *Child Behavior Therapy, 2,* 1–22.
Stahmer, A. C., & Schriebman, L. (1992). Teaching children with autism appropriate play in unsupervised environments using a self-management treatment package. *Journal of Applied Behavior Analysis, 25,* 447–459.
Sugai, G., & Rowe, P. (1984). The effect of self-recording on out-of-seat behavior of an EMR student. *Education and Training of the Mentally Retarded, 19,* 23–28.
Swanson, H. L., & Scarpati, S. (1985). Self-instruction training to increase academic performance of educationally handicapped children. *Child and Family Behavior Therapy, 6,* 23–39.
Sweeney, W. J., Salva, E., Cooper, J. O., & Talbert-Johnson, C., (1993). Using self-evaluation to improve difficult-to-read handwriting of secondary students. *Journal of Behavioral Education, 3,* 427–443.
Thoresen, C. E., & Mahoney, M. J. (1974). *Behavioral self control.* New York: Holt, Rinehart, & Winston.
Wahler, R. G., & Fox, J. J. (1981). Setting events in applied behavior analysis: Towards a conceptual and methodological expansion. *Journal of Applied Behavior Analysis, 14,* 327–338.
Wall, S. M. (1983). Children's self-determination of standards in reinforcement contingencies: A re-examination. *Journal of School Psychology. 21,* 123–131.
Willis, S. E., & Nelson, R. O. (1982). The effects of valence and nature of target behavior on the accuracy and reactivity of self-monitoring. *Behavioral Assessment, 4,* 401–412.
Wood, D. K., Frank, A. R., & Wacker, D. P. (1998). Teaching multiplication facts to students with learning disabilities. *Journal of Applied Behavior Analysis, 31,* 323–337.
Zettle, R. D., & Hayes, S. C. (1982). Rule-governed behavior: A potential theoretical framework for cognitive-behavioral therapy. In K. R. Harris & S. Graham (Eds.), *Advances in cognitive-behavioral research and therapy* (Vol. 1, pp. 73–118). New York: Academic Press.
Zimmerman, B. J. (1989). Models of self-regulated learning and academic achievement. In B. J. Zimmerman & D. H. Schunk (Eds.) *Self-regulated learning and academic achievement: Theory, research, and practice.* Springer-Verlag: NY.

第3章

Abrahams, S., Wageman, R., & Harackiewicz, J. M. (1987, August). *Focus-of-evaluation and intrinsic motivation.* Paper presented at the annual meeting of the American Psychological Association, New York.
Ames, C. (1987, April). *Social context and student cognitions.* Paper presented at the annual meeting of the American Educational Research Association, Washington, DC.
Ames, C. (1992). Achievement goals and the classroom climate. In D. H. Schunk & J. L. Meece (Eds.), *Student perceptions in the classroom* (pp. 327–348). Hillsdale, NJ: Lawrence Erlbaum Associates.
Anderson, S. M. (1987). The role of cultural assumptions in self-concept development. In K. Yardley & T. Honess (Eds.), *Self and identify: Psychosocial perspectives.* New York: Wiley.
APA Task Force on Psychology in Education (1993, January). *Learner-centered psychological principles: Guidelines for school redesign and reform.* Washington, DC: American Psychological Association and Mid-Continent Regional Educational Laboratory.

APA Work Group of the Board of Educational Affairs (1997, November). *Learner-centered psychological principles: A framework for school reform and redesign*. Washington, DC: American Psychological Association.

Areglado, R. J., Bradley, R. C., & Lane, P. S. (1996). *Learning for life: Creating classrooms for self-directed learning*. Thousand Oaks, CA: Corwin Press.

Baird, J. R., & White, R. T. (1984, April). *Improving learning through enhanced metacognition: A classroom study*. Paper presented at the annual meeting of the American Educational Research Association, New Orleans.

Bandura, A. (1982). The self and mechanisms of agency. In J. Suls (Ed.), *Psychological perspectives on the self* (Vol. 1, pp. 3–39). Hillsdale, NJ: Lawrence Erlbaum Associates.

Bandura, A. (1986). Fearful expectations and avoidant actions as coeffects of perceived self-inefficacy. *American Psychologist, 4*, (12), 1389–1391.

Bandura, A. (1991). Self-regulation of motivation through anticipatory and self-regulatory mechanisms. In R. A. Dienstbier (Ed.), *Perspectives on motivation: Nebraska symposium on motivation* (Vol. 38, pp. 69–164). Lincoln, NE: University of Nebraska Press.

Bandura, A., Pastorelli, C., Barbaranelli, C., & Caprara, G. V. (1999). Self-efficacy pathways to childhood depression. *Journal of Personality and Social Psychology, 76*(2), 258–269.

Boekaerts, M., & Niemivirta, M. (2000). Self-regulated learning: Finding a balance between learning goals and ego-protective goals. In M. Boekaerts, P. R. Pintrich, & M. Zeidner (Eds.), *Handbook of self-regulation*. San Diego: Academic Press.

Brownback, P. (1982). *The danger of self love*. Chicago: Moody Press.

Butler, D. L., & Winne, P. H. (1995). Feedback and self-regulated learning: A theoretical synthesis. *Review of Educational Research, 65*(3), 245–281.

Byrne, B. M. (1984). The general/academic self-concept nomological network: A review of construct validation research. *Review of Educational Research, 54*(3), 427–456.

Byrne, B. M. (1996). Academic self-concept: Its structure, measurement, and relation to academic achievement. In B. A. Bracken (Ed.), *Handbook of self-concept* (pp. 287–316). New York: Wiley.

Byrne, B. M., & Gavin, D. A. (1996). The Shavelson Model revisited: Testing for the structure of academic self-concept across pre-, early, and late adolescents. *Journal of Educational Psychology, 88*(2), 215–228.

Byrne, B. M., & Shavelson, R. J. (1986). On the structure of adolescent self-concept. *Journal of Educational Psychology, 78*(6), 474–481.

Byrne, B. M., & Shavelson, R. J. (1987). Adolescent self-concept: Testing the assumption of equivalent structure across gender. *American Educational Research Journal, 24*(3), 365–385.

Byrne, B. M., & Shavelson, R. J. (1996). On the structure of social self-concept for pre-, early, and late adolescents: A test of the Shavelson, Hubner, and Stanton (1976) model. *Journal of Personality and Social Psychology, 70*(3), 599–613.

Carr, M. (1996, Fall). *Teaching children to self-regulate: A resource for teachers*. (Instructional Resource No. 34). University of Georgia and University of Maryland: National Reading Research Center.

Carver, C. S., & Scheier, M. F. (1991). Self-regulation and the self. In J. Strauss & G. R. Goethals (Eds.), *The self: Interdisciplinary approaches* (pp. 168–207). New York: Springer-Verlag.

Cassady, J. C., & Johnson, R. E. (1997, March). *The accuracy and multidimensionality of first and second grade students' academic self-concepts*. Paper presented at the annual meeting of the American Educational Research Association, Chicago.

Combs, A. W. (1962). A perceptual view of the adequate personality. *1962 ASCD Yearbook: Perceiving, behaving, becoming: A new focus for education* (pp. 50–64). Washington, DC: Association for Supervision and Curriculum Development.

Combs, A. W. (1986). What makes a good helper? A person-centered approach. *Person-Centered*

Review, 1(1), 51–61.
Combs, A. W. (1991). *The schools we need: New assumptions for educational reform.* Lanham, MD: University Press of America.
Combs, A. W., Miser, A. B., & Whitaker, K. S. (1999). *On becoming a school leader: A person-centered challenge.* Alexandria, VA: Association for Supervision and Curriculum Development.
Connell, J. P., & Ryan, R. M. (1984). A developmental theory of motivation in the classroom. *Teacher Education Quality, 11*(4), 64–77.
Cooley, C. H. (1902). *Human nature and the social order.* NY: Charles Scribner's Sons.
Covington, M.V. (1985). The motive for self-worth. In C. Ames & R. Ames (Eds.), *Research on motivation in education: The classroom milieu* (pp. 77–113). New York: Academic Press.
Covington, M. V. (1992). *Making the grade: A self-worth perspective on motivation and school reform.* New York: Cambridge University Press.
Covington, M.V., & Omelich, C. L. (1987). "I knew it cold before the exam": A test of the anxiety-blockage hypothesis. *Journal of Educational Psychology, 79*(4), 393–400.
Covington, M. V., & Teel, K. M. (1996). *Overcoming student failure: Changing motives and incentives for learning.* Washington, DC: American Psychological Association.
Cross, S. E., & Madson, L. (1997). Models of the self: Self-construals and gender. *Psychological Bulletin, 122,* 5–37.
Cross, S. E., & Markus, H. R. (1990). The willful self. *Personality and Social Psychology Bulletin, 16*(4), 726–742.
Cross, S. E., & Markus, H. R. (in press). Culture and personality. In L. Pervin & O. John (Eds.), *Handbook on personality research and theory.* New York: Wiley.
Csikszentmihalyi, M. (1990). *Flow: The psychology of optimal experience.* New York: Harper & Row.
Daniels, D. H., Kalkman, D. L., & McCombs, B. L. (in press). Young children's perspectives on learning and teacher practices in different classroom contexts: Implications for motivation. *Early Education and Development.*
Davis, M. H., Franzoi, S. L., & Markwiese, B. (1987, August). *A motivational explanation of private self-consciousness.* Paper presented at the annual meeting of the American Psychological Association, New York.
Deci, E. L., & Ryan, R. M. (1985). *Intrinsic motivation and self-determination in human behavior.* New York: Plenum.
Deci, E. L., & Ryan, R. M. (1991). A motivational approach to self: Integration in personality. In R. Dienstbier (Ed.), *Nebraska symposium on motivation. Vol. 38. Perspectives on motivation.* (pp. 237–288) Lincoln, NE: University of Nebraska Press.
Deci, E. L., Vallerand, R. J., Pelletier, L. G., & Ryan, R. M. (1991). Motivation and education: The self-determination perspective. *Educational Psychologist, 26*(3 & 4), 325–346.
DeSteno, D., & Salovey, P. (1997). Structural Dynamism in the Concept of self: A flexible model for a malleable concept. *Review of General Psychology, 1*(4), 389–409.
Dweck, C. S. (1986). Motivational processes affecting learning. *American Psychologist, 41,* 1040–1048.
Dweck, C. S. (1991). Self-theories and goals: Their role in motivation, personality and development. In R. Dienstbier (Ed.), *Nebraska symposium on motivation: Vol. 38. Perspectives on motivation.* Lincoln, NE: University of Nebraska Press.
Eccles, J. (1983). Expectancies, values, and academic behaviors. In J. T. Spence (Ed.), *Achievement and achievement motives: Psychological and sociological approaches* (pp. 75–146). San Francisco: W. H. Freeman.
Eccles, J. (1984). Self-perceptions, task perceptions, socializing influences, and the decision to enroll in mathematics. In M. W. Steinkamp & M. L. Maehr (Eds.), *Advances in motivation and achievement: Women in science* (Vol. 2, pp. 95–121). Greenwich, CT: JAI Press.
Eccles, J., Barber, B., Jozefowicz, D., Malenchuk, O., & Vida, M. (1999). Self-evaluations of competence, task values, and self-esteem. In N. G. Johnson & M. C. Roberts (Eds.), *Beyond*

appearance: A new look at adolescent girls (pp. 53–83). Washington, DC: American Psychological Association.

Eccles, J. S., Early, D., Frasier, K., Belansky, E., & McCarthy, K. (1997). The relation of connection, regulation, and support for autonomy to adolescents' functioning. *Journal of Adolescent Research, 12*(2), 263–286.

Eccles, J. S., & Wigfield, A. (1995). In the mind of the actor: The structure of adolescents' achievement task values and expectancy-related beliefs. *Personality and Social Psychology Bulletin, 21*(3), 215–225.

Eccles, J. S., Wigfield, A., Midgley, C., Reuman, D., & Mac Iver, D. (1993). Negative effects of traditional middle schools on students' motivation. *Elementary School Journal, 93*(5), 553–574.

Epstein, J. A., Stokes, P. K., & Harackiewicz, J. M. (1987, August). *Affect and intrinsic interest: An arousal mediated model.* Paper presented at the annual meeting of the American Psychological Association, New York.

Figurski, T. J. (1987a). Self-awareness and other-awareness: The use of perspective in everyday life. In K. Yardley & T. Honess (Eds.), *Self and identity: Psychosocial perspectives.* New York: Wiley.

Figurski, T. J. (1987b, August). *The emotional contingencies of self-awareness in everyday life.* Paper presented at the annual meeting of the American Psychological Association, New York.

Fleming, J. S., & Courtney, B. E. (1984). The dimensionality of self-esteem: II. Hierarchical facet model for revised measurement scales. *Journal of Personality and Social Psychology, 46*(2), 404–421.

Ford, M. E. (1992). *Motivating humans: Goals, emotions, and personal agency beliefs.* Newbury Park, CA: Sage.

Frome, P. M., & Eccles, J. S. (1998). Parents' influence on children's achievement-related perceptions. *Journal of Personality and Social Psychology, 74*(2), 435–452.

Gardner, H. (1987, August). *Beyond modularity: Evidence from developmental psychology and neuropsychology.* Paper presented at the annual meeting of the American Psychological Association, New York.

Gardner, H. (1993). *Multiple intelligences: The theory in practice.* New York: Basic Books.

Gardner, H. (1995a). Reflections on multiple intelligences: Myths and messages. *Phi Delta Kappan, 77*(3), 200–209.

Gardner, H. (1995b). *Intelligence: Multiple perspectives.* Fort Worth, TX: Harcourt Brace College Publishers.

Giorgi, A. (Ed.) (1985). *Phenomenology and psychological research.* Pittsburgh, PA: Duquesne University Press.

Giorgi, A. (1990). *A phenomenological reinterpretation of the Jamesian schema for psychology.* Paper presented at the annual meeting of the American Psychological Association, Boston.

Green, D. P., & Salovey, P. (1999). In what sense are positive and negative affect independent? A reply to Tellegen, Watson, and Clark. *Psychological Science, 10*(4), 304–306.

Harre, R., & Secord, P. E. (1972). *The explanation of social behavior.* Oxford, England: Blackwell.

Harter, S. (1982). A developmental perspective on some parameters of self-regulation in children. In P. Karoly & F. H. Kanfer (Eds.), *Self-management and behavior change: From theory to practice* (pp. 165–204). New York: Pergamon Press.

Harter. S. (1985). Processes underlying self-concept formation in children. In J. Suls & A. Greenwald (Eds.), *Psychological perspectives on the self* (pp. 137–181). Hillsdale, NJ: Lawrence Erlbaum Associates.

Harter, S. (1987). The determinants and mediational role of global self-worth in children. In N. Eisenberg (Ed.), *Contemporary topics in developmental psychology.* New York: Wiley.

Harter, S. (1990, November). *Visions of self: Beyond the me in the mirror.* Presentation as University

Lecturer of the Year, University of Denver.
Harter, S. (1992a). The relationship between perceived competence, affect, and motivation: Processes and patterns of change. In A. K. Boggiano & T. Pittman (Eds.), *Achievement and motivation: A social developmental perspective*. Cambridge: Cambridge University Press.
Harter, S. (1992b). Affective and motivational correlates of self-esteem. In R. Dienstbier (Ed.), *Nebraska symposium on motivation: Vol. 40. Developmental perspectives on motivation*. Lincoln, NE: University of Nebraska Press.
Harter, S. (1998). The development of self-representations. In W. Damon (Series Ed.) & N. Eisenberg (Vol. Ed.), *Handbook of child psychology: Vol. 3, Social, emotional, and personality development* (5th ed., pp. 553–617). New York: Wiley.
Harter, S. (1999). *The construction of the self: A developmental perspective*. New York: Guilford Press.
Harter, S., & Connell, J. P. (1984). A model of children's achievement and related self-perceptions of competence, control, and motivational orientation. *Advances in Motivation and Achievement, 3*, 219–250.
Harter, S., Whitesell, N. R., & Junkin, L. J. (1998). Similarities and differences in domain-specific and global self-evaluations of learning disabled, behaviorally disordered, and normally achieving adolescents. *American Educational Research Journal, 35*(4), 653–680.
Herzog, A. R., Franks, M. M., Markus, H. R., & Holmberg, D. (1998). Activities and well-being in older age: Effects of self-concept and educational attainment. *Psychology and Aging, 13*(2), 179–195.
Higgins, E. T. (1987). Self-discrepancy: A theory relating self and affect. *Psychological Review, 54*, 319–340.
Higgins, E. T. (1997). Beyond pleasure and pain. *American Psychologist, 52*(12), 1280–1300.
Howard, G. S. (1986). *Dare we develop a human science?* Notre Dame, IN: Academic Publications.
Inglehart, M. R., Markus, H., Brown, D. R., & Moore, W. (1987, May). *The impact of possible selves on academic achievement: A longitudinal analysis*. Paper presented at the Midwestern Psychological Association, Chicago.
Inglehart, M. R., Wurf, E., Brown, D. R., & Moore, W. (1987, August). *Possible selves and satisfaction with career choice—A longitudinal analysis*. Paper presented at the annual meeting of the American Psychological Association, New York.
Iran-Nejad, A. (1990). Active and dynamic self-regulation of learning processes. *Review of Educational Research, 60*(4), 573–602.
James, W. (1892), *Psychology: The briefer course*. NY: Henry Holt & Co.
Jennings, J. L. (1986). Husserl revisited: The forgotten distinction between psychology and phenomenology. *American Psychologist, 41*, 1231–1240.
Kanfer, R., Ackerman, P. L., & Heggestad, E. (1996). Motivational skills and self-regulation for learning: A trait perspective. *Learning and Individual Differences, 8*, 185–209.
Kanfer, R., & Heggestad, E. (1997). Motivational traits and skills: A person-centered approach to work motivation. In L. L. Cummings & B. M. Staw (Eds.), *Research in Organizational Behavior* (Vol. 9, pp. 1–57). Greenwich, CT: JAI Press.
Kanfer, R., & McCombs, B. L. (2000). Motivation: Applying current theory to critical issues in training. In S. Tobias & D. T. Fletcher (Eds.), *Handbook of Training* (pp. 85–108). New York: Macmillan.
Kohn, A. (1996). *Beyond discipline: From compliance to community*. Alexandria, VA: Association for Supervision and Curriculum Development.
Kuhl, J. (1985). Volitional mediators of cognition-behavior consistency: Self-regulatory processes and action vs. state orientation. In J. Kuhl & J. Beckmann (Eds.), *Action control: From cognition to behavior* (pp. 101–128). New York: Springer-Verlag.
Lambert, N., & McCombs, B. L. (1998). *How students learn: Reforming schools through learner-centered education*. Washington, DC: APA Books.

Levy, S. R., & Dweck, C. S. (1998). Trait-versus process-focused social judgment. *Social Cognition, 16*(1), 151–172.

Maden, S., Jussim, L., Keiper, S., & Eccles, J. (1998). The accuracy and power of sex, social class, and ethnic stereotypes: A naturalistic study in person perception. *Personality and Social Psychology Bulletin, 24*(12), 1304–1318.

Maehr, M. L. (1985). Meaning and motivation: Toward a theory of personal investment. In C. Ames & R. Ames (Eds.), *Research on motivation in education: The classroom milieu* (pp. 115–146). New York: Academic Press.

Manderlink, G., & Harackiewicz, J. M. (1984). Proximal versus distal goal setting and intrinsic motivation. *Journal of Personality and Social Psychology, 41*, 918–928.

Manicas, P. T., & Secord, P. F. (1983). Implications for psychology of the new philosophy of science. *American Psychologist, 38*, 399–413.

Markova, 1. (1987). Knowledge of the self through interaction. In K. Yardley & T. Honess (Eds.), *Self and identity: Psychosocial perspectives (pp.* 65–80). New York: Wiley.

Markus, H. R. (1998, August). *Our culture, our selves.* Invited address at the annual meeting of the American Psychological Association, San Francisco.

Markus, H. R., & Kitayama, S. (1991a). Culture and the self: Implications for cognition, emotion, and motivation. *Psychological Review, 98*(2), 224–253.

Markus, H. R., & Kitayama, S. (1991b). Cultural variation in the self-concept. In J. Strauss & G. R. Goethals (Eds.), *The self: Interdisciplinary approaches* (pp. 18–48). New York: Springer-Verlag.

Markus, H. R., & Kitayama, S. (1994). A collective fear of the collective: Implications for selves and theories of selves. *Personality and Social Psychology Bulletin, 20*(5), 568–579.

Markus, H. R., & Kitayama, S. (1998). The cultural psychology of personality. *Journal of Cross-Cultural Psychology, 29*(1), 63–87.

Markus, H., & Nurius, P. (1987). Possible selves: The interface between motivation and the self-concept. In K. Yardley & T. Honess (Eds.), *Self and identity: Psychosocial perspectives.* New York: Wiley.

Markus, H., & Ruvulo, A. (1990). Possible selves: Personalized representations of goals. In L. Pervin (Ed.), *Goal concepts in psychology* (pp. 211–241). Hillsdale, NJ: Lawrence Erlbaum Associates.

Markus, H., & Wurf, E. (1987). The dynamic self-concept: A social psychological perspective. *Annual Review of Psychology, 38*, 299–337.

Marsh, H. W. (1986). Self-serving effect (bias?) in academic attributions: Its relation to academic achievement and self-concept. *Journal of Educational Psychology, 78*(3), 190–200.

Marsh, H. W. (1990). *Self-Description Questionnaire (SDQ) II: A theoretical and empirical basis for the measurement of multiple dimensions of adolescent self-concept.* San Antonio, TX: Psychological Corp.

Marsh, H. W. (1993). Relations between global and specific domains of self: The importance of individual importance, certainty, and ideals. *Journal of Personality and Social Psychology, 65*, 975–992.

Marsh, H. W. (1994). Using the National Longitudinal Study of 1988 to evaluate theoretical models of self-concept: The Self-Description Questionnaire. *Journal of Educational Psychology, 86*, 439–456.

Marsh, H. W. (1995). A Jamesian model of self-investment and self-esteem: Comment on Pelham. *Journal of Personality and Social Psychology, 65*, 1151–1160.

Marsh, H. W., Byrne, B. M., & Shavelson, R. J. (1988). A multi-faceted academic self-concept: Its hierarchical structure and its relation to academic achievement. *Journal of Educational Psychology, 80*(3), 366–380.

Marsh, H, W., & Shavelson, R. (1985). Self-concept: Its multifaceted, hierarchical structure. *Educational Psychologist, 20*(3), 107–123.

Marsh, H. W., & Yeung, A. S. (1998). Longitudinal structural equation model of academic self-concept and achievement: Gender differences in the development of math and English constructs. *American Educational Research Journal, 35*(4), 705–738.

Martin, C. L., & Ruble, D. N. (1997). A developmental perspective on self-construals and sex differences: Comment on Cross and Madson. *Psychological Bulletin, 122*(1), 45–50.

Mayer, J. D., & Salovey, P. (1993). The intelligence of emotional intelligence. *Intelligence, 17*(4), 433–442.

Mays, W. (1985). Preface. In W.S. Hamrick (Ed.), *Phenomenology in practice and theory*. Dordrecht, The Netherlands: Martinus Nijhoff.

McCall, R. J. (1983). *Phenomenological psychology*. Madison: The University of Wisconsin Press.

McCombs, B. L. (1984). Processes and skills underlying continuing intrinsic motivation to learn: Toward a definition of motivational skills training interventions. *Educational Psychologist, 19*(4), 199–218.

McCombs, B. L. (1986). The role of the self-system in self-regulated learning. *Contemporary Educational Psychology, 11*, 314–332.

McCombs, B. L. (1991). The definition and measurement of primary motivational processes. In M. C. Wittrock & E. L. Baker (Eds.), *Testing and cognition* (pp. 62–81). Englewood Cliffs, NJ: Prentice Hall.

McCombs, B. L. (1994). Strategies for assessing and enhancing motivation: Keys to promoting self-regulated learning and performance. In H. F. O'Neil, Jr., & M. Drillings (Eds.), *Motivation: Research and theory*. Hillsdale, NJ: Lawrence Erlbaum Associates.

McCombs, B. L. (1995). Putting the learner and learning in learner-centered classrooms: The learner-centered model as a framework. *Michigan ASCD Focus, 17(1),* 7–12. Special Issue, On the Learner, Learning and the Learner-Centered Classroom.

McCombs, B. L. (1998). Integrating metacognition, affect, and motivation in improving teacher education. In B. L. McCombs & N. Lambert (Eds.), *Issues in school reform: Psychological perspectives on learner-centered schools* (pp. 379–408). Washington, DC: APA Books.

McCombs, B. L. (1999). What role does perceptual psychology play in educational reform today? In H. J. Freiberg (Ed.), *Perceiving, behaving, becoming: Lessons learned* (pp. 148–157). Alexandria, VA: Association for Supervision and Curriculum Development.

McCombs, B. L., & Lauer, P. A. (1997). Development and validation of the Learner-Centered Battery: Self-Assessment tools for teacher reflection and professional development. *The Professional Educator, 20*(1), 1–21.

McCombs, B. L., & Lauer, P. A. (1998, July). *The learner-centered model of seamless professional development: Implications for practice and policy changes in higher education.* Paper presented at the 23rd International Conference on Improving University Teaching, Dublin.

McCombs, B. L., & Marzano, R. J. (1990). Putting the self in self-regulated learning. *Educational Psychologist, 25*(1), 51–69.

McCombs, B. L., & Marzano, R. J. (in press). What is the role of the will component in strategic learning? In C. E. Weinstein & B. L. McCombs (Eds.), *Strategic learning: Skill, will, and self-regulation.* Hillsdale, NJ: Lawrence Erlbaum Associates.

McCombs, B. L., & Whisler, J. S. (1989). The role of affective variables in autonomous learning. *Educational Psychologist, 24*(3), 277–306.

McCombs, B. L., & Whisler, J. S. (1997). *The learner-centered classroom and school: Strategies for enhancing student motivation and achievement.* San Francisco: Jossey-Bass.

Menec, V. H., Hechter, F. J., & Perry, R. P. (1995, April). *Action control and self-efficacy: Their effects on self-regulatory strategies and achievement.* Paper presented at the annual conference of the American Educational Research Association, San Francisco.

Miller, R. B., & Brickman, S. (1997, March). *The role of future consequences in achievement motivation.* Paper presented at the annual meeting of the American Educational Research Association, Chicago.

Mills, R. C. (1991). A new understanding of self: The role of affect, state of mind, self-

understanding, and intrinsic motivation. *Journal of Experimental Education, 60*(1), 67–81.
Mills, R. C. (1995). *Realizing mental health*. New York: Sulzburger & Graham.
Mills, R. C., Dunham, R. G., & Alpert, G. P. (1988). Working with high-risk youth in prevention and early intervention programs: Toward a comprehensive model. *Adolescence, 23*, 643–660.
Mischel, W. (1977). On the future of personality measurement. *American Psychologist, 32*(4), 246–254.
Mish, F. C. (Ed.) (1988). *Websters Ninth New Collegiate Dictionary*. Springfield, MA: Merriam-Webster.
Misiak, H., & Sexton, VS. (1973). *Phenomenological, existential, and humanistic psychology*. New York: Grune & Statton.
Moretti, M. M., & Higgins, E. T. (1999a). Internal representations of others in self- regulation: A new look at a classic issue. *Social Cognition, 17*(2), 186-208.
Moretti, M. M., & Higgins, E. T. (1999b). Own versus other standpoints in self-regulation: Developmental antecedents and functional consequences. *Review of General Psychology, 3*(3), 188–223.
Natsoulas, T. (1999). An ecological and phenomenological perspective on consciousness: Contact with the world at the very heart of the being of consciousness. *Review of General Psychology, 3*(3), 224–245.
Nicholls, J. G. (1983). Conceptions of ability and achievement motivation: A theory and its implications for education. In S. G. Paris, G. M. Olson, & H. W. Stevenson (Eds.), *Learning and motivation in the classroom*. Hillsdale, NJ: Lawrence Erlbaum Associates.
Nicholls, J. G. (1984). Achievement motivation: Conceptions of ability, subjective experience, task choice, and performance. *Psychological Review, 91*, 328–346.
Nicholls, J. G. (1987, August). *Motivation, values, and education*. Paper presented at the annual meeting of the American Psychological Association, New York.
Nyquist, L. V. (1986, August). *The dynamic self-concept: Cognitive and behavioral responses to challenge*. Paper presented at the annual meeting of the American Psychological Association, Washington, DC.
Paris, S. G., & Brynes, J. P. (1989). The constructivist approach to self-regulation and learning in the classroom. In B. J. Zimmerman & D. H. Schunk (Eds.), *Self-regulated learning and academic achievement: Theory, research, and practice* (pp. 169–209). New York: Springer-Verlag.
Paris, S. G., & Newman, R. S. (1990). Developmental aspects of self-regulated learning. *Educational Psychologist, 25*(1), 87–102.
Perry, N. E. (1998). Young children's self-regulated learning and contexts that support it. *Journal of Educational Psychology, 90*(4), 715–729.
Perry, K. E., Donohue, K. M., & Weinstein, R. S. (1999, March). *Young children's perceptions of learner-centered teaching practices: Meaningful predictors of early school success*. Paper presented at the annual meeting of the Society for Research in Child Development, New Orleans.
Perry, K. E., & Weinstein, R. S. (1998). The social context of early schooling and children's school adjustment. *Educational Psychologist, 33*(4), 177–194.
Pomerantz, E. M., & Ruble, D. N. (1997). Distinguishing multiple dimensions of conceptions of ability: Implications for self-evaluation. *Child Development, 68*(6), 1165–1180.
Pransky, G. S. (1998). *The renaissance of psychology*. New York: Sulzburger & Graham.
Purdie, N., & Hattie, J. (1996). Cultural differences in the use of strategies for self-regulated learning. *American Educational Research Journal, 33*(4), 845–871.
Reeder, G. D., McCormick, C. B., & Esselman, E. D. (1987). Self-referent processing and recall of prose. *Journal of Educational Psychology, 79*(3), 243–248.
Renkl, A. (1997, March). *Intrinsic motivation, self-explanations, and transfer*. Paper presented at the annual meeting of the American Educational Research Association, Chicago.
Rhodewalt, F. (1987, August). *Is self-handicapping an effective self-protective attributional strategy?*

Paper presented at the annual meeting of the American Psychological Association, New York.
Richardson, J. T. E. (1999). The concepts and methods of phenomenographic research. *Review of Educational Research, 69*(1), 53–82.
Ridley, D. S. (1991). Reflective self-awareness: A basic motivational process. *Journal of Experimental Education, 60*(1), 31–48.
Robinson, D. N. (1987, August). *What moves us? A note on human motives.* Paper presented at the annual meeting of the American Psychological Association, New York.
Rosenberg, J. F. (1986). *The thinking self.* Philadelphia, PA: Temple University Press.
Ruble, D. N. (1987). The acquisition of self-knowledge: A self-socialization perspective. In N. Eisenberg (Ed.), *Contemporary topics in developmental psychology.* New York: Wiley.
Ruble, D. N., & Dweck, C. (1995). Self-conceptions, person conception, and their development. In N. Eisenberg (Ed.), *Social development* (pp. 109–139). Thousand Oaks, CA: Sage.
Ruvolo, A., & Markus, H. (1986, August). *Possible selves and motivation.* Paper presented at the meeting of the American Psychological Association, Washington, DC.
Ryan, R. M. (1991). The nature of the self in autonomy and relatedness. In J. Strauss & G. R. Goethals (Eds.), *The self: Interdisciplinary approaches* (pp. 208–238). New York: Springer-Verlag.
Ryan, R. M. (1992). A systemic view of the role of motivation in development. In R. Dienstbier (Ed.), *Nebraska symposium on motivation: Vol. 40. Developmental perspectives on motivation.* Lincoln, NE: University of Nebraska Press.
Ryan, R. M. (1995). Psychological needs and the facilitation of integrative processes. *Journal of Personality, 63*(3), 397–427.
Ryan, R. M., & Deci, E. L. (1996). When paradigms clash: Comments on Cameron and Pierce's claim that rewards do not undermine intrinsic motivation. *Review of Educational Research, 66*(1), 33–38.
Ryan, R. M., & Powelson, C. L. (1991). Autonomy and relatedness as fundamental to motivation and education. *Journal of Experimental Education, 60*(1), 49–66.
Salovey, P. (1987, August). *Mood, focus of attention, and self-relevant thought.* Paper presented at the annual meeting of the American Psychological Association, New York.
Salovey, P. (1992). Mood-induced self-focused attention. *Journal of Personality and Social Psychology, 62*(4), 699–707.
Sameroff, A. J. (1987). The social context of development. In N. Eisenberg (Ed.), *Contemporary topics in developmental psychology.* New York: Wiley.
Schunk, D. H. (1984, April). *Self efficacy and classroom learning.* Paper presented at the meeting of the American Educational Research Association, New Orleans.
Schunk, D. H. (1995). Inherent details of self-regulated learning include student perceptions. *Educational Psychologist, 30*(4), 213–216.
Schunk, D. H., & Zimmerman, B. J. (1998). *Self-regulated learning: From teaching to self-reflective practice.* New York: Guilford Press.
Shavelson, R. J., Hubner, J. J., & Stanton, G. C. (1976). Validation of construct interpretations. *Review of Educational Research, 46,* 407–441.
Showers, C., & Cantor, N. (1985). Social cognition: A look at motivated strategies. *Annual Review of Psychology, 36,* 275–305.
Spiegelberg, H. (1972). *Phenomenology in psychological psychiatry: A historical introduction.* Evanston, IL: Northwestern University Press.
Spielberger, C. D., Gorsuch, R. L., & Lushene, R. E. (1983). *Manual for the state-trait anxiety inventory.* Palo Alto, CA: Consulting Psychologists Press.
Srull, T. K., & Gaelick, L. (1983). General principles and individual differences in the self as a habitual reference point: An examination of self–other judgments of similarity. *Social Cognition, 2*(2), 108–121.

Stipek, D. (1998a). Differences between Americans and Chinese in the circumstances evoking pride, shame, and guilt. *Journal of Cross-Cultural Psychology, 29*(5), 616–629.

Stipek, D. (1998b). *Motivation to Learn. From theory to practice.* Boston, MA: Allyn and Bacon.

Tauer, J. W., & Harackiewicz, J. M. (1999). Winning isn't everything: Competition, achievement orientation, and intrinsic motivation. *Journal of Experimental Social Psychology. 35*(3), 209–238.

Turner, J., & Paris, S. G. (1995). How literacy tasks influence children's motivation for literacy. *Reading Teacher, 48*(8), 662–673.

Urdan, T. C., & Maehr, M. L. (1995). Beyond a two-goal theory of motivation and achievement: A case for social goals. *Review of Educational Research, 65*(3), 213–243.

Urdan, T., Pajares, F., & Lapin, A. Z. (1997, March). *Achievement goals, motivation, and performance: A closer look.* Paper presented at the annual meeting of the American Educational Research Association, Chicago.

Vispoel, W. P., & Boo, J. (1997, March). *Relations between domain specific and global aspects of self-concept in early adolescence: The moderating role of domain importance.* Paper presented at the annual meeting of the American Educational Research Association, Chicago.

Wang, M. C. (1983). Development and consequences of students' sense of personal control. In J. M. Levine & M. C. Wang (Eds.), *Teacher and student perceptions: Implications for learning* (pp. 213–247). Hillsdale, NJ: Lawrence Erlbaum Associates.

Wang, M. C. (1992). *Adaptive education strategies: Building on diversity.* Baltimore: Paul H. Brookes.

Werkmeister, W. H. (1940). *A philosophy of science.* Lincoln, NE: University of Nebraska Press.

Westphal, M. (Ed.) (1982). *Method and speculation in Hegel's phenomenology.* Atlantic Nishlords, NJ: New Jersey: Humanities Press.

Wheatley, M. J. (1994). *Leadership and the new science: Learning about organization from an orderly universe.* San Francisco, CA: Berrett-Koehler Publishers.

Wheatley, M. J. (1995, September). *Leadership and the new science.* Presentation transcribed as Professional Development Brief No. 3, California State Development Council.

Wheatley, M. J. (1999, July). *Reclaiming hope: The new story is ours to tell.* Summer Institute, Salt Lake City, UT: University of Utah.

Wheatley, M. J., & Kellner-Rogers, M. (1996). *A simpler way.* San Francisco: Berrett-Koehler Publishers.

Wheatley, M. J., & Kellner-Rogers, M. (1998). Bringing life to organizational change. *Journal of Strategic Performance Measurement,* April-May, 5–13.

Wigfield, A., Eccles, J. S., & Pintrich, P. R. (1996). Development between the ages of 11 and 25. In D. C. Berliner & R. C. Calfee (Eds.), *Handbook of educational psychology* (pp. 148–185). New York: Macmillan.

Williams, J. E. (1997, April). *Predicting students self-regulated learning: The roles of academic competence and self-determination.* Paper presented at the annual meeting of the American Educational Research Association, Chicago.

Wittrock, M. C. (1987, August). *The teaching of comprehension.* Paper presented at the annual meeting of the American Psychological Association, New York.

Wolters, C. A. (1998). Self-regulated learning and college students' regulation of motivation. *Journal of Educational Psychology, 90*(2), 224–235.

Zimmerman, B. J. (1985). The development of "intrinsic" motivation: A social learning analysis. *Annals of Child Development, 2,* 117–160.

Zimmerman, B. J. (1994). Dimensions of academic self-regulation: A conceptual framework for education. In D. H. Schunk & B. J. Zimmerman (Eds.), *Self-regulation of learning and performance: Issues and educational applications* (pp. 3–21). Hillsdale, NJ: Lawrence Erlbaum Associates.

Zimmerman, B. J. (1995). Self-regulation involves more than metacognition: A social cognitive perspective. *Educational Psychologist, 30*(4), 217–221.

Zimmerman, B. J., & Bandura, A. (1994). Impact of self-regulatory influences on writing course attainment. *American Educational Research Journal, 31*, 845–862.

第4章

Bandura, A. (1986). *Social foundations of thought and action: A social cognitive theory.* Englewood Cliffs, NJ: Prentice Hall.
Bandura, A. (1988). Self-regulation of motivation and action through goal systems. In V. Hamilton, G. H. Bower, & N. H. Frijda (Eds.), *Cognitive perspectives on emotion and motivation* (pp. 37–61). Dordrecht, The Netherlands: Kluwer Academic.
Bandura, A. (1997). *Self-efficacy: The exercise of control.* New York: Freeman.
Bandura, A., & Schunk, D. H. (1981). Cultivating competence, self-efficacy, and intrinsic interest through proximal self-motivation. *Journal of Personality and Social Psychology, 41*, 586–598.
Brown, J. S., & Burton, R. R. (1978). Diagnostic models for procedural bugs in basic mathematical skills. *Cognitive Science, 2*, 155–192.
Bryan, J. H., & Bryan, T. H. (1983). The social life of the learning disabled youngster. In J. D. McKinney & L. Feagans (Eds.), *Current topics in learning disabilities* (Vol. 1, pp. 57–85). Norwood, NJ: Ablex.
Davidson, E. S., & Smith, W. P. (1982). Imitation, social comparison, and self-reward. *Child Development, 53*, 928–932.
Dowrick, P. W. (1983). Self-modelling. In P. W. Dowrick & S. J. Biggs (Eds.), *Using video: Psychological and social applications* (pp. 105–124). Chichester, England: Wiley.
Dweck, C. S. (1975). The role of expectations and attributions in the alleviation of learned helplessness. *Journal of Personality and Social Psychology, 31*, 674–685.
Festinger, L. (1954). A theory of social comparison processes. *Human Relations, 7*, 117–140.
Harari, O., & Covington, M. V. (1981). Reactions to achievement behavior from a teacher and student perspective: A developmental analysis. *American Educational Research Journal, 18*, 15–28.
Higgins, E. T. (1981). Role taking and social judgment: Alternative developmental perspectives and processes. In J. H. Flavell & L. Ross (Eds.), *Social cognitive development: Frontiers and possible futures* (pp. 119–153). Cambridge, England: Cambridge University Press.
Kanfer, F. H., & Gaelick, K. (1986). Self-management methods. In F. H. Kanfer & A. P. Goldstein (Eds.), *Helping people change: A textbook of methods* (3rd ed., pp. 283–345). New York: Pergamon.
Karoly, P. (1982). Perspectives on self-management and behavior change. In P. Karoly & F. H. Kanfer (Eds.), *Self-management and behavior change: From theory to practice* (pp. 3–31). New York: Pergamon.
Licht, B. G., & Kistner, J. A. (1986). Motivational problems of learning-disabled children: Individual differences and their implications for treatment. In J. K. Torgesen & B. W. L. Wong (Eds.), *Psychological and educational perspectives on learning disabilities* (pp. 225–255). Orlando: Academic Press.
Locke, E. A., & Latham, G. P. (1990) *A theory of goal setting and task performance.* Englewood Cliffs, NJ: Prentice Hall.
Mace, F. C., Belfiore, P. J., & Shea, M. C. (1989). Operant theory and research on self-regulation. In B. J. Zimmerman & D. H. Schunk (Eds.), *Self-regulated learning and academic achievement: Theory, research, and practice* (pp. 27–50). New York: Springer-Verlag.
Meichenbaum, D. (1977). *Cognitive behavior modification: An integrative approach.* New York: Plenum.
Mosatche, H. S., & Bragonier, P. (1981). An observational study of social comparison in

preschoolers. *Child Development, 52*, 376–378.

Nicholls, J. G. (1978). The development of the concepts of effort and ability, perception of academic attainment, and the understanding that difficult tasks require more ability. *Child Development, 49*, 800–814.

Paris, S. G., Cross, D. R., & Lipson, M. Y. (1984). Informed strategies for learning: A program to improve children's reading awareness and comprehension. *Journal of Educational Psychology, 76*, 1239–1252.

Paris, S. G., Lipson, M. Y., & Wixson, K. K. (1983). Becoming a strategic reader. *Contemporary Educational Psychology, 8*, 293–316.

Ruble, D. N. (1983). The development of social-comparison processes and their role in achievement-related self-socialization. In E. T. Higgins, D. N. Ruble, & W. W. Hartup (Eds.), *Social cognition and social development* (pp. 134–157). New York: Cambridge University Press.

Ruble, D. N., Boggiano, A. K., Feldman, N. S., & Loebl, J. H. (1980). Developmental analysis of the role of social comparison in self-evaluation. *Developmental Psychology, 16*, 105–115.

Ruble, D. N., & Flett, G. L. (1988). Conflicting goals in self-evaluative information seeking: Developmental and ability level analysis. *Child Development, 59*, 97–106.

Sagotsky, G., Patterson, C. J., & Lepper, M. R. (1978). Training children's self-control: A field experiment in self-monitoring and goal-setting in the classroom. *Journal of Experimental Child Psychology, 25*, 242–253.

Schunk, D. H. (1981). Modeling and attributional effects on children's achievement: A self-efficacy analysis. *Journal of Educational Psychology, 73*, 93–105.

Schunk, D. H. (1982a). Effects of effort attributional feedback on children's perceived self-efficacy and achievement. *Journal of Educational Psychology, 74*, 548–556.

Schunk, D. H. (1982b). Verbal self-regulation as a facilitator of children's achievement and self-efficacy. *Human Learning, 1*, 265–277.

Schunk, D. H. (1983a). Ability versus effort attributional feedback: Differential effects on self-efficacy and achievement. *Journal of Educational Psychology, 75*, 848–856.

Schunk, D. H. (1983b). Developing children's self-efficacy and skills: The roles of social comparative information and goal setting. *Contemporary Educational Psychology, 8*, 76–86.

Schunk, D. H. (1983c). Goal difficulty and attainment information: Effects on children's achievement behaviors. *Human Learning, 2*, 107–117.

Schunk, D. H. (1983d). Progress self-monitoring: Effects on children's self-efficacy and achievement. *Journal of Experimental Education, 51*, 89–93.

Schunk, D. H. (1983e). Reward contingencies and the development of children's skills and self-efficacy. *Journal of Educational Psychology, 75*, 511–518.

Schunk, D. H. (1984a). Enhancing self-efficacy and achievement through rewards and goals: Motivational and informational effects. *Journal of Educational Research, 78*, 29–34.

Schunk, D. H. (1984b). Sequential attributional feedback and children's achievement behaviors. *Journal of Educational Psychology, 76*, 1159–1169.

Schunk, D. H. (1985). Participation in goal setting: Effects on self-efficacy and skills of learning disabled children. *Journal of Special Education, 19*, 307–317.

Schunk, D. H. (1987). Peer models and children's behavioral change. *Review of Educational Research, 57*, 149–174.

Schunk, D. H. (1995). Self-efficacy and education and instruction. In J. E. Maddux (Ed.), *Self-efficacy, adaptation, and adjustment: Theory, research, and application* (pp. 281–303). New York: Plenum.

Schunk, D. H. (1996). Goal and self-evaluative influences during children's cognitive skill learning. *American Educational Research Journal, 33*, 359–382.

Schunk, D. H., & Cox, P. D. (1986). Strategy training and attributional feedback with learning disabled students. *Journal of Educational Psychology, 78*, 201–209.

Schunk, D. H., & Ertmer, P. A. (1999). Self-regulatory processes during computer skill acquisition: Goal and self-evaluative influences. *Journal of Educational Psychology, 91*, 251–260.
Schunk, D. H., & Hanson, A. R. (1985). Peer models: Influence on children's self-efficacy and achievement. *Journal of Educational Psychology, 77*, 313–322.
Schunk, D. H., & Hanson, A. R. (1989). Self-modeling and children's cognitive skill learning. *Journal of Educational Psychology, 81*, 155–163.
Schunk, D. H., Hanson, A. R., & Cox, P. D. (1987). Peer-model attributes and children's achievement behaviors. *Journal of Educational Psychology, 79*, 54–61.
Schunk, D. H., & Swartz, C. W. (1993a). Goals and progress feedback: Effects on self-efficacy and writing instruction. *Contemporary Educational Psychology, 18*, 337–354.
Schunk, D. H., & Swartz, C. W. (1993b). Writing strategy instruction with gifted students: Effects of goals and feedback on self-efficacy and skills. *Roeper Review, 15*, 225–230.
Schunk, D. H., & Zimmerman, B. J. (1997). Social origins of self-regulatory competence. *Educational Psychologist, 32*, 195–208.
Shepard, R. (1978). The mental image. *American Psychologist, 33*, 125–137.
Skinner, B. F. (1953). *Science and human behavior.* New York: Macmillan.
Veroff, J. (1969). Social comparison and the development of achievement motivation. In C. P. Smith (Ed.), *Achievement-related motives in children* (pp. 46–101). New York: Russell Sage Foundation.
Weiner, B. (1985). An attributional theory of achievement motivation and emotion. *Psychological Review, 92*, 548–573.
Zimmerman, B. J. (1994). Dimensions of academic self-regulation: A conceptual framework for education. In D. H. Schunk & B. J. Zimmerman (Eds.), *Self-regulation of learning and performance: Issues and educational applications* (pp. 3–21). Hillsdale, NJ: Lawrence Erlbaum Associates.
Zimmerman, B. J. (1998). Developing self-fulfilling cycles of academic regulation: An analysis of exemplary instructional models. In D. H. Schunk & B. J. Zimmerman (Eds.), *Self-regulated learning: From teaching to self-reflective practice* (pp. 1–19). New York: Guilford Press.
Zimmerman, B. J. (2000). Attaining self-regulation: A social cognitive perspective. In M. Boekaerts, P. R. Pintrich, & M. Zeidner (Eds.), *Handbook of self-regulation* (pp. 13–39). San Diego, CA: Academic Press.
Zimmerman, B. J., & Bonner, S. (in press). A social cognitive view of strategic learning. In C. E. Weinstein & B. L. McCombs (Eds.), *Skill, will, and self-regulation.* Mahwah, NJ: Lawrence Erlbaum Associates.
Zimmerman, B. J., Bonner, S., & Kovach, R. (1996). *Developing self-regulated learners: Beyond achievement to self-efficacy.* Washington, DC: American Psychological Association.
Zimmerman, B. J., & Ringle, J. (1981). Effects of model persistence and statements of confidence on children's self-efficacy and problem solving. *Journal of Educational Psychology, 73*, 485–493.

第5章

Anderson, J. R. (1983). *The architecture of cognition.* Cambridge, MA: Harvard University Press.
Anderson, J. R. (1991). The adaptive nature of human categorization. *Psychological Review, 98*, 409–429.
Bandura, A. (1997). *Self-efficacy: The exercise of control.* New York: W. H. Freeman.
Baron, J. (1994). *Thinking and deciding.* Cambridge, UK: Cambridge University Press.
Biemiller, A., Shany, M., Inglis, A., & Meichenbaum, D. (1998). Factors influencing children's

acquisition and demonstration of self-regulation on academic tasks. In D. H. Schunk & B. J. Zimmerman (Eds.), *Self-regulated learning: From teaching to self-reflective practice* (pp. 203–224). New York: Guilford.

Borkowski, J. G., & Burke, J. E. (1996). Theories, models, and measurements of executive functioning. In G. R. Lyon & N. A Krasnegor (Eds.), *Attention, memory, and executive function* (pp. 235–261). Baltimore: Paul H. Brookes.

Butler, D. L., & Winne, P. H. (1995). Feedback and self-regulated learning: A theoretical synthesis. *Review of Educational Research, 65*, 245–281.

Byrnes, J. P. (1998). *The nature and development of decision making: A self-regulation model.* Mahwah, NJ: Lawrence Erlbaum Associates.

Carver, C. S., & Scheier, M. F. (1998). *On the self-regulation of behavior.* New York: Cambridge University Press.

Clark, J. M., & Paivio, A. (1991). Dual coding theory and education. *Educational Psychology Review, 3*, 149–210.

Cooper, G., & Sweller, J. (1987). Effects of schema acquisition and rule automation on mathematical problem-solving transfer. *Journal of Educational Psychology, 79*, 347–362.

Covington, M. V. (1992). *Making the grade: A self-worth perspective on motivation and school reform.* Cambridge, UK: Cambridge University Press.

Craik, F. I. M., & Lockhart, R. S. (1972). Levels of processing: A framework for memory research. *Journal of Verbal Learning and Verbal Behavior, 11*, 671–684.

De La Paz, S., Swanson, P. N., & Graham, S. (1998). The contribution of executive control to the revising by students with writing and learning difficulties. *Journal of Educational Psychology, 90*, 448–460.

Ericsson, K. A., Krampe, R. Th., & Tesch-Römer, C. (1993). The role of deliberate practice in the acquisition of expert performance. *Psychological Review, 100*, 363–406.

Garcia, T., & Pintrich, P. R. (1994). Regulating motivation and cognition in the classroom: The role of self-schemas and self-regulatory strategies. In D. H. Schunk & B. J. Zimmerman (Eds.), *Self-regulation of learning and performance: Issues and educational applications* (pp. 127–153). Hillsdale, NJ: Lawrence Erlbaum Associates.

Garner, R. (1990). When children and adults do not use learning strategies: Toward a theory of settings. *Review of Educational Research, 60*, 517–529.

Kanfer, R., & Ackerman, P. L. (1989). Motivation and cognitive abilities: An integrative/aptitude-treatment approach to skill acquisition [Monograph]. *Journal of Applied Psychology, 74*, 657–690.

Klayman, J. (1985). Children's decision strategies and their adaptation to task characteristics. *Organizational Behavior and Human Decision Processes, 35*, 179–201.

Locke, J. (1690/1853). *An essay concerning human understanding.* London: W. Tegg.

McKoon, G., & Ratcliff, R. (1992). Inference during reading. *Psychological Review, 99*, 440–466.

Miller, G. A., Galanter, E., & Pribram, K. H. (1960). *Plans and the structure of behavior.* New York: Holt, Rinehart & Winston.

Morgan, M. (1985). Self-monitoring of attained subgoals in private study. *Journal of Educational Psychology, 77*, 623–630.

Pintrich, P. R., Marx, R. W., & Boyle, R. A. (1993). Beyond cold conceptual change: The role of motivational beliefs and classroom contextual factors in the process of conceptual change. *Review of Educational Research, 63*, 167–199.

Pintrich, P. R., & Schunk, D. H. (1996). *Motivation in education: Theory, research, and applications.* Englewood Cliffs, NJ: Prentice-Hall.

Powers, W. T. (1973). *Behavior: The control of perception.* Chicago: Aldine.

Pressley, M., Van Etten, S., Yokoi, L., Freebern, G., & Van Meter, P. (1998). The metacognition of college studentship: A grounded theory approach. In D. J. Hacker, J. Dunlosky, & A. C.

Graesser (Eds.). *Metacognition in educational theory and practice* (pp. 347–366). Hillsdale, NJ: Lawrence Erlbaum Associates.

Rabinowitz, M., Freeman, K., & Cohen, S. (1993). Use and maintenance of strategies: The influence of accessibility to knowledge. *Journal of Educational Psychology, 84,* 211–218.

Rumelhart, D. E., & Norman, D. A. (1978). Accretion, tuning, and restructuring: Three modes of learning. In J. W. Cotton & R. Klatzky (Eds.), *Semantic factors in cognition* (pp. 37–53). Hillsdale, NJ: Lawrence Erlbaum Associates.

Schmeck, R. R. (1988). Individual differences and learning strategies. In C. E. Weinstein, E. T. Goetz, & P. A. Alexander (Eds.), *Learning and study strategies. Issues in assessment, instruction, and evaluation* (pp. 171–191). San Diego, CA: Academic Press.

Schommer, M. (1994). Synthesizing epistemological belief research: Tentative understandings and provocative conclusions. *Educational Psychology Review, 6,* 293–319.

Shannon, C. E., & Weaver, W. (1949). *The mathematical theory of communication.* Urbana, IL: University of Illinois Press.

Simon, H. A. (1953). *Models of man.* New York: Wiley.

Slovic, P. (1990). Choice. In D. N. Osherson & E. E. Smith (Eds.), *An invitation to cognitive science: Vol. 3. Thinking.* (pp. 89–116). Cambridge, MA: MIT Press.

Stanovich, K. E. (1999). *Who is rational? Studies of individual differences in reasoning.* Mahwah, NJ: Lawrence Erlbaum Associates.

Sweller, J., van Merrienboer, J. J. G., & Paas, F. G. W. C. (1998). Cognitive architecture and instructional design. *Educational Psychology Review, 10,* 251–296.

Winne, P. H. (1985). Steps toward promoting cognitive achievements. *Elementary School Journal, 85,* 673–693.

Winne, P. H. (1995). Inherent details in self-regulated learning. *Educational Psychologist, 30,* 173–187.

Winne, P. H. (1996). A metacognitive view of individual differences in self-regulated learning. *Learning and Individual Differences, 8,* 327–353.

Winne, P. H. (1997). Experimenting to bootstrap self-regulated learning. *Journal of Educational Psychology, 89,* 397–410.

Winne, P. H. (1999, June). *Children's decision making skills and the development of self-regulated learning.* Paper presented at the meeting of the Canadian Association for Educational Psychology, Sherbrooke, Québec.

Winne, P. H., & Field, D. (2000). *STUDY: An environment for authoring and presenting adaptive learning tutorials* (version 3.5) [computer program]. Simon Fraser University, Burnaby, BC.

Winne, P. H., & Hadwin, A. F. (1998a). Studying as self-regulated learning. In D. J. Hacker, J. Dunlosky, & A. C. Graesser (Eds.). *Metacognition in educational theory and practice* (pp. 277–304). Hillsdale, NJ: Lawrence Erlbaum Associates.

Winne, P. H., & Hadwin, A. F. (1998b, August). *Using CoNoteS2 to study and support self-regulated learning.* San Francisco, CA: International Association of Applied Psychology.

Winne, P. H., Hadwin, A. F., McNamara, J. K., & Chu, S. T. L. (1998, April). An exploratory study of self-regulating learning when students study using CoNoteS2. In S. Tobias (Chair), *Metacognition: Assessment and training.* San Diego, CA: American Educational Research Association.

Winne, P. H., & Marx, R. W. (1977). Reconceptualizing research on teaching. *Journal of Educational Psychology, 69,* 668–678.

Winne, P. H., & Marx, R. W. (1982). Students' and teachers' views of thinking processes for classroom learning. *Elementary School Journal, 82,* 493–518.

Winne, P. H., & Marx, R. W. (1989). A cognitive processing analysis of motivation within classroom tasks. In C. Ames & R. Ames (Eds.), *Research on motivation in education* (Vol. 3, pp. 223–257). Orlando, FL: Academic Press.

Winne, P. H., & Perry, N. E. (1999). Measuring self-regulated learning. In M. Boekaerts, P. Pintrich, & M. Zeidner (Eds.), *Handbook of self-regulation* (pp. 531–566). Orlando, FL: Academic Press.

Wood, E., Motz, M., & Willoughby, T. (1998). Examining students' retrospective memories of strategy development. *Journal of Educational Psychology, 90,* 698–704.

Zajonc, R. B. (1980). Feeling and thinking: Preferences need no inferences. *American Psychologist, 35,* 151–175.

Zimmerman, B. J., & Kitsantas, A. (1997). Developmental phases in self-regulation: Shifting from process to outcome goals. *Journal of Educational Psychology, 89,* 29–36.

Zimmerman, B. J., & Kitsantas, A. (1999). Acquiring writing revision skill: shifting from process to outcome self-regulatory goals. *Journal of Educational Psychology, 91,* 241–250.

Zimmerman, B. J., & Martinez-Pons, M. (1988). Construct validation of a strategy model of student self-regulated learning. *Journal of Educational Psychology, 80,* 284–290.

第6章

Ach, N. (1910). *Uber den willensakt und das temperament.* [On the will and temperament]. Leipzig, Germany: Quelle & Meyer.

Ames, C., & Ames, R. (Eds.) (1984). *Student motivation.* New York: Academic Press.

Bandura, A. (1974). Behavior theory and the models of man. *American Psychologist, 29*(12), 859–869.

Bandura, A. (1977). Self-efficacy: Toward a unifying theory of behavioral change. *Psychological Review, 84,* 191–215.

Bandura, A. (1986). *Social foundations of thought and action: A social cognitive theory.* Englewood Cliffs, NJ: Prentice-Hall.

Bandura, A. (1993). Perceived self-efficacy in cognitive development and functioning. *Educational Psychologist, 28,* 117–148.

Beckmann, J., & Kuhl, J. (1984). Altering information to gain action control: Functional aspects of human information-processing in decision-making. *Journal of Research in Personality, 18,* 224–237.

Bembenutty, H., & Karabenick, S. A. (1998). Academic delay of gratification. *Learning and Individual Differences, 10,* 329–346.

Berliner, D. C. (1979). Tempus educare. In P. L. Peterson & H. J. Walberg (Eds.), *Research on teaching* (pp. 120–135). Berkeley, CA: McCutcheon.

Blumenfeld, P. C., & Meece, J. L. (1988). Task factors, teacher behavior, and student involvement and use of learning strategies in science. *The Elementary School Journal, 88,* 235–250.

Boekaerts, M., Pintrich, P., & Zeidner, M. (Eds.). (2000). *Handbook of self-regulation.* San Diego: Academic Press.

Brophy, J. (1998). *Motivating students to learn.* Boston: McGraw-Hill.

Bullock, M., & Lutkenhaus, P. (1988). The development of volitional behavior in the toddler years. *Child Development, 59,* 664–674.

Butler, D. L. (1996). Promoting strategic content learning by adolescents with learning disabilities. *Exceptionality Education Canada, 6,* 131–157.

Collins, A., Brown, J. S., & Newman, S. E. (1989). Cognitive apprenticeship: Teaching the crafts of reading, writing, and mathematics. In L. B. Resnick (Ed.), *Knowing, learning, and instruction: Essays in honor of Robert Glaser* (pp. 453–494). Hillsdale, NJ: Lawrence Erlbaum Associates.

Como, L. (Ed) (2000). Conceptions of volition: studies of practice [Special double issue].

international journal of Educational Research, 33(7, 8).
Corno, L. (1986). The metacognitive control components of self-regulated learning. *Contemporary Educational Psychology, 11*, 333–346.
Corno, L. (1987). Teaching and self-regulated learning. In D. C. Berliner & B. V. Rosenshine (Eds.), *Talks to teacher* (pp. 249–266). New York: Random House.
Corno, L. (1994). Student volition and education: Outcomes, influences, and practices. In D. H. Schunk & B. J. Zimmerman (Eds.), *Self-regulation of learning and Performance: Issues and educational applications* (pp. 229–251). Hillsdale, NJ: Lawrence Erlbaum Associates.
Corno, L., & Kanfer, R. (1993). The role of volition in learning and performance. In L. Darling-Hammond (Ed.), *Review of research in education* (pp. 301–341). Washington, DC: American Educational Research Association.
Corno, L., & Mandinach, E. B. (1983). The role of cognitive engagement in classroom learning and motivation. *Educational Psychologist, 18*, 88–108.
Corno, L., & Randi, J. (1999). A design theory for classroom instruction in self-regulated learning? In C. M. Reigeluth (Ed.), *Instructional-design theory and models: A new paradigm of instructional theory, Vol. II* (pp. 293–317). Mahwah, NJ: Lawrence Erlbaum Associates.
Csikszentmihalyi, M. (1975). *Beyond boredom and anxiety*. San Francisco: Jossey-Bass.
CTB/McGraw-Hill. (1977). *The California Achievement Test*. New York: Author.
Dansereau, D. F. (1985). Learning strategy research. In J. W. Segal, S. F. Chipman, & R. Glaser (Eds.), *Thinking and learning skills* (Vol. 1, pp. 209–240). Hillsdale, NJ: Lawrence Erlbaum Associates.
Deci, E. L., & Ryan, R. M. (1985). *Intrinsic motivation and self-determination in human behavior*. NY: Plenum.
Dewey, J. (1974). *On education: Selected writing*. Chicago: University of Chicago Press.
DeWitte, S., & Lens, W. (2000). Exploring volitional problems in academic procrastinators. *International Journal of Educational Research, 33(8)*.
Doyle, W. (1983). Academic work. *Review of Educational Research, 53*, 159–199.
Dyson, A. H. (1987). The value of "time off task": Young children's spontaneous talk and deliberate text. *Harvard Educational Review, 57*, 396–421.
Harter, S. (1979). *Perceived competence scale for children*. Denver, CO: University of Denver Seminary.
Hilgard, E. R. (1980). The trilogy of mind: Cognition, affection and conation. *Journal of the History of the Behavioral Sciences, 16*, 106–117.
Jan Simons, P. R., & Beukhof, G. (Eds.). (1987). *Regulation of learning*. Den Haag, The Netherlands: Instituut voor Onderzoek van het Onderwijs.
Johnston, P. H. (1985). Understanding reading disability. *Harvard Educational Review, 55*, 153–177.
Kuhl, J. (1981). Motivational and functional helplessness: The moderating effect of state versus action orientation. *Journal of Personality and Social Psychology, 40(1)*, 155-170.
Kuhl, J. (1984). Volitional aspects of achievement motivation and learned helplessness: Toward a comprehensive theory of action-control. In B. A. Maher (Ed.), *Progress in experimental personality research* (Vol. 13, pp. 99–171). New York: Academic Press.
Kuhl, J. (1985). Volitional mediators of cognition-behavior consistency: Self-regulatory processes and action versus state orientation. In J. Kuhl & J. Beckmann (Eds.), *Action control: From cognition to behavior* (pp. 101–128). West Berlin: Springer-Verlag.
Kuhl, J. (1996). Who controls whom when "I control myself"? *Psychological Inquiry, 7*, 61–68.
Kuhl, J. (2000). A functional-design approach to motivation and self-regulation: The dynamics of personality systems interactions. In M. Boekaerts, P. R. Pintrich, & M. Zeidner (Eds.), *Handbook of Self-regulation* (pp. 111–169) San Diego: Academic Press.
Kuhl, J. (2000). The volitional basis of personality systems interaction theory: Applications in learning and treatment contexts. *International Journal of Educational Research, 33(7)*.

Kuhl, J., & Beckmann, J. (Eds.). (1985). *Action control: From cognition to behavior*. West Berlin: Springer-Verlag.

Kuhl, J., & Kraska, K. (1989). Self-regulation and metamotivation: Computational mechanisms, development, and assessment. In R. Kanfer, P. L. Ackerman, & R. Cudeck (Eds.), *Abilities, motivation, and methodology: The Minnesota Symposium on individual differences* (pp. 343–368). Hillsdale, NJ: Lawrence Erlbaum Associates.

Kuhn, D., & Ho, V. (1980). Self-directed activity and cognitive development. *Journal of Applied Developmental Psychology, 1*, 119–133.

Leinhardt, G., & Putnam, R. T. (1987). The skill of learning from classroom lessons. *American Educational Research Journal, 24*, 557–588.

Lepper, M. R., & Malone, T. W. (1987). Intrinsic motivation and instructional effectiveness in computer-based education. In R. E. Snow & M. J. Farr (Eds.), *Aptitude, learning, and instruction* (Vol. 3, pp. 223–254). Hillsdale, NJ: Lawrence Erlbaum Associates.

McCaslin, M. M., & Good, T. (1996). The informal curriculum. In D. Berliner & R. C. Calfee (Eds.), *Handbook of educational psychology* (pp. 622–670). New York: Macmillan.

McCann, Erin J. (1999). *The assessment and importance of volitional control in academic performance.* Unpublished doctoral dissertation, University of Texas at Austin.

Mandinach, E. B. (1987). Clarifying the "A" in CAI for learners of different abilities. *Journal of Educational Computing Research, 3*, 113–128.

Mandinach, E. B., & Linn, M. C. (1986). The cognitive effects of computer learning environments. *Journal of Educational Computing Research, 2*, 411–427.

Mandinach, E. B., & Linn, M. C. (1987). Cognitive consequences of programming: Achievements of experienced and talented programmers. *Journal of Educational Computing Research, 3*, 53–72.

McKeachie, W. J., Pintrich, P. R., & Lin, Y. (1985). Teaching learning strategies. *Educational Psychologist, 20*, 153–161.

Meichenbaum, D. (1977). *Cognitive behavior modification.* New York: Plenum.

Mischel, W., & Shoda, Y. (1998). Reconciling processing dynamics and personality dispositions. *Annual Review of Psychology, 49*, 229–258.

Noddings, N. (1984). *Caring: A feminine approach to ethics and moral education.* Berkeley: University of California Press.

Panagiotopolous, J. (1986). *Cognitive engagement variations among students and classroom tasks.* Unpublished doctoral dissertation, Teachers College, Columbia University, New York.

Pintrich, P. R., & Schunk, D. H. (1996). *Motivation in education: Theory, research, and applications.* Englewood Cliffs, NJ: Prentice-Hall.

Pressley, M., Woloshyn, V., Burkell, J., Cariglia-Bull, T., Lysynchuk, L., McGoldrick, J. A., Schneider, B., Snyder, B. L., & Symons, S. (1995). *Cognitive strategy: Instruction that really improves children's academic performance* (2nd ed.). Cambridge, MA: Brookline Books.

Randi, J., & Corno, L. (1999). Teacher innovations in self-regulated learning. In M. Boekaerts, P. Pintrich, & M. Zeidner (Eds.), *Handbook of self-regulation* (pp. 651–685). New York: Academic Press.

Raven, J. C. (1958). *Standard progressive matrices.* New York: Psychological Corporation.

Rohrkemper, M. M. (1986). The functions of inner speech in elementary school students' problem-solving behavior. *American Educational Research Journal, 23*, 303–315.

Rohrkemper, M., & Corno, L. (1988). Success and failure on classroom tasks: Adaptive learning and classroom teaching. *The Elementary School Journal, 88*, 297–313.

Scardamalia, M., & Bereiter, C. (1983). The development of evaluative, diagnostic, and remedial capabilities in children's composing. In M. Martten (Ed.), *The psychology of written language: A developmental approach* (pp. 67–95). London: John Wiley.

Scardamalia, M., & Bereiter, C. (1985). Fostering the development of self-regulation in children's knowledge processing. In S. F. Chipman, J. W. Segal, & R. Glaser (Eds.), *Thinking and learning skills: Current research and open questions* (Vol. 2, pp. 563–577). Hillsdale, NJ: Lawrence Erlbaum Associates.

Scardamalia, M., & Bereiter, C. (1993). Technologies for knowledge-building discourse. *Communications of the ACM, 36*(5), 37–41.

Schoenfeld, A. H. (1985). *Mathematical problem solving.* New York: Academic Press.

Shapiro, L. J. (1988). *Effects of written metacognitive and cognitive strategy instruction on the elementary algebra achievement of college students in a remedial mathematics course.* Unpublished doctoral dissertation, Teachers College, Columbia University, New York.

Slavin, R. (1983). *Cooperative learning.* New York: Longman.

Snow, R. E. (1986, April). *Cognitive-instructional-differential psychology in Western Europe.* Invited address to the Annual Meeting of the American Educational Research Association, New Orleans, LA.

Snow, R. E., Corno, L., & Jackson, D. N. III (1996). Individual differences in affective and conative functions. In D. C. Berliner & R. C. Calfee (Eds.), *Handbook of educational psychology* (pp. 243–310). New York: Macmillan.

Snow, R. E., & Farr, M. J. (Eds.). (1987). *Aptitude, learning, and instruction* (Vol. 3). Hillsdale, NJ: Lawrence Erlbaum Associates.

Stanford Aptitude Seminar (2002). *Remaking the concept of aptitude: Extending the legacy of Richard E. Snow.* Mahwah, NJ: Lawrence Erlbaum Associates.

Thomas, J. W., Strage, A., & Curley, R. (1988). Improving students' self-directed learning: Issues and guidelines. *The Elementary School Journal, 88,* 313–327.

Trawick, L. (1990). *Effects of a cognitive-behavioral intervention on the motivation, volition, and achievement of academically underprepared college students.* Unpublished doctoral dissertation. Teachers College, Columbia University, New York.

Turner, J. C., Cox, K. E., DiCintio, M., Meyer, D. K., Logan, C., & Thomas, C. T. (1998). Creating contexts for involvement in mathematics. *Journal of Educational Psychology, 90,* 730–745.

Vygotsky, L. S. (1962). *Thought and language.* Cambridge, MA: MIT Press.

Waters, H. S., & Andreassen, C. (1983). Children's use of memory strategies under instruction. In M. Pressley & J. R. Levin (Eds.), *Cognitive strategy instruction: Psychological foundations* (pp. 3–24). New York: Springer-Verlag.

Webb, N. M. (1983). Predicting learning from student interaction: Defining the interacting variables. *Educational Psychologist, 18,* 33–42.

Webb, N. M. (1992). Testing a theoretical model of student interaction and learning in small groups. In R. Hertz-Lazarowitz & N. Miller (Eds.), *Interaction in cooperative groups* (pp. 102–119). Cambridge, England: Cambridge University Press.

Weinstein, C. F., & Mayer, R. F. (1986). The teaching of learning strategies. In M. C. Wittrock (Ed.), *Handbook of research on teaching* (3rd ed., pp. 315–327). New York: Macmillan.

Wentzel, K. R. (1991). Relations between social competence and academic achievement in early adolescence. *Child Development, 62,* 1066–1078.

Wertsch, J. (1979). From social interaction to higher psychological processes: A classification and application of Vygotsky's theory. *Human Development, 22,* 1–22.

Winne, P. H. (1995). Inherent details in self-regulated learning. *Educational Psychologist, 30,* 173–187.

Wolters, C. A. (1998). Self-regulated learning and college students' regulation of motivation. *Journal of Educational Psychology, 90,* 224–235.

Xu, J. (1994). *Doing homework: A study of possibilities.* Unpublished doctoral dissertation. Teachers College, Columbia University, New York.

Xu, J., & Corno, L. (1998). Case studies of families doing third grade homework. *Teachers College Record, 100,* 402–436.

Zimmerman, B. J., & Pons, M. M. (1986). Development of a structured interview for assessing student use of self-regulated learning strategies. *American Educational Research Journal, 23,*

614–629.

第 7 章

Ames, C. (1992). Classrooms: Goals, structures, and student motivation. *Journal of Educational Psychology, 84*, 261–271.

Bandura, A. (1978). The self system in reciprocal determinism. *American Psychologist, 33*, 344–358.

Bandura, A. (1997). *Self-efficacy: The exercise of control.* New York: W. H. Freeman & Co.

Baumrind, D. (1987). A developmental perspective on adolescent risk taking in contemporary America. In C. Irwin Jr., (Ed.), *Adolescent social behavior and health,* (pp. 93–126). San Francisco: Jossey-Bass.

Berliner, D., & Biddle, B. (1995). *The manufactured crisis: Myths, fraud, and the attack on America's public schools.* New York: Addison-Wesley.

Bershon, B. L. (1987). *Elementary school students' reported inner speech during a cooperative problem-solving task.* Unpublished doctoral dissertation, University of Maryland-College Park.

Bozhovich, L. I., & Slavina, L. S. (1968). Fifty years of Soviet psychology of childrearing. *Soviet Psychology, 7*(1), 3–22.

Brantlinger, E. A. (1993). *The politics of social class in secondary school: Views of affluent and impoverished youth.* Teachers College Press: NY.

Bronfenbrenner, U. (1962). Soviet methods of character education: Some implications for research. *American Psychologist, 17*, 550–564.

Bruner, J. S. (1965). The growth of the mind. *American Psychologist, 20*, 1007–1017.

Bruner, J. S. (1972). Nature and uses of immaturity. *American Psychologist, 27*, 687–708.

Bruner, J. S. (1984). Vygotsky's zone of proximal development: The hidden agenda. *New Directions for Child Development, 23*, 93–97.

Bryk, A. (1999, October). *Issues in school reform.* Pittsburgh, PA: National Academy of Education Annual Meeting.

Corno, L. (1993). The best-laid plans: Modern conceptions of volition and educational research. *Educational Researcher, 22*, 14–22.

Corno, L., & Mandinach, E. (1983). Student interpretive processes in classroom motivation. *Educational Psychologist, 18*, 88–108.

Corno, L., & Rohrkemper, M. (1985). The intrinsic motivation to learn in classrooms. In C. Ames & R. Ames (Eds.), *Research on motivation in education: The classroom milieu* (pp. 53–90). Orlando, FL: Academic Press.

Davydov, V. V., & Radzikhovskii, L. A.(1985). Vygotsky's theory and the activity-oriented approach in psychology. In J. Wertsch (Ed.), *Culture, communication, and cognition: Vygotskian perspectives* (pp. 66–93). New York: Cambridge University Press.

Dodge, K. A., Asher, F. R., & Parkhurst, J. T. (1989). Social life as a goal-coordination task. In C. Ames & R. Ames (Eds.), *Research on motivation in education: Vol. 3. Goals and cognition* (pp. 107–135). New York: Academic Press.

Engels, F. (1890). Socialism: Utopian and scientific. Reprinted from the authorized English edition of 1892, in R. C. Tucker (Ed.), (1972). *The Marx-Engels reader* (pp. 605–639). New York: Norton.

Erikson, E. (1968). *Identity: Youth and crisis.* New York: Norton.

Fields, R. D. (1990). *Classroom tasks, children's control perceptions, and their relation to inner speech.* Unpublished doctoral dissertation, Bryn Mawr College, Bryn Mawr, PA.

Good, T., & Braden, J. (2000). *The great school debate: choice, vouchers, and charters.* Mahwah, NJ: Lawrence Erlbaum Associates.

Goodenow, C., & Grady, K. (1992). The relationship of school belonging and friends' values to academic motivation among urban adolescents. *Journal of Experimental Education, 62*, 60–71.

Graham S., & Weiner, B. (1996). Theories and principles of motivation. In D. Berliner & R. Calfee (Eds)., *Handbook of Educational Psychology* (pp. 63–84). New York: Macmillan.

Gray, J. (1966). Attention, consciousness, and voluntary control of behavior in Soviet psychology. In N. O'Connor (Ed.), *Present-day Russian psychology* (pp. 1–38). London: Pergamon.

Hegel, G. W. F. (1949). *The phenomenology of the mind*. London: G. Allen & Unwin. (Original work published 1807).

Joyce, J. (1976). *James Joyce: A portrait of the artist as a young man*. New York: Penguin. (Original work published 1916).

Kozulin, A. (1986). The concept of activity in Soviet psychology: Vygotsky, his disciples, and critics. *American Psychologist, 41*, 264–274.

Krampen, G. (1987). Differential effects of teacher comments. *Journal of Educational Psychology, 79*, 137–146.

Lave, J. (1988). *Cognition in practice*. Cambridge: Cambridge University Press.

Leontiev, A. N. (1974–1975, Winter). The problem of activity in Soviet psychology. *Soviet Psychology*, 4–33.

Leontiev, A. N. (1978). *Activity, consciousness, and personality*. Englewood Cliffs, NJ: Prentice Hall.

Leontiev, A. N., & Luria, A. R. (1968). The psychological ideas of L. S. Vygotsky. In B. B. Wolman (Ed.), *Historical roots of contemporary psychology* (pp. 338–367). New York: Harper & Row.

Luria, A. R. (1969). Speech development and the formation of mental processes. In M. Cole & L. Maltzman (Eds.), *A handbook of contemporary Soviet psychology* (pp. 121–162). New York: Basic Books.

Luria, A. R. (1979). *The making of mind: A personal account of Soviet psychology* (M. Cole & S. Cole, Eds.). Cambridge, MA: Harvard University Press.

Marx, K. (1844). Critique of the Hegelian dialectic and philosophy as a whole. In R. C. Tucker (Ed.), (1972) *The Marx-Engels reader* (pp. 7–10). New York: Norton.

Marx, K. (1867). *Capital*. Selections from Volume I from the English text of 1887 as edited by Engels, in R. C. Tucker (Ed.) (1972). *The Marx-Engels reader* (pp. 191–327). New York: Norton.

Marx, K., & Engels, F. (1888). Theses on Feuerbach. Reprinted from the version edited by Engels and included with F. Engels & L. Feuerbach, in R. C. Tucker (Ed.) (1972). *The Marx-Engels reader* (pp. 107–109). New York: Norton.

McCaslin, M. (1989). Whole language: Theory, instruction, and future implementation. *Elementary School Journal, 90*(2), 223–230.

McCaslin, M. (1996). The problem of problem representation: The summit's conception of student. *Educational Researcher, 25*, 13–15.

McCaslin, M., & Rohrkemper, M.(1989). Self-regulated learning and academic achievement: A Vygotskian view. In B. Zimmerman & D. Schunk (Eds.), *Self-regulated learning and academic achievement: Theory, research, and practice* (pp. 143–168). New York: Springer.

McCaslin, M., & DiMarino-Linnen, E. (2000). Motivation and learning in school: Societal contexts, psychological constructs, and educational practices. In T. Good (Ed.), *Schooling in America: Yesterday, today, and tomorrow, 100th Yearbook of the National Society for the Study of Education* (pp. 84–151). Chicago: University of Chicago Press.

McCaslin, M., & Good, T. (1996a). *Listening in classrooms*. New York: HarperCollins.

McCaslin, M., & Good, T. (1996b). The informal curriculum. In D. Berliner & R. Calfee (Eds.), *Handbook of Educational Psychology* (pp. 622–673). New York: Macmillan.

McCaslin, M., & Infanti, H. (1998). The generativity crisis and the "scold war": What about those parents? *Teachers College Record, 100*, 275–296.

McCaslin, M., & Murdock, T. B. (1991). The emergent interaction of home and school in the development of students' adaptive learning. In M. L. Maehr & P. R. Pintrich (Eds.), *Advances*

in motivation and achievement (pp. 213–259). Greenwich, CT: JAI Press.
Miller, G. A., Galanter, E., & Pribram, K. H. (1960). *Plans and the structure of behavior*. New York: Holt.
Mischel, W. (1977). On the future of personality measurement. *American Psychologist, 32*, 246–254.
National Council of Teachers of Mathematics. (1991). *Professional standards for teaching mathematics*. Reston, VA: Author.
Nuthall, G. (1997). Understanding student thinking and learning in the classroom. In B. Biddle, T. Good, & I. Goodson (Eds.), *International handbook of teachers and teaching* (Vol. I, pp. 681–768). Dordrecht, the Netherlands: Kluwer.
Palincsar, A., & Brown, A. (1984). Reciprocal teaching of comprehension fostering and monitoring activities. *Cognition and Instruction, 1*, 117–175.
Paris, S. (1988, April). *Fusing skill with will: The integration of cognitive and motivational psychology*. Address presented at the annual meeting of the American Educational Research Association, New Orleans.
Pavlov, I. (1927). *Conditional reflexes*. London: Oxford University Press.
Penuel, W., & Wertsch, J. (1995). Vygotsky and identity formation: A sociocultural approach. *Educational Psychologist, 30*, 83–92.
Piaget, J. (1983). Piaget's theory. In P. Mussen (Ed.), *Handbook of child psychology* (4th ed., Vol. 1). New York: Wiley.
Rogoff, B. (1990). *Apprenticeship in thinking. Cognitive development in social context*. New York: Oxford University Press.
Rohrkemper, M. (1984). The influence of teacher socialization style on students' social cognition and reported interpersonal classroom behavior. *Elementary School Journal, 85*, 245–275.
Rohrkemper, M. (1985). Individual differences in students' perceptions of routine classroom events. *Journal of Educational Psychology, 77*, 29–44.
Rohrkemper, M. (1986). The functions of inner speech in elementary students' problem solving behavior. *American Educational Research Journal, 23*, 303–313.
Rohrkemper, M., & Bershon, B. (1984). The quality of student task engagement: Elementary school students' reports of the causes and effects of problem difficulty. *Elementary School Journal, 85*, 127–147.
Rohrkemper, M., & Corno, L. (1988). Success and failure on classroom tasks: Adaptive learning and classroom teaching. *Elementary School Journal, 88*, 299–312.
Rohrkemper, M., Slavin, R., & McCauley, K. (1983, April). *Investigating students' perceptions of cognitive strategies as learning tools*. Paper presented at the annual meeting of the American Educational Research Association, Montreal.
Schunk, D. (1981). Modeling and attributional effects on children's achievement: A self-efficacy analysis. *Journal of Educational Psychology, 73*, 93–105.
Segal-Andrews, A. M. (1991). *Intrapersonal functioning and interpersonal context: A proposed model of interaction from a Vygotskian perspective*. Unpublished doctoral dissertation, Bryn Mawr College, Bryn Mawr, PA.
Segal-Andrews, A. M. (1994). Understanding student behavior in one fifth-grade classroom as contextually defined. *Elementary School Journal, 95*, 183–197.
Slobin, D. (1966). Soviet psycholinguistics. In N. O'Connor (Ed.), *Present-day Russian psychology* (pp. 109–151). London: Pergamon.
Stevenson, H. (1970). Learning in children. In P. Mussen (Ed.), *Carmichael's manual of child psychology* (3rd ed., Vol. 1, pp. 849–938). New York: Wiley.
Strong, E. K. (1958). Satisfactions and interests. *American Psychologist, 13*, 449–456.
Vygotsky, L. S. (1962). *Thought and language*. Cambridge, MA: MIT Press.
Vygotsky, L. S. (1978). *Mind in society: The development of higher psychological processes*. Cambridge,

MA: Harvard University Press.
Weiner, B. (1986). *An attributional theory of motivation and emotion.* New York: Springer-Verlag.
Wertsch, J. (Ed.). (1985). *Culture, communication, and cognition: Vygotskian perspectives.* New York: Cambridge University Press.
Wertsch, J., & Stone, C. (1985). The concept of internalization in Vygotsky's account of the genesis of higher mental functions. In J. Wertsch (Ed.), *Culture, communication, and cognition: Vygotskian perspectives.* New York: Cambridge University Press.
Yowell, C. & Smylie, M. (1999). Self-regulation in democratic communities. *The Elementary School Journal, 99,* 469–490.
Zimmerman, B. J., & Schunk, D. H. (Eds.) (1989). *Self-regulated learning and academic achievement: Theory, research and practice, Progress in cognitive development research.* New York: Springer-Verlag.
Zinchenko, V. P. (1985). Vygotsky's ideas about units for the analysis of mind. In J. Wertsch (Ed.), *Culture, communication, and cognition: Vygotskian perspectives.* New York: Cambridge University Press.
Zivin, G. (Ed.). (1979). *The development of self-regulation through private speech.* New York: Wiley.
Zuckerman, G. (1994). A pilot study of a 10-day course in cooperative learning for beginning Russian first graders. *Elementary School Journal, 94,* 405–420.

第 8 章

Abramsom, L. V., Seligman, M. P., & Teasdale, J. D. (1978). Learned helplessness in humans: Critique and reformulation. *Journal of Abnormal Psychology, 87,* 49–74.
Ames, C. (1992). Classroom: Goals, structures, and student motivation. *Journal of Educational Psychology, 84,* 261–271.
Anderson, J. R. (1990). *The adaptive character of thought.* Hillsdale, NJ: Lawrence Erlbaum Associates.
Anderson, J. R., Reder, L. M., & Simon, H. A. (1996). Situated learning and education. *Educational Researcher, 25*(4), 5–11.
Bandura, A. (1997). *Self-efficacy: The exercise of control.* New York: W.H. Freeman.
Blumenfeld, P. C. (1992). Classroom learning and motivation: Clarifying and expanding goal theory. *Journal of Educational Psychology, 84*(3), 272–281.
Blumenfeld, P. C., Hamilton, V. L., Bossert, S. T., Wessels, K., & Meece, J. (1983). Teacher talk and student thought: Socialization into the student role. In J. M. Levine & M. C. Wang (Eds.), *Teacher and student perceptions: Implications for learning* (pp. 143–192). Hillsdale, NJ: Lawrence Erlbaum Associates.
Boekaerts, M. (1998). Do culturally-rooted self-construals affect students' conceptualizations of control over learning? *Educational Psychologist, 33*(2/3), 87–108.
Bondy, E. (1990). Seeing it their way: What children's definitions of reading tell us about improving teacher education. *Journal of Teacher Education, 41,* 33–45.
Brown, A. L., Bransford, J. D., Ferrara, R. A., & Campione, J. C. (1983). Learning, remembering, and understanding. In J. H. Flavell & E. M. Markman (Eds.), *Carmichael's manual of child psychology* (Vol. 1, pp. 77–166). New York: Wiley.
Brown, B. B. (1993). School culture, social policies, and the academic motivation of U.S. students. In T. M. Tomlinson (Ed.), *Motivating students to learn: Overcoming barriers to high achievement* (pp. 63–98). Berkeley: McCutchan.
Bruner, J. S. (1986). *Actual minds, possible worlds.* Cambridge, MA: Harvard University Press.
Byrnes, J. P. (1998). *The nature and development of decision-making: A self-regulation perspective.* Mahwah, NJ: Lawrence Erlbaum Associates.
Byrnes, J. P., Miller, D. C., & Reynolds, M. (1999). Learning to make good decisions: A self-

regulation perspective. *Child Development, 70,* 1121–1140.

Cain, K. M., & Dweck, C. S. (1995). The relation between motivational patterns and achievement cognitions through the elementary school years. *Merrill-Palmer Quarterly, 41,* 25–42.

Chapman, M., & Skinner, E. A. (1989). Children's agency beliefs, cognitive performance, and conception of effort and ability: Individual and developmental differences. *Child Development, 60,* 1229–1238.

Cobb, P., & Bowers, J. (1999). Cognitive and situated learning perspectives in theory and practice. *Educational Researcher, 28*(2), 4–15.

Cole, D. A., Martin, J. M., Peeke, L. A., Serocynski, A. D., & Fier, J. (1999). Children's over- and underestimation of academic competence: A longitudinal study of gender differences. *Child Development, 70*(2), 459–473.

Corno, L. (1989). Self-regulated learning: A volitional analysis. In B. J. Zimmerman & D. H. Schunk (Eds), *Self-regulated learning and academic achievement: Theory, research, and practice* (pp. 111–141). New York: Springer-Verlag.

Covington, M. V. (1987). Achievement motivation, self-attributions and exceptionality. In J. D. Day & J. G. Borkowski (Eds.), *Intelligence and exceptionality: New directions for theory, assessment and instructional practices* (pp. 173–213). Norwood, NJ: Ablex.

Cullen, J. L. (1985). Children's ability to cope with failure: Implications of a metacognitive approach for the classroom. In D. L. Forrest-Pressley, G. E. MacKinnon, & T. G. Waller (Eds.), *Metacognition, cognition, and human performance* (Vol. 2, pp. 267–300). Orlando, FL: Academic Press.

DeCorte, E., Greer, B., & Verschaffel, L. (1996). Mathematics learning and teaching. In D. Berliner & R. Calfee (Eds.), *Handbook of Educational Psychology* (pp. 491–549). New York: Macmillan.

Doyle, W. (1983). Academic work. *Review of Educational Research, 53,* 159–200.

Dweck, C. S., & Elliott, E. S. (1983). Achievement motivation. In P. Mussen (Ed.), *Carmichael's manual of child psychology* (Vol. 4, pp. 643–691). New York: Wiley.

Dweck, C., & Leggett, E. L. (1988). A social cognitive approach to motivation and personality. *Psychological Review, 95,* 256–273.

Eccles, J., Midgley, C., Wigfield, A., Buchanan, C., Reuman, D., Flanagan, C., & MacIver, D. (1993). Development during adolescence: The impact of stage-environment fit on young adolescents' experiences in schools and families. *American Psychologist, 48,* 90–101.

Eccles, J. S., & Roeser, R. W. (1999). School and community influences on human development. In M. H. Bornstein & M. E. Lamb (Eds.), *Developmental Psychology: An advanced textbook* (pp. 503–555). Mahwah, NJ: Lawrence Erlbaum Associates.

Eccles, J., Wigfield, A., Harold, R. D., & Blumenfeld, P. (1993). Age and gender differences in children's self and task perceptions during elementary school. *Child Development, 64*(3), 830–847.

Elder, G. H. (1998). The life course as developmental theory. *Child Development, 69*(1), 1–12.

Elliot, A. J., & Church, M. A. (1997). A hierarchical model of approach and avoidance achievement motivation. *Journal of Personality and Social Psychology, 72*(1), 218–232.

Elliott, E. S., & Dweck, C. S. (1988). Goals: An approach to motivation and achievement. *Journal of Personality and Social Psychology, 54,* 5–12.

Erikson, E. H. (1968). *Identity: Youth and crisis.* New York: W.W. Norton.

Fabricius, W. V., & Hagen, J. W. (1984). Use of causal attributions about recall performance to assess metamemory and predict strategic memory behavior in young children. *Developmental Psychology, 20,* 975–987.

Ferrari, M. & Mahalingham, R., (1997). Personal cognitive development and its implications for teaching and learning. *Educational Psychologist, 33*(1), 35–44.

Gopnik, A., & Wellman, H. M. (1994). The theory theory. In L. A Hirschfeld & S. A. Gelman (Eds.), *Domain specificity in cognition and culture* (pp. 257–293). New York: Cambridge Uni-

versity Press.
Graham, S., & Harris, K. R. (1994). The role and development of self-regulation in the writing process. In D. H. Schunk & B. J. Zimmerman (Eds.), *Self-regulation of learning and performance: Issues and educational applications* (pp. 203–228). Hillsdale, NJ: Lawrence Erlbaum Associates.
Greeno, J. G. (1997). On claims that answer the wrong question. *Educational Researcher, 26*(1), 5–17.
Halford, G. S. (1999). The properties of representations used in higher cognitive processes: Developmental implications. In I. E. Sigel (Ed.), *Development of mental representation* (pp. 147–168). Mahwah, NJ: Lawrence Erlbaum Associates.
Harachiewizc, J. M., & Baron, K. E. (1998). Rethinking achievement goals: When are they adaptive for college students and why? *Educational Psychologist, 33*(1), 1–21.
Harter, S. (1982). The perceived competence scale for children. *Child Development, 53,* 87–97.
Harter, S. (1990). Causes, correlates and the functional role of global self-worth: A life-span perspective. In R. Sternberg & J. Kolligian, Jr., (Eds.), *Competence considered* (pp. 67–98). New Haven, CT: Yale University Press.
Harter, S. (1999). *The construction of self.* New York: Guilford Press.
Higgins, E. T. (1991). Development of self-regulatory and self-evaluative processes: Costs, benefits, and tradeoffs. In M. R. Gunnar & L. A. Sroufe (Eds.), *Self processes and development: The Minnesota Symposia on Child Development* (Vol. 23, pp. 125–166). Hillsdale, NJ: Lawrence Erlbaum Associates.
James, W. (1890). *Principles of psychology.* Chicago: Encyclopedia Britannica.
Johnston, P., & Winograd, P. (1985). Passive failure in reading. *Journal of Reading Behavior, 17,* 279–301.
Juvonen, J. (1988). Outcome and attributional disagreements between students and their teachers. *Journal of Educational Psychology, 80*(3), 330–336.
Juvonen, J., & Murdock, T. (1995). Grade-level differences in the social value of effort: Implications for self-presentation tactics of early adolescents. *Child Development, 66,* 1694–1705.
Lave, J. (1993). The practice of learning. In S. Chaiklin & J. Lave (Eds.), *Understanding practice: Perspectives on activity and context* (pp. 3–32). New York: Cambridge University Press.
Lave, J., & Wenger, E. (1991). *Situated learning: Legitimate peripheral participation.* New York: Cambridge University Press.
Licht, B. G. (1992). The achievement-related perceptions of children with learning problems: A developmental analysis. In D. H. Schunk & J. L. Meece (Eds.), *Student perceptions in the classroom* (pp. 247–266). Hillsdale, NJ: Lawrence Erlbaum Associates.
Maehr, M. L., & Midgley, C. (1991). Enhancing student motivation: A school-wide approach. *Educational Psychologist, 26,* 399–426.
Markus, H., & Nurius, P. (1986). Possible selves. *American Psychologist, 41,* 954–969.
Marsh, H. W. (1990). The structure of academic self-concept: The Marsh/Shavelson model. *Journal of Educational Psychology, 82,* 623–636.
Marsh, H. W., Byrne, B. M., & Shavelson, R. J. (1988). A multi-faceted academic self-concept. Its hierarchical structure and its relation to academic achievement. *Journal of Educational Psychology, 80,* 366–380.
McCombs, B. L., & Marzano, R. J. (1990). Putting the self in self-regulated learning: The self as agent in integrating will and skill. *Educational Psychologist, 25*(1), 51–69.
Meece, J. (1991). The classroom context and children's motivation goals. In M. Maehr & P. Pintrich (Eds.), *Advances in achievement motivation research* (Vol. 7, pp. 261–286). Greenwich, CT: JAI Press.
Newman, R. S. (1998). Students' help-seeking during problem solving: Influences of personal and contextual goals. *Journal of Educational Psychology, 90,* 644–658.

Nicholls, J. G. (1978). The development of the concepts of effort and ability, perceptions of own attainment, and the understanding that difficult tasks require more ability. *Child Development, 49,* 800–814.

Nicholls, J. G. (1983). Conceptions of ability and achievement motivation: A theory and its implications for education. In S. Paris, G. Olson, & H. Stevenson (Eds.), *Learning and motivation in the classroom* (pp. 211–237). Hillsdale, NJ: Lawrence Erlbaum Associates.

Nicholls, J. G. (1984). Achievement motivation: Conceptions of ability, subjective experience, task choice, and performance. *Psychological Review, 19,* 308–346.

Nicholls, J. G. (1990). What is ability and why are we so mindful of it? A developmental perspective. In R. J. Sternberg & J. Kolligan (Eds.), *Competence considered* (pp. 11–40). New Haven, CT: Yale University Press.

Nicholls, J. G., & Miller, A. T. (1984). Development and its discontents: The differentiation of the concept of ability. In J. G. Nichols (Ed.), *Advances in motivation and achievement* (Vol. 3, pp. 185–218). Greenwich, CT: JAI Press.

O'Sullivan, J. T., & Pressley, M. (1984). Completeness of instruction and strategy transfer. *Journal of Experimental Child Psychology, 38,* 275–288.

Palincsar, A. S., & Brown, A. (1984). Reciprocal teaching of comprehension-fostering and comprehension-monitoring activities. *Cognition and Instruction, 1,* 117–175.

Paris, S. G. (1988). *Fusing skill and will in children's learning and schooling.* Paper presented at the American Educational Research Association, New Orleans.

Paris, S. G., & Byrnes, J. P. (1989). The constructivist approach to self-regulation and learning in the classroom. In B. Zimmerman & D. Schunk (Eds.), *Self-regulated learning and academic achievement: Theory, research, and practice* (pp. 169–200). New York: Springer-Verlag.

Paris, S. G., Cross, D. R., & Lipson, M. Y. (1984). Informed strategies for learning: A program to improve children's reading awareness and comprehension. *Journal of Educational Psychology, 76,* 1239–1252.

Paris, S. G., & Cunningham, A. E. (1996). Children becoming students. In D. Berliner & R. Calfee (Eds.), *Handbook of Educational Psychology* (pp. 117–147). New York: Macmillan.

Paris, S. G., & Lindauer, B. K. (1982). The development of cognitive skills during childhood. In B. Wolman (Ed.), *Handbook of developmental psychology* (pp. 333–349). Englewood Cliffs, NJ: Prentice-Hall.

Paris, S. G., Lipson, M. Y., & Wixson, K. K. (1983). Becoming a strategic reader. *Contemporary Educational Psychology, 8,* 293–316.

Paris, S. G., & Newman, R. S. (1990). Developmental aspects of self-regulated learning. *Educational Psychologist, 25,* 87–102.

Paris, S. G., Newman, R. S., & Jacobs, J. E. (1985). Social contexts and functions of children's remembering. In C. J. Brainerd & G. M. Pressley (Eds.), *The cognitive side of memory development* (pp. 81–115). New York: Springer-Verlag.

Paris, S. G., Newman, R. S., & McVey, K. A. (1982). Learning the functional significance of mnemonic actions: A microgenetic study of strategy acquisition. *Journal of Experimental Child Psychology, 34,* 490–509.

Paris, S. G., & Winograd, P. W. (1990). How metacognition can promote academic learning and instruction. In B. J. Jones & L. Idol (Eds.), *Dimensions of thinking and cognitive instruction* (pp. 15–51). Hillsdale, NJ: Lawrence Erlbaum Associates.

Paris, S. G., Wasik, B. A., & Turner, J. C. (1991). The development of strategic readers. In R. Barr, M. Kamil, P. Mosenthal, & P. D. Pearson (Eds.), *Handbook of reading research,* (2nd ed., pp. 609–640). New York: Longman.

Paris, S. G., & Turner, J. C. (1994). Situated motivation. In P. Pintrich, D. Brown, & C. Weinstein (Eds.), *Student motivation, cognition, and learning: Essays in honor of Wilbert J. McKeachie* (pp. 213–237). Hillsdale, NJ: Lawrence Erlbaum Associates.

Phillips, D. A., & Zimmerman, M. (1990). The developmental course of perceived competence and incompetence among competent children. In R. J. Sternberg & J. Kollogian (Eds.), *Competence considered* (pp. 41–66). New Haven, CT: Yale University Press.

Pintrich, P. R. (2000). The role of goal orientation in self-regulated learning. In M. Boekaerts, P. Pintrich, & M. Zeidner (Eds.), *Handbook of self-regulation* (pp. 452–502). NY: Academic Press.

Pintrich, P., & Blumenfeld, P. (1985). Classroom experience and children's self-perceptions of ability, effort, and conduct. *Journal of Educational Psychology, 77*, 646–657.

Pintrich, P. R., & De Groot, E. V. (1990). Motivational and self-regulated learning components of classroom academic performance. *Journal of Educational Psychology, 82*(1), 33–40.

Pintrich, P. R., & Schrauben, B. (1992). Students' motivational beliefs and their cognitive engagement in classroom academic tasks. In D. H. Schunk & J. L. Meece (Eds.), *Student perception in the classroom* (pp. 247–266). Hillsdale, NJ: Lawrence Erlbaum Associates.

Pintrich, P. R., & Schunk, D. H. (1996). *Motivation in education.* Englewood Cliffs, NJ: Prentice Hall.

Pressley, M., & Ghatala, E. S. (1989). Metacognitive benefits of taking a test for children and young adolescents. *Journal of Experimental Child Psychology, 47*(3), 430–450.

Pressley, G. M., & Levin, J. R. (1987). Elaborative learning strategies for the inefficient learner. In S. J. Ceci (Ed.), *Handbook of cognitive, social, and neuropsychological aspects of learning disabilities* (pp. 175–212). Hillsdale, NJ: Lawrence Erlbaum Associates.

Pressley, M., & McCormick, C. B. (1995). *Advanced educational psychology for educators, researchers, and policy-makers.* New York: Harper Collins.

Pressley, G. M., Ross, K. A., Levin, J. R., & Ghatala, E. S. (1984). The role of strategy utility knowledge in children's decision making. *Journal of Experimental Child Psychology, 38*, 491–504.

Pressley, M., Woloshyn, V., & Associates. (1995). *Cognitive strategy instruction that really improves children's academic performance* (2nd ed.). Cambridge, MA: Brookline.

Resnick, L. B. (1987). *Education and learning to think.* Washington, DC: National Academy Press.

Rogoff, B. (1990). *Apprenticeship in thinking: Cognitive development in social context.* New York: Oxford University Press.

Rohrkemper, M., & Corno, L. (1988). Success and failure on classroom tasks: Adaptive learning and classroom teaching. *The Elementary School Journal, 88*, 297–312.

Scardamalia, M., & Bereiter, C. (1986). Fostering the development of self-regulation in children's knowledge processing. In S. S. Chipman, J. W. Segal, & R. Glaser (Eds.), *Thinking and learning skills: Current research and open questions,* (Vol. 2, pp. 563–577). Hillsdale, NJ: Lawrence Erlbaum Associates.

Schneider, W., & Bjorklund, D. F., (1997). Memory. In W. Damon (series Ed.), D. Kuhn, & R. S. Siegler (volume Eds.), *Handbook of Child Psychology: Volume 2. Cognition, Perception and Language* (pp. 467–521). New York: John Wiley & Sons.

Schunk, D. H. (1987). Peer models and children's behavioral change. *Review of Educational Research, 57*, 149–174.

Schunk, D. H., & Zimmerman, B. (1997). Social origins of self-regulatory competence. *Educational Psychologist, 32*(4), 195–208.

Simpson, S. M., Licht, B. G., Wagner, R. K., & Stader, S. P. (1996). Organization of children's academic ability-related self-perceptions. *Journal of Educational Psychology, 88*(3), 387–396.

Skinner, E. (1996). A guide to constructs of control. *Journal of Personality and Social Psychology, 71*(3), 549–570.

Skinner, E. A., Chapman, M., & Baltes, P. B. (1988). Control, means-ends, and agency beliefs: A new conceptualization and its measurement during childhood. *Journal of Personality and Social Psychology, 54*, 117–133.

Spencer, S. J., Steele, C. M., & Quinn, D. M. (1999). Stereotype threat and women's math performance. *Journal of Experimental Social Psychology, 35*(1), 4–28.

Steele, C. M. (1997). A threat in the air: How stereotypes shape intellectual identity and performance. *American Psychologist, 52*(6), 613–629.

Stipek, D. J., & Daniels, D. H. (1988). Declining perceptions of competence: A consequence of changes in the child or the educational environment? *Journal of Educational Psychology, 80,* 352–356.

Stipek, D., & Hoffman, J. (1980). Development of children's performance-related judgments. *Child Development, 51,* 912–914.

Stipek, D., & McIver, D. (1989). Developmental change in children's assessment of intellectual competence. *Child Development, 60,* 521–538.

Stipek, D., & Tannatt, L. (1984). Children's judgments of their own and their peers' academic competence. *Journal of Educational Psychology, 76,* 75–84.

Thompson, T., Davidson, J. A., & Barber, J. G. (1995). Self-worth protection in achievement motivation: Performance effects and attributional behavior. *Journal of Educational Psychology, 87*(4), 598–610.

Turner, J. C. (1995). The influence of classroom contexts on young children's motivation for literacy. *Reading Research Quarterly, 30,* 410–441.

Turner, J. C., Meyer, D. K., Cox, K. E., Logan, C., DiCintio, M., & Thomas, C. (1998). Creating contexts for involvement in mathematics. *Journal of Educational Psychology, 90,* 730–745.

VanLehn, K. (1990). *Mind bugs: The origins of procedural misconceptions.* Cambridge, MA: MIT Press/Bradford.

Vygotsky, L. (1986). *Thought and language.* Cambridge, MA: MIT Press.

Weinstein, C., & Mayer, R. (1986). The teaching of learning strategies. In M. Wittrock (Ed.), *Handbook of research on teaching* (pp. 315–327). New York: Macmillan.

Wellman, H. M. (1988). First steps in the child's theorizing about the mind. In J. Astington, P. Harris, & D. Olson (Eds.), *Developing theories of mind* (pp. 64–92). New York: Cambridge University Press.

Wellman, H. M., & Gelman, S. A. (1992). Cognitive development: Foundational theories of core domains. *Annual Review of Psychology, 43,* 337–375.

Wentzel, K. R. (1996). Social and academic motivation in middle school: Concurrent and long-term relations to academic effort. *Journal of Early Adolescence, 16,* 390–406.

Wigfield, A., Eccles, J. S., Yoon, K. S., Harold, R. D., Arbreton, A., Freedman-Doan, K., & Blumenfeld, P. C. (1996). Changes in children's competence beliefs and subjective task values across the elementary school years: A three year study. *Journal of Educational Psychology, 89*(3), 451–469.

Yussen, S. R., & Kane, P. T. (1985). Children's conception of intelligence. In S. Yussen (Ed.), *The growth of reflection in children* (pp. 207–241). Orlando, FL: Academic Press.

Zimmerman, B. J. (1989). A social-cognitive view of self-regulated academic learning. *Journal of Educational Psychology, 81,* 329–339.

Zimmerman, B. J., & Kitsantas, A. (1997). Developmental phases in self-regulation: Shifting from process to outcome goals. *Journal of Educational Psychology, 89,* 29–36.

第9章

Bandura, A. (1986). *Social foundations of thought and action: A social cognitive theory.* Englewood Cliffs, NJ: Prentice-Hall.

Bandura, A. (1991). Self-regulation of motivation through anticipatory and self-reactive mechanisms. In R. A. Dienstbier (Ed.), *Perspectives on motivation: Nebraska symposium on motivation* (Vol. 38, pp. 69–164). Lincoln: University of Nebraska Press.

引用文献

Bandura, A. (1997). *Self-efficacy: The exercise of control.* New York: W. H. Freeman.
Bandura, A.(1998). Exploration of fortuitous determinants of life paths. *Psychological Inquiry.*
Bartlett, F. C. (1932). *Remembering.* London: Cambridge University Press.
Bembenutty, H., & Karabenick, S. A. (1998). Academic delay of gratification. *Learning and Individual Differences, 10,* 329–346.
Berk, L. E. (1992). Children's private speech: An overview of theory and the status of research. In L. E. Berk & R. Diaz (Eds.), *Private speech: From social interaction to self-regulation* (pp. 17–54). Hillsdale, NJ: Lawrence Erlbaum Associates.
Boekaerts, M., Pintrich, P. R., & Zeidner, M. (Eds.). (2000). *Self-regulation: Theory, research, and applications.* Orlando, FL: Academic Press.
Bong, M. (1997). Generality of academic self-efficacy judgments: Evidence of hierarchical relations. *Journal of Educational Psychology, 89,* 696–709.
Brown, J. S., Collins, A., & Duguid, P. (1989). Situated cognition and the culture of learning. *Educational Researcher, 18,* 32–42.
Butler, D. L. (1998). A strategic content learning approach to promoting self-regulated learning by students with learning disabilities. In D. H. Schunk & B. J. Zimmerman (Eds.), *Self-regulated learning: From teaching to self-reflective practice* (pp. 160–183). New York: Guilford Press.
Carver, C. S., & Scheier, M. F. (2000). On the structure of behavioral self-regulation. In M. Boekaerts, P. Pintrich, & M. Zeidner (Eds.), *Self-regulation: Theory, research, and applications* (pp. 42–84). Orlando, FL: Academic Press.
Corno, L., & Mandinach, E. (1983). The role of cognitive engagement in classroom learning and motivation. *Educational Psychologists, 18,* 88–108.
Dewey, J. (1913). *Interest and effort in education.* Boston: Riverside.
Dewey, J. (1988). Appendix. In J. A. Boydston (Ed.), *John Dewey: The later works (1925–1953, Vol. 14, pp. 379–410).* Carbondale, IL: Southern Illinois University Press. (Original work published 1940).
Diaz, R. M., Neal, C. J., & Amaya-Williams, M. (1990). The social origins of self-regulation. In L. C. Moll (Ed.), *Vygotsky and education: Instructional implications and applications of sociohistorical psychology* (pp. 127–154). New York: Cambridge University Press.
Eastman, C., & Marzillier, J. S. (1984). Theoretical and methodological difficulties in Bandura's self-efficacy theory. *Cognitive Therapy and Research, 8,* 231–230.
Flavell, J. H. (1979). Metacognition and cognitive monitoring: A new era of cognitive developmental inquiry. *American Psychologist, 34,* 906–911.
Harter, S. (1999). *The construction of self: A developmental perspective.* New York: Guilford Press.
James, W. (1890). *Principles of psychology.* New York: Holt.
Karabenick, S. A. (1998). *Strategic help-seeking: Implications for learning and teaching.* Mahwah, NJ: Lawrence Erlbaum Associates.
Kirsch, I. (1982). Efficacy expectations as response predictors: The meaning of efficacy ratings as a function of task characteristics. *Journal of Personality and Social Psychology, 42,* 132–136.
Kuhl, J. (2000). A functional-design approach to motivation and self-regulation: The dynamics of personality systems and interactions. In M. Boekaerts, P. Pintrich, & M. Zeidner (Eds.), *Self-regulation: Theory, research, and applications* (pp. 111–169). Orlando, FL: Academic Press.
Locke, E. A., & Latham, G. P. (1990). *A Theory of goal setting and task performance.* Englewood Cliffs, NJ: Prentice-Hall.
Markus, H., & Nurius, P. (1987). Possible selves: The interface between motivation and the self-concept. In K. Yardley & T. Honess (Eds.), *Self and identity: Psychosocial perspectives.* New York: Wiley.
Marsh, H. W. (1990). The structure of academic self-concept: The Marsh/Shavelson model. *Journal of Educational Psychology, 82,* 623–636.

Maslow, A. (1954). *Motivation and personality*. New York: Harper.
Meichenbaum, D. H. (1977). *Cognitive behavior modification*. New York: Plenum.
Meichenbaum, D. (1992). *Cognitive behavior modification: An integrative approach*. New York: Plenum Press.
Meichenbaum, D., & Biemiller, A. (1992). Task-regulatory speech of self-directed learners. In M. Pressley, K. Harris, & J. Guthrie (Eds.), *Promoting academic competence and literacy in school* (pp. 3–56). New York: Academic Press.
Mischel, W. (1983). Delay of gratification as a process and as person variable in development. In D. Magnusson & V. P. Allen (Eds.), *Human development: An interactional perspective* (pp. 149–165). New York: Academic Press.
Misiak, H., & Sexton, V. S. (1966). *The history of psychology: An overview*. New York: Grune & Stratton.
Newman, R. (1994). Academic help-seeking: A strategy of self-regulated learning. In D. H. Schunk & B. J. Zimmerman (Eds.), *Self-regulation of learning and Performance: Issues and educational applications* (pp. 283–301). Hillsdale, NJ: Lawrence Erlbaum Associates.
Palincsar, A. S., & Brown, A. (1984). Reciprocal teaching of comprehension-fostering and comprehension-monitoring activities. *Cognition and Instruction, 1*, 117–175.
Piaget, J. (1952). *The origins of intelligence in children*. New York: International Universities Press.
Powers, W. T. (1998). *Making sense of behavior: The meaning of control*. New Canaan, CT: Benchmark Press.
Prawat, R. (1998). Current self-regulation views of learning and motivation viewed through a Deweyan lens: The problems with dualism. *American Educational Research Journal, 35*, 199–224.
Pressley, M., Borkowski, J. G., & Schneider, W. (1987). Cognitive strategies: Good strategy users coordinate metacognition and knowledge. In R. Vasta & G. Whitehurst (Eds.), *Annals of child development* (Vol. 5, pp. 89–129). Greenwich, CT: JAI Press.
Pressley, M. J., & McCormick, C. (1995). *Advanced educational psychology for educators, researchers, and policymakers*. New York: HarperCollins.
Rogers, C. R. (1951). *Client-centered therapy: Its current practice, implications, and theory*. Boston: Houghton Mifflin.
Rogers, C. R. (1969). *Freedom to learn*. Columbus, OH: Merrill.
Schunk, D. H. (1984). The self-efficacy perspective on achievement behavior. *Educational Psychologist, 19*, 199–218.
Schunk, D. (1994). Self-regulation of self-efficacy and attributions in academic settings. In D. H. Schunk & B. J. Zimmerman (Eds.), *Self-Regulation of learning and performance: Issues and educational applications*. Hillsdale, NJ: Lawrence Erlbaum Associates.
Schunk, D. H., & Ertmer, P. (2000). Self-regulation and academic learning: self-efficacy enhancing interventions. In M. Boekaerts, P. Pintrich, & M. Zeidner (Eds.), *Self-regulation: Theory, research, and applications* (pp. 631–649). Orlando, FL: Academic Press.
Schunk, D. H., & Zimmerman, B. J. (Eds.) (1994). *Self-regulation of learning and performance: Issues and educational applications*. Hillsdale, NJ: Erlbaum, Inc.
Schunk, D. H., & Zimmerman, B. J. (Eds.) (1998). *Self-regulated learning: From teaching to self-reflective practice*. New York: Guilford Press.
Simons, R. P. J., & Beukhof, G. (1987). *Regulation of learning*. Gravenhage, Netherlands: S.V.O.
Steinberg, L., Dornbush, R., & Brown, B. (1996). *Beyond the classroom*. New York: Simon & Shuster.
Thoresen, C., & Mahoney, M. J. (1974). *Behavioral self-control*. New York: Holt, Rinehart & Winston.
Vancouver, J. B. (2000). Self-regulation in organizational settings: A tale of two paradigms. In M. Boekaerts, P. Pintrich, & M. Zeidner (Eds.), *Self-regulation: Theory, research, and applications* (pp. 303–341). Orlando, FL: Academic Press.

Vygotsky, L. S. (1962). *Thought and language* (E. Hanfman & G. Vakar, Eds.). Cambridge, MA: MIT Press.
Vygotsky, L. S. (1978). *Mind in society: The development of higher psychological processes.* Cambridge, MA: Harvard University Press.
Weinstein, C. E., & Mayor, R. E. (1986). The teaching of learning strategies. In M. C. Wittrock (Ed.), *Handbook of research on teaching.* (pp. 315–327). New York: Macmillan.
White, J. (1982). *Rejection.* Reading, MA: Addison-Wesley.
Zimmerman, B. J. (1986). Development of self-regulated learning: Which are the key subprocesses? *Contemporary Educational Psychology, 16*, 307–313.
Zimmerman, B. J. (1989). A social cognitive view of self-regulated academic learning. *Journal of Educational Psychology, 81*, 329–339.
Zimmerman, B. J. (1998). Academic studying and the development of personal skill: A self-regulatory perspective. *Educational Psychologist, 33*, 73–86.
Zimmerman, B. J. (1999). Commentary: Toward a cyclically interactive view of self-regulated learning. *International Journal of Educational Research,* in press.
Zimmerman, B. J. (2000a). Attainment of self-regulation: A social cognitive perspective. In M. Boekaerts, P. Pintrich, & M. Zeidner (Eds.), *Self-regulation: Theory, research, and applications* (pp. 13–39). Orlando, FL: Academic Press.
Zimmerman, B. J. (2000b). Self-efficacy: An essential motive to learn. *Contemporary Educational Psychology, 25*, 82–91.
Zimmerman B. J.(2002). Achieving academic excellence: A self-regulatory perspective. In M. Ferrari (Ed.) *Pursuit of excellence.* Mahwah, NJ, Lawrence Erlbaum Associates.
Zimmerman, B. J., & Kitsantas, A. (1999). Acquiring writing revision skill: Shifting from process to outcome self-regulatory goals. *Journal of Educational Psychology, 91*, 1–10.
Zimmerman, B. J., & Martinez-Pons, M. (1986). Development of a structured interview for assessing students' use of self-regulated learning strategies. *American Educational Research Journal, 23*, 614–628.
Zimmerman, B. J., & Martinez-Pons, M. (1988). Construct validation of a strategy model of student self-regulated learning. *Journal of Educational Psychology, 80*, 284–290.
Zimmerman, B. J., & Schunk, D. H. (Eds.). (1989). *Self-regulated learning and academic achievement: Theory, research, and practice.* New York: Springer.

人名索引

●A
アブラハム（Abraham, S.） 103
アッハ（Ach, N.） 25,193
アッカーマン（Ackerman, P. L.） 171
エイムス（Ames, C.） 265
アンダーソン（Anderson, J. R.） 153,256
アンダーソン（Anderson, S. M.） 92
アレグラド（Areglado, R. J.） 109

●B
バーヤー（Baer, D. M.） 48,59
バンデューラ（Bandura, A.） 21
バロン（Baron, K. E.） 272
バートレット（Bartlett, F. C.） 31
バス（Bass, B. A.） 57
バウムリンド（Baumrind, D.） 246
ベックマン（Beckmann, J.） 192
ベルフィオーレ（Belfiore, P. J.） 10,46
ベンベヌティ（Bembenutty, H.） 206
ベライター（Bereiter, C.） 209
ブルーメンフェルド（Blumenfeld, P. C.） 206,267
ボーカーツ（Boekaerts, M.） 280
バウアーズ（Bowers, D. S.） 55
バウアーズ（Bowers, J.） 253
ブラゴニア（Bragonier, P.） 143
ブリックマン（Brickman, S.） 97
ブロンフェンブレンナー（Bronfenbrenner, U.） 235
ブラウン（Brown, A.） 28

ブルナー（Bruner, J. S.） 28
ブロック（Bullock, M.） 221
バーン（Byrne, B. M.） 88

●C
カール（Carr, M.） 108
カーバァー（Carver, C. S.） 17
カストロ（Castro, L.） 58
チャップマン（Chapman, M.） 264
チャーチ（Church, M. A.） 271
コッブ（Cobb, P.） 253
コームズ（Combs, A.） 68
クーリー（Cooley, C. H.） 74
コートニー（Courtney, B. E.） 89
コックス（Cox, P. D.） 135
クロンバック（Cronbach, L. J.） 3
クロス（Cross, S. E.） 75

●D
デイビス（Davis, M. H.） 104
デシ（Deci, E. L.） 79
デカルト（Descartes, R.） 24
デヴィット（DeWitte, S.） 205
ディガンギ（DiGangi, S. A.） 51
ドウェック（Dweck, C. S.） 102

●E
エクレス（Eccles, J.） 75
エリオット（Elliot, A. J.） 271
エンゲルス（Engels, F.） 226
エプステイン（Epstein, J. A.） 103
エリクソン（Erikson, E.） 245

アートマー（Ertmer, P. A.） 23,139

●F
ファブリシアス（Fabricius, W. V.） 276
ファーバー（Farber, M.） 68
フェスティンガー（Festinger, L.） 125
フィグルスキィ（Figurski, T. J.） 104
フレミング（Fleming, J. S.） 89
フランクル（Frankl, V.） 69
フレッドリクソン（Frederickson, L. W.） 46

●G
ゲイリック（Gaelick, L.） 99
ガリモア（Gallimore, R.） 30
ガードナー（Gardner, H.） 71
ガーナー（Garner, R.） 181
ジョージ（Giorgi, A.） 71
グリーン（Green, L.） 40
グルスコヴィック（Grskovic, J. A.） 48,52

●H
ハドウィン（Hadwin, A. F.） 182
ヘーガン（Hagen, J. W.） 276
ハンソン（Hanson, A. R.） 133,134
ハラッキイズ（Harackiewicz, J. M.） 103
ハレ（Harre, R.） 72
ハーター（Harter, S.） 73
ハイデガー（Heidegger, M） 68
ヒッキー（Hickey, D. T.） 29
ヒギンズ（Higgins, E. T.） 76
ホルト（Holt, J.） 3
ホーニヤク（Hornyak, R. S.） 49
ハワード（Howard, G. S.） 71
ハント（Hunt, J. McV.） 3

フッサール（Husserl, E.） 68
ハッチンソン（Hutchinson, J. M.） 10

●J
ジェームス（James, W.） 73
ジェニングス（Jennings, J. L.） 69
ジョーンズ（Jones, J. C.） 57

●K
カンファー（Kanfer, R.） 105
カラベニック（Karabenick, S. A.） 206
キサンタス（Kitsantas, A.） 175
クラトックウィル（Kratochwill, T. R.） 58
クール（Kuhl, J.） 26

●L
レイブ（Lave, J.） 254
ラインハード（Leinhardt, G.） 204
レンズ（Lens, W.） 205
レビン（Lewin, K.） 25
ロック（Locke, J.） 151
ルトケンハウス（Lutkenhaus, P.） 221

●M
メース（Mace, F. C.） 10,11
マドソン（Madson, L.） 75
メーアー（Maehr, M. L.） 100
マエー（Maehr, M. L.） 265
マンダーリンク（Manderlink, G.） 103
マンディナック（Mandinach, E. B.） 208
マニカス（Manicas, P. T.） 72
マーコバ（Markova, L.） 97
マーカス（Markus, H.） 77
マーシュ（Marsh, H. W.） 74,75,89
マズロー（Maslow, A.） 69
メイ（May, R.） 69

349 人名索引

マッキャン（McCann, E. J.）　206
マッカスリン（McCaslin, M.）　29
マッコム（McCombs, B. L.）　14,15,105
ミース（Meece, J. L.）　206
マイケンバウム（Meichenbaum, D. H.）　11,28
メネック（Menec, V. H.）　102
ミグレイ（Midgley, C.）　265
ミラー（Miller, G. A.）　16
ミラー（Miller, R. B.）　97
ミルズ（Mills, R. C.）　112
ミシアク（Misiak, H.）　67
モサッチ（Mosatche, H. S.）　143
マードック（Murdock, T. B.）　245

●N
ナソーラス（Natsoulas, T.）　67
ネルソン（Nelson, R. O.）　58
ニコルズ（Nicholls, J. G.）　70
ノッディングス（Noddings, N.）　216
ヌリウス（Nurius, P.）　257

●O
オレンディック（Ollendick, T. H.）　57
オサリバン（O'Sullivan, J. T.）　276

●P
パリンサー（Palincsar, A. S.）　28
ペリー（Perry, N. E.）　106
ピアジェ（Piaget, J.）　31
ピントリッチ（Pintrich, P.）　267
ポンス（Pons, M. M.）　205
パワー（Powers, W. T.）　17,157
プランスキー（Pransky, G. S.）　72
プレマック（Premack, D.）　57
プトナム（Putnam, R. T.）　204

●R
ラックリン（Rachlin, H.）　40
ローデワルト（Rhodewalt, F.）　104
リチャード（Richards, D. D.）　20
リドレー（Ridley, D. S.）　73
リングル（Ringle, J.）　132
ロビンソン（Robinson, D. N.）　71
ロジャーズ（Rogers, C. R.）　3,15,69
ロゴフ（Rogoff, B.）　241
ローケンパー（Rohrkemper, M. M.）　204
ローゼンバーグ（Rosenberg, J. F.）　73
ルーブル（Ruble, D. N.）　74
ルボロ（Ruvolo, A.）　77
ライアン（Ryan, R. M.）　73,79

●S
サロベイ（Salovey, P.）　93,101
ザメロフ（Sameroff, A. J.）　71
スカルダマリア（Scardamalia, M.）　209
スカパティ（Scarpati, S.）　51
シェイアー（Scheier, M. F.）　17
シャンク（Schunk, D. H.）　7
セコード（Secord, P. E.）　72
セクストン（Sexton, V. S.）　67
シャノン（Shannon, C. E.）　150
シャベルソン（Shavelson, R. J.）　89
シーグラー（Siegler, R. S.）　20
スキナー（Skinner, B. F.）　10
スマイリ（Smylie, M.）　235
スニグ（Snygg, D.）　68
スペンサー（Spencer, S. J.）　282
スルル（Srull, T. K.）　99
スティペック（Stipek, D.）　99
ストックリー（Stockley, D. B.）　20
ストーン（Stone, C.）　234

ストロング（Strong, E. K.） 239
スウォンソン（Swanson, H. L.） 51
スウォルツ（Swartz, C. W.） 138
スウィーニー（Sweeney, W. J.） 52
スウェラ（Sweller, J.） 171

●T
タウアー（Tauer, J. W.） 103
サープ（Tharp, R.） 30
トラウィック（Trawick, L.） 223

●V
ヴィゴツキー（Vygotsky, L. S.） 11,28

●W
ウォール（Wall, S. M.） 57
ワトソン（Watson, J. B.） 11
ウィーバー（Weaver, W.） 150

ウエンステイン（Weinstein, R. S.） 106
ウェルマン（Wellman, H. M.） 275
ワーチ（Wertsch, J.） 234,241
ウィグフィールド（Wigfield, A.） 265
ウィン（Winne, P. H.） 17,19
ウィトロック（Wittrock, M. C.） 85
ウォルター（Wolter, C. A.） 98
ウッド（Wood, D. K.） 50
ウッド（Wood, E.） 181
ウルフ（Wurf, E.） 78,111

●Y
ヨン（Yeung, A. S.） 75
ヨエル（Yowell, C.） 235

●Z
ジマーマン（Zimmerman, B. J.） 21

事項索引

●あ
「熱い（hot）」動機づけ的条件　178
アルゴリズム　274
アンチテーゼ　227

●い
意思　192
意思的アプローチ　2
意思的下位過程　198
意思的制御　26,198
意思方略目録　206
意思理論家　25
意図　27
意味的知識　228
イメージ　87

●う
ヴィゴツキー派　7
ヴィゴツキー派アプローチ　2
ヴィゴツキー理論　28
ウルツバーグ（Wurzburg）学派　25
運動再生　124
運動的コンピテンス　91

●え
ATI　3
エビデンス　213

●お
オフローディング　19
オペラント行動　39
オペラント的アプローチ　1
オペラント理論家　6,10

●か
下位過程　24,125
回帰分析　205
外言　230
回想　26
階層的制御ループ　17
外的言語制御　30
外的焦点　26
外的随伴性　13
外面的自己中心的言語　30
かくありたいゴール　292
学習アイデンティティ　8
学習コンピテンス　91
学習自己概念　13,86
学習障害児　121
学習性意思方略　192
学習性無力感　25,266
学習能力　33
学習の循環サイクル　17
学習文脈　303
学習目標　7,121
学習を学習すること　228
拡張的理論　263
学力　2
課題完成　212
課題関与説明　29
課題管理　190
課題固有目標　304
課題条件　163

課題随伴報酬　138
課題制御　199
課題名人　213
活性伝播　152
活動理論　240
過程目標　294
可能的自己　77
カリフォルニア学力テスト　211
感覚緩衝記憶　18
感覚緩衝情報　18
環境主義者　10
環境制御　27
環境変数　121
観察学習　123,124
観察レベル　24
感情制御　199
感情的反応　86
観念の足場　28

● き
記憶再生　32
記憶術過程　31
記憶装置　46
記憶貯蔵　16
記憶の容量　168
記憶方略　7
記述的研究　202
帰属　180
帰属的フィードバック　134
強化　9
強化機能　58
強化子　39
共構成的学習　299
共調整（coconstuctivism）　29
共同学習　235
共同主義　233
均衡　32

● く
組み立て（assembling）　153
クライエント中心療法　15

● け
計画　15
形式的操作　33
系統発生　39
結果期待　9,21,179
結果目標　294
原因帰属　128
言語スキル　28
検索　15
現実自己　76
現象学　66
現象学者　6
現象学主義者　13
現象学的アプローチ　1,13
現象学的分析　68
現象記述法　67

● こ
行為制御　26-28,192
行為制御尺度　194
好奇動因　9
向社会的行動　278
構成主義　7
構成主義の第二（の）波　35,252
肯定的フィードバックループ　288
行動化　247
行動評定　11,44
行動評定法　43
行動分析　39
効力期待　179
コーピング・モデル　23
個人間過程　79
個人差　219

個人主義　233
個人内過程　79
個人変数　121
固定的理論　264
コンパレータ　163
コンピテンス　34

●さ
サーストン理論　2
サイバネテック・モデル　16
作動自己概念　78

●し
シェマ　19,31
時間的接近性　22
時間見本法　11,43
自己愛　73
自己アイデンティティ　9,33
自己意識　30
思考の認識　94
自己概念　6,9
自己概念モデル　89
自己覚知　11
自己価値　9,34
自己観察　9,126
自己感情　73
自己完成　71
自己関与説明　29
自己管理　190
自己記述質問紙　89
自己帰属　23
自己規定　101
自己強化　6,12,52
自己強化条件　55
自己強化プログラム　56
自己教示　9,28,48
自己教示記述　11
自己記録　6,9

自己決定理論家　82
自己言語化　23,136
自己向上制御ループ　301
自己構造　77
自己拘束　37
自己効力　7,9,21,120
自己効力をもつ学習　287
自己効力期待　21
自己効力期待指標　295
自己効力指標　295
自己効力信念　102
自己効力認知　23,295
自己効力判断　295
自己参照　92
自己シェマ　33
自己システム過程　92
自己システム構造　86
自己実現　6,9
自己修正　52
自己主体性　256
自己信念　86
自己制御　37
自己制御行為　6
自己制御の内面過程　26
自己制御方略　27
自己制御レベル　24
自己省察　85,137
自己省察の段階　144
自己尊重　6,73
自己知覚　92
自己中心性　7
自己中心的言語　9,30
自己調整学習　1
自己調整学習方略　7
自己調整学習理論　5
自己調整技法　304
自己調整循環　23
自己調整スキル　110

自己調整能力　12
自己調整反応　7
自己調整方略　102
自己調整理論　1
自己調整レベル　24
自己定義　71
自己統制　71
自己認識　256
自己認知　14
自己認知アイデンティティ　291
自己の一貫性　256
自己の連続性　256
自己発達過程　101
自己判断　9,22,126
自己反応　9,14,128
自己評価　9,15
自己不一致理論　76
自己モニタリング　18,42
自己モニタリングの反応性　44
自己利益　160
自己理解　14
持続時間の測度　43
実行　122
実行者としての自己　79,86
実行に関する信念　269
社会的学習　233
社会的葛藤学習　35
社会的行動　38
社会的コンピテンス　91
社会的準拠集団　8
社会的承認　91
社会的随伴性　58
社会的認知アプローチ　2
社会的認知理論　20
社会的能力　33
社会的比較　134
社会的物理的環境効果　12
社会的文脈　33

社会的報酬　53
社会的モデリング　130,132
社会的歴史的文脈　30,35
習熟実行経験　23
集団競争　235
縦断的構造方程式モデリング　75
習得目標　34
主体としての自己　69
循環サイクル　19
循環的性質　129
循環的フィードバック・ループ　16
循環理論　302
条件（的）知識（conditional knowledge）
　　34,123,157
状態制御　28
衝動性　37
情報処理　16
情報処理制御　26,199
情報処理的アプローチ　1
情報処理理論　16
情報処理理論家　18
情報的機能　127
情報の形態　154
情報のノード　151
初期値（default value）　155
叙述　43
処理　15
身体的魅力　91
信念　87
心理学的眺望点　81

●す

遂行随伴　138
遂行制御の段階　143
随伴関係　54
スキーマ　9,155
スクリプト　162
するゴール　292

スロット　155

●せ
制御に関する信念　269
制御理論　17
制止　123
精神物理的二元論　300
精緻化リハーサル　153
生徒集団学力測定　211
正の強化　39
正の相関　220
正の誘意性　46
セルフ・ハンディキャッピング　104
セルフモニタリング　9
宣言（的）知識　34,123
全般的自己概念　86

●そ
相関分析　205
相互教授　29,299
相互作用論　120
双方向的モデル　301
ソーシャル・サポート　91
即時的満足　303
属性尺度　220
組織化の中の実行者　83

●た
第一信号系　31
対象としての自己　69
第二信号系　31
代理　122
高い自己調整学習　106
多機能性　229
多次元的階層的自己概念　90
他者覚知　104
他者制御　199
多段階学習過程　298

脱制止　123
達成動機　220
達成目標　34
タブラ・ラサ　151
短期記憶　18
単独認知　252
「単独認知」説　35

●ち
チェックリスト　51
遅延強化　40
知識駆動型　278
チャンク　19,154
注意　124
注意制御　26,199
長期記憶　18
調整焦点　76
調節　32

●つ
「冷たい（cold）」認知的条件　178

●て
TOTE系列　16
テーゼ　227
適応的学習　235
テスト・バッテリー　211
テスト不安　220
手続き（的）知識　34,123

●と
当為自己　76
同化　32
動機づけ　86,124
動機づけ過程　25
動機づけ制御　199
動機づけ的機能　127
動作制御ゴール　292

統制実験　37
トークン　55
独立性　239
トラブル・シューティング　275
トロイカ　227

●な
内観的観察　67
内言　9,28
内的言語制御　30
内的独裁体制　194
内的反応制御　10
内的民主主義　194
内発的動機（づけ）　14,116
内発的に動機づけられた行動　95

●に
二元論的見方　301
二元論モデル　301
２段階動機づけ過程　105
認知構成主義　7
認知構成的アプローチ　2
認知条件　163
認知的葛藤　9,32,35
認知的セルフモニタリング　9
認知的プロトタイプ　99
認知の制御　199

●ね
ネットワーク　151

●の
能力帰属　24

●は
発見学習　9
発見学習法　35
発達の最近接領域　9,30,235

場面制御　199
場面設定　47
パラメーター　51
反応学習　123
反応形成　122
反復的感覚運動　32

●ひ
ピアジェ派　7
低い自己調整学習　106
否定的フィードバックループ　288
非学び手中心教室　107
評価的意欲　23
評価的水準　291
頻度の計数　43

●ふ
符号化　15
符号化制御　26,199
負担軽減　176
物質的報酬　53
負の強化　39
負の誘意性　46
プランニング　185
プロダクション・システム　157
プロトコル　209
分析の単位　238

●へ
ヘッド・スタート　3
弁別刺激　39

●ほ
包括的自己概念　98
方策　19,156
報酬期待効果　138
報酬の随伴　137
方略　9,15,19,34,157

方略成分　34
保持　124
翻訳　154

●ま
学び手中心教室　107
満足の学習遅延　206

●め
メタ認知　5,34,299
メタ認知的覚醒　228
メタ認知的過程　94
メタ認知的制御　162
メタ認知的モニタリング　162
メタ認知モデリング　9

●も
目標志向性　270
目標設定　15,111,131
モデリング　1,9,123
モニタリング　15
模倣レベル　24

●ゆ
誘意性　45,46
誘因　179
誘因増大　199
有形的意欲　23
揺れ動き　26

●よ
予見　131

予見の段階　142
予測能力　295
4段階モデル　162

●ら
ライフ・コース・セオリー　260

●り
利己的効果　266
理想自己　33,76
リハーサル　151
領域固有的　33
理論　32
理論的構成概念　193
理論の理論　261

●る
ルール　47

●れ
レディネス　232

●ろ
論理実証主義　68

●わ
ワーキング・メモリ　151
ワークシート　49

訳者あとがき

　本書はバリー・J・ジマーマンとディル・H・シャンクの2人による編集『Self-Regulated Learning and Academic Achievement: Theoretical Perspectives（再版）』Lawrence Erlbaum Associates Publishers, 2001年の全訳である。1989年の初版はすでに韓国版が発刊されている。

　自己調整学習は，自己調整に基づいた学習あるいは自己調整の働く学習の意味であることをまずお断りしておかなくてはならない。既訳の日本語訳では自己制御学習とされている場合もみられる。ジマーマン教授とシャンク教授は自己調整学習の代表的研究者であるが，残念なことに日本では専門家以外にはあまり知られてこなかった。それにつけても思うのだが，外国の研究紹介は訳者の個々人の事情で行われている。日本人に知己を持つ人がその著作を邦訳される機会が多いことになる。優れた理論を展開し影響力のある研究者でも日本で知られずにいる場合も多い。ジマーマン教授はその典型例だろう。日本に外国の研究を取り入れるとき，研究概観はできるだけ組織的に行うことで，海外の研究紹介の偏りをなくす努力がいるのではないだろうか。

　昨年2005年3月，私はゲアハルト・シュタイナー（スイス・バーゼル大学）教授の紹介でニューヨーク市立大学ジマーマン教授のもとに出かけた。ミルウォーキーを発ってニューアーク・リバティ空港に降りた私を，長身のジマーマン教授は車で迎えにきてくれた。それからほぼ10日間，私はジマーマン教授の研究室のある大学のセンターの近くにホテルをとり，教授の計らいで学内に研究室を借り，いくつかのセミナーに参加させてもらう貴重な機会に恵まれた。大学のセンターは，マンハッタンのエンパイヤー・ステイト・ビルから徒歩数分のところにある。私は，数十年ぶりの学生気分に舞い戻って，喜々としていくつかの講義の聴講を楽しんだのだった。

　ジマーマン教授は，初対面の私をよく世話をしてくれた。彼の人への接し方は，大事な場面では乗り出すが，あとは本人の任せるというやり方である。そ

の間合いの絶妙な取り方は自然に彼が身につけているもののように思われた。ホテルの滞在期間が切れたという間違い宣告で困惑していたら，彼は早速研究室からやってきて取りなしてくれ，ハーバード大学に行きたいというと即座に切符を買いにペンシルバニア・ステーションまで連れていったくれた。日曜日，彼はニューヨーク市内の案内を申し出てくれた。見たいところはと尋ねられて，ワールド・トレード・センター跡地と自由の女神を中心に，ウォール街，ブルックリン橋，カーネギホール，中華街などを彼自ら車を運転して周回してくれたことを思い出す。

ニューヨーク市立大学の大学院のセミナーは午後4時15分から2時間単位で2コマある。私が参加したセミナー聴講の学生はいずれもおよそ10人から30人だった。他の教授のセミナーのほうがジマーマン教授のそれより学生数が多く，発言が活発で賑やかなものもある。ジマーマン教授の場合は比較的静かで落ち着いた雰囲気だった。昨今日本の大学で行われ始めている学生による授業評価でもやると，彼以上の高い評価を受ける教授が多いようにみえた。しかし，彼に対する学生の信頼度はやはり格段に高い印象であった。日本の授業評価では，資料の配付，板書の有無などが対象になる。一場面の授業の仕方が問われているが，授業の質の高さ，その長期的効果などは対象となりにくい。ジマーマン教授と他の教授によるいくつかの講義を聴いて，かねて感じていた日本の授業評価への疑問をいっそう増幅させたのである。

あれから1年以上が経過した。研究室での別れ際に彼は自分は良い職場に恵まれて，十分な仕事ができて幸せだったと，多くの業績をよそに謙虚な述懐をしていたことがまだ記憶に新しい。パソコンの駆使は彼以上というキャリアウーマンの図書館勤めの夫人，歴史学者と画家の2人の娘さんという家族をもつ教授との再会を果たしたいと思い始めている。

自己調整学習の理論と実践がアメリカでは大きな影響力を持ち始めていることを感じた。自己調整学習の研究内容，社会的影響力と教育的意義を考えると，どうしても日本でも紹介する必要がある，こうした思いを強くした。ジマーマン教授にその意向を伝え，紹介するのに適当な著書を推薦するように頼むと，自分で選べという自己調整学習研究者らしい回答が返ってきた。彼が研究室で提示してくれたいくつかの文献から，私が選択したのが本書である。

現在アメリカでは，自己調整学習研究は基礎研究重視のバーメスター（Roi

F. Baumeister）教授たちと応用研究重視のジマーマン教授たちとに分かれていて，相互の交流は乏しいようである。バーメスター教授たちのハンドブック(Handbook of Self-Regulation, 2004, Guilford Press)では執筆者はもちろん，引用文献にもジマーマン教授たちの名前は皆無である。前者は，Self-Regulationの人間への影響を行動，暴力や自尊心，アイデンティティなどを含め総括的に，基本的レベルで追求している。それに対してジマーマン教授たちは，教育臨床的分野で応用的レベルで追求している。

本書を見てまず気がつくのは，自己調整学習は7つの主な理論に依拠していることである。この理論は独自の理論というより，他の7つの理論の教育分野への臨床的応用と考えたほうがよいと思われる。そして思考過程重視のこの考えの基礎にはオペラント理論がある。自己調整理論は情報処理論とオペラント理論の学習動機づけ分野への応用とみることができよう。

これまでアメリカでもいくつもの教育理論が運動となって展開してきた。記憶に新しいところでは1970年代半ば，教育改革の新しい波が起きている。これらの教育改革運動のそれぞれは，生徒たちは能動的ではなく，受け身的な役割を果たすとみる教育理論に基づいていた。つまり，生徒たちは，学習に主体的に取り組まない。そこで教師たち教育者は，生徒たちの知的能力，社会文化的背景，あるいは教育基準に基づいて，生徒たちそれぞれの水準に教え方を合わせることが重視された。それらの経緯をふまえアンチテーゼとして登場した理論が本書の自己調整学習理論である。それは次のようなものである。生徒たちは，①メタ認知と動機づけの方略を選択的に使って，学習する能力を1人で高められる。②有利な学習環境を積極的に選択したり，組み立てたり，創造することさえできる。③彼らが必要とする教育の形態と量を選択する際に，重要な役割を果たすことができる。この理論は，ある学習者が，知的能力，社会環境的背景，受けている教育の質の制約があっても，どうやって自分の目標に向かって学習をすすめ目標に到達するかを説明する。逆に，学習者が知的能力，社会環境的背景，教育の質で明らかに有利であるにもかかわらず，なぜ学習に失敗するかも説明している。

この理論は，子どもの思考過程は子ども自身の主体性によって展開することこそが，子どもを生かす意味で最も効果的であるという考えである。学習者自身の学習の目標設定，学習の動機づけ，学習の方略が当然大切にされる。

昨今日本の教育界には教え込みと競わせることが重視される風潮が見られて

いる。それはかつてのアメリカの失敗を繰り返すことになりはしないか。筆者は現在の日本の教育の流れを見直す十分な論拠のある学習理論として，自己調整学習の日本における発展に期待を寄せている。

ジマーマン教授は第1章の結語を以下のよう書いている。学習者の個と主体性を尊重する考えと，この理論に対するジマーマン教授たちの確信を読み取ることができるのである。

「学習と学力についての報告の中で個々の生徒たちこそが非常に大切であるということが，アメリカの教育者たちによって，何年間にもわたり強調されてきたのである。教育改革に拍車をかけてきた以前のモデルとは異なって，自己調整理論は，いかに生徒たちが公式の教授文脈と同じように非公式の教授文脈でも，社会的つながりがあるときと同じように1人のときでも，学習実践を活発にし，修正し，持続するかにその焦点を置く。この理論家たちは，学習は生徒に生じてくるものではないと信じている。すなわち，それは生徒によって引き起こされるものなのである。自己調整理論家たちは，この学習に対して生徒たちが，内的と外的な両方のレベルで積極的になるはずだと考えている。彼らの研究は，自己調整学習と学習発達の詳細な理論的説明が提供され評価されるまでに発達した。生徒の自己調整がしばしばまったく見られないような領域でも，教育者たちに自己調整学習の過程への洞察はもちろん方向性も与えるこの理論は，優れた価値がある。」

終わりに訳を担当していただいた5人の方々の努力に深謝したい。本書の翻訳作業だけの結びつきによる仕事だったが，それぞれに力を発揮していただいた。訳語の不十分さや不統一などを残すところがあるかもしれないが，責はひとえに私にある。読者のご批判，ご意見をお寄せいただければ幸いである。

また，秋場大輔（ニューヨーク市立大学）教授，牧野美知子（富山大学附属小学校非常勤講師）先生，それにジマーマン教授には幾度もメールで理論的背景，文章，語句を質問しそのたびに丁寧な解説をしていただいた。この方々のご協力なくしては仕事の完成はおぼつかなかった。いつものことながら北大路書房の関一明さんには執筆者の自主性尊重の編集態度を貫いていただき，また同じく柏原隆宏さんからは入念な修正をしていただいた。

ここに上記の皆さんに厚く御礼申し上げる。

2006年6月　塚野州一

【ジマーマン教授の略歴】

　バリー・J・ジマーマンはニューヨーク市立大学大学院センター教授（Distinguished Professor, 教育心理学部）であり，同部の学習，発達，教授法科の科長を務める。彼は，これまで実践研究論文，分担執筆，学会発表等を含めて200を越す論文を発表し，学童，青年の社会認知や自己調整過程に関した著書，編著は8冊を数える。

　彼は，アメリカ心理学会第15部門（教育心理学）の委員長を務めている。その卓越した長年の実績をかわれ，アメリカ心理学会第16部門のシニア科学賞を受賞，アメリカ教育研究学会からは学習と教育に関しての優れた研究を讃えるシルビア・スクリブナー賞を受賞した。現在「Contemporary Educational Psychology」「Journal of Educational Psychology」「Developmental Review」「Metacognition and Learning」の編集委員である。

　アメリカ教育省は，彼の少数民族や貧困等で学力が芳しくない学童・生徒の補助教育研究に対し，研究助成金を出している。

【訳者紹介】

塚野州一（つかの・しゅういち）　編訳，第1章，第9章
1970年　東北大学大学院教育学研究科教育心理学専攻博士課程退学
現　在　聖徳大学講師，富山大学名誉教授　博士（心理学）
主　著　『学童の生長と発達』（共訳）明治図書　1974年
　　　　『過去，現在，未来における自己の価値づけの変容過程とその規定要因の検討』風間書房　1996年
　　　　『みるよむ生涯発達心理学』（編著）　北大路書房　2000年
　　　　『みるよむ生涯臨床心理学』（編著）　北大路書房　2004年
　　　　『新しい学習心理学』（共訳）　北大路書房　2005年

伊藤崇達（いとう・たかみち）　第2章，第4章
1998年　名古屋大学大学院教育学研究科教育心理学専攻博士課程後期課程退学
現　在　九州大学大学院人間環境学研究院准教授　博士（心理学）
主　著　『レジャーの社会心理学』（共訳）　世界思想社　2004年
　　　　教授・学習に関する研究の動向　教育心理学年報，**44**, 82-90．2005年
　　　　An Examination of the Causal Model for the Relationships among Self-Efficacy, Anxiety, Self-Regulated Learning Strategies, and Persistence in Learning: Focused on Cognitive and Motivational Aspects of Self-Regulated Learning Strategies．（共著）*Educational Technology Research*, **28**, 23-31．2005年

中西良文（なかにし・よしふみ）　第3章
2002年　名古屋大学大学院教育発達科学研究科博士課程（後期課程）単位取得満期退学
現　在　三重大学高等教育創造開発センター准教授
主　著　『新しい中等教育へのメッセージ』（共著）黎明書房　2003年
　　　　『学校心理学入門シリーズ　授業改革の方法』（共著）ナカニシヤ出版　2003年
　　　　成功／失敗の方略帰属が自己効力感に与える影響　教育心理学研究，**52**, 127-138．2004年

中谷素之（なかや・もとゆき）　第5章
1998年　名古屋大学大学院教育学研究科教育心理学専攻博士後期課程退学
現　在　名古屋大学大学院教育発達科学研究科准教授　博士（心理学）
主　著　『新版・教育心理学』（共著）　川島書店　2006年
　　　　『朝倉心理学講座　教育心理学』（共著）　朝倉書店　2006年
　　　　『社会的責任目標と学業達成過程』　風間書房　2006年

伊田勝憲（いだ・かつのり）　第6章，第7章
2004年　名古屋大学大学院教育発達科学研究科博士課程（後期課程）単位取得満期退学
現　在　立命館大学大学院教職研究科教授
主　著　教員養成課程学生における自律的な学習動機づけ像―自我同一性，達成動機，職業レディネスと課題価値評定との関連から―　教育心理学研究, **51**, 367-377. 2003年
　　　　『自己心理学2　生涯発達心理学へのアプローチ』（共著）　金子書房　2008年
　　　　『迷走する若者のアイデンティティ―フリーター，パラサイト・シングル，ニート，ひきこもり―』（共著）　ゆまに書房　2005年

犬塚美輪（いぬづか・みわ）　第8章
2004年　東京大学大学院教育学研究科 博士課程単位満了退学
現　在　東京学芸大学教育学部准教授
主　著　説明文における読解方略の構造　教育心理学研究, **50**（2）,152-162. 2002年
　　　　Learning How to Write through Encouraging Metacognitive Monitoring: The Effect of Evaluating Essays Written by Others. *CogSci2005*（*27th Annual Conference of the Cognitive Science Society*），Proceedings 1018-1024, Stresa, Italy, 2005, July
　　　　相互説明による読解の個別指導―対象レベル－メタレベルの分業による協同の指導場面への適用―（共著）　教育心理学研究, **51**（2）, 218-229. 2003年

自己調整学習の理論

2006年9月10日　初版第1刷発行	＊定価はカバーに表示して
2024年9月20日　初版第6刷発行	あります。

　　　　　編著者　　バリー・J・ジマーマン
　　　　　　　　　　ディル・H・シャンク
　　　　　編訳者　　塚　野　州　一
　　　　　発行所　　（株）北 大 路 書 房
　　　　　　〒603-8303 京都市北区紫野十二坊町12-8
　　　　　　　　電　話　(075) 431-0361 (代)
　　　　　　　　Ｆ Ａ Ｘ　(075) 431-9393
　　　　　　　　振　替　01050-4-2083

Ⓒ2006　　　　　印刷・製本／シナノ書籍印刷㈱
　　　検印省略　落丁・乱丁本はお取り替えいたします
　　　　　　ISBN 978-4-7628-2529-3　Printed in Japan

JCOPY　＜(社)出版者著作権管理機構　委託出版物＞
本書の無断複写は著作権法上での例外を除き禁じられています。複写される場合は、そのつど事前に、(社)出版者著作権管理機構 (電話 03-5244-5088, FAX 03-5244-5089, e-mail: info@jcopy.or.jp) の許諾を得てください。